La sangre derramada

Seix Barral Los Tres Mundos

José Pablo Feinmann
La sangre derramada

Ensayo sobre la violencia política

A864   Feinmann, José Pablo
FEI   La sangre derramada.- 1ª ed.– Buenos Aires :
         Seix Barral, 2003.
         384 p. ; 23x14 cm.- (Los tres mundos)

         ISBN 950-731-380-X

         I. Título – 1. Ensayo Argentino

Diseño de colección:
Josep Bagà Associats

© 1998, 2003, José Pablo Feinmann
   3 ediciones en Grupo Editorial Planeta S.A.I.C.

Derechos exclusivos de edición en castellano
reservados para todo el mundo
© 2003, Grupo Editorial Planeta S.A.I.C. / Seix Barral
   Independencia 1668, C 1100 ABQ, Buenos Aires

ISBN 950-731-380-X

1ª edición en esta colección: 2.000 ejemplares

Impreso en Industria Gráfica Argentina,
Gral. Fructuoso Rivera 1066, Capital Federal,
en el mes de setiembre de 2003.

Hecho el depósito que prevé la ley 11.723
Impreso en la Argentina

Prólogo

A raíz de considerarlos superfluos, cada vez me resulta más difícil escribir prólogos. Una obra se justifica por sí misma. Nada de lo que pueda escribir en este prólogo habrá de añadir algo a este libro. Sólo entonces un par de cosas. Un par de irrelevantes anotaciones.

Este ensayo tiene tres partes y unas conclusiones. No todas las conclusiones están en las conclusiones, ya que no hay página en la que algo no se concluya, en la que algo no se afirme de modo, digamos, conclusivo. La primera parte —*Crítica y violencia*— esboza una gnoseología de la violencia. La segunda —*Relatos de un país violento*— responde a una promesa que, alguna vez, me hice a mí mismo: escribir una historia del siglo XIX argentino tomando como eje la violencia o algunos hechos notables de su despliegue: fusilamientos, asesinatos, esos degüellos tan gauchos y argentinos. El estilo es —aquí— más narrativo. No en vano la palabra *relatos* encabeza el título. Siempre quise analizar el tema de la sangre en los grandes textos sangrientos: *El matadero, La refalosa, Amalia.* Como sea, los elementos teóricos no están ausentes, ya que desde la empiria del relato se producen remisiones constantes a la conceptualización de los hechos. La tercera parte —*La violencia y el sentido de la Historia*— aborda cuestiones filosóficas y, tal vez, religiosas. Y las *Conclusiones* intentan fijar algunos puntos de vista sin restarle problematicidad a las arduas, complejísimas cuestiones que los han suscitado.

Buenos Aires,
primavera de 1998

PRIMERA PARTE
CRÍTICA Y VIOLENCIA

1. El revólver sobre el escritorio

Desde su triunfo en 1989, el sistema de libre mercado se presentó como la superación del fascismo y el comunismo. No se asumió como ideología. Era la superación de las ideologías pero no era, en sí, una ideología. Sabía cómo fundamentar esto: una ideología, dijo, implica siempre un sistema cerrado de ideas, un sistema totalitario que niega la posibilidad de lo distinto. Ideologías eran el fascismo y el comunismo: eran totalitarias, negaban lo plural, se afirmaban por medio de la negación de toda otra realidad que no fuera la propia. De esta manera, el fascismo y el comunismo eran inevitablemente violentos, ya que requerían silenciar lo diferente y toda voluntad de silenciamiento conduce a la violencia. La violencia se concentraba en el Estado totalitario que ejercía un despiadado control sobre el cuerpo social. Así, el libremercadismo pudo presentarse como la única posible realización de la democracia: su apuesta por la libertad, su vocación antiestatista lo conducía al respeto por el Otro, por lo distinto; y en este respeto radicaba su condición antiviolenta. ¿Cómo habría de ser violento un sistema que se basaba en lo plural, en la democracia, en la exaltación del derecho individual? Declaró la muerte de las ideologías —especificando que las ideologías que habían muerto eran el fascismo y el comunismo, no sólo las más poderosas, sino las únicas— y se asumió como el exclusivo sistema de ideas y valores *con vigencia* en esta etapa de la Historia. La

11

exaltación de esta certeza lo llevó a declarar clausurado el devenir histórico. En este preciso sentido: se seguirán produciendo hechos, pero ya nada alterará la modalidad en que la Historia habrá de transcurrir. Lamento explicitar ideas tan conocidas —el libremercadismo nos ha agobiado con ellas durante las últimas décadas— pero, creo, es necesario. Sólo algo más: resulta obvio que el libremercadismo no ha podido sino ser otra ideología, una ideología más, ya que ha afirmado hasta la desmesura su unicidad; pocas ideologías han insistido tan tenazmente en su carácter superador de todas las otras. (O, con mayor exactitud, digamos que esa tenacidad es un componente esencial de una ideología, porque todas se postulan como superación de las anteriores, a las que declaran muertas.)

Sin embargo, el panorama es sombrío. Libre mercado y democracia comienzan a rebelarse como términos antagónicos. La economía triunfante en el fin de milenio genera marginalidad, exclusión y violencia. Y no visualiza otra modalidad de solución sino a través del control represivo. Aparece aquí la figura del viejo Estado-gendarme: el que deja libertad para los buenos negocios de los dueños del mercado y castiga cruelmente a los excluidos, a los que se atreven a protestar, a quienes no se resignan a aceptar que el fin de la historia es, sí, para ellos: el fin de la historia, de la dignidad social, del trabajo y, con dramática frecuencia, de la vida. Ha llegado, en suma, la hora de volver a exhibir las armas, de mostrar los dientes, de golpear donde duele, de silenciar por medio de esa vieja aliada del Poder: la violencia.

Esta realidad la estamos viviendo en nuestro país. Todo indica que han comenzado a acabarse los buenos modales. Que la solución a los problemas de marginalidad y pobreza que genera el sistema no se buscará por medio de una mejor distribución de los bienes producidos, sino por medio —otra vez— del martirio de los cuerpos. La pregunta es ineludible y tenebrosa: ¿nos estamos deslizando del *Nunca Más* al *Otra Vez*? Así las cosas, el tema prioritario, nuevamente y por desdicha, es la violencia.

Tomemos como punto de partida una imagen. (Se dice que una imagen vale más que mil palabras. No es así: a veces una palabra —la palabra justa, necesaria— vale más que mil imágenes. Sobre todo hoy cuando la imagen se ha devaluado en un vértigo que, con frecuencia, no comunica nada.) La imagen es la del gobernador Bussi. Está sentado a su escritorio. Dialoga con dos personas. Y sobre el escritorio hay un revólver. La foto es una foto oficial: fue tomada por gente de la administración Bussi y fue deliberadamente difundida. Bussi gobierna la provincia de Tucumán; una provincia en la que la marginalidad se padece doblemente: una marginalidad histórica (situación de la provincia ante el colonialismo interno de Buenos Aires) y una marginalidad característica del sistema de libertad de mercado: concentración de la economía, quiebra del empresariado pequeño y mediano, escasez de fuentes de trabajo. Este desolado cuadro social condujo a los marginados de Tucumán a elegir a un fascista en busca de Orden y Trabajo, algo que los fascistas saben prometer bien y ejercitar sólo en uno de sus aspectos: el Orden; el de los cementerios, casi siempre.

Que el revólver del gobernador esté sobre el escritorio quiere decir precisamente eso: el revólver, ahora, está sobre el escritorio. Ya no está guardado. Ya no está en un cajón. Ya no está, digamos, en el cajón del escritorio. No: el gobernador ha abierto el cajón del escritorio y sacó el revólver. Lo sacó del cajón y lo puso sobre el escritorio. El revólver, ahora, está a la vista de todos. Aún está en la cartuchera. El gobernador, todavía, no ha desenfundado. Pero exhibe su arma. Un arma es una proclama de violencia, de guerra. Un arma sobre el escritorio es una advertencia feroz: la paciencia está a punto de acabarse. El gobernador ha hecho, hasta ahora, sólo un par de gestos: abrió el escritorio y sacó el revólver, lo dejó sobre el escritorio y alejó su brazo. ¿Qué separa estos gestos del otro gesto, del que los completará? Es decir, ¿qué deberá suceder para que el gobernador estire el brazo, cierre su mano sobre la culata y empuñe el revólver?

Aún no se sabe qué. Pero el mensaje es claro: "Por ahora", dice el gobernador, "el revólver está ahí. Aún no lo empuño pero ustedes —todos ustedes— ya lo ven. Con sólo estirar mi brazo puedo empuñarlo. No me obliguen a hacerlo. No me obliguen a hacer algo que, si me obligan, haré: empuñar el revólver". En suma: la violencia está a la mano.

Lo mismo ocurre con las balas de goma. La policía de La Plata, por ahora, utiliza balas de goma. Hace fuego sobre los manifestantes. Apunta bajo la cintura. Apunta a los genitales. Hace todo esto... pero con balas de goma. *La bala de goma es una bala-advertencia. La bala de goma es como un revólver sobre el escritorio.* El gobernador dice: "El revólver lo tengo allí, a la mano, en cualquier momento lo empuño y hago fuego". Los policías de La Plata dicen: "Por ahora, las balas son de goma. Las próximas no sabemos. Depende de ustedes. Si siguen protestando, las próximas son de plomo".

Un sistema que genera desamparo y exclusión, un sistema que concentra la economía en pocas manos, en diez, doce o quince empresas (nacionales mixturadas con transnacionales o directamente transnacionales), un sistema político sometido al poder económico (con la escasísima visión social que la avaricia de ese poder implica), un sistema político pasible de desestructurarse con sólo un mediano movimiento de capitales, un sistema político temeroso de la *ira del mercado* (en manos de esas diez o doce empresas), no parece estar en condiciones de armonizar la sociedad por medio de caminos racionales, comprensivos, incluyentes. Los otros caminos ya los conocemos. Son los viejos caminos de la violencia. Y son los que el libremercadismo parece dispuesto a recorrer.

2. EL CONCEPTO DE CRÍTICA

Tal vez sea conveniente analizar el título con que se presenta la primera parte de este libro: *Crítica y Violencia.* ¿Qué significa, aquí, la palabra *crítica*? ¿En qué sentido se utiliza?

No en su sentido corriente. Crítica de la violencia no significa *impugnación* de la violencia, sino *conocimiento* de la violencia. Leer el concepto de *crítica* como *impugnación, objeción* o *refutación* nos conduce a la lectura trivial o cotidiana del concepto. Leer el concepto de *crítica* como *conocimiento* nos conduce a su lectura kantiana. Kant, cuando se proponía criticar la razón pura, no se proponía impugnarla sino conocerla. No es otro el fundamento del criticismo kantiano. *Crítica de la razón pura es el esfuerzo por conocer sus alcances y límites.* En este mismo sentido utilizó Sartre el concepto en su *Crítica de la razón dialéctica*. No se lanzaba a una impugnación de la razón dialéctica, sino a una búsqueda de sus fundamentos, de sus supuestos, de sus, sí, alcances y límites. Es difícil, en filosofía, no otorgarle al concepto de *crítica* su sentido kantiano de *conocimiento de algo*. Kant, antes de conocer, se proponía conocer la facultad cognoscitiva: la razón pura. Esto le valió una descarnada ironía de Hegel: Kant, decía Hegel, "no quería lanzarse al agua antes de saber nadar".[1] No vamos a analizar aquí si la risotada de Hegel es justa o no. Pero aclara la cuestión de un modo bastante ameno: Kant, en efecto, quiere conocer las condiciones de posibilidad del conocimiento… antes de lanzarse a conocer. La respuesta a Hegel es bastante obvia: conocer el conocimiento es *ya* conocer, es *ya* haberse lanzado al agua.[2]

Así, desde la perspectiva kantiana del concepto, crítica de la violencia es conocimiento de la violencia. *No implica una actitud valorativa.* Para condenarla o para justificarla, la violencia, ante todo, debe ser conocida, deben ser analizados sus supuestos, y sus alcances y sus límites.

Hay otros usos del concepto *crítica* que merecen ser explicitados. Sobre todo, claro, el uso que Marx le otorga en su *Crítica de la filosofía del derecho de Hegel* (1843). Aquí, un Marx joven y apasionado, le otorga al concepto *crítica* el sentido de *desenmascaramiento*. Es necesario, entonces, que la crítica parta de la crítica a la religión, ya que este movimiento le permitirá advertir a los hombres que sus problemas son terrenales y que terrenales deben ser las soluciones que deberán buscar. Pero, esencialmente, el concepto *crítica* implica aquí la noción de *distanciamiento*. El hombre debe distanciarse del orden de lo dado para poder establecer su libre juicio crítico sobre él. Cuando la realidad, lo fáctico, nos abruma, nos envuelve con sus mil tentáculos, no hay posibilidad alguna de crítica. La crítica es, siempre, una ruptura con el orden de lo dado.

Y escribe Marx: "La crítica no es una pasión de la cabeza sino la cabeza de una pasión. No es un bisturí sino un arma. Su objeto es su enemigo, a quien no quiere refutar sino aniquilar (…) La crítica no se presenta ya como un fin en sí, sino únicamente como un medio. Su *pathos* esencial es la indignación, su labor esencial es la denuncia".[3] La crítica conduce a la praxis. Hay que distanciarse de lo fáctico para poder criticarlo, y esta crítica implica el desenmascaramiento de relaciones sociales de injusticia. Dice Marx: "Hay que hacer la opresión real aún más opresiva, agregándole la conciencia de la opresión; hay que hacer la ignominia aún más ignominiosa, publicándola".[4] La *crítica* es, así, el supuesto de toda praxis de transformación. *Porque la crítica es la conciencia de la opresión.* Y si hay una manera realista y descarnada de caracterizar nuestro presente histórico es, diría, ésta: *no hay conciencia de la opresión, no hay crítica.* Y no la hay porque no hay distanciamiento: abrumado por el derrumbe de los horizontes históricos y aturdido por la omnipresencia de los medios de comunicación (que no hacen sino repetir, hasta el vértigo, un solo punto de vista bajo el ropaje deslumbrante y engañoso de la pluralidad infinita) el hombre fin de milenio no puede distanciarse de nada porque vive inmerso en un torrente fáctico que anula su individualidad, que lo vuelve un ser reflejo, repetitivo, sumergido, jamás distanciado. En suma, a-crítico.

Fredric Jameson suele desarrollar esta temática: afirma que, siempre, para el pensamiento libre, para el pensamiento creativo sobre la naturaleza y la política fue indispensable la "distancia crítica". Y escribe: "el nuevo espacio del posmodernismo ha abolido literalmente las distancias (incluida la "distancia crítica"). Nos encontramos tan inmersos en estos volúmenes asfixiantes y saturados, que nuestros cuerpos posmodernos han sido despojados de sus coordenadas espaciales y se han vuelto en la práctica (por no hablar de la teoría) impotentes para toda distanciación".[5]

Creo que es posible acceder a algunas iniciales conclusiones: tratamos de hacer una *crítica de la violencia* porque queremos conocerla, analizar sus diferentes facetas. Advertimos, simultáneamente, que la palabra *crítica* nos conduce al sentido que Marx le otorga: desenmascaramiento, ruptura con lo dado, distanciamiento. Notamos que esta actitud no existe en la sociedad posmoderna. Y más aún: que la ausencia de la actitud crítica de distanciamiento es una de las características esenciales de esta sociedad. Vivimos, entonces, en una sociedad que ha ahogado la posibilidad de la crítica. Y que la ha ahogado para establecer un orden de desmesurada exclusión. Un orden de desmesurada injusticia. La injusticia es violencia. Un orden que condena a los hombres a la marginación, el hambre y la muerte social es un orden violento. ¿Cómo luchar contra ese orden? ¿Cómo impugnarlo? ¿Con la violencia? *¿Oponiendo una violencia justa a una violencia injusta?* En un breve texto sobre esta temática anota Walter Benjamin: "El significado de la distinción de la violencia en legítima e ilegítima no es evidente sin más". Y señala —y este señalamiento es una clara advertencia— que hay que cuidarse de un gran equívoco: el de la "distinción entre violencia con fines justos e injustos".[6] Como vemos, la verdadera y última pregunta acerca de esta temática puede, kantianamente, formularse así: *¿cuáles son las condiciones de posibilidad de una violencia justa?* Pregunta que ha recibido muchas y terribles y sangrientas respuestas a lo largo de este violento siglo XX. De aquí que —ahora, desde nuestra actual perspectiva histórica— seamos tan cautelosos en su tratamiento.

3. El violento siglo XX:
el siglo de los fracasos

Insistamos —ya que no será azaroso, sino necesario— en algunos puntos: hay una falacia en la que incurren una y otra vez los pensadores del liberalismo. (Que acostumbran, también, a llamarse *pensadores de la libertad*, apropiándose de un concepto, el de la libertad, que no necesariamente les pertenece.) Trazan una historia del siglo XX en que las líneas de oposición están encarnadas en la democracia liberal y los totalitarismos. Sería así: durante todo este *corto* siglo (si aceptamos la ya casi aceptada periodización de Hobsbawm: el siglo empieza en 1914 y termina en 1989) se han enfrentado la democracia liberal capitalista, con su fe en la autorregulación del mercado y las libertades individuales, y los totalitarismos, ya en su expresión nazifascista como en su expresión comunista. La falacia consiste en que el liberalismo capitalista (al centrar la problemática en la antinomia libertad-totalitarismo) despega demasiado rápida e irresponsablemente la relación del fascismo con el capitalismo.

Las llamadas democracias liberales (las que habrían triunfado en la Segunda Guerra Mundial, con la incómoda compañía, claro, del totalitarismo soviético) nada tendrían que ver con el fascismo, ya que el fascismo es antiliberal, estatista y antidemocrático. Pero el fascismo y el liberalismo coinciden en algo, en algo que los "pensadores de la libertad" raramente —o casi nunca— explicitan: *los dos son capitalistas.* ¿Por qué este ocultamiento? ¿Por qué este punto ciego en las argumentaciones (*triunfales* a esta altura del siglo) de los pensadores liberales? Ocurre que no se animan a consentir en esta verdad porque el *esquema victorioso* se les debilitaría gravemente. Para que el *esquema victorioso* liberal se sostenga es esencial que logre diferenciarse absolutamente del nazifascismo. De este modo, mantienen el debate en el ámbito político, en el ámbito en que pueden manejar triunfalmente la antinomia libertad-totalitarismo. Pero no es así. El nazismo fue una experiencia capitalista. El nazismo renegó del componente liberal y democrático del *esquema victorioso* que hoy se nos impone, pero encarnó furiosamente el componente capitalista. Si alguien puede demostrar que Hitler llegó al poder y se mantuvo ahí al margen del poderoso capitalismo alemán que veía en él al político que podía frenar al comunismo en Alemania, sería interesante que lo demostrara. Si alguien puede explicar a Hitler al margen de los aceros Krupp, la Siemmens y la economía capitalista de guerra, sería interesante que lo hiciera. Pero no, no es posible hacerlo. Se derrumba, aquí, el esquema (al fin y al cabo es un esquema y un esquema es, casi por definición, *esquemático)* victorioso del liberalismo de fin de siglo. Hitler —por medio de una ideología nacionalista— es parte de la historia del capitalismo. ¿O alguien podría argumentar que es parte de la historia del comunismo? Resulta fácil y esquemático identificar al comunismo y al nazismo por su rechazo a las formas democráticas, por su negación del liberalismo y por su obstinación en la teoría del Estado y el partido único. Pero *esto* el nazismo lo hizo en una nación capitalista, al servicio de un desarrollo capitalista agresivo, que proponía una renegociación de la estructura capitalista del mundo. Auschwitz —guste o no a los "pensadores de la libertad"— es fruto, sí, del Estado totalitario, de la teoría del jefe y el partido único, de la negación de la democracia y de la libertad, *pero también es fruto de la historia del capitalismo.*

Me inclinaría por una visión del siglo XX como el *siglo de los fracasos.* El proyecto comunista fracasa porque lejos de llevar a la sociedad de la necesidad a la libertad, de la división de clases a la sociedad sin clases, a la supresión de todo tipo de explotación, termina instaurando un régimen estatista-policíaco, con un partido único, una ideología única y una burocracia —devota de sus líderes, y básicamente de uno de ellos: Stalin— represiva, tan represiva que encuentra en Gulag su ejemplar consistencia. (Este fracaso es particularmente doloroso porque fue emprendido desde las premisas del socialismo, es decir, de la teoría de la historia que surgió oponiéndose a los horrores de la impiadosa explotación capitalista del siglo XIX, y que se prolongó motorizando luchas, voluntades, idealismos contestatarios y todo tipo de repulsas a las situaciones históricas en las que el hombre era sometido a la voluntad de otros hombres que disponían de la centralidad del poder económico.) El nazifascismo fracasa porque su furiosa ideología de expansión nacional-capitalista lo entrega a la fría y calculada praxis del horror absoluto. Y la democracia liberal capitalista fracasa por razones que —hoy, a esta altura de los tiempos históricos— se revelan con especial dramaticidad.

A mi juicio, el *primer* fracaso del liberalismo en el siglo XX es —aunque suene inicialmente paradójico— el nazismo. Ya que Hitler encarna la posibilidad de un *capitalismo antidemocrático*, quebrando, así, el presupuesto liberal que sostiene que democracia y capitalismo son sinónimos. *Primer fracaso del liberalismo:* el capitalismo puede expresarse a través de la negación de la democracia; el capitalismo no sólo no es indivisible de la democracia, sino que puede engendrar regímenes de horror antidemocrático. *Segundo fracaso del liberalismo:* la más profunda utopía del liberalismo consiste en creer en la posibilidad que tiene la sociedad de autorregularse a través del mercado, a través de los sistemas de intercambio. Observemos que todas las valoraciones liberales surgen de esta convicción: el mercado es libre, en el mercado se expresan las distintas voluntades de los individuos; al ser libre, el mercado elimina la intervención totalizadora del Estado; al garantizar la libertad se opone la unicidad estatista; al oponerse a la unicidad estatista se convierte en garante de la vida democrática. Así, termina postulando la indivisible unión de sus conceptos fundamentales: capitalismo, libertad individual, mercado autorregulado, democracia política. ¿Dónde está el fracaso? Al hacer surgir la libertad política de la libertad del mercado deja a aquélla esclava de ésta. *El mercado se autorregula no en expansión, sino en concentra-*

ción. La concentración del mercado deja el poder en manos de pocos y poderosos sujetos económicos que condicionan decisivamente al poder político. Hay una exclusión económica (el mercado no es para todos, se regula en el sentido de la injusticia social) y una dictadura política (el poder, que en los autoritarismos se concentraba en el Estado, se concentra ahora en las empresas, quienes gobiernan a su arbitrio desde la cabeza de la pirámide en que la autorregulación del mercado las ha colocado).

Si el liberalismo de mercado, el nazifascismo y el comunismo han fracasado en el siglo XX nada indica que las esperanzas hayan muerto en totalidad para los años venideros. Hay que separar al socialismo (sin negar qué mecanismos de su engranaje utópico contribuyeron a la creación del monstruo) de la experiencia desastrosa que ha desarrollado en este siglo el comunismo estatal soviético. Si lo hacemos será entonces posible ver que es el socialismo (que reivindica para sí la lucha por la *igualdad*, cosa que no hace el liberalismo) el que hoy puede señalarle al *esquema victorioso* del mercado sus deficiencias atroces: la desigualdad, la concentración totalizante, la exclusión antihumanista, los desastres ecológicos. Desde esta perspectiva (que es la perspectiva del sujeto libre que busca en la igualdad la realización de la libertad humana, y que llama *socialismo* a la lucha por esta igualdad) deberíamos seguir pensando la complejidad del mundo actual. Como sea, estas líneas son programáticas y, en consecuencia, apresuradas a esta altura de nuestro ensayo. El socialismo también debe caer bajo la mirada severa de la crítica, ya que no hay sistema de pensamiento que —a esta altura de los acontecimientos históricos— no deba explicarse, legitimarse a sí mismo. El siglo de los fracasos ha sido también el siglo del horror y todas las ideas que lo sustentaron deben no sólo explicar ese horror sino —muy especialmente— lo que ofrecen para evitar su repetición.

4. Digresión: Ernst Nolte
y los dos demonios

Deberán (sugiero que así sea hecho) tomarse estos textos señalados como *digresivos* en este sentido: son *casi* notas a pie de página. Tal vez no lo son por el mero hecho de su longitud. Se sabe que, con cierta asiduidad, una nota a pie de página esconde textos más valiosos que aquellos que figuran en el texto central. De modo que sería poco serio no tomarse el trabajo de leer las notas al pie. (O a fin de capítulo, según la actual modalidad editorial.) Recurro, no obstante, al recurso de la *digresión* para no lanzar al lector a la búsqueda del *fin de capítulo* y entregarle —en el cuerpo, digamos, mayor del libro— algunas líneas que desearía no dejaran de ser leídas. Un texto, por decirlo así, intermedio.

Esta *digresión* se propone acerca de un libro de Ernst Nolte cuyo título es *Después del comunismo*. El libro de Nolte expresa como pocos eso que he llamado —en el parágrafo anterior— el *esquema victorioso* del capitalismo de libre mercado. Nolte define al siglo XX esencialmente como el espacio temporal en el que se desarrolló una guerra civil entre el nazismo y el comunismo. A esto llama "guerra civil europea".

Los ideólogos del libre mercado acostumbran sumar los muertos del nazismo y el stalinismo. Y, siempre que se animan a decir que Stalin mató más seres humanos que Hitler, lo dicen. Nolte lo dice: "La cifra de víctimas del régimen superó las del nacionalsocialismo alemán".[7] Más aún: Nolte abomina a tal extremo del intento soviético de superar al capitalismo que encuentra en Hitler una *racionalidad histórica* al oponérsele. Escribe: "Desde el punto de vista del año 1989, me parece evidente, de hecho, que el comunismo jactancioso y violento que se llamó a sí mismo bolchevique, es decir, mayoritario, carecía de razón histórica cuando pensó que podía sustituir al capitalismo, es decir, a la economía mundial de mercados, que se hallaba en su primera etapa de desarrollo, por una economía planificada, y quiso 'abolir' los estados. Estoy completamente convencido de que el nacionalsocialismo tenía razón histórica al oponer resistencia a ese intento".[8] Sólo unas líneas más adelante admite que (el, digamos, punto de vista del año 1989) le está resultando beneficioso a Hitler; ya no está, por de pronto, tan solitario en los horrores del siglo XX. Se le ha dicho a Nolte que "al establecer un paralelismo entre el *Gulag* soviético y el Auschwitz nazi se ha tratado de realizar una operación que pretende relativizar los crímenes nazis y cuestionar su singularidad".[9] Y Nolte destina largos párrafos de su libro para demostrar que esto no es así.

No obstante, debe ser así para el *esquema victorioso* de la "economía mundial de mercados". Porque este esquema consiste en afirmar que Gulag y Auschwitz son los dos rostros demoníacos del siglo XX, en tanto que el liberalismo libremercadista es su superación. O Gulag o Auschwitz o Milton Friedman.

Se trata de la teoría de los dos demonios trasladada a la historia mundial. Aquí, en la Argentina, esa teoría le sirvió al gobierno de Raúl Alfonsín para implementar sus relaciones con los estamentos militares y los organismos de derechos humanos. Desde su horizonte conceptual se elaboró el *Nunca Más*. Centralmente decía que la sociedad argentina —inocente en sí misma— se había visto arrasada durante los años setenta por dos horrores: uno provenía de la extrema izquierda, el otro de la extrema derecha. Uno era la guerrilla, el otro la represión del Estado militar. Volveremos —*por supuesto*— sobre el tema de los dos demonios, pero importa aquí señalar lo siguiente: los dos demonios suponen un *empate histórico* entre dos fuerzas desquiciadas y violentas que abisman en el miedo y el caos a una sociedad inocente.[10] El esquema es el mismo en Nolte: *Gulag* es el demonio de extrema izquierda, *Auschwitz* es el demonio de extrema derecha. Y en el inocente y santo medio (los demonios no participan de los atributos de la inocencia ni de la santidad) está el capitalismo de mercado, con su respeto por las libertades individuales, la democracia. Pero ni siquiera Nolte puede dejar de advertir (y, con alguna honestidad, señalar) que este capitalismo victorioso, que mira la historia desde "el punto de vista de 1989", genera notables desigualdades, ya que posibilita las ganancias colosales de un "pequeño número de 'magnates capitalistas', pues estos magnates constituyen sólo la cumbre de un desarrollo social que fundamentalmente hay que valorar de modo positivo, pero en el cual, ciertamente, la desigualdad esencial se muestra de modo brutal y en algunas ocasiones incluso peligroso o patológico".[11] Con lo cual —y siempre siguiendo a Nolte— tendríamos: o Gulag o Auschwitz o la desigualdad esencial, brutal, peligrosa o patológica. ¿Dónde está, entonces, la "solución" que el capitalismo de libre mercado entrega al dilema de los demonios del siglo XX? No hay solución. Y si no la hay es porque el problema está mal planteado.

5. Nazismo y violencia

1920 fue un año creativo para Adolfo Hitler. Transformó el nombre del *Partido Obrero Alemán* por otro más sonoro, imponente: *Partido Obrero Alemán Nacional Socialista*. El nazismo es así: es sonoro, imponente, siempre cree y afirma encarnar la grandeza.

También, Hitler, impulsa, junto con su partido de nombre sonoro, las S.A., un grupo de choque, un grupo armado y violento destinado, según dijeron inicialmente, a garantizar el orden en los actos del Partido. Así, el Partido surge unido a la organización de la violencia. Hacen el golpe de Munich, fracasan, Hitler es apresado y el Partido se disuelve. El 10 de abril de 1924, Hitler es recluido en la prisión de Landsberg.

Ahora está allí. Las horas se deslizan lentamente, el futuro es incierto y el pintor fracasado, el errático héroe de la Primera Guerra Mundial siente que llegó el momento de elaborar, de ordenar sus ideas. Escribe un libro: *Mein Kampf*. Todo está ahí: es el *Das Kapital* del fascismo. Comparación que ofende la inteligencia y laboriosidad de Karl Marx. *Mein*

Kampf es un panfleto y *Das Kapital* es un libro fundamental en la filosofía de Occidente.[12] Pero los fascistas son así: son panfletarios. No estiman las facultades intelectuales. Sólo necesitan exaltados panfletos que los arrojen a la acción. Si Marx buscó la racionalidad de la Historia (y luego montaría sobre esa racionalidad su teoría de la violencia), a Hitler le bastó con activar algunas consignas que impulsaran a las voluntades por el camino áspero de la fuerza y la conquista.

Hitler, además, desdeñaba explícitamente el arte de la literatura. En el Prólogo de *Mein Kampf* (fechado el 16 de octubre de 1924) escribe: "Bien sé que la viva voz gana más fácilmente las voluntades que la palabra escrita y que, asimismo, el progreso de todo movimiento trascendental en el mundo debióse más a grandes oradores que a grandes escritores".[13] Es remarcable esta diferenciación entre oratoria y literatura. Lo es, muy especialmente, en nuestros días. Hoy, cuando la imagen se impone sobre la palabra y suplanta al concepto, a la idea. El valor que hoy le concedemos a la imagen se lo concedía Hitler a la oratoria. Dice (en el capítulo VI de la Segunda Parte: "La importancia de la oratoria") que la ventaja del orador radica en que ve a su auditorio, que sabe leer (o deberá saberlo) en sus oyentes hasta qué punto éstos comprenden sus ideas y son o no subyugados por ellas. "El escritor, en cambio, nada sabe de sus lectores".[14] ¿Cómo subyugar, dominándolo, a alguien que no vemos? Y, el inminente Führer, continúa: "Mejores perspectivas de éxito tiene en este orden la propaganda gráfica en todas sus formas, incluso el film. Un gráfico proporciona en tiempo mucho más corto una explicación que por escrito se obtendría sólo después de penosa lectura".[15] El perfeccionamiento de la oratoria se transforma en la tarea primordial de un conductor de masas. El orador debe decir las palabras justas, cautivar el alma de sus oyentes, dominarlos, "y si, finalmente, nota que sus oyentes no parecen hallarse convencidos de la veracidad de lo expuesto, optará por repetir lo mismo cuantas veces sea necesario".[16] La teoría de la *repetición* como instrumento creador de la *verdad* jamás habrá de ser abandonada por los nazis.

¿Cómo se explica, entonces, el éxito del marxismo? ¿No ha surgido este movimiento de la cabeza de un teórico de difícil comprensión? Hitler no duda: el éxito del marxismo no se debe a las impenetrables páginas de *Das Kapital*. Escribe: "Lo que al marxismo le dio el asombroso poder sobre las muchedumbres no fue de ningún modo la obra escrita, de carácter judío, sino más bien la enorme avalancha de propaganda oratoria que en el transcurso de los años se apoderó de las masas. Entre cien mil obreros europeos no hay por término medio cien que conozcan la obra de Marx, obra que desde un principio fue estudiada mil veces más por los intelectuales y ante todo por los judíos".[17] Tenemos, aquí, algunos componentes centrales de la ideología nazi: a) el antiintelectualismo; b) la ultravaloración de la propaganda; c) el señalamiento del *Otro absoluto*, del enemigo, del Mal. En este caso, el judío.

Hitler visualiza en el judío al elemento negativo, al sujeto en el que se condensan todas las desgracias de la nación alemana. El judío es racional, intelectual, ambicioso, maneja la economía, la prensa y el parlamento. De este modo, hay que abominar de la democracia porque expresa la idea de igualdad (opuesta a la concepción de la *raza de señores*) que será, una y otra vez, utilizada por el judío para penetrar en el terreno puro y vital de lo ario. Escribe Hitler: "La democracia del mundo occidental de hoy es la precursora del marxismo, el cual sería inconcebible sin ella. Es la democracia la que en primer término proporciona a esta peste mundial el campo propicio de donde el mal se propaga después".[18] Hay que retener este verbo: *propagar*. El nazifascismo se organiza siempre contra un mal que se propaga. Ese mal atenta contra una pureza esencial: la de la raza, la de la nación: "El judío fue siempre un parásito en el organismo nacional de otros pueblos (...) Propagarse es una característica típica de todos los parásitos".[19] Como *parásitos judíos*, como peligrosa escoria para el ser de la nación considerarán siempre los totalitarismos al diferente.[20] Entre nosotros la palabra *infiltrado* (utilizada por el peronismo fascista de los setenta para definir a la *juventud cuestionada*, a los *troscos* que intentaban —colocándose la *camiseta peronista*— alterar la pureza de un movimiento que seguía siendo lo que sus *veinte verdades* decían) y la palabra *subversivo* (utilizada por la dictadura militar) expresan esa concepción nazi del *parásito judío* que se infiltra en la nación para subvertir sus valores.

Este señalamiento del mal absoluto en el diferente lleva al totalitario a asumirse como el cruzado de una lucha trascendental, cuasi religiosa. Escribe Hitler: "Creo que al defenderme del judío lucho por la obra del Supremo Creador".[21] Esta lucha habrá de ser necesariamente violenta. Este antiintelectualismo nazi desemboca, con lógica unívoca y cruel, en la exaltación de la fuerza. No puedo dejar de citar un texto que refleja la mentalidad totalitaria en su impecable dimensión: "La psiquis de las multitudes no es sensible a lo débil ni a lo mediocre; guarda semejanza con la mujer, cuya emotividad obedece menos a razones de orden abstracto que al ansia instintiva e indefinible hacia una fuerza que la integre, y de ahí que prefiera someterse al fuerte antes que dominar al débil".[22] Esta exaltación de la fuerza es permanente en el nazismo (y en todos sus continuadores). De este modo, Hitler propone "el método del terror en los talleres, en las fábricas, en los locales de asambleas y en las manifestaciones en masa".[23] Si la racionalidad es patrimonio del Otro absoluto habrá, entonces, que oponerle la violencia. Hitler narra sus tempranas discusiones con sus opositores, con aquellos que entorpecían su camino al poder; con, en suma, los judíos y los marxistas (representantes del Mal Supremo), y escribe: "día tras día pude replicar a mis contradictores (…) hasta que en un momento dado debió ponerse en práctica aquel recurso que ciertamente se impone con más facilidad a la razón: el terror, la violencia".[24] Todas estas ideas encontraron sus entusiastas representantes argentinos: están en Lugones, en Manuel Carlés, en Carlos Ibarguren, en Juan E. Carulla. Se deslizaron con vértigo trágico desde Uriburu a Videla. Será necesario ocuparnos de nuestros fascistas.

Antes, sin embargo, en una *digresión indispensable*, reflexionaremos acerca de Martin Heidegger, su filosofía y el nacional socialismo.

6. Digresión: Heidegger y el nazismo, ¿contingencia personal o necesariedad interna de su filosofar?

Corre el año 1935. En la Universidad de Friburgo, en Alemania, en una Alemania ya absolutamente sometida al poder de Hitler y el nacional socialismo, el filósofo Martin Heidegger dicta, en verano, un curso de *Introducción a la metafísica*. En uno de sus más notables pasajes —sus pasajes notables son muchos, ya que se trata de un texto fundamental— se consagra a describir la situación presente de Europa. Europa, dice, se encuentra en "atroz ceguera", se encuentra "a punto de apuñalarse a sí misma".[25] La descripción que hace Heidegger de esa Europa de mediados de la década del treinta se aplica en gran medida a lo que se entiende hoy por *posmodernidad histórica*. Me permitiré citar un texto excepcional. Es el que sigue: "Cuando el más apartado rincón del globo haya sido técnicamente conquistado y económicamente explotado; cuando un suceso cualquiera sea rápidamente accesible en un lugar cualquiera y en un tiempo cualquiera; cuando se puedan 'experimentar', simultáneamente, el atentado a un rey en Francia, y un concierto sinfónico en Tokio; cuando el tiempo sólo sea rapidez, instantaneidad y simultaneidad, mientras que lo temporal, entendido como acontecer histórico, haya desaparecido de la existencia de todos los pueblos; cuando el boxeador rija como el gran hombre de una nación; cuando en número de millones triunfen las masas reunidas en asambleas populares, entonces, justamente entonces, volverán a atravesar todo este aquelarre, como fantasmas, las preguntas: ¿para qué? —¿hacia dónde?— ¿y después qué?".[26] Así, Heidegger, en 1935, vaticina la recorrida de un nuevo fantasma por Europa: el fantasma de las preguntas fundamentales. Es notable su descripción —siempre cara a los alemanes— de esta *decadencia de Occidente*. Su idea acerca del *tiempo* transformado en *rapidez* es una de las más perfectas conceptualizaciones de *nuestro* presente histórico. Es cierto que nada tiene que ver con nuestra *actualidad* esa visión de "las masas reunidas en asambleas populares". Asoma, aquí, el anticomunismo de Heidegger, su desdén por la masa. Pero hay otras cosas que despuntan en el texto. Preguntemos: ¿qué papel tiene Alemania en ese mundo entregado a la "decadencia espiritual"? Dice Heidegger: "Todo esto trae aparejado el hecho de que esta nación, en tanto histórica, se ponga a sí misma y, al mismo tiempo, ubique al acontecer histórico de Occidente a partir del centro de su acontecer futuro, es decir, en el dominio originario de las potencias del ser".[27] Sí, el lenguaje es abstruso, desmesurado. Pero Heidegger sabe exactamente qué está diciendo: dice que Alemania debe ubicarse en el centro, y a partir de ahí desarrollar lo que más adelante denomina *misión histórica*. Lo escribe así: "la misión histórica de nuestro pueblo, que se halla en el centro de Occidente".[28] Detrás de estas líneas late el genocidio. Cuando un pueblo se adjudica una misión histórica, cuando esa misión consiste en rescatar a los otros pueblos de su *decadencia espiritual* y remitirlos a un centro originario y puro que él, ese pueblo, representa, aquí, exactamente aquí, se abre el horizonte conceptual del genocidio. Y que estas ideas las haya expresado un filósofo —un gran filósofo, sin duda— y que ese filósofo sea considerado por muchos como el más importante de este siglo nos impide marginarnos de una necesaria reflexión acerca de tal temática.

La filosofía de Heidegger ha terminado por ser inescindible de la *cuestión Heidegger*. Cuando en la década del 80 aparece el libro de Víctor Farías (*Heidegger und der Natio-*

nus, Frankfurt, 1987), los heideggerianos se in-
⎯l hecho era doblemente irritante: Farías se llama-
⎯ⵏs, es decir, tenía un nombre que no sonaba muy eu-
⎯o filosófico, mucho menos sonaba alemán, y, como si
fuera poco, se había atrevido a encarar una implacable investigación sobre el nazismo del "maestro de Alemania".
Ahora, a esta problemática, se le une un denso y dilatado libro de Rüdiger Safranski, quien se lanza con excepcional
precisión conceptual sobre la filosofía y la política heideg-
gerianas, ahondando incluso —o incorporándolos a otra esfera temática, más centrada en lo biográfico— varios de los
señalamientos de Farías.

Ya no tiene sentido discutir si Heidegger fue o no nacional socialista. Lo fue, y de modo pleno. Se lo suele dis-
culpar. Se trató, se dice, de una distracción o un error. Habermas, en medio de un texto que tiene el aliento de la
indignación, habla de "error". Escribe: "Lo verdaderamente
irritante es la voluntad e incapacidad del filósofo, tras el fin
del régimen nazi, para confesar, siquiera con *una sola* frase,
un error tan preñado de consecuencias políticas".[29] Pero ¿fue
un error o fue un deslizamiento coherente del pensar heideggeriano hacia el totalitarismo? La *cuestión Heidegger* tiene, creo, dos aristas: 1) elucidar qué tensiones de su pensar
lo hicieron tan trasladable a la *justificación filosófica* del hi-
tlerismo; 2) qué riesgos implica para el pensamiento con-
temporáneo encontrar una base tan decisiva en el pensamiento de un filósofo que adhirió al nazismo, adaptando a
él muchas de sus categorías centrales. Esta ardua tarea nos
llevaría más allá de la *investigación Farías*, que habría cumplido con la etapa demostrativa del nacional socialismo de
Heidegger, pero sólo (aunque nada menos) eso.

Heidegger aparece en la escena filosófica (sobre todo:
así se lo ve desde la actualidad) como el filósofo que se hace cargo de la contundente afirmación de Nietzsche en el
fragmento 125 de *La gaya ciencia*: "Dios ha muerto". Así, el
maestro de Alemania denunciará el "olvido del ser" por parte de la racionalidad instrumental (que se mueve en la zo-

nalidad del *ente*) y criticará con obstinación a las filosofías de la modernidad, es decir, aquellas que encuentran en el sujeto (Descartes, Kant, Hegel) el fundamento del filosofar. La modernidad —utilizando ese punto de partida— instauró las filosofías del Hombre. *El Hombre es el subjectum.* Heidegger se lanza contra las filosofías de la conciencia y se convierte en el filósofo del preguntar.[30] "La pasión de Heidegger (escribe Safranski) era preguntar, no responder. A lo buscado y preguntado le daba el nombre de ser. Durante toda una vida filosófica planteó una y otra vez esta única pregunta por el ser (…) Dio origen a una filosofía que interpela al individuo en su libertad y responsabilidad, y que toma en serio la muerte".[31] Ahora bien, ¿logró Heidegger *salir* de la filosofía del sujeto? La cuestión no es tan sencilla. No, al menos, para Habermas: "Al atenerse a una mera inversión del patrón que la filosofía del sujeto representa, Heidegger permanece prisionero de los planteamientos de la filosofía del sujeto".[32] Pero lo más grave no es esto. Lo más grave es que Heidegger (sin mayor esfuerzo: tanto en su discurso del rectorado, 1933, como en su *Introducción a la Metafísica*, 1935) identifica al Dasein con el Dasein del pueblo, el poder-ser auténtico con la toma del poder y… *la libertad con la voluntad del Führer.* Este escalofriante pasaje de su filosofía hacia el nazismo establece una *conexión interna* que es imposible ignorar. "Dios ha muerto" pero renació en el Führer y en la "misión histórica" del pueblo alemán.

Heidegger, durante los últimos años, ha sido levantado por las filosofías posmodernas. Esa *muerte del Hombre,* esa *muerte del sujeto* fascinó a los filósofos del fin de los grandes relatos, de la diferencia, del acontecimiento y de la "presencia sin sustancia". Habría que preguntarse, no obstante, si no sería conveniente revisar ya todo este pensamiento enemigo de la modernidad, de la conciencia y de la constitución del sujeto. Hoy, el sujeto es constituido *en exterioridad* desde los medios de comunicación manipulados por el Poder. Hoy, el *olvido del ser* es el olvido del *sujeto crítico.* Y la muerte del Hombre es la muerte del Hombre en tanto sujeto crítico, libre. *Hoy, el subjectum es el poder constituyente de los medios de comunicación.* Y este poder, lejos de constituir una *sociedad transparente* (hasta el mismo Gianni Vattimo ya se dio cuenta de esto), constituye una *sociedad opaca*, asfixiante, masificadora. Desde este punto de vista, no sería azaroso que un filósofo que adhirió tan fácilmente al nazismo haya concluido por fundamentar filosofías empeñadas en demostrar la imposibilidad de la constitución del sujeto crítico.

7. NUESTROS FASCISTAS: LA HORA DE LA ESPADA

El número de setiembre de 1930 de la revista *Caras y Caretas* —el que se destina a saludar con fervor la revolución de Uriburu— se abre con una *arenga patriótica* de Manuel Carlés. Uno puede preguntarse qué es una arenga patriótica. Parece que era un género brillantemente practicado por Carlés. Parece que Carlés había añadido a todos los géneros literarios ya existentes uno nuevo. O tal vez lo había rescatado del olvido. Carlés, en verdad, no escribía poemas, ni novelas, ni cuentos ni obras dramáticas: era un arenguero patriótico, por decirlo de algún modo. Esto implicaba la convicción y el coraje de enfrentar a una multitud y dirigirle la palabra... arengándola. Una arenga es un discurso que incita a la acción a quienes lo escuchan. Y Manuel Carlés era un hombre de acción. Era el caudillo de la Liga Patriótica Argentina, una banda de jóvenes elegantes que habían irrumpido en nuestra historia durante la semana trágica.[33] Carlés, en 1916, todavía se identificaba como radical y desde el Congreso —por medio del socialista Nicolás Repetto— se había denunciado a la Liga como una organización paramilitar en estrecha unión con el Ejército. Así, durante esa semana de triste memoria, los jóvenes de la Liga atacan los barrios judíos porque quieren proteger a la Nación ante el avance de toda conspiración rusa. Y como los judíos —para los distinguidos antisemitas de la Liga— son, sin más, rusos, atacan los barrios judíos y realizan, salvaje y sangrientamente, el primer pogrom argentino. Como vemos, no siempre es tan inocente ni simpático decirle ruso a un judío.

Ahora es el atardecer del 6 de setiembre de 1930. Manuel Carlés enfrenta en una esquina de Buenos Aires a los jóvenes de la Liga —y también a muchos otros hartos de la "demagogia yrigoyenista"— y dice: "Voy a dirigiros la palabra, rápida como tiro de fusil". No eran lentos nuestros fascistas. Sabían hablar con brillantez el lenguaje de su ideología. *No hay nada más impecablemente fascista que identificar a la palabra con el fusil.* La palabra, para el fascista, debe ser veloz, ya que en esa velocidad reside su eficacia. No está destinada a despertar la reflexión, está destinada a incitar a la acción y, más precisamente, a la acción violenta.

Nuestros fascistas surgen para impulsar el golpe de Uriburu contra Yrigoyen. Lo van preparando desde el terreno de la oratoria y desde un periodismo exaltado, panfletario, que se expresa en *La Nueva República* (un semanario nacionalista que se funda en diciembre de 1927 y que reúne a Ernesto Palacio y a los hermanos Irazusta) y en la revista ultracatólica *Criterio*. Pero la estrella de *La Nueva República*, el vate de la revolución uriburista, es un hombre a quien se le había conferido, durante esos días, el título desmesurado de *poeta nacional.* Un escritor de increíble egolatría que escribía sobre Sarmiento para hablar de sí mismo, y que si hablaba de Da Vinci (conferencia en el Teatro Colón del 30 de mayo de 1919, *Elogio de Leonardo*) lo hacía para dejar en claro que él estaba a la altura de su genio, que él era, claramente, un escritor de estatura renacentista. Sí, es Lugones.

Un hombre que no puede sino tomarse todo el tiempo en serio termina condenándose al ridículo. Miro una fotografía de Lugones: es de 1926. El vate está erguido, tiene anteojos, bigotes tipo Hércules Poirot, se ha cruzado de brazos, tiene enguantada la mano derecha y el antebrazo, sostiene con esa mano un florete, viste un uniforme blanco y lleva descubierto el brazo izquierdo. Está en una clase de esgrima. Pero esto no es todo. A su lado, hay una armadura de guerrero medieval. Y Lugones posa junto a ella y mira a cámara y cree que es formidable que la posteridad (que, no duda, sólo tendrá sentido si existe para recordarlo) lo recuerde así. He mostrado esta foto a algunos jóvenes. Se ríen y preguntan quién es ese disfrazado sin carnaval. Es Leopoldo Lugones: escribió poemas, cuentos, innumerables artículos, piezas oratorias y hasta una novela de amor. Hoy, sobre todo, se lo recuerda como "el que dijo eso de la hora de la espada".

El fascista —todo fascista— se siente dueño de la patria y de su tradición. Cree que el Otro, siempre, viene a arrebatarle el presente y es asimismo la negación del pasado. Carlos Ibarguren (1877-1956, que fue funcionario de Uriburu y que también fue, ideológicamente, más lúcido, coherente y brillante que Lugones) inicia su *Juan Manuel de Rosas* narrando las desventuras del teniente Ortiz de Rozas, padre del recién nacido Juan Manuel, quien se pone el uniforme militar y parte raudo en busca del capellán del Regimiento para la ceremonia del bautizo. ¿Por qué busca al, precisamente, capellán del Regimiento? ¿Por qué no le basta con un clérigo del orden común? Ibarguren lo explica: "El teniente pensaba que el vástago de un Ortiz de Rozas debía, el primer día de su vida, ser ungido a la vez católico y militar, y por ello empeñóse en que fuera castrense el sacerdote que pusiera óleo y crisma a la criatura".[34] Hay aquí más fascismo que palabras. Primero: el vástago nace como miembro de una familia tradicional. De raíz hispánica y católica, él proviene de esa tradición y viene al mundo a defenderla y perpetuarla. Segundo: lo hispánico y lo católico (fundamentos de la nacionalidad) deben ser ungidos por lo castrense. Es la condición militar (la violencia, en fin) la que debe asegurar la permanencia de la tradición.

Ibarguren fue el teórico de esta fe (su *Juan Manuel de Rosas* es brillante y un libro posterior, *La inquietud de esta hora*, de 1934, es, a mi juicio, la mejor exposición que el fascismo ha hecho en este país de sus posturas) pero Lugones es su exaltado profeta. En 1923 (prohijado, con total coherencia, por la Liga Patriótica y el Círculo Tradición Argentina) pronuncia cuatro conferencias en el Teatro Coliseo. Dice: "El pueblo, como entidad electoral, no me interesa en lo más mínimo (…) me causa repulsivo frío la clientela de la urna y el comité".[35] Luego habla de la *paparrucha democrática*. (Si, aquí, alguien recuerda la frase procesista "las urnas están bien guardadas" está trazando una certera simetría ideológica.)

En 1924 —Lugones tiene aquí cincuenta años— asiste en Perú a la conmemoración del centenario de la batalla de Ayacucho. Siente que, más que nunca, ha llegado la hora de hablar claro. Dice: "Ha sonado otra vez, para bien del mundo, la hora de la espada". Habla, luego, del *jefe predestinado* y afirma que debe mandar "por su derecho de mejor, con o sin la ley, porque ésta, como expresión de potencia, confúndese con su voluntad". Así, la ley pasa a segundo plano. O peor aún: se subordina a la voluntad del *jefe predestinado*. Y luego: "En el conflicto de la autoridad con la ley, cada vez más frecuente, el hombre de espada tiene que estar con aquélla".[36] Otra vez el relegamiento de la ley ante la voluntad del jefe, identificado ahora con *el hombre de espada*, es decir, con el *hombre de violencia*. Ya podía Uriburu sacar a la calle a los cadetes del Colegio Militar, a sus soldados. Uriburu y todos los *jefes predestinados* que lo sucederían. Todos ellos habrían de contar con la belicosa bendición del *poeta nacional*. Del vate que se comparó con Da Vinci y se retrató junto a una armadura vistiendo ropas de esgrimista. En fin, y sin perdón, del ególatra pendenciero que dijo eso de la hora de la espada. Se suicidó en 1938.[37]

El golpe de José Félix Uriburu —el golpe del 6 de setiembre de 1930— es de infausta memoria entre nosotros porque inaugura el golpismo militar que habría de agobiar al país hasta llegar a su versión más extrema y sangrienta: el golpe de Videla, en 1976. Uriburu no sólo inauguró la modalidad golpista, sino también su conceptualización. Quiero decir: los conceptos de todos los golpes posteriores ya estaban en su *Manifiesto Revolucionario*. El autor de ese

Manifiesto fue Lugones, a quien Marysa Navarro llama "el D'Annunzio argentino".[38] El *Manifiesto* dice: "Exponentes de orden y educados en el respeto de las leyes y de las instituciones, hemos asistido atónitos al proceso de desquiciamiento que ha sufrido el país en los últimos años".[39] Cuando, en la Argentina, los poderosos están *atónitos* y dicen que el país está *desquiciado* es porque la violencia golpista está por dar su zarpazo. ¿Por qué están atónitos? Por el desquiciamiento de algo que les pertenece: el país. ¿Por qué el país está "desquiciado"? Porque no sirve con eficacia a sus intereses. De este modo, en un largo texto, Lugones explicita luego todos los elementos irritativos (y que siempre habrán de esgrimir los golpistas) para el *establishment* militar y civil que representaba. Esos elementos son: inercia, corrupción administrativa, ausencia de justicia, anarquía universitaria, despilfarro en materia económica y financiera, favoritismo, burocracia, politiquería, descrédito internacional, desprecio por las leyes, incultura agresiva, exaltación de lo subalterno, abuso, atropello, fraude, latrocinio y crimen. Todo esto, sigue Lugones, autoriza a "apelar a la fuerza para libertar a la Nación". Y de inmediato —tal vez con el intento de *calmar los espíritus*— escribe: "Ajeno en absoluto a todo sentimiento de encono o de venganza, tratará el Gobierno Provisional de respetar todas las libertades, *pero reprimirá sin contemplaciones cualquier intento que tenga por fin estimular, insinuar o incitar a la regresión*".[40]

Para Juan E. Carulla —otro "buen argentino" de esa trágica hora inaugural— los hechos que legitimaban el golpe se acercaban a los enumerados por Lugones. Habla del "desastroso cesarismo imperante". Dice: "Sólo permanecían adictos al Señor Yrigoyen aquellos a quienes cegaba aún el sensualismo de las prebendas y posiciones públicas".[41] Y se despacha luego con un texto discepoliano: "Por otra parte, la justicia, con excepción de muy pocos de sus ministros (…) se veía trabada por la intromisión del primer mandatario, que jugaba con la balanza de Temis con el mismo desenfado con el cual hacía de una mujer un capellán del ejército, o de un rufián de comité un profesor de filosofía".[42] Si tenemos en cuenta que *Cambalache* ("lo mismo un burro que un gran profesor") es de 1935, sería azaroso suponer que Carulla se inspiró en Discépolo para describir el clima espiritual del yrigoyenismo. Pero *Qué vachaché* está editado por Julio Korn en 1926. De ahí pueden haber tomado los nacionalistas algunas ideas para sus desmedidos diagnósticos.[43]

Sólo algo más sobre Carulla: luego de describir los "horrores de la demagogia yrigoyenista" estampa una frase impecable, la perfecta frase del golpismo militar: "Pero, felizmente, velaban los buenos argentinos".[44] ¡Los buenos argentinos! Siempre velando por la patria, siempre dispuestos a salvarla, siempre dispuestos a empuñar la espada o a clamar por ella no bien las cosas comiencen a incomodarlos. En abril de 1976, los militares videlistas pegaron por todo el país un afiche que mostraba la pirámide de Mayo reposando sobre dos espadas cruzadas a sus pies, sosteniéndola. En el afiche, la siguiente frase: "La venimos salvando desde 1810. Volveremos a salvarla ahora". Esa es la misión que se adjudican los *buenos argentinos*: velar por la patria, salvarla siempre que sea necesario, y, para hacerlo, encarcelar, torturar o matar a los *malos argentinos*. Que son todos los demás.

No querría terminar este parágrafo sin otra mención a Carlos Ibarguren (1877-1956). Como sea, volveremos a encontrarlo cuando nos ocupemos de Rosas y la Más-Horca en la tercera parte de este ensayo. (No se puede hablar de Rosas sin hablar de Ibarguren.) Ocurre que este patricio católico y militarista escribió —según ya dije— el mejor, el más impecable libro fascista que se haya escrito en la Argentina, un país donde no han escaseado ni escasean los fascistas. En su primer capítulo establece la existencia de tres ideologías: 1) la democracia liberal individualista; 2) el fascismo, corporativismo o nacionalismo; 3) el marxismo o comunismo. Por de pronto, lo siguiente: Ibarguren viene a avalar —desde el lejano pero ardiente año 1934— la visión de Ernst Nolte sobre los "dos demonios". Porque, para Ibarguren, la democracia liberal está demolida, sus "restos están minados", y "la inquietud de la hora" se expresa en el enfrentamiento entre (2) y (3), es decir, entre el fascismo, corporativismo o nacionalismo y el marxismo o comunismo.[45] Y para la superación de este enfrentamiento, para el triunfo sobre el tenaz adversario, el fascismo sabe cuál deberá ser su instrumento: la fuerza, la violencia. "El primer rasgo que acentúa esta hora (escribe Ibarguren) es el dominio de la fuerza, el que tiene su expresión popular y simbólica más sugestiva en el culto del deporte (...) Después de la terrible conflagración mundial se ha acentuado en los hombres este arrebato combativo. La generación de la post-guerra repudia el intelectualismo que dominó a fines del siglo XIX y que ahora es reemplazado por el impulso vital; desecha el materialismo (...) Hay una exaltación de los sentimientos religiosos y patrióticos (...) La fraternidad y la lírica expresión de ternura utópica es sustituida por el arrebato combativo de la generación hija de la guerra. Al juego tranquilo y a los vaivenes incruentos de los intereses y de las tendencias de políticas de la era pacífica y liberal anterior a la guerra ha sucedido el violento choque de combate y la acción directa de las masas. Los partidos políticos se van debilitando al empuje de columnas cívicas militarizadas".[46] Y luego: "Una formidable lucha ha comenzado entre las dos grandes corrientes, que son las que ahora ocupan principalmente la escena política mundial: el comunismo internacional y materialista y el fascismo o corporativismo nacionalista y espiritualista. *Estas dos poderosas corrientes combaten encarnizadamente a la democracia liberal para ultimarla*".[47]

Como vemos, el esquema interpretativo de Nolte acerca de la *guerra civil europea* entre el comunismo y el nazismo es un esquema que proviene del fascismo. Ibarguren —que exalta la juventud, la fuerza, el impulso vital, la violencia, la voluntad de poder y las columnas cívicas militarizadas— encuentra un punto de unión entre comunismo y fascismo: *el combate encarnizado contra la democracia liberal*. Este esquema interpretativo nunca ha sido el del marxismo. Para el marxismo, el nacional socialismo es la variante estatista del capitalismo, es la agresividad de una potencia (Alemania) que llegó tarde al reparto del mundo y se da una política de expansión (el *espacio vital* hitleriano) para recuperar lo que nunca tuvo. Para recuperar, digamos, el tiempo perdido en organizarse como nación y el botín expansionista que esa tardanza le impidió disputar. Ese *relato* de Nolte y de los libremercadistas post-1989 —que se organiza afirmando que el fascismo y el comunismo se enfrentaron en una guerra de la que surgió, triunfante, la democracia individualista y liberal y antiestatista que ambos detestaban— coincide con el relato fascista. Y si coincide es porque, con deliberación, lo instrumenta para fundamentar el *esquema victorioso*, el "punto de vista de 1989". Este "punto de vista", notoriamente, se arma con Adam Smith, Friedrich von Hayek y Milton Friedman. Pero también con Mussolini, Hitler... y Carlos Ibarguren. Sólo que Ibarguren —altanero, arrogante, desdeñoso— dice: "La democracia liberal está muerta o agoniza; es el pasado. Los protagonistas de la historia, de esta hora incierta, de este siglo, *somos nosotros*: los nacional socialistas y el marxismo". Y el *esquema victorioso* —con calma, sin estridencias, constatando un hecho irreversible— dice: "Sí, fueron ellos. Los protagonistas de este siglo de horrores fueron ellos".

8. TRANSICIÓN

En su exaltación de la fuerza, la violencia y la juventud, Ibarguren no evita recordar el papel de los jóvenes en la revolución uriburista. Y escribe: "Los jóvenes que entran a la vida activa rebosantes de energía tienen otra visión de la escena pública y reclaman otra cosa que las promesas irrealizadas de los empresarios electorales; quieren acción y anhelan innovaciones en el cuadro político (...) para que la demagogia no se desate de nuevo en nuestro suelo".[48] Entre esos jóvenes había uno muy especial. En principio, no era tan joven: ya tenía más de treinta años. Y no era un joven civil ni uno de esos jóvenes a los que saludaba Ibarguren. Era un capitán del Ejército. Era Juan Perón y algo tuvo que ver con la revolución de setiembre de 1930.

"El capitán Perón —escribe Joseph A. Page— tuvo una participación marginal en el desarrollo de los acontecimientos. El día 6 por la mañana visitó varias unidades militares de la zona y las instó a permanecer en sus cuarteles. También se aseguró el uso de un carro blindado y con él se abrió paso entre el fuego de artillería que reverberaba en las proximidades del Congreso a lo largo de las calles tomadas por los civiles que aprobaban el golpe. Su destino era la Casa de Gobierno en la histórica Plaza de Mayo (...) Era la primera vez que ponía sus pies en el edificio y vio hordas inciviles desplazándose por los salones. Luego de ayudar a crear un estado parecido al orden, regresó a su carro blindado y lo condujo lentamente por la Avenida de Mayo hacia el Congreso".[49] De este modo, Perón aparece en nuestra historia como militar, como antiyrigoyenista y como un curioso personaje que, en medio de un golpe de Estado, pretende y hasta consigue... poner orden.

9. JUAN PERÓN: POLÍTICA Y GUERRA

En 1932, publicado por la Biblioteca del Oficial del Círculo Militar, apareció un libro destinado a explicar eso que los grandes teóricos militares llaman "el arte de la guerra". El libro llevaba por título *Apuntes de Historia Militar* y su autor era un Mayor de nombre Juan Perón. En 1934 hubo una segunda edición y en 1951 —cuando el Mayor no era Mayor sino General y, además, presidente de la República— hubo una tercera. El libro tuvo una inesperada trascendencia en nuestra historia política: su lenguaje militarista impregnó la fraseología del movimiento que el Mayor habría de liderar y —en la década del setenta— fue leído por jóvenes que encontraban en las palabras *táctica, estrategia, nación en armas, guerra prolongada, política y guerra* aguijones para la práctica revolucionaria. Así, una relectura de esos *Apuntes* del mayor Perón se torna indispensable para una reflexión sobre las modalidades de la violencia en la Argentina.

Perón consideraba aptos para la acción política sus principios militares de 1932. Lo dice el 5 de abril de 1951 en una clase que da en la Escuela Superior Peronista (estas clases fueron recopiladas en un libro que se llamó *Conducción política*). Las clases de Perón reivindicaban la exactitud, la frialdad de la concepción y el desapasionamiento. Se oponía, de este modo, al otro decisivo expositor de la Escuela, que tenía otro estilo, que se permitía el desborde y la pasión, Evita. Con ironía, Perón no dejaba de señalar esas diferencias. La clase del 29 de marzo de 1951 comienza diciendo: "Yo lamento que probablemente las cosas de las que tengo que hablar no sean tan galanas ni tan emocionales como las que trata mi señora"[50]. No lo lamentaba en modo alguno: él, pensaba, era la racionalidad, la inteligencia, el método; Evita, meramente lo emocional.

La simetría entre los *Apuntes de Historia Militar* y la política es expresada como sigue: "Hay varios trabajos míos sobre el conductor y un librito mío que habla mucho sobre la conducción. Es de carácter militar, pero es aplicable a la política" (5/4/51). Acabamos de leer un texto fundamental: *esta traslación de conceptos militares a la política es inexcusable para comprender no sólo el peronismo de los orígenes, sino también el de los años setenta.* A nadie escapa que trasladar conceptos militares a la política implica considerar a la política desde el punto de vista de la guerra; es, en suma, transformar la política en guerra.

El capítulo II de los *Apuntes* se titula "La Guerra". Perón comienza citando la célebre definición de Clausewitz: *La guerra es la continuación de la política por otros medios.*

Añade, también, otra cita del teórico prusiano: *La guerra es un acto de fuerza para obligar al contrario al cumplimiento de nuestra voluntad.* Bien, ¿dónde se detiene ese acto de fuerza, qué implica *exactamente*? Implica el *aniquilamiento* del enemigo. Será necesario prestarle atención a este concepto porque figura en el léxico del horror argentino: el gobierno peronista (Luder-Isabel Perón) de 1975 ordenó a los militares *aniquilar* a la subversión. ¿Qué sentido tiene esta palabra en los *Apuntes* del fundador del movimiento? Es central explicitarlo porque nadie puede pensar que quienes redactaron ese decreto en 1975 desconocían los textos de Perón sobre el *aniquilamiento* en la guerra. ¿O no habían leído los *Apuntes de Historia Militar*? Si es así, sería interesante que lo dijeran, lo que implicaría admitir que desconocían una pieza esencial del pensamiento de su tan invocado líder. En la página 129 de la edición de 1951 figura el siguiente título: *El aniquilamiento en la guerra moderna.* Perón comienza, también aquí, con una cita de Clausewitz: "La victoria es el precio de la sangre; debe adoptarse el procedimiento o bien no hacer la guerra. Todas las consideraciones de humanidad que se pudieran hacer valer os expondrían a ser batidos por un enemigo menos sentimental". Y luego es Perón quien dice: "Las guerras serán cada vez más encarnizadas y en los tiempos que corren sólo el aniquilamiento puede ser el fin. Los medios para conseguirlo pueden variar en forma apreciable, pero la finalidad de la guerra se ha cristalizado en ese precepto: aniquilar al enemigo para someterlo a nuestra voluntad. Por eso la violencia ha aumentado y aumentará con los medios que se dispongan para hacer la guerra".[51] Como vemos, la palabra *aniquilamiento* se relaciona exclusivamente con la violencia aniquiladora, que será más efectiva cuanto más ciega sea ante las normas de humanidad. Clausewitz es despiadado en marcar esta característica fundante de la guerra: la guerra es la sangre y las consideraciones de humanidad sólo conducen al riesgo de ser derrotado por un enemigo menos sentimental. Así, la utilización de la palabra *aniquilamiento* por un gobierno civil suponía su inclusión en la más cruel de las concepciones militares sobre la guerra. O esa palabra fue utilizada ligeramente (sin haber consultado, por ejemplo, los *Apuntes* de Perón) o se compartía la concepción de una acción *no sentimental, no humanitaria,* con los militares procesistas. Lo cual no los justifica a éstos (como ellos pretenden), sino que incluye a los responsables de ese decreto de 1975 en la feroz lógica de aniquilamiento que se aplicaría a partir de marzo de 1976.

La cuestión, desde luego, es más ardua y remite a la utilización de la palabra *guerra*. Nadie puede utilizarla inocentemente. Si Clausewitz tiene razón (¿y quién sino Clausewitz para hablar con propiedad de la guerra?) no hay compatibilidad posible entre la guerra y las *consideraciones de humanidad*, ya que éstas conducen a un peligroso *ablandamiento sentimental* ante el enemigo. Seamos claros en un punto delicado: el mismísimo Clausewitz se hubiera horrorizado ante las crueldades de los militares procesistas, a quienes hubiera considerado una pandilla de salvajes. (Además y muy importante: jamás hubiera aceptado que el encarnizado proceso de represión integral que protagonizaban era una "guerra".) Pero seamos claros también en esto: el traslado del concepto de *guerra* a la acción política es altamente peligroso, ya que la guerra *no es* la continuación de la política por otros medios, sino la negación profunda de la política entendida como el arte humanista del entendimiento y el disenso entre las partes. De este modo, es posible concluir lo siguiente: que en los orígenes del vocabulario del movimiento político predominante en los últimos cincuenta años de nuestra historia se encuentre un libro militar que explica gran parte de las desdichas de este país.

Pensar la política argentina —desde 1943 en adelante— requiere conocer textos de Clausewitz y de Colmar Baron von der Goltz. La causa es una y decisiva: ambos teóricos prusianos influyeron decisivamente en los *Apuntes de historia militar* del Mayor Juan Perón y estos *Apuntes* —su lenguaje y sus concepciones militaristas— se entremezclaron tumultuosamente con nuestra historia. Así, la concepción de *guerra integral* que maneja la izquierda peronista en los setenta —y que Perón impulsa como gran demiurgo: pocos, ya veremos, se creyeron tan artífices de la Historia como Perón— se encuentra presente en el remoto, aunque célebre y celebrado, libro de von der Goltz *La nación en armas*.

En 1944, en la Universidad de La Plata, el coronel Perón da una conferencia que titula "Significado de la Defensa Nacional desde el punto de vista militar". Finaliza señalando tres conclusiones: "1º- Que la guerra es un fenómeno social inevitable. 2º- Que las naciones llamadas pacifistas, como es eminentemente la nuestra, si quieren la paz, deben prepararse para la guerra. 3º- Que la Defensa Nacional de la Patria es un problema integral que abarca totalmente sus diferentes actividades".[52] Enuncia, así, una premisa esencial de von der Goltz: *los pueblos que quieren prepararse para la paz tienen que prepararse para la guerra*. Es el concepto de la nación en armas. Este fenómeno, el de la guerra, era no sólo, para von der Goltz, inevitable, sino que representaba la posibilidad de la unidad nacional. Seguía, coherentemente, a Hegel: hubo poemas homéricos (es decir, arte y unidad espiritual del pueblo griego) porque antes hubo guerra de Troya. Así lo decía Hegel en sus *Lecciones sobre filosofía de la historia universal* y de aquí derivaba von der Goltz la necesariedad de la guerra: "Mientras las naciones de la tierra aspiren a bienes materiales, mientras traten de asegurar para las generaciones siguientes el espacio para su desarrollo, tranquilidad y respeto, mientras guiadas por grandes espíritus anhelen, más allá de las necesidades diarias, realizar ideales políticos e histórico-culturales, siempre habrá guerras".[53] Y Perón —en el capítulo III de sus *Apuntes de historia militar*, que se titula, precisamente, "El concepto de la Nación en Armas"— dice: "Esta feliz expresión (se refiere a *nación en armas*), que tan bien sintetiza la *guerra integral*, se debe al Mariscal von der Goltz y data de 1883. Es, en cierto modo, la teoría más moderna de la defensa nacional y lo que hoy constituye la base fundamental del concepto orgánico".[54] Preguntemos: ¿qué es esto del *concepto orgánico*? Pe-

44

rón, siguiendo a los teóricos prusianos, consideraba a la nación como un cuerpo vivo, orgánico. De aquí que todavía los peronistas utilicen una expresión tan pintoresca como: *cuerpos orgánicos*. De aquí que muchos políticos argentinos todavía digan: "Se han reunido los cuerpos orgánicos del partido". Sigamos. Perón se entusiasma con la idea de *nación en armas* y la deriva a la de *pueblo en armas*: "A la *nación en armas* corresponde la *movilización y organización integral*. Hoy la preparación para una guerra ha pasado a ser no sólo tarea de militares, sino de todos los habitantes, gobernantes y gobernados, militares y paisanos".[55] Aparecen aquí conceptos que retomará la izquierda peronista en los setenta: movilización, organización integral, pueblo en armas. De donde vemos que el esquema ideológico que se produce surge de mixturar, con Perón como eje dinamizador, a Hegel, Clausewitz y von der Goltz con Marx, Fanon, el Che Guevara y Giap. Debemos, en suma, señalar que la comprensión de ciertos procesos históricos de amplia complejidad requiere una lectura cuidadosa de las fuentes ideológicas que lo alimentan. En la urdimbre borrascosa de Hegel, Clausewitz, von der Goltz, Marx, Fanon, el Che, Giap y Perón se encuentra no poca de la comprensibilidad del fenómeno montonero.

Señalé antes que pocos políticos se sintieron tan artífices de la Historia como Perón. La causa reside en el papel que se asignaba: era el *conductor estratégico*, concepto altamente militar. Así lo define en los *Apuntes*: "Conducción estratégica es la que se refiere a la conducción total de las fuerzas puestas en juego en la guerra".[56] He aquí al Perón *madrileño* conduciendo los hilos de las tropas peronistas. Se asumía como un conductor en combate. Y así lo querían ver y largamernte lo vieron los jóvenes peronistas de los setenta: era el viejo sabio, el general en batalla, el que tenía la posibilidad de ver y conducir el conjunto. Perón fue un maestro en trasladar el concepto militar de la conducción estratégica (tal como figura en los *Apuntes*) a la política. En sus clases en la Escuela Superior Peronista decía: "Yo mando en conjunto, pero no en detalle". Y continúa: "Yo, que conduzco desde aquí (*se refiere al lugar del estratega*), no estoy con nadie; ¡estoy con todos!". (Aclaro que no inventé la frase ni puse los signos de admiración: todo pertenece a Perón). Que continúa: "Cuando se hacen dos bandos peronistas, yo hago el *Padre Eterno*: los tengo que arreglar a los dos. Yo no puedo meterme a favor de uno o del otro, aunque alguien tenga razón. A mí solamente me interesa que no se dividan (…) Por eso, en mi función de conductor superior, si me embanderase pasaría a meterme en la conducción táctica" (*Conducción política*, clase del 12/4/51). Así, los conceptos militares de *estrategia* y *táctica* explican al Perón *pendular* de Puerta de Hierro: no podía meterse en la conducción táctica, ya que como conductor estratégico tenía que armonizar el conjunto y llevarlo a la victoria. (Perón se mete en la conducción táctica a partir de Ezeiza. Aquí, dramática y hasta patéticamente, deja de conducir el conjunto, se embandera con uno de los grupos —la derecha del movimiento— y *cuestiona* al otro. De este modo, él, que se creía el gran ajedrecista de la Historia, el que manejaba, *desde afuera*, todas las contradicciones, abandona la tierra del *mito*, que sólo podía sostenerse desde la lejanía madrileña, y se hunde en la *Historia*, no ya para manejar las contradicciones, sino para ser una más de ellas.)

Perón, siempre, tuvo una concepción de la política como guerra. (Sus adversarios o sus, con frecuencia, feroces enemigos, también. Pero ahora estamos hablando de él.) Le gustaba citar a Licurgo: "Hay un solo delito infamante para el ciudadano: que en la lucha en que se deciden los destinos de Esparta él no esté en ninguno de los dos bandos o esté en los dos" (*Conducción política*, 29/3/51). Considerar a la sociedad dividida en dos bandos enemigos es pensar la sociedad desde la guerra. De este modo, Perón pudo decir algunas de las frases más violentas de nuestra historia. Por ejemplo: el 30 de agosto de 1955 eleva su renuncia a la CGT, la CGT la rechaza y se organiza un acto para el 31. Ahí, desde los balcones de la Casa de Gobierno, Perón dice, entre otras, la frase del *cinco por uno*. ¿Qué significa esta frase? Implica la teoría de la *violencia mayor*. Perón ya la había explicitado en ese mismo discurso: "a la violencia le hemos de contestar con una violencia mayor". Luego apela a la violencia para-institucional: dice que todo argentino que atente contra el orden de las autoridades constituidas... "puede ser muerto por cualquier argentino". Late en esta frase la que años después dirá sobre la violencia popular: "La violencia en manos del pueblo no es violencia, es justicia". Y luego retorna a la formulación de la *violencia mayor* y formula la frase del *cinco por uno*: "La consigna para todo peronista, esté aislado o dentro de una organización, es contestar a una acción violenta con otra más violenta... ¡Y cuando caiga uno de los nuestros caerán cinco de ellos!". Estas frases fueron dichas en caliente, días después del despiadado, feroz bombardeo gorila a Plaza de Mayo. Pero, años más tarde, en Madrid, sereno, ante las cámaras de Fernando Solanas y Octavio Getino (que lo filmaban para *Actualización Política y Doctrinaria para la Toma del Poder*), Perón habrá de decir una frase que aún hoy —y, sin duda, hoy más que nunca— estremece: "Al amigo todo, al enemigo... ni justicia". Recuerdo su rostro: cuando dice "ni justicia" levanta la parte izquierda del labio y muestra los dientes. Los criminales militares del '76 respondieron en su propio y salvaje modo las corajeadas del *conductor estratégico*. Transformaron el *cinco por uno* en *cincuenta por uno* (si los muertos por la guerrilla suelen calcularse en seiscientos resulta claro que los militares mataron cincuenta por cada uno de esos seiscientos, es decir: mataron treinta mil) y, dolorosamente lo sabemos, no le concedieron al "enemigo" la más mínima justicia.

10. Los condenados de la tierra

Cierta explicación —no falsa, pero de una simplicidad inapelable— de la guerrilla argentina de los años setenta dice, aproximadamente, esto: la Guerra Fría impidió el enfrentamiento *directo* entre la URSS y los Estados Unidos; por consiguiente, ese enfrentamiento se produjo de modo *indirecto*. América latina fue uno de los principales escenarios. Las dictaduras militares —por medio de la doctrina de la *seguridad nacional*— internalizaron al enemigo. Protegidas sus fronteras exteriores por el poder de los Estados Unidos, el enemigo que importaba era el de adentro: la *subversión*. De este modo, EE.UU. financiaba y respaldaba a los gobiernos militares para que enfrentaran al *enemigo rojo* que se abría paso en el espacio del patio trasero. Entre tanto, la URSS, vía Cuba, respaldaba a los movimientos guerrilleros que buscaban el poder por medio de las armas. Así las cosas, la tragedia argentina de los setenta sería un *resultado* del manejo de las relaciones exteriores de los Estados Unidos y la Unión Soviética. Este *encuadre general* de los hechos no sólo peca por su simplismo, sino que reduce a los protagonistas a títeres manejados por la astucia de las grandes potencias.

La violencia insurreccional de fines de los sesenta y primera mitad de los setenta es, en la Argentina, el producto perfecto de varios determinantes internos: la proscripción del peronismo, el arraigo del liderazgo *maldito* de Perón en la clase obrera, la teoría de la dependencia, el auge del nacionalismo popular, el diálogo entre católicos y marxistas y la nacionalización del estudiantado, entre otros fenómenos.

La teoría de la dependencia fue decisiva. Surgía, en principio, para realizar un desplazamiento en la *contradicción principal* que había detectado el *Manifiesto Comunista*. Decía: los países del Tercer Mundo son países coloniales, están sometidos al imperialismo y deben encarar una lucha de *liberación nacional*. Esta lucha, claro, debía librarse junto a la *liberación social*, ya que el imperialismo lograba su dominación por medio de sus "socios internos". Pero, ahora, la *contradicción principal* del sistema capitalista no era burguesía-proletariado, como en el *Manifiesto*, sino imperialismo-nación. Incluso, se sabe, la izquierda peronista desarrollará la teoría de los dos imperialismos (USA-URSS) buscando destacar la excepcionalidad de la lucha. (Nota: la izquierda peronista siempre consideró al peronismo como un hecho político y social absolutamente irreductible a cualquier otra realidad que no fuera la suya propia. Esto le dio, permanentemente, la certeza de estar viviendo una etapa de la historia por completo inédita, tan excepcional como fascinante y digna de ser vivida hasta las últimas consecuencias.)

Eramos, entonces, una colonia. O, según solía decirse, una semicolonia: teníamos gobierno propio, pero este gobierno representaba (junto con todo su aparato: desde ministros hasta empresarios, militares y simples policías) los intereses de la metrópoli. Hubo dos conceptos importantes que fueron acuñados en la Universidad: los de *centro* y *periferia*. El *centro* era la metrópoli, el imperialismo. La *periferia* era la colonia o la semicolonia. La *periferia* eran los países del Tercer Mundo, por cuya liberación se luchaba. Tal vez esto ayude a entender el auge de un libro titulado *Los condenados de la tierra*, escrito por un hombre negro que había estudiado en la Sorbona, un colonizado que escribía en el lenguaje del colonizador, un argelino nacido en La Martinica que aborrecía ilimitadamente la dominación francesa y que publica su libro en 1961 en la editorial parisina François Maspero. Nada de esto debe hacernos pensar que Fanon estaba condicionado: no hay discurso más intransigente que el suyo. Sólo interesa destacar —por decirlo así— la complejidad de lo real. François Maspero publicaba el libro más violento que se haya escrito contra Francia y un francés de lujo —Jean-Paul Sartre— le escribía el prólogo. En tanto, aquí, en la *periferia*, en la Argentina de los setenta, los jóvenes escuchaban la voz arrasadora de Fanon y la mezclaban con el Che, con Perón y con Cooke. Allí donde Fanon decía *Argelia* aquí se leía *Argentina*, y donde Fanon decía el *colonizado* aquí se leía la *clase obrera* o el *pueblo peronista*.

Más que por su título —*Los condenados de la tierra*— al libro de Fanon se lo invocaba, precisamente, así: *el libro de Fanon*. Y al prólogo de Sartre: *el prólogo de Sartre al libro de Fanon*. Era, digamos, bibliografía obligatoria. Revisemos algunos de esos textos fragorosos.

Sartre no demora en encontrar la peculiaridad del discurso de Fanon: "Fanon es el primero, después de Engels, que ha vuelto a sacar a la superficie a la partera de la historia".[57] Voy a ser claro: *no hay justificación más profunda ni absoluta de la violencia que aquella que la considera la partera de la historia.* Dice Marx en el *Manifiesto*: "en el seno de la vieja sociedad se han formado los elementos de una nueva".[58] Dice Engels en el *Anti-Dühring*: "la violencia desempeña también otro papel en la historia, un papel revolucionario (...) según la palabra de Marx es la partera de toda vieja sociedad que anda grávida de otra nueva".[59] Como vemos, no hay historia sin violencia. La violencia estalla, ocurre para que la historia exista. La violencia hace nacer a la historia. En determinado momento, cuando las condiciones están dadas, cuando, según Marx, "en el seno de la vieja sociedad se han formado los elementos de una nueva", cuando, según Engels, "toda vieja sociedad anda grávida de una nueva", aquí, exactamente aquí, interviene, *necesariamente*, la violencia. Sin violencia no habría acontecimientos históricos. Lo nuevo no accedería al ser. La historia no se reproduciría. La violencia, en suma, tiene un absoluto valor ontológico. *Hay historia porque hay violencia.*[60]

Sartre, con impecable rigor, comienza explicitando los supuestos de la violencia colonial: "el colonizado no es el semejante del hombre".[61] Son, también, los supuestos de *toda* violencia. Los violentos siempre encuentran la legitimación de su violencia negando —de una u otra manera— la *humanidad* del agredido. Desde el *piojoso judío* al *tumor subversivo*, nunca el que padece violencia es considerado por su verdugo como perteneciente a la condición humana. Sartre, además, destaca que la violencia colonial tiene por finalidad animalizar al colonizado, deshumanizarlo: "La violencia colonial no se propone sólo como finalidad mantener en actitud respetuosa a los hombres sometidos, trata de deshumanizarlos".[62] Por el contrario —dirá también Sartre— la violencia del colonizado es una violencia que lo conduce a la libertad, que es (¿y quién mejor que Sartre podía fundamentar esto?) el fundamento del ser, es decir, la posibilidad del humanismo. En suma, la violencia del colonizador es muy distinta —ética y ontológicamente— a la del colonizado. Porque la violencia del colonizador sirve para esclavizar, para inhumanizar al colonizado, en tanto la violencia del colonizado hace de él un hombre libre. Y Sartre escribe entonces uno de los textos más violentos de la historia de Occidente: "matar a un europeo es matar dos pájaros de un tiro, suprimir a la vez a un opresor y a un oprimido: quedan un hombre muerto y un hombre libre; el superviviente, por primera vez, siente un suelo *nacional* bajo la planta de sus pies".[63] Así, la violencia del colonizado es una violencia humanizadora, liberacionista. El colonizado mata al colono y accede —por medio de este acto— a la libertad. El opresor muere y el oprimido se transforma en un hombre libre que siente, además, que ahora sí habita un suelo nacional, propio, una patria. No hay que esforzarse mucho para imaginar el efecto tumultuoso que este implacable teorema (violencia, humanismo, liberación, patria) tenía en la Argentina de los años setenta.

11. Digresión: sobre Sartre

Sartre, entre otras cosas, se ha transformado en el filósofo menos citado durante los días que corren. Kant, Hegel, Nietzsche y Heidegger siempre se agitan en las páginas de los pensadores de hoy. Sartre no. Si nos decidiéramos a hacer la prueba, si nos lanzáramos a hojear (con este unívoco propósito: buscar el nombre de Sartre) los libros de, digamos, Lyotard, Derrida, Habermas, Bell, Baudrillard, Badiou y Virilio arribaríamos a esa certeza: es muy poco lo que aparece en ellos el nombre del pensador que arrebató durante décadas las conciencias de los intelectuales. ¿A qué se debe esta falta de actualidad?

Hay, en principio, una cuestión de tono. Citar a Sartre es quedar pegado al filósofo de los temas más vehementes de la modernidad. Citar o mencionar a Sartre es citar o mencionar al humanismo, la conciencia, la primacía del sujeto, el compromiso político, la lucha de clases, la lucha anticolonialista, el marxismo, la literatura comprometida, la idea de totalidad, la fundamentación de una ética, los imperativos, el hambre de los niños y, en suma, el mandato de transformar el mundo a partir de la praxis del sujeto libremente comprometido.

Sartre es la orgía. Quiero decir: es eso que Baudrillard, en las primeras páginas de *La transparencia del mal*, llama "la orgía". Y que define como "todo el proceso explosivo de la modernidad".[64] Todo sartreano, en la íntima evocación de sus viejas borrascas, admitirá esto: *Sartre fue la orgía*.

No era difícil acceder a él. Sartre, como todo filósofo que habla para el mundo y su transformación, se empeñó en ser didáctico. Su primer gran texto es breve, brillante y hermético: *La trascendencia del ego*. Es la antesala de su posterior y desmesurado ensayo de ontología fenomenológica *El Ser y la Nada*. Este libro apareció en nuestro país en una edición de tres tomos con una desvaída traducción de Miguel Ángel Virasoro. Pero ¿quién leía realmente *El Ser y la Nada*? Todos hablaban del existencialismo, de las *caves* parisinas y del Cafe de Flore. Pero cuando se enfrentaban con el libro en que el maestro desarrollaba sus ideas... ahí conocían, muchos, la verdadera angustia existencial. Desde sus primeras páginas *El Ser y la Nada* era intransitable. ¿Cómo acceder a un maestro incomprensible? No todos podían meterse de cabeza en las penumbrosas aulas de la calle Viamonte y estudiar filosofía junto con Masotta, Sebreli, Rozitchner o Eliseo Verón, quienes, sí, habían leído la obra cumbre del maestro. Aquí, entonces, Sartre tuvo un gesto bondadoso. Publicó su *Manifiesto Comunista*. Se sabe: pocos han leído *El Capital*, libro muy difícil. Pero muchos han leído el *Manifiesto* o el *Anti-Dühring*, que eran los libros para que los marxistas afirmaran su condición de tales con algún conocimiento de causa. El *Manifiesto Comunista* de Sartre se llamó *El existencialismo es un humanismo*, un folleto de escaso valor (de excesivo afán divulgatorio) a partir del que muchos aprendieron a decir que "la existencia precede a la esencia", frase cuya verdadera fundamentación estaba en *El Ser y la Nada*, ese libro inexpugnable. Y también el Sartre literato acudió en ayuda de sus seguidores. Pongámoslo así: el Sartre literato se consagró a ejemplificar las complejidades del Sartre filósofo. Nacieron, de este modo, sus novelas y sus obras de teatro. Sólo su primera novela, *La náusea*, conserva hoy valor literario. La saga inconclusa *Los caminos de la libertad* pertenece, con toda legitimidad, al infinito altillo de los trastos viejos de la cultura. Tal vez, también, buena parte de su teatro. Pero ahí estaban las verdades del maestro: el compromiso, la mirada, la elección, la bastardía. Así se masificó Sartre. No sé si una gran dramaturgia puede surgir como explicitación de una filosofía. Supongo que, al hacerlo, nace de un acto fundante de sometimiento: el sometimiento del teatro a la filosofía. Camus, por el contrario, y quizá por ser un pensador menor, logró una mayor autonomía en su narrativa y su dramaturgia. Pero Sartre logró lo que deseaba: llegar al gran público. Entre el cincuenta y hasta mediados de los sesenta todos fueron sartreanos. Todos quisieron cambiar el mundo, editaron revistas bajo el título de *Testimonio* o *Compromiso*, dijeron que todo individuo es libre en la medida en que elige, que el infierno es la mirada de los otros, hablaron de la náusea y lo viscoso. Sartre era el paradigma del intelectual. Era la inteligencia en acción.

Hacia fines de los cincuenta, Sartre publica su obra más ambiciosa y fascinante: la *Crítica de la razón dialéctica*. Estaba harto del marxismo estalinista. O dogmático. Fue, así, el abanderado de la libertad ante las cadenas del dogmatismo. El marxismo comenzó a deberle más a Sartre que a ningún otro marxista confeso. Dice que el marxismo es la filosofía de nuestra época porque aún no han sido superadas las condiciones que le dieron existencia. Esta frase, de notable fuerza historicista, puede hoy ser esgrimida en su contra. No faltarán quienes digan que las condiciones históricas que generaron la filosofía de Sartre han sido superadas, ergo también su filosofía. Ha terminado la división del mundo en bloques, ha caído el socialismo soviético, se ha derrumbado el muro de Berlín. Es más: hasta se diría que el mundo actual se organiza *contra* Sartre: al compromiso le ha sucedido la resignación, la indiferencia o el pragmatismo; la libertad sólo es reservada para el mercado, el único ente verdaderamente libre de nuestro tiempo (el mercado, no los individuos); a la dialéctica el fin de la historia; a los imperativos fuertes (la libre elección del sujeto) la exaltación de lo *light*; a la totalidad lo fragmentario.

Sin embargo, Sartre continúa agitándose aún en el silencio de los pensadores de hoy. Lo silencian porque su filosofía partió obstinadamente de la conciencia, del sujeto. Pero ¿cómo fundamentar un humanismo sin una valoración del sujeto, sin un (digámoslo) retorno al sujeto? ¿Cómo transformar la historia —indignándose ante sus aristas intolerablemente injustas— sin apartarse de la fragmentación irracionalista, sin recuperar la capacidad del sujeto para totalizar?

Sartre, entonces, ¿está tan muerto como algunos creen, tan vivo como lo desean otros o apenas silenciado por los que temen la pesadilla recurrente de su fantasma?

12. Fanon: el lenguaje zoológico del colonizador

Fanon describe —como fenómeno fundante de la posibilidad de la violencia; como fenómeno, digamos, sin el cual la violencia no sería posible— la deshumanización del castigado por medio del castigador. El que ejerce la violencia, para justificarse, debe demostrar que el paciente no pertenece a la condición humana. Escribe Fanon: "el lenguaje del colono, cuando habla del colonizado, es un lenguaje zoológico".[65] Se trata de una observación de notable agudeza: el violento, para ejercer su violencia, comienza por negarle al Otro su condición de ser humano. Esto se hace de diversos modos. Pero, centralmente, de dos: o asimilando al reprimido a la animalidad o excluyéndolo del derecho de gentes, del derecho a la ley, a la justicia. Fanon analiza aquí la primera modalidad: el colono ubica al colonizado dentro de la esfera animal. ¿Cómo, entonces, no va a tener el derecho de ejercer violencia sobre él?

Observemos el lenguaje zoológico del colono: "Se alude a los movimientos de reptil del amarillo, a las emanaciones de la ciudad indígena, a las hordas, a la peste, el pulular, el hormigueo, las gesticulaciones. El colono, cuando quiere describir y encontrar la palabra justa, se refiere constantemente al bestiario".[66] Para el que necesita ejercitar la violencia, el enemigo o no pertenece a la condición humana o no pertenece a la condición de la ley. Ambas actitudes se condicionan: no es necesaria la ley para matar a los animales y, asimismo, los animales no pertenecen al ámbito de la juridicidad. La *expulsión* del enemigo del ámbito de la condición humana tiene diversas modalidades. Por ejemplo: cuando Perón decía "al enemigo, ni justicia" y los jóvenes setentistas se exaltaban con este discurso más que beligerante, ¿en qué se fundamentaba la decisión de negarle la justicia al enemigo y excluirlo, así, del amparo de la ley tal como a los animales? En que el enemigo se oponía a la liberación del hombre, a la humanización de los oprimidos, al surgimiento del *hombre nuevo*. ¿Hay algo más inhumano que oponerse a la humanización de los oprimidos y al surgimiento del hombre nuevo? Desde esta perspectiva ideológica (que hacía de los opresores *enemigos del hombre*) se abría el espacio violento de la militancia armada. (Como vemos, adelantando futuras conclusiones, una posibilidad de abandonar la violencia, *toda violencia*, es considerar siempre al Otro como un ser humano, como alguien que pertenece al mundo de lo humano y, por lo tanto, al de sus leyes, al de su justicia. Si la violencia tiene como requisito la negación de lo humano en el Otro, en el diferente, la negación de la violencia, *su imposibilidad*, tiene como requisito considerar al Otro, *siempre*, como un ser humano amparado por la ley. *Toda violencia surge de la negación de este encuadre conceptual.*)

No es casual que los mediadores suelan ser víctimas de la violencia. Para el violento, el mediador (el que intenta un diálogo) es un farsante, un impostor y hasta un traidor. Es alguien que finge que la racionalidad puede arreglar algo que sólo puede dirimirse por medio de la violencia. Fanon es contundente en este sentido: no hay términos medios entre opresores y oprimidos, entre colonos y colonizados. Escribe: "El campesinado, el desclasado, el hambriento, es el explotado que descubre más pronto que sólo vale la violencia. Para él no hay transacciones, no hay posibilidad de arreglos".[67] La violencia es la negación de la racionalidad política y, para desplegarse, tiene que montar un escenario en el que esa racionalidad sea imposible. "El colonialismo (escribe Fanon) no es una máquina de pensar, no es un cuerpo dotado de razón. Es la violencia en estado de naturaleza y no puede inclinarse sino ante una violencia mayor".[68]

La situación argelina que describía Fanon era mecánicamente trasladada a la Argentina. De aquí que el film de Gillo Pontecorvo, *La Batalla de Argelia*, fuera visto entre vítores de entusiasmo guerrero. Argelia, Argentina: dos rostros, dos modalidades de *las luchas nacionales contra la dependencia*.

Hubo un enfoque fanoniano que tuvo profunda influencia en la militancia armada argentina. Fue decisivo. Fanon decía que la represión, cuanto más intensa, mejor. Porque desnudaba las verdaderas relaciones entre opresores y oprimidos. "Las represiones (escribía) lejos de quebrantar el impulso, favorecen el avance de la conciencia nacional. En las colonias, las hecatombes, a partir de cierto estadio de desarrollo embrionario de la conciencia, fortalecen esa conciencia, porque indican que entre opresores y oprimidos todo se resuelve por la fuerza".[69] Y aún más: "Porque la violencia, y ahí está el escándalo, puede constituir, como método, la consigna de un partido político (...) Los hombres colonizados, esos esclavos de los tiempos modernos, están impacientes. Saben que sólo esa locura puede sustraerlos de la opresión colonial".[70]

Fanon ve a la violencia como *escándalo*. ¿Escándalo para quién o para quiénes? Para aquellos (ingenuos o impostores) que creen en la posibilidad de la política, de la racionalidad, del diálogo. No: Fanon convoca a la locura. Es impecable que se refiera a la violencia como *esa locura. Todo violento siempre está fascinado por el componente demencial de la violencia.* Asoma en estos textos la sombra gigantesca de Nietzsche. El hombre violento se atreve a la locura porque huye de la mediocridad, de las medias tintas, de los diálogos grises y hasta cobardes. El hombre violento está destinado a las cumbres o a los abismos (a la gloria o al martirio) pero nunca al mundo gris de la razón.

La otra tesis de Fanon (*la represión genera conciencia política*) tuvo amplio y trágico desarrollo entre nosotros. *Toda la práctica armada de Montoneros a partir de su pasaje a la clandestinidad se basa en esa concepción fanoniana.* Suele ser expresada por una simple frase: *cuanto peor, mejor.* Pero Fanon le había entregado su exaltada fundamentación: *toda hecatombe, a partir de cierto estadio embrionario de la conciencia, fortalece a la conciencia nacional.*[71] Promediaba el año 1975 cuando Montoneros advierte que la hecatombe está cercana: es el golpe militar. El gobierno de Isabel Perón era —así lo interpretaban— un *colchón* molesto que impedía al pueblo la visualización de las verdaderas contradicciones, de los verdaderos e inconciliables enemigos en pugna: Ejército y guerrilla. *Así, comienzan a desear la hecatombe.* Y la desean desde ese riguroso horizonte conceptual fanoniano: *las hecatombes fortalecen el desarrollo de la conciencia nacional.* Se equivocaron. Se equivocó Fanon con su demencialismo nietzscheano y, trágicamente, se equivocó la militancia armada argentina con su iluminismo vanguardista, solitario, aislado de las masas: la hecatombe fue la hecatombe, y nada más que la hecatombe.

13. Ernesto Che Guevara: teoría del foco insurreccional

Debemos, inexcusablemente, detenernos en la personalidad, en las ideas de Guevara. La izquierda peronista se constituye erigiéndolo en uno de sus referentes, de sus paradigmas fundamentales. Suele obviarse esta cuestión cuando se habla de los Montoneros. Se menciona más el pasado católico o la vieja pertenencia a la organización nacionalista Tacuara de sus cuadros. Hay, aquí, un error fundamental: *Montoneros no fue toda la izquierda peronista.* Es alarmante hasta qué punto esta simplificación ha ido creciendo. Si los cuadros fundacionales de Montoneros venían del nacionalismo católico o de Tacuara, los militantes de la izquierda peronista eran jóvenes de clase media, universitarios, sindicalistas marginados del tronco conciliador-dialoguista-burocrático-vandorista de la CGT, o villeros.

Por decirlo claramente: *la izquierda peronista fue el intento más extremo de la izquierda argentina por acercarse a un pueblo que siempre le había sido esquivo.*

Es decir, la izquierda peronista fue *izquierda.* Sus cuadros leían a Marx, a Lenin, a Trotsky y, claro, a Perón. Después hacían la mixtura. Después lo inventaban a Perón. Se inventaban el Perón que necesitaban para poder, simultáneamente, hacer política con las masas peronistas y no negar su identidad, fundante, de cuadros de izquierda. Como lo advirtieron claramente desde el inicio los "viejos" peronistas y como luego se los espetó el mismísimo Perón: *eran infiltrados.*[72]

El empobrecimiento de este tema conduce a la teoría de los dos demonios. Primero: se reduce la izquierda peronista a Montoneros. Segundo: se reduce Montoneros a Galimberti y Firmenich. Conclusión: la tragedia argentina se debió al enfrentamiento entre los militares represores y Montoneros. O si no: al enfrentamiento entre Videla y Massera y Galimberti y Firmenich.[73] Pero no: la izquierda peronista es un fenómeno tan complejo, *y tan de izquierda,* que jamás podríamos comprenderlo sin una exposición de las ideas centrales de Ernesto Che Guevara.

Es muy difícil "meterse" con el Che. Durante el año 1997 —a los treinta años de su muerte— aparecieron sus huesos, se lo sepultó en Santa Clara, la ciudad de su gran victoria militar, se multiplicaron los poemas, las biografías, las remeras y las adhesiones fervorosas. Fue la apoteosis de la sacralización a-crítica. Más difícil será, conjeturo, explicitar el papel que desempeñaron sus ideas y su ejemplo combativo en una generación argentina sacrificada por los militares más despiadados que produjera América latina. Que no es decir poco.

Voy a partir de un texto de Osvaldo Bayer que posee un gran valor gnoselógico y emocional. Lo citaré extensamente. Dice así: "En enero de 1960 —hace ya más de un cuarto de siglo— en La Habana, junto a otros catorce periodistas, sindicalistas y profesionales argentinos escuché de labios de Ernesto Che Guevara la teoría foquista revolucionaria y su aplicación en la Argentina (…) Escuché todo en silencio. Pocas horas antes había estado con Rodolfo Walsh, por ese entonces en Cuba, quien ya apuntaba lo que para él era la única solución. Las dos veces me invadió ese mismo sentimiento que los alemanes llaman 'mit-leiden' ('sufrir-con', 'padecer-con' y no 'compadecer'). Es decir, algo así como una desesperación interior, un conmoverme por adelantado por algo que podía ocurrir con quienes estaban por sacrificar sus generosas vidas en una lucha en la que iban a ser barridos por una sociedad corrupta, de una increíble mentalidad fascista (…) Lo que sentí en esas horas fue algo 'meramente' intuitivo. Veía que estaban equivocados en sus métodos pero no tenía yo ninguna solución en el bolsillo del chaleco, ni regla maestra, ni antecedentes de luchador ni interpretación histórica o sociológica correcta. Al final me atreví a decir algo a Ernesto Che Guevara que en mí era una necesidad de alertar, un intento de llamar la atención al peligro. Le dije: 'Las fuerzas de represión en la Argentina no son las de la Cuba de Batista. Son muy poderosas y están bien informadas: si no pueden vencer con las policías provinciales, lo harán con la federal, si no pueden con ésta recurrirán a la gendarmería, el ejército, la aviación, la infantería de marina...' Guevara me miró y en un tono con algo de noble tristeza me respondió sólo tres palabras: 'Son todos mercenarios'".[74]

De este modo, Guevara propone una diferencia cualitativa entre un guerrillero y un represor. Uno lucha por la libertad y el hombre nuevo; el otro lucha por la esclavización de los hombres. Desplaza, luego, esta supremacía espiritual a una supremacía operativa. El guerrillero no es un mercenario. Lucha por un ideal. La ausencia de un ideal debilita al mercenario, que es, precisamente, un mercenario porque no lucha por ideales sino por dinero. La presencia del ideal potencia la acción del combatiente. Su voluntad revolucionaria es la garantía de su superioridad —y, por consiguiente, de su triunfo— sobre los mercenarios del imperialismo. Esta exaltación de la "voluntad revolucionaria" (que Guevara extraía de su propia voluntad, de su propio coraje, de su propia y absoluta entrega a la lucha) por sobre las condiciones reales de enfrentamiento es uno de los datos de la tragedia de la guerrilla guevarista. Este voluntarismo (basta con una voluntad fuerte para hacer la historia de la liberación y vencer a los enemigos de los pueblos) se encuentra presente en la teoría del foco guerrillero, que es el aporte genuino del Che al marxismo latinoamericano.[75]

Retorno a Bayer. Me contó personalmente la anécdota que relata en su libro. También me contó algo más. Me contó cómo el Che había narrado el surgimiento del foco y el triunfo de la revolución en la Argentina. Había seducido (y hablo aquí de una seducción legítima, no tramposa; una seducción que provenía de la belleza de sus palabras y de la honestidad de sus convicciones) a todos con una narración que se elevaba a niveles de deslumbrante poética: era necesario, planteaba, surgir de las sierras de Córdoba con un pequeño grupo de combatientes. Y no diré más. Nunca podría trasmitir lo que el Che le narró a Bayer y sus compañeros ni

—tampoco— lo que Bayer me narró en su sencilla casa de la calle Arcos, un domingo al atardecer, cuando lo visité en busca de datos para un guión cinematográfico que estaba estructurando sobre el Che.

Bayer me dijo que el Che llegó a niveles cuasi poéticos y que, en sus palabras, la revolución en nuestro país parecía un hecho incontenible, un suceso laborioso, heroico y deslumbrante que habría de irrumpir en la Historia a partir de la voluntad revolucionaria de un pequeño grupo de combatientes estratégicamente ubicados en las sierras de Córdoba. De aquí que siempre me impresionara su diálogo con Guevara y la respuesta del guerrillero: "Son todos mercenarios". Sí, pero los mercenarios son poderosos. Están armados y adoctrinados. No tienen ideales, pero tienen una doctrina feroz, la de la Seguridad Nacional, que los conduce a matar con aberración, atrozmente, con ensañamiento e impunidad.

Confieso que esa postura de Bayer conmueve mi ánimo en los días presentes porque así me veo frente a jóvenes y veteranos de "pensamiento fuerte" que hoy retornan a reivindicar formas de violencia. En la página anterior al texto que cité, Bayer se define como "insanablemente pacifista". Lo que significa decir que el pacifismo es una enfermedad, insanable en algunos. Como sea, Bayer la recupera para sí: es un pacifista. Pero no todo pacifista es un "pacifista bobo". No todo pacifista es un habitante del universo "políticamente correcto". Ni un blando que coquetea con la *new age*. Un pacifista es un rebelde. Sabe que la historia humana está escrita con sangre, que es una historia de masacres, vandalismos y delincuencia internacional. Sabe, también, "que la historia de las naciones no es la de la fraternidad y la cooperación entre ellas, sino la de la guerra de todas contra todas", que "las fronteras nacionales no son otra cosa que líneas de cese del fuego consolidadas", y que "la ley internacional —siempre violada—, una codificación del equilibrio al que se ha llegado entre distintas relaciones de fuerza".[76] Por eso un pacifista es un rebelde: porque se rebela contra estas leyes *necesarias* de la Historia. (Como sea, hemos aprendido que no hay nada necesario en la Historia: ni la revolución, ni los sueños utópicos, ni la paz... ni la guerra.) Si se postula a la guerra como un estado de necesidad histórica, todo pacifista es —como suele decirse hoy entre quienes sostienen la hegemonía de las variables *duras* de la Historia— un pacifista bobo. Pero no: hay un pacifismo (entendido como el intento por reducir siempre las causas que posibilitan y justifican la violencia) que nada tiene de bobo. Que conoce la complejidad de la Historia. Que sabe que la historia humana es la historia de las guerras, de las masacres y del horror. *Pero que no lo acepta.*[77]

Ernesto Guevara extrae la teoría del *foco insurreccional* de la experiencia de la Revolución Cubana. Escribe: "Consideramos que tres aportaciones fundamentales hizo la Revolución Cubana a la mecánica de los movimientos revolucionarios en América, son ellas:

"1ro. Las fuerzas populares pueden ganar una guerra contra el ejército.

"2do. No siempre hay que esperar que se den todas las condiciones para la revolución; el foco insurreccional puede crearlas.

"3ro. En la América subdesarrollada el terreno de la lucha armada debe ser fundamentalmente el campo".[78]

Se trata de una temática central. Cautela, entonces. Hay muchas puntas por donde empezar. Elijo la siguiente: en noviembre de 1997 presenté, en Buenos Aires, el libro del escritor francés Pierre Kalfon: *Che, Ernesto Guevara, una leyenda de nuestro tiempo*. Kalfon se aleja del vuelo teórico de Castañeda, de la rigurosidad periodística de Anderson, de las pasiones narrativas de Paco Taibo y de los impulsos filosóficos de Debray. Es un hombre modesto: sólo quiso biografiar al Che. Tanto, que cuando le señalé que uno de sus pasajes tenía un valor teórico esencial y que había que desarrollarlo, me dijo: "Yo soy un historiador". Hombre agradable, que pide café a la americana en Buenos Aires, donde nadie sabe qué diablos es eso, peina canas y lleva un arito en su oreja izquierda. Su narración de la batalla de Santa Clara es fundamental: *teóricamente decisiva*. Escribe: "Los guerrilleros derribaron un régimen más frágil de lo que parecía, desgastado por la corrupción y la ineficacia de su personal".[79] Y —sin dejar de advertir, o advirtiendo, la relevancia teórica de esta afirmación— escribe a renglón seguido: "No se trata en este caso de una simple controversia académica sino de un punto capital en la interpretación de la revolución cubana, que pondrá en juego muchas vidas humanas. Pues a partir de esta lectura de una revolución victoriosa numerosos movimientos de oposición en América latina decidirán orientar o no su combate por la vía de la acción armada organizada en torno al famoso *foco* revolucionario. El Che basa su teoría revolucionaria en el modelo matricial de una guerrilla de campesinos que prevalece sobre un ejército profesional. *Pero si no fueron los guerrilleros quienes ganaron sino el régimen carcomido de Batista el que se hundió, entonces el malentendido es inmenso, y la pasmosa hazaña de trescientos campesinos analfabetos venciendo a un ejército de cincuenta mil hombres se reduce a un accidente de la historia".*[80]

Guevara —en un texto publicado en la revista *Verde Olivo* el 9 de abril de 1961— había intentado refutar la tesis de la *excepcionalidad* de la Revolución Cubana. A quienes la sostienen los llama, precisamente, *excepcionalistas*. Escribe: "Se habla del excepcionalismo de la Revolución cubana al compararla con las líneas de otros partidos progresistas de América y se establece, en consecuencia, que la forma y caminos de la Revolución cubana son el producto único de la revolución y que en los demás países de América será diferente el tránsito histórico de los pueblos".[81] Si la tesis *excepcionalista* tuviera razón esto implicaría la imposibilidad de tomar la experiencia de la Revolución Cubana como ejemplo trasladable. La tesis *excepcionalista* básicamente dice: la guerrilla sólo pudo derrotar al ejército en las muy especiales condiciones que se dieron en Cuba durante los años cincuenta; al no ser estas condiciones las que imperan en los restantes países de

América latina, el modelo cubano del foco insurreccional se agota en la experiencia que le dio lugar, es decir, la experiencia de la guerrilla castrista. Guevara admite que las experiencias revolucionarias que continúen el camino cubano en América habrán de enfrentar mayores escollos. Ante todo, porque "el imperialismo ha aprendido a fondo la lección de Cuba", y porque "no volverá a ser tomado de sorpresa en ninguna de nuestras veinte repúblicas, en ninguna de las colonias que todavía existen, en ninguna parte de América".[82] En consecuencia, "si dura fue la guerra de liberación cubana con sus dos años de continuo combate, zozobra e inestabilidad, infinitamente más duras serán las nuevas batallas que esperan al pueblo en otros lugares de América".[83]

No obstante, la "dureza" de la lucha no determina la imposibilidad de su triunfo. El Che da su respuesta al interrogante que plantea el título de su escrito: Cuba no es una excepción histórica; es, sí, la vanguardia en la lucha contra el colonialismo. Escribe: "ahora se sabe perfectamente la capacidad de coronar con éxito una empresa como la acometida por aquel grupo de ilusos expedicionarios del Granma en su lucha de dos años en la Sierra Maestra; eso indica inmediatamente que se puede hacer un movimiento revolucionario que actúe desde el campo, que se ligue con las masas campesinas, que crezca de menor a mayor, que destruya al ejército en lucha frontal, que tome las ciudades desde el campo, que vaya incrementando, con su lucha, las condiciones subjetivas necesarias para tomar el poder".[84] No creo que este texto se aleje demasiado de la elocución cuasi poética que Guevara diera a Bayer y a los periodistas de *Prensa Latina*. E insiste: "Los excepcionalistas son seres especiales que encuentran que la Revolución cubana es un acontecimiento único e inimitable en el mundo".[85] Y responde: "Falso de toda falsedad, decimos nosotros; la posibilidad del triunfo de las masas populares de América Latina está claramente expresada por el camino de la lucha guerrillera".[86] Y luego se entrega a la ilusión utópica —clara expresión de su época— acerca del destino ya trazado, inexorable y triunfal de las masas latinoamericanas: "las masas no sólo saben las posibilidades de su triunfo; *ya conocen su destino*. Saben cada vez con mayor certeza que, cualesquiera sean las tribulaciones de la historia durante períodos cortos, el porvenir es del pueblo, porque el porvenir es de la justicia social".[87] Tal vez este texto no esté a la altura de la inteligencia de Guevara, pero ilustra acerca de su fe en el devenir histórico. También permite entender otro texto que veremos más adelante y en el que se hermana con Fanon: la represión colonialista, cuanto más brutal, más favorece la profundización de las luchas populares.

Sería el Che el encargado de poner a prueba su tesis de la no excepcionalidad de la Revolución cubana. Todos lo sabemos: esto lo vuelve admirable y fascinante. No dijo: "vayan y hagan el foco insurreccional en Bolivia". El mismo decidió tomarse el trabajo. Lo hizo, claro, a su modo. Esto implicó un enorme desconocimiento acerca de las *condiciones concretas* de Bolivia. No le importaron demasiado. Los sindicalistas mineros no eran más que la aristocracia del estaño, burócratas, dialoguistas y ladrones. Los políticos, meros pactistas o, a lo sumo, socialdemócratas. El PC, dogmático y estalinista. El campesinado, servil, domesticado, temeroso. Conciencia de clase, cero. El foco, no obstante, transformaría esa realidad adversa; sería el catalizador de todas las fuerzas opuestas al imperialismo.

Pero la realidad comienza a exhibir su rostro duro, a veces impenetrable, con frecuencia brutal. "El 18 de abril, la guerrilla toma contacto en su marcha con algunos campesinos. Queda la constancia del siguiente diálogo:

"—*Buenas noches.*

"—Buenas noches, señor.

"—*No se dice señor, los señores son aquellos que humillan y ultrajan a los pobres.*

"—Es que a un desconocido por estos lugares se le dice caballero o señor".[88]

El Che intenta acercarse a los campesinos: "Comienzan el estudio del quechua".[89] El 13 de abril, optimista, anota en su diario: "Quizás estamos asistiendo al primer episodio de un nuevo Vietnam".[90] El 16 de abril "se publica su *Mensaje a los pueblos del mundo* a través de la Conferencia Tricontinental".[91] Pero a los tormentos del asma, la falta de agua (se beben sus propios orines) y al acecho constante de los *rangers* bolivianos asesorados por la CIA se suma algo peor: la falta de cooperación del campesinado. El 22 de setiembre el Che anota: "Alto Seco es un villorio de 50 casas situado a 1900 ms. de altura que nos recibió con una bien sazonada mezcla de miedo y curiosidad (...) Por la noche Inti dio una charla en el local de la escuela (1 y 2 grados) a un grupo de 15 asombrados y callados campesinos explicándoles el alcance de nuestra revolución".[92] Y el 24 anota: "Llegamos al rancho denominado Loma Larga, yo con un ataque al hígado, vomitando y la gente muy agotada por caminatas que no rinden nada. Decidí pasar la noche en el entronque del camino a Pujio y se mató un chancho vendido por el único campesino que quedó en su casa: Sóstenos Vargas; el resto huye al vernos".[93] Y en el resumen del mes confiesa: "la masa campesina no nos ayuda en nada y se convierten en delatores".[94]

De este modo, la experiencia boliviana de Guevara se constituye en la más poderosa refutación imaginable a la segunda y fundamental de sus tesis acerca del foco insurreccional: "No siempre hay que esperar que se den todas las condiciones para la revolución: el foco insurreccional puede crearlas". Ahí, en Bolivia, con el mismísimo Guevara en la jefatura, el foco insurreccional no había logrado crear nada. O sí. Había creado un mártir de la revolución, un Cristo que sonreía rodeado de sus asesinos, como si se burlara de ellos. Nadie reflexionó acerca del fracaso de la teoría del foco. Sólo permaneció la imagen del piletón de Vallegrande, alimentando un mito infinito: el de la muerte bella. La muerte del Che nutre ese concepto, lo corporiza. *Hay que ser como el Che*, dice Castro. Y toda la izquierda latinoamericana traduce: hay que luchar hasta morir, hay que entregar la vida, la muerte es el más elevado momento de un revolucionario porque testimonia que ha sido capaz de llegar hasta el límite. Porque si la revolución no tiene límites, tampoco los puede tener el revolucionario. El límite sólo puede ser la muerte. *Porque la muerte es la consagración del juramento.* Se ha jurado luchar hasta morir. Y todo militante muerto dice —desde ese lugar extremo y final— que sí, que ha cumplido, que murió.

El Che lo había escrito: "la muerte, bienvenida sea". Lo había escrito en el más fragoroso de sus textos. El que la Tricontinental da a conocer en abril de 1967, mientras nadie sabe dónde está Guevara, mientras Guevara se inmola en la selva boliviana. Todo el texto es una proclama de guerra. Y lleva como acápite una cita de José Martí: "Es la hora de los hornos, en que no se ha de ver más que la luz". (El film que toda la izquierda peronista veía clandestinamente en los comienzos de los setenta se llamaba *La Hora de los Hornos.* El texto no provenía de una lectura de Martí, sino de la cita del Che en el Mensaje a la Tricontinental. Insisto en esta cuestión: la izquierda peronista se inspira en Guevara, lee apasionadamente el texto de la Tricontinental. ¿De qué sirve obstinarse en el famoso pasado católico y *tacuarista* de los Montoneros? Muy simple: para adscribirlos al fascismo. Toda esta torpe maniobra —que oscurece la verdad de los hechos— surgió del desaforado antiperonismo —un antiperonismo torpe y meramente electoralista— que exhibió el Partido Radical y sus sectores adherentes de la clase media durante la campaña electoral de 1983. Hubo libros que se prendieron a esa euforia *gorila* —palabra peronista, lo sé, pero que corresponde aplicar en este caso, ya que el *gorila,* al constituir su identidad desde su feroz antiperonismo, pasa a formar parte del mundo mítico del peronismo— y que explotaron la cuestión del pasado católico y nacionalista de Montoneros para delatarlos como *fascistas de izquierda.* Pero no: el pasado que dibuja el verdadero rostro de la izquierda peronista es el de Guevara. O, al menos, lo es en una modalidad enormemente más decisiva que el pasado nacionalista de algunos de los capitostes de Montoneros. El film de Fernando Solanas y Octavio Getino —que fue, insisto, junto con *La batalla de Argelia*, el film constitutivo de la izquierda peronista— se llamaba *La Hora de los Hornos* porque adscribía, como los militantes que clandestinamente lo veían, a la tradición de Ernesto Che Guevara.)

El *Mensaje a los pueblos del mundo a través de la Tricontinental* es —afirmé— una proclama de guerra. Guerra total contra el imperialismo norteamericano, definido como "el gran enemigo del género humano".[95] "Nos empujan a esta lucha", dice Guevara. Y sigue: "Los comienzos no serán fáciles (...) Toda la capacidad de represión, toda la capacidad de brutalidad y demagogia de las oligarquías se pondrá al servicio de su causa".[96] Y luego: "Nuestra misión, en la primera hora, es sobrevivir, después actuará el ejemplo perenne de la guerrilla". ¿Cómo se expresa, cómo se corporiza ese ejemplo, qué es lo que produce? 1. "La gran enseñanza de la invencibilidad de la guerrilla"; 2. "La galvanización del espíritu nacional"; 3. "El odio como factor de lucha". A partir de la introducción de esta palabra —odio— el texto de Guevara penetra en sus zonas más duras y extremas. ¿Qué es, para él, el odio? Es "el odio intransigente al enemigo, que impulsa más allá de las limitaciones naturales del ser humano y que lo convierte en una efectiva, violenta, selectiva y fría máquina de matar. Nuestros soldados tienen que ser así: un pueblo sin odio no puede triunfar sobre un enemigo brutal". Hay, así, una relación entre la brutalidad del enemigo y el odio del combatiente. *Al ser extrema la brutalidad, sólo es posible combatirla desde un sentimiento extremo, que no vacila ni perdona: el odio.*

También habrá de ser extrema, absoluta, la praxis guerrera: "Hay que llevar la guerra hasta donde el enemigo la lleve: a su casa, a sus lugares de diversión: hacerla total". Pareciera, aquí, asomar una propuesta terrorista —un terrorismo indiscriminado que nunca ejerció la guerrilla argentina— que excede toda otra propuesta de Guevara: *a su casa, a sus lugares de diversión*. Así, dice, irá decayendo la moral del enemigo. E incurre en la *teoría de la hecatombe*: "Se hará más bestial todavía, pero se notarán los signos del decaimiento que asoma". Hay una ecuación entre bestialidad del enemigo y signos de decaimiento. Cuanto más bestial lo veamos es porque más cercano está el triunfo. Fanon y Guevara y la praxis Montonera del año 1975 (la praxis que se desarrolla luego del pasaje a la clandestinidad) se dan, aquí, la mano: *cuanto peor, mejor.*

Y es Ernesto Che Guevara quien habrá de pronunciar, por primera vez en este libro, la frase de su título: *la sangre derramada.* No es azaroso que sea él. Precisamente él: un perfecto guerrero de la era de las revoluciones, de la Modernidad. Un hombre con el espesor histórico de un Saint-Just, de un Mariano Moreno. Y no ese poster insípido que estamos fatigados de ver. Guevara, el guerrero de Santa Clara. El implacable jacobino de la fortaleza *La Cabaña.* Y no "San Ernesto de La Higuera". Es *ese* Guevara el que escribe: "Cada gota de sangre derramada en un territorio bajo cuya bandera no se ha nacido es experiencia que recoge quien sobrevive para aplicarla luego en la lucha por la liberación de su lugar de origen".

Ya cerca del final expresa su esperanza en el surgimiento de los muchos Vietnam: "¡Cómo podríamos mirar el futuro de luminoso y cercano, si dos, tres, muchos Vietnam florecieran en la superficie del globo, con su cuota de muerte y sus tragedias inmensas…!". Lo que impresiona del texto (y lo que muchos le objetaron en el momento en que fue conocido, en la misma Tricontinental) es que el futuro sólo habrá de iluminarse por medio de "muerte" y "tragedias inmensas". Se trata de uno de los textos más apocalípticos que han sido jamás escritos.

Y la frase final es la de aceptar la muerte, la de darle la bienvenida porque servirá para que otros continúen la lucha. Aunque conocido, citaremos el texto porque —sencillamente— no puede faltar en ningún libro sobre la violencia política: "En cualquier lugar que nos sorprenda la muerte, bienvenida sea, siempre que ése, nuestro grito de guerra, haya llegado hasta un oído receptivo, y otra mano se tienda para empuñar nuestras armas, y otros hombres se apresten a entonar los cantos luctuosos con tableteo de ametralladoras y nuevos gritos de guerra y de victoria". ¿Quién no ha discutido con este texto? ¿Quién puede —hoy, a esta altura del siglo, a esta altura de nuestro saber acerca de la trágica experiencia de las guerrillas latinoamericanas— no estremecerse ante una formulación tan crispada y extrema? ¿Quién puede no pensar —*con dolor, casi contra uno mismo*— que Ernesto Che Guevara es uno de los grandes responsables de las masacres de nuestro continente? ¿Quién puede no pensar —con toda lógica, con verdad— que los responsables de las masacres son quienes las realizan, es decir, los ejércitos, las dictaduras fascistas? ¿Quién puede escapar a la densidad de estas cuestiones?

En principio, ha quedado atrás, por fortuna, el año 1997: *se acabó la celebración a-crítica de Guevara*. Era una de las formas de injuriarlo. Se trata de restituirle su estatura histórica, hecha de heroísmos, padecimientos, entregas absolutas y responsabilidades ineludibles. Se estuvo a punto de transformarlo en el *Principito de la Izquierda*. Un *Principito* urdido por un Saint-Exupéry celebratorio, deslumbrado y algo bobo. Ahora hay que entregarlo al universo de la *problematicidad*. De la crítica.

14. Gloria o muerte

La Argentina tiene un Himno Nacional que —en su última estrofa— plantea una opción extrema: "Coronados de gloria vivamos o juremos con gloria morir". La opción es extrema porque, con precisión, imperativamente señala una única y posible modalidad de existencia: la de la gloria. Sólo la vida gloriosa es aceptable. Y si no es posible vivir con gloria habrá entonces que morir con ella. Lo que es intolerable, para esta concepción, es existir al margen de la gloria. Vida gloriosa, muerte gloriosa, entre estas dos opciones transcurre la existencia. No hay —según suelen sostener las concepciones no guerreras y "mediocres" de la vida— términos medios. Sólo hay vida y sólo hay muerte. Y si la vida no puede desarrollarse en la modalidad de la gloria, hay entonces que buscar la gloria en la muerte, ya que es únicamente allí donde podrá estar aguardando.

Quedará para otro momento el análisis de la influencia que este mandato heroico haya podido tener para nuestro país.[98] No es, claro, un mandato fácil de sobrellevar. Nacido al calor de los avatares independentistas —como la mayoría de los Himnos guerreros— quizá sea comprensible que exija a los hijos de la patria una existencia, por decirlo así, desmesurada: gloria o muerte. O más exactamente: *vida gloriosa o muerte gloriosa.* ¿Puede un país existir libre y sano bajo un imperativo fundacional extremo? Tal vez la Argentina se haya sentido gloriosa durante la campaña de Los Andes, o durante la guerra con el Brasil o —mucho menos— durante la guerra de la Triple Alianza. Pero un imperativo glorioso duplica hasta la exasperación el dolor de cualquier derrota. No es difícil imaginar el sufrimiento de los *chicos de la guerra* cantando bajo el helado cielo malvinense *coronados de gloria vivamos o juremos con gloria morir.*

Quienes, sí, aceptaron y eligieron vivir bajo la gravedad del mandato heroico fundacional de nuestro Himno fueron los militantes de la izquierda peronista. Asumiendo que protagonizaban una guerra de liberación nacional encontraron en esas estrofas una *singularidad patria* para entonar su concepción heroica de la vida. El Himno Nacional —muchos, sin duda, recuerdan esto— era habitualmente entonado en los actos militantes de la izquierda peronista. Esa entonación se deslizaba con cierto recogimiento durante las primeras estrofas, pero todo estallaba al arribar al estribillo final: *Sean eternos los laureles/ que supimos conseguir/ Coronados de gloria vivamos/ o juremos con gloria morir.* Además, como para marcar más fieramente la opción, el verso *Coronados de gloria vivamos* se canta con dulce musicalidad, en tanto que *o juremos con gloria morir* se entona con vehemencia, convicción, furia, es decir, como un *jura-*

mento de guerra. Se repite, por si fuera poco, tres veces. Tres veces, quienes cantan el Himno, juran morir con gloria. Tres veces lo juraban fieramente los militantes de la izquierda peronista y, cada vez, con mayor convicción, in crescendo. Así, se adueñaron apasionadamente de esas estrofas. Fueron las estrofas montoneras del Himno Nacional.

Y no fue azaroso: el mandato *gloria o muerte* expresa la concepción heroica de la vida que sostuvieron los Montoneros. Y también, claro, su concepción heroica de la muerte. Tal vez la ejemplificación más clara de esta actitud existencial sea la muerte de Vicki Walsh. Una joven, en el techo de una casa, junto a un compañero de militancia, delgada, frágil, vestida con un camisón, dispara una metralleta contra las fuerzas represivas. Cuando se siente derrotada —cuando siente que le es imposible *vivir con gloria*— decide suicidarse; decisión en la que también la sigue su compañero. Ella, entonces, grita a los represores: "Ustedes no nos matan. Nosotros elegimos morir". Y se ultima.

Ha sido fiel al mandato patrio y extremo: ha muerto con gloria. Ha muerto por *su* decisión. Ha entregado la vida por su causa, por la liberación de la patria. El gesto es extremo, el lenguaje también: *nosotros elegimos morir*. O sea, elegimos morir ahora porque en la elección de nuestra militancia ya estaba implícito el mandato de morir si no podíamos liberar a la patria, si no podíamos vivir con gloria. *Patria o Muerte, Liberación o Muerte, Perón o Muerte* fueron expresiones setentistas del mandato patrio fundacional *Gloria o Muerte*. De este modo, el militante, al morir, muere por la Patria, que es la forma verdaderamente gloriosa de morir.

La presencia de la palabra *muerte* en todas estas consignas señala algo incontestable: *la fascinación por la muerte*. La *muerte gloriosa* es tan plena, tan bella y absoluta como la *vida gloriosa*. Y tal vez más: porque a través de la *muerte gloriosa* el militante cumple con el juramento fundacional, que es el de *dar la vida*. La *muerte gloriosa* del militante les está diciendo a sus compañeros: *vean, no me quebré, llegué hasta el final, lo di todo, di la vida*. Así, el momento más glorioso de la vida de un militante es el de su muerte, porque en él se confirma la fidelidad al juramento extremo originario. Hay, desde luego, una posición diferenciada: el momento más glorioso de la vida de un militante no es uno, son muchos: son todos y cada uno de los momentos de su vida, no el de su muerte.

Pero la *fascinación por la muerte* (la muerte como comprobación absoluta de la verdad del militante) alejaba a la izquierda peronista de otra concepción que no fuera la de la muerte bella y gloriosa, la muerte como momento supremo y cuasi sagrado en el que culmina con heroica coherencia la vida del revolucionario. Así, el triste día del sepelio de Rodolfo Ortega Peña, asesinado por las ráfagas fascistas de la Triple A, la izquierda peronista entonó una consigna destinada a exaltar la belleza de la muerte militante: *Vea, vea, vea, qué cosa más bonita, Ortega dio la vida por la patria socialista*. Se equivocaban: no existe la muerte bonita, no hay belleza en la muerte. Hubieran debido exaltar otra cosa: que Ortega había vivido por la patria socialista, que esa elección había entregado un sentido a todos los actos de su vida y que su muerte, lejos de ser bonita, era terriblemente dolorosa, fea y no bella, cruel. Porque era, ante todo, un agravio a la vida. No podían, sin embargo, los sufridos y ya martirizados militantes de la izquierda peronista, arribar a estas conclusiones. Sólo se llega a ellas desde una *cultura de la vida*, nunca desde una *cultura de la muerte*, nunca desde una cultura que identifica a la muerte con la gloria.

La cuestión es central en todo el pensamiento revolucionario de la modernidad. ¿Por qué la garantía del *juramento* ha de ser la entrega de la vida? Hay algo muy poderoso en la muerte, tan poderoso que quienes se comprometen en una praxis nunca dejan de invocarla. Pareciera que si no se pone en juego la posibilidad nada remota de morir por lo que se elige, el *juramento* pierde densidad. Incluso —lo sé— hablar de una *cultura de la vida* suena para algunos como una *modalidad light*. No obstante, aguerridos militantes —a lo largo de la Historia—

supieron identificar su praxis con la vida y hasta con la alegría antes que con la tragedia y la muerte. Pero fueron absolutamente excepcionales. Los mandatos extremos requieren respuestas y conductas extremas. No es, así, azaroso que a una praxis extrema —como lo es, por esencia, la praxis revolucionaria— se le exija un compromiso con la muerte. Porque la pregunta, íntima, secreta, dolorosa, que se hace el militante es, siempre, ¿hasta dónde seré capaz de llegar en la lucha por la liberación de los hombres, de los pueblos, de mi patria? Y la única respuesta capaz de colmar semejante demanda es: *hasta la muerte.*

Como vemos, no se trata sólo de una característica de la izquierda peronista, o de su brazo armado y luego hegemónico, los Montoneros. Se trata de una de las aristas insalvables de la condición del *hombre revolucionario,* y de su opción por los imperativos fuertes, absolutos. Esta actitud política y existencial —que es constitutiva del sujeto de la modernidad— mereció el rechazo de un filósofo de los tiempos actuales, Gilles Lipovetsky, que supo visitar la Argentina, tal como antes, por ejemplo, solía hacerlo un Keyserling, y deslizar la propuesta de un adelgazamiento de los imperativos fuertes; adelgazamiento que distinguiría al sujeto de la modernidad del de la posmodernidad. Huelga decir que la izquierda de los años setenta exhibió la perfecta imagen del sujeto de la modernidad y su opción por los imperativos fuertes. De aquí la necesariedad de analizar una propuesta diferenciada a la suya, fruto impecable de las éticas livianas del fin de milenio.

15. Imperativos débiles y posmodernidad

La era de las revoluciones —la era de la *razón prometeica*— fue la época de los grandes imperativos morales. Toda existencia individual tenía sentido en tanto se entregaba a una praxis de transformación colectiva, la justificación profunda de una vida radicaba en volcarse a una verdad que la trascendía, que la arrancaba de su mera individualidad y la mixturaba con la Historia, nada menos. Detrás de las grandes mareas revolucionarias siempre hay personas que han elegido un imperativo categórico: sacrificarse por los otros. Este sacrificio, claro, implica la elección de aquello por lo que nos sacrificamos (los nuestros) y el señalamiento tenaz de quienes impiden su realización, su felicidad histórica (los otros). Entre *los nuestros* y *los otros* se establece una contradicción irresoluble. Una contradicción que sólo se resuelve por medio del aniquilamiento de uno de sus términos. Así, han surgido los grandes imperativos de la *era prometeica*. En lo esencial siempre han dicho: *o ellos o nosotros*.

Para no ir demasiado lejos (por ejemplo: a la Revolución Francesa) señalemos algunos aspectos de las décadas del sesenta y el setenta, épocas en las que se reclamaba que los individuos se consagraran a la *transformación del mundo*, única manera de justificar sus estólidas individualidades, ya que un individuo sólo valía en la medida en que se entregaba a una praxis colectiva, praxis que sólo podía ser la de la transformación de la realidad social. Se postulaba, coherentemente, la necesariedad de un *hombre nuevo*: un hombre que se superara a sí mismo, que fuera más allá de su natural egoísmo, que se enriqueciera entregándose, casi sacrificialmente, a las grandes causas mayoritarias de redención de la humanidad. Estas causas se expresaban a través de grandes contradicciones que eran, también, grandes contradicciones morales: burguesía o proletariado, imperialismo o nación, patria o colonia. Y que solían enunciarse por medio de formulaciones aún más dramáticas, ya que se referían a la Muerte como única alternativa a la no realización del ideal positivo. Por ejemplo: Patria o Muerte. Por ejemplo: Perón o Muerte, de áspero recuerdo entre nosotros.

Gilles Lipovetsky ha reflexionado sobre la *situación actual* de estas cuestiones. Su libro se llama *El crepúsculo del deber* y parte de la siguiente constatación: el fin de la idolatría de la Historia y la Revolución ha abierto el espacio de una nueva ética. Una ética no sacrificial. Lipovetsky afirma que tras el imperativo categórico ha surgido "el *imperativo narcisista* glorificado sin cesar por la cultura higiénica y deportiva, estética y dietética".[99] Habla, con rigor y conocimiento, sobre nuestra época y afirma: "lo que domina nuestra época no es la necesidad de castigo sino la superficialización de la culpabilidad".[100] Y continúa: "La era de los media sobreexpone la desdicha de los hombres pero desdramatiza el sentido de la falta, la velocidad de la información crea la emoción y la diluye al mismo tiempo".[101] Podemos estar viendo los más pavorosos ardores de una guerra, podemos estar sobrecogidos por tanta crueldad, pero no durará mucho. La imagen habrá de cambiar de inmediato y en la pantalla aparecerá un comercial o un desfile de modas o la visita de alguna sofisticada y errática princesa... y el horror de la guerra —la emoción que esas imágenes habían despertado— quedará atrás. Vivimos, de este modo, en una época de la *eliminación* y no de la *fijación*. Y describe Lipovetsky: "tenemos prohibiciones pero no prescripciones sacrificiales, valores pero no ya imperativos heroicos, sentimientos morales pero no ya sentido de la deuda (...) la época de la felicidad narcisista no es la del 'todo está permitido', sino la de una 'moral sin obligación ni sanción'".[102] Esta, en suma, es la sociedad posmoralista, la era del posdeber. Se trata de una era "que no prescribe la erradicación de los intereses personales sino su moderación, que no exige el heroísmo del desinterés sino la búsqueda de compromisos razonables, de 'justas medidas' adaptadas a las circunstancias y a los hombres tal como son".[103] Como vemos, si en algún momento el ideal ético era trascenderse tan extremadamente que pudiera asomar, a través de esa trascendencia, la figura moral del *hombre nuevo*, la era del posdeber no exige tales esfuerzos: acepta a los hombres como son, no los somete al imperativo de cambiar, de ser otros para ser mejores. Se puede ser bueno siendo lo que se es. El Bien no es un más allá, un horizonte al que nos empuja el deber. El Bien está aquí, no debe someternos sino servirnos. No debe imponernos sacrificios sino abrirnos el horizonte ilimitado del goce. Esta trama conceptual sostiene a la *sociedad posmoralista*. Sociedad que Lipovetsky describe del siguiente modo: "entendemos por ella una sociedad que repudia la retórica del deber austero, integral, maniqueo y, paralelamente, corona los derechos individuales a la autonomía, al deseo, a la felicidad".[104]

Lipovetsky intenta alejarse de los imperativos categóricos porque considera que son ellos los que han dinamizado a las ideologías, los que han instaurado las antinomias de la Muerte. Una sociedad sin deberes absolutos, conjetura, deberá erigir una sociedad de la tolerancia, de la aceptación de lo distinto, una sociedad democrática. La sociedad del posdeber, piensa, es la verdadera posibilidad de la sociedad democrática.

No obstante, sabe que hay enormes peligros. No es un exasperado posmoderno ni un exaltado hedonista el autor de *El crepúsculo del deber*. Es, digamos, alguien que desea huir de los horrores de la era prometeica. Pero ¿la abominación de las éticas sacrificiales no instaurará el reino del individualismo, de la liviandad, de la sacralización del yo? Lipovetsky distingue dos tipos de individualismos: un individualismo responsable y otro irresponsable. Afirma que alrededor de este conflicto "estructural" se juega el porvenir de las democracias. Y escribe: "no hay en absoluto tarea más crucial que hacer retroceder el individualismo irresponsable".[105] Ha aparecido, en el universo conceptual de Lipovetsky, una contradicción irredimible: individualismo responsable versus individualismo irresponsable. Lipovetsky no dirá: "Individualismo responsable o Muerte". Claro que no. Pero llega a describir con dramaticidad digna de los ideólogos de la modernidad los males a los que debería oponerse el individualismo responsable. Que son: los guetos en los que reina la violencia, la droga y el analfabetismo, la nueva gran pobreza, la proliferación de los delitos financieros, los progresos de la corrupción en la vida política y económica. Ante tales calamidades teme que la ética del posdeber sea insuficiente. Que se parezca "más a una operación cosmética que a un instrumento capaz de corregir los vicios o excesos de nuestro universo individualista y tecnocientífi-co".[106] Nosotros, también, tememos lo mismo.

En suma: la encrucijada de la ética, hoy, radica en cómo luchar contra lo injusto abjurando de los imperativos categóricos que terminan siempre por entronizar a las contradicciones de la Muerte, pero sin refugiarnos, casi temerosamente, en el individualismo del posdeber cuya fuerza, ante las atrocidades de lo real, no va más allá del liviano universo de la cosmética. Porque si *Individualismo responsable o Muerte* es un exceso, *Individualismo responsable, por favor* es una patética insuficiencia.

16. Los Montoneros

Si de comprender se trata (comprender y no exaltar, justificar o condenar) la violencia de la izquierda peronista tiene varios puntos nodales desde los que puede ser comprendida. Comprender significa que uno no permanezca atónito, azorado ante, por ejemplo, el asesinato de Aramburu, preguntándose: "¿Cómo pudo ocurrir eso?". Comprender significa que uno pueda analizar un suceso de la historia sin extraerlo de su contexto, que no sólo implica el acabado análisis de su contemporaneidad, sino también el pasado que está presente en esa contemporaneidad condicionándola, sobredeterminándola. Que una situación histórica esté *sobredeterminada* implica, ante todo, que su comprensión no es fácil, que no obedecerá, esa comprensión, a una sola causa, que nada nos ahorrará el trabajo de buscar, analizar y, por fin, totalizar una serie de determinaciones cuyo conjunto (*y solamente su conjunto*) puede explicar un hecho. Todos los hechos están sobredeterminados, ya que en cada uno de ellos se expresa la compleja trama de la Historia, pero hay algunos que reclaman altamente nuestra paciencia, nuestra cautela y hasta —si es que podemos acceder a ella— nuestra laboriosa sabiduría.

Retomemos el caso Aramburu, es decir, la primera y espectacular aparición de Montoneros. Escribe Richard Gillespie: "A las nueve en punto de la mañana del 29 de mayo de 1970, dos jóvenes de uniforme militar subieron al apartamento de un general retirado, en el piso octavo de un edificio de la calle Montevideo de Buenos Aires. El motivo de su visita era, le dijeron, ofrecerle una custodia. Por espacio de varios minutos sostuvieron una amable conversación, durante la cual tomaron una taza de café".[107] Como vemos, se trata de un encuentro entre militares. Los dos jóvenes visten uniforme militar y el general retirado —tranquilo al saberse entre pares— les ofrece un café. De pronto, los jóvenes le informan que debe acompañarlos. Días después —tres días después—, en un campo desolado, uno de ellos le dice: "General, voy a proceder". Y el general responde: "Proceda". Y es ultimado. El lenguaje es también militar: "Voy a proceder"-"Proceda".

El operativo se inicia, según vimos, el 29 de mayo de 1970. No era una fecha cualquiera: era el primer aniversario de un hecho violento de masas ocurrido en la ciudad de Córdoba y conocido como *Cordobazo*. También, el 29 de mayo, es el día del Ejército. Al elegir el 29 de mayo los Montoneros trazan una unión simbólica con un hecho de masas, es decir, intentan vincular —en la búsqueda de expresar que se trata de la misma lucha— la violencia guerrillera con la violencia popular, con una pueblada clamorosa que cuestionó profundamente, desde las bases, con fuerte componente obrero, al régimen militar de Juan Carlos Onganía.

Que el 29 de mayo sea el día del Ejército no es un dato secundario de la cuestión: era el Ejército quien gobernaba. Y éste es un elemento esencial en la comprensión de la violencia setentista: cuando Pedro Eugenio Aramburu fue asesinado (insisto en la palabra *asesinato* porque sería inadecuado incurrir en ningún eufemismo: todo crimen, sea o no político, es un asesinato) el país no era conducido por un gobierno democrático, legalmente elegido por la voluntad mayoritaria del pueblo por medio del acto libre eleccionario. No: se trataba de un gobierno de facto, ilegal, represivo, fascistoide, que había avasallado las libertades públicas y había penetrado a sangre y fuego, con brutalidad, con saña, en las universidades durante una triste noche conocida como *la noche de los bastones largos*. Un gobierno a cuyo frente estaba un general tozudo, cursillista, perteneciente al riñón del nacional catolicismo. La actividad política estaba prohibida, la cultura censurada y bajo constante sospecha y el peronismo —que era el movimiento político mayoritario y expresaba la identidad de la clase obrera— padecía la proscripción de su líder, Juan Perón, quien tenía vedado el regreso al país desde su exilio en Madrid.

Tomemos otro elemento esencial de comprensión: el comando que realiza el *aramburazo* lleva por nombre Juan José Valle. Así: *comando Juan José Valle*. Valle había intentado un alzamiento contra el gobierno militar de Aramburu en junio de 1956. Fue un alzamiento minúsculo. Más insignificante aún que el de Menéndez contra Perón en 1951, al que Perón había calificado de *chirinada*. Ni Menéndez ni ninguno de los suyos fueron pasados por las armas. Valle sí. Aramburu firma su ejecución y Valle le escribe una carta estremecedora que formó parte de la práctica militante de los setenta. Valle acusaba a Aramburu de asesino. Pero no sólo a Valle fusilaron los *libertadores* de 1955. Hubo un hecho monstruoso que prefiguraría las peores matanzas de los militares procesistas. En los basurales de José León Suárez fueron acribilladas veintisiete personas bajo el errático cargo de haber colaborado con el alzamiento de Valle. Esta matanza cruel no sólo forma parte de nuestra historia política, ha entrado en nuestra gran literatura por medio de Rodolfo Walsh: *Operación Masacre*. Nunca estará de más leer o releer ese libro.

No debería extrañarnos esta desmesurada crueldad de los *libertadores* (saludados por todo el país como demócratas y amigos de las libertades públicas: así fue conocida la palabra *democracia* por quienes eran niños entonces y serían luego los militantes de la izquierda peronista), no debería extrañar que fusilaran en un basural a veintisiete personas, ya que en junio de 1955 habían bombardeado la Plaza de Mayo en un impiadoso acto de terrorismo masivo, indiscriminado.

El espesor de la Historia permite, cuando es adecuadamente desarrollado, arribar a determinadas conclusiones que son fruto de su cauteloso análisis: la violencia, en la Argentina, no comienza en junio de 1970, no comienza con el asesinato de Aramburu. Aramburu formaba parte —como elemento responsable sustancial— de un período antidemocrático, violento y criminalmente represivo. Aramburu era una figura inescindible del bombardeo a Plaza de Mayo y de los fusilamientos de José León Suárez. Ahora bien, seamos claros: *esto no legaliza su asesinato.* Nadie puede alzarse contra la lógica de la muerte instrumentando la lógica de la muerte. Tampoco se trata, aquí, de la cuestión simplista acerca de quién empezó primero. Moreno hizo fusilar a Liniers, Lavalle a Dorrego y Sarmiento saludó alborozado la decapitación de Peñaloza. Esta es nuestra historia: está tejida por la violencia y por la venganza, por la violencia y la contraviolencia. Por la sangre y por la venganza de la sangre derramada. Se trata de quebrar esta lógica.

La violencia de la izquierda peronista se despliega a partir de realidades incontestables: gobiernos dictatoriales, represión, fusilamientos, manoseo farsesco y canalla de la palabra *democracia.* Nada de esto la justifica, pero todo esto permite su comprensibilidad. No fue un estallido aislado, la aventura de siete u ocho locos mesiánicos. Fue parte de la historia de una sociedad enferma de injusticia, de odio y de violencia. ¿Hubiera sido posible evitarla? Sí, se la hubiera podido evitar como *siempre* es posible evitar la violencia o, al menos, como *siempre* hay que intentar evitarla: a través de la transparencia institucional, a través de un marco jurídico que entregue a los ciudadanos la posibilidad de otras vías para que la verdad y la equidad accedan a este mundo. En 1970, la despótica, represiva y militarizada sociedad argentina estaba muy lejos de algo así.

17. Si Evita viviera

La violencia insurreccional de los años setenta —sostenida por imperativos fuertes— encontró en una figura del folclore, de la historia peronista, en, digámoslo, Eva Perón, la pasionaria que necesitaba. Eva fue una mujer de imperativos fuertes, infinitamente alejada de la era del posdeber. No necesitaron *construirla* demasiado. Eva era una mujer de apasionados extremos. La izquierda peronista la *guevariza*. Evita es el Che con faldas. Resulta fascinante comprobar que los dos grandes íconos argentinos fin de milenio, que las dos grandes figuras que la mitología argentina entrega al mundo como imágenes de la transgresión y la aventura en el siglo que termina se hayan entrelazado fervorosamente en la retórica y la militancia de la izquierda peronista. Tanto como el Che, Evita es un estandarte de lucha. Y si el Che marca a la militancia setentista con su teoría del foco insurreccional, Evita la marca con su lucha antiburocrática, con su insolencia plebeya, con su odio por la oligarquía, con su fraseología encendida, colérica, alimentada por la furia de los resentidos, de los humillados, de los que vienen de abajo, desde muy lejos, tolerando ofensas infinitas que han prometido vengar.

Eva Perón llega a Buenos Aires en enero de 1935. No tenía aún dieciséis años. Venía de Junín, un estólido pueblo de provincia, achatado por el sol, la siesta y la escasez de asombros. Era, ella, bastarda, mujer, provinciana y pobre. Y lo era en un país machista, prejuicioso, gobernado por una oligarquía que ostentaba su linaje (es decir, su pasado) como aquello que legitimaba su poder, su derecho a gobernar. Eva no tenía linaje, no tenía pasado. Tenía que inventarse a sí misma. Sólo tenía su juventud y su frágil belleza. Sólo tenía su cuerpo. No debiera asombrarnos (y menos aún escandalizarnos) que lo utilizara para seducir al cantante Agustín Magaldi y dejarse llevar por éste a la gran ciudad.

Se vuelve actriz, una profesión deleznable para militares, oligarcas y señoras decentes. No debiera sorprendernos si su terror al fracaso (su terror al intolerable fracaso de tener que volver a Junín, a las siestas, al silencio, a la nada) le hizo transitar algunas alcobas en busca de un ascenso social que era, para ella, imperioso. Todo esto la torna más fascinante, la cubre de complejidades, de perfiles ricos, de desbordantes peripecias. Sus enemigos (que han sido, casi de modo agobiante, tediosos y mojigatos, como muchos de los que exaltan su dogma impoluto y virginal) se solazan con este pasado "oscuro". Era una prostituta, dicen. Una vulgar trepadora que no reparó en moral alguna con tal de lograr sus ambiciosos propósitos. No hay que creerles: si Eva Perón hubiera hecho la política de la oligarquía nadie le habría reprochado su pasado "oscuro". Pero Eva les solivantó a los humildes y eso no se lo perdonaron.

El 22 de enero de 1944 conoce al hombre de su vida. Conoce al coronel Perón. Perón —según hemos visto con algún detalle— era un militar populista, tramado por lecturas de Clausewitz y von der Goltz, deslumbrado por las reformas sociales y el control de masas de la Italia fascista. Era sagaz, pendular, y su mayor pasión era algo que sabía ejercer sin pasión alguna: su pragmatismo. Solía vacilar entre la invitación al desborde que latía en su condición de líder obrerista y la invitación al orden que latía en su inalienable condición de militar. Evita libró contra él una lucha constante: lo instaba a que el líder obrero derrotara al militar. Raramente lo consiguió.

Por su condición marginal, por su bastardía, Eva se entrega a los que comparten con ella ese destino: la clase obrera. Un obrero es, también, un bastardo: no tiene linaje, nada le pertenece, no tiene un país porque el país es de sus dueños, de los severos señores de la oligarquía. Eva les entrega su pasión, los transforma en instrumento de su odio y en objeto de su amor. Pocos seres lograron transformar su resentimiento ontológico en bandera del igualitarismo social. Eva Perón lo hizo.

Su mayor lucha política —lograr acceder a la vicepresidencia de la república— tiene relación, también, con su bastardía: *quiere legitimarse por medio del poder del Estado.* Las clases poderosas, el Ejército (tanto los militares peronistas como los antiperonistas) y las jerarquías eclesiásticas se lo impiden. Los obreros y los sindicalistas —en una concentración borrascosa y desesperada— le imploran que se adueñe de ese espacio de poder en el aparato del Estado. Perón le dice: "Decíles que sí sin decir sí". Pero Evita no sabía decir sí sin decir sí, ni decir no sin decir no. Evita decía sí o decía no; sólo parecía conocer el vértigo desbocado de los extremos.[108]

Muere joven, de cáncer, a los treinta y tres años. Pasó por la historia de este país como una exhalación. Hizo todo lo que hizo entre 1945 y 1952: siete años. Tanto la odiaron que, mientras agonizaba, alguien pintó la leyenda "Viva el cáncer" en las paredes de su residencia. Y los pobres —a quienes ella amó— la amaron tanto como para rezar incansablemente por el que hubiera sido, para ellos, el más maravilloso de los milagros: que ella, Eva, no muriera nunca.

No extrañará que los jóvenes peronistas de los setenta se hayan fascinado con semejante figura. Leyeron su *Historia del peronismo*, un texto armado con las clases que Evita dio en la Escuela Superior Peronista en 1951. Tomaré algunos de sus textos, sobre todo aquellos en los que Eva manifiesta su condición de "fanática". Creo que son los que más encendían el ánimo combativo de los militantes. Pero no sólo esto: son también los que describen, con mayor fidelidad, el temple de esta mujer de espectacular destino. Dice Eva: "Todas las causas grandes necesitan de fanáticos, porque de lo contrario no tendríamos héroes ni santos".[109] Más adelante insiste: "Los mediocres son los inventores de las palabras prudencia, exageración, ridiculez y fanatismo. Para ellos el fanatismo es una cosa inconcebible. Toda nueva idea es exagerada. El hombre superior sabe, en cambio, qué fanático puede ser un sabio, un héroe, un santo o un genio, y por eso lo admira y también lo acepta y acepta el fanatismo" (29/3/1951). Y luego: "Yo prefiero el enemigo de frente a un 'tibio', será porque los tibios me repugnan, y voy a decir aquí algo que está en las Escrituras: 'Los tibios me dan náuseas'" (29/3/1951).

Eva sabía que no podía hacer política sin Perón. De aquí que arroje sobre él las frases más descomedidas de la historia del halago, la lisonja, el ditirambo. Dice: "Perón es el rostro de Dios en la obscuridad, sobre todo, en la obscuridad de este momento que atraviesa la humanidad" (29/3/1951). Y también: "Nosotros no tenemos más que a Perón; no vemos más que por los ojos de Perón; no sentimos más que por Perón y no hablamos más que por boca de Perón" (5/4/1951). Y por fin: "Unicamente los genios como Perón no se equivocan nunca" (19/4/1951). Era una actriz de radioteatros. Y no, precisamente, una buena: su tendencia a la sobreactuación era enorme. Ahora bien, de esas frases sobre Perón se han extraído distintas conclusiones. Unas la someten a Perón. Es decir, toman los textos literalmente. No se sostienen. Los textos son tan absurdos y exagerados que llegan a resultar casi cómicos. ¿Qué sentiría Perón al ser halagado de modo tan extremo, absoluto? Siempre creí en otra interpretación: Evita lo presionaba. Lo exigía a fondo por medio de sus elogios. Le exigía llegar hasta donde Perón —sospechaba o sabía— jamás habría de llegar.

Como sea, nada de esto incomodó a la izquierda peronista. También ellos se dedicaron a alabar a Perón. Era el precio del *entrismo*. Para ser peronista —*como era peronista el pueblo*— había que decir maravillas de Perón. Tantas, como para poder, ante todo, creérselas uno. En 1970, no se podía hacer política popular con otras argucias. Había que ponerse la máscara del peronismo, y los jóvenes de izquierda se la pusieron con tanto fervor que hasta llegaron a creer sinceramente en ella.

En Evita fue en quien más creyeron. Era la llama combativa, era la que llegaba a los extremos, era la que había traído pistolas y ametralladoras —compradas al príncipe Bernardo de Holanda— para armar milicias populares. "Si Evita viviera sería Montonera". Esto significaba que estaría en "el puesto más avanzado de la lucha". Recogieron sus frases más bélicas, punzantes: "La patria dejará de ser colonia o la bandera flameará sobre sus ruinas". (Un *imperativo fuerte* que impresionaría despiadadamente a Lipovetsky.) Y, sobre todo, "el peronismo será revolucionario o no será".

De este modo, el *evitismo* es constitutivo de la identidad de la izquierda peronista, sobre todo de la que se desliza hacia la hegemonía absoluta de Montoneros a partir de la campaña electoral de 1973. Quiero decir: lo que finalmente se consolida como *tendencia revolucionaria* fue siempre *evitista*. Una consigna lo dice todo: "Con el fusil en el hombro y Evita en el corazón". No les era posible escindir la imagen de Evita de la metodología de la lucha armada. El peronismo, de este modo, tenía su Che Guevara: era mujer, era joven, era hermosa y apasionada. ¿Cómo no luchar, cómo no morir por ella?

18. Teoría de la dependencia

Bastará con retroceder hasta el parágrafo número 10 de esta primera parte para encontrar —como notas introductorias al libro de Frantz Fanon y, no en menor medida, al prólogo que le escribiera Sartre— algunas vagas precisiones sobre la Teoría de la Dependencia. Llegó el momento de insistir con el tema. Digámoslo: sin una comprensión ajustada, precisa, de la Teoría de la Dependencia resultará abstracta, carente de contenido toda interpretación de la militancia y la violencia setentistas. Tampoco resultará ocioso preguntarnos qué permanece hoy de esa teoría, más allá de los tumultos en cuyo medio surgió y a los que, sin duda, dinamizó desde el ámbito teórico.

En América latina, la Teoría de la Dependencia se desarrolló —aproximadamente— a lo largo de una década. Pongamos entre 1965-1975. Tuvo sus puntos más altos en Brasil, Chile y Argentina. Voy a ocuparme de la especificidad argentina aunque sin perder de vista sus conexiones con el resto de Latinoamérica, cosa que los argentinos solemos hacer... para solaz de nuestra egolatría y fastidio, disgusto y —con mayor asiduidad— hastío de los latinoamericanos.

La Teoría de la Dependencia, si bien marcaba nuestra situación dependiente de los centros hegemónicos del poder mundial, señalaba —a la vez— algo que nos rescataba de la mediocridad, de lo insustancial: *éramos indispensables*. La Teoría de la Dependencia planteaba una *relación estructural* fundante: existían países centrales y países periféricos. Y la condición de posibilidad de existencia de los países centrales radicaba en la explotación de los periféricos. De este modo, *centro* y *periferia* se transformaban en dos conceptos incontestables.

Recuerdo —hace de esto veinticinco años, yo era muy joven y el horizonte se veía seguro y sin escollos— haber escrito para el primer número de la revista de política y ciencias sociales *Envido* un artículo con un título tal vez desmedido pero revelador: "La contradicción principal en la estructuración dependiente". Afirmaba, ese texto, que la contradicción principal del sistema capitalista ya no era —tal como la había planteado Marx en el *Manifiesto*— la de *burguesía* y *proletariado*. El proletariado de los países centrales había pasado a compartir los objetivos de la burguesía. Decíamos: "se ha convertido en socio menor del festín colonial". Tenía, yo, una impecable carta de Engels a Kautsky para fundamentar tal postura teórica. Nunca me había gustado citar textos de Engels (a quien odiaba a través del Sartre de la *Crítica de la razón dialéctica*) pero éste me venía como anillo al dedo. Decía: "Usted me pregunta qué piensan los obreros ingleses sobre la política colonial. Pues exactamente lo mismo que piensan sobre la política en general: *lo que piensa el burgués*. Aquí no hay partido obrero: sólo hay conservadores y radicales liberales, y los obreros participan alegremente en el festín del monopolio inglés sobre el mercado mundial y el colonial" (Londres, setiembre de 1882). Este texto lo contenía todo. Primero: tenía el *prestigio* de pertenecer a uno de los padres del *socialismo científico*. Segundo: por la fecha de su escritura (1882) permitía aseverar que respondía a la lúcida visión que un europeo tenía, cerca del fin del siglo, sobre las consecuencias de las luchas sociales en Europa: los obreros no habían luchado para derrotar a la burguesía —tal como lo planteaba el *Manifiesto*— sino para integrarse a ella; no para derrotar al capitalismo, sino para gozar de los beneficios de su etapa superior —la imperialista—; no para romper sus cadenas, sino para transformarse en una clase asociada a los beneficios de la nueva explotación, que era, sin más, la de unas naciones sobre otras. De esta forma, el proletariado de las naciones centrales era un proletariado conservador, cómplice, cuyas luchas consistían en negociar con la burguesía una mayor participación en la explotación colonial. Y, por fin, tercero: se desprendía de aquí que la contradicción principal del sistema capitalista no era ya la de *burguesía-proletariado* sino la de *imperialismo-nación*. A esto se lo llamaba *cuestión nacional*. Que, claro, no invalidaba a la *cuestión social* (burguesía-proletariado) pero la relegaba a una segunda instancia. Muchos solían decir: no se soluciona la cuestión nacional sin solucionar la cuestión social; la explotación colonial debe, con su supresión, suprimir simultáneamente la explotación social. Y aquí, claro, aparecían debates infinitos: el papel progresivo de las burguesías nacionales, la industrialización, el fortalecimiento del Estado, etcétera. Pero volvamos a la Teoría de la Dependencia.

Escribí: *festín colonial*. Engels había escrito que los obreros ingleses participaban *alegremente* del monopolio inglés sobre el mercado mundial. ¿Cuál es el sentido cuasi existencial de estos conceptos, es decir, el sentido cuasi existencial que late en la Teoría de la Dependencia? *Es el de nuestra absoluta necesariedad*. Es por nuestra expoliación que los obreros ingleses viven *alegremente*. Es por nuestra expoliación que los países centrales pueden disolver sus contradicciones internas, integrar a sus clases oprimidas y controlar sus conflictos sociales. Queda claro: *les somos indispensables*. Solíamos decir: "les pagamos la democracia".

Vayamos ahora a la segunda parte del título descomedido: *la estructuración dependiente*. Esto planteaba —faceta esencial de la Teoría de la Dependencia— que la dependencia era estructural. No era lateral, circunstancial o sobreagregada. No: la dependencia era una estructura constitutiva del sistema capitalista. El capitalismo nace como empresa colonial. (Aquí contábamos con un deslumbrante texto del primer tomo de *El Capital*: el de la acumulación primitiva. Yo era devoto de ese texto.) El capitalismo era (y lo había sido desde sus inicios) un sistema de explotación de unas naciones por otras.[110] La dependencia, entonces, era estructural. Siempre hubo países hegemónicos y países dependientes. El capitalismo, desde sus orígenes, fue un sistema que se desarrolló por medio de la explotación que las naciones centrales ejercieron sobre las naciones periféricas. Insisto: esto nos entregaba una de las más hondas modalidades del orgullo; nuestra, digamos, inevitabilidad, nuestra sustancialidad. Nos explotaban, sí, pero esta explotación nos transformaba en la condición de posibilidad del sistema capitalista mundial. Surge, aquí, el concepto de *Tercer Mundo*. Expresa a los países semicoloniales, a los países explotados, a los países dependientes. A éstos no se los puede integrar. *No se los puede hacer participar de ningún botín, porque ellos son el botín.* De este modo, algunos llegaron a trasladar a esta temática la célebre frase de Cooke sobre el peronismo. Y dijeron: *el Tercer Mundo es el hecho maldito del sistema capitalista mundial*. Y, para nosotros, el Tercer Mundo era ante todo América latina. Eduardo Galeano, por ejemplo, escribe dentro de este encuadre teórico su libro sobre las *venas abiertas* de nuestro continente. ¿Qué expresa la frase *venas abiertas*? Expresa la Teoría de la Dependencia: es por medio de nuestra impiadosa explotación que el capitalismo crece, se desarrolla y controla sus contradicciones internas.

Si nos deslizamos a una temática presente podremos inteligir mejor esta cuestión. Hoy se marca la diferencia entre los conceptos de *explotado* y *excluido*. El *explotado* le es sustancial, indispensable al sistema: es por la explotación del *explotado* que el sistema funciona. El *explotado* —aun dentro de su desdicha— puede decir: "existen por medio de mi explotación, de mi hambre, de mi indignidad". Pero tiene una secreta dignidad: *la de ser necesario*. Esta secreta dignidad no la tiene el *excluido* de la economía de libre mercado de fin de siglo. *El excluido es un innecesario*. El sistema no lo necesita para existir. Por el contrario: el sistema lo excluye, lo arroja de sí, le exhibe cotidianamente su absoluta insustancialidad.

Así las cosas, ¿qué resta hoy de la Teoría de la Dependencia? Planteaba, en verdad, un esquema simple y muy funcional: existen los países dominantes (imperialistas) y los países dominados (semicolonias), los países centrales y los periféricos, los que tienen abiertas sus venas y los que beben de esas venas, es decir: los que se alimentan con la rica y abundante sangre de las naciones dependientes. De aquí se extraía una teoría política y una praxis histórica: había que liberar a las naciones dependientes para destruir al capitalismo. En otras palabras: *liberación o dependencia*, es decir, una de las consignas centrales de la izquierda peronista.[111]

19. El foquismo y las masas

La burda propaganda militar acerca del carácter *marxista* de los Montoneros fue, precisamente, burda porque insistió machaconamente en la índole extranjerizante del movimiento guerrillero peronista. Se trataba, para los desbocados represores de la Seguridad Nacional, de una nueva expresión del *trapo rojo* que, obstinadamente, trataba de dominar a nuestra patria. Además, al caracterizarlos como *extranjeros*, como *no-argentinos, como soldados de ideologías disolventes y ajenas al ser nacional,* los marginaban de las leyes, de la justicia, de la condición humana, logrando, de este modo, abrir el campo de posibilidad de todo exterminio:

hacer del exterminado un no-hombre, un ser ajeno a la condición humana, razón por la cual al matarlo no entra el "ajusticiador" en conflicto con la ética, ni con la ley ni con la religión. Nadie que mate a un ser no-humano —y más aún: enemigo de la humanidad— puede ser castigado por las leyes de los hombres o por la ley de Dios.[112]

Así, insistieron una y otra vez con la cuestión del marxismo: eran, los Montoneros, marxistas, portadores de ideologías disolventes, apátridas. Se decía también: la *guerrilla marxista*. Sin embargo, los Montoneros conocían escasamente y mal el pensamiento de Marx y, lo que resulta más lamentable, este desconocimiento de ideas fundamentales de la obra de Marx los condujo al extravío, al descalabro ideológico, al aislamiento de las masas, al vanguardismo soberbio y solitario.

Que nadie piense, aquí, que digo que los errores de Montoneros se debieron, por ejemplo, al hecho político-cultural de no haber leído completo *El Capital* o la *Crítica de la Filosofía del Derecho de Hegel*. No. Esos errores se debieron a la imposibilidad de acceder a una certeza fundamental del pensamiento político marxista: *sólo las masas pueden protagonizar una revolución*.

Habrá, no obstante, que ir de a poco, ya que la cuestión no es fácil. Porque la izquierda peronista armada no fue la primera en extraviar el pensamiento de Marx, sino que es heredera de anteriores extravíos: la exaltación de la vanguardia y del partido revolucionario en Lenin, la Revolución Cubana como epopeya de unos pocos y audaces, osados, temerarios guerrilleros y la figura mítica del Che Guevara, el héroe romántico, el foquista implacable, el creador de la desmesurada consigna "dos, tres, muchos Vietnam". En suma, para entender a los Montoneros hay que entender por qué y cómo en la América latina del sesenta y comienzos del setenta se llegó a pensar que la revolución podía ser protagonizada no por las masas, sino por la guerrilla. Una teoría que jamás hubiera avalado Karl Marx y que habría ahorrado miles de vidas en todo el continente.

En 1843, Marx escribe un breve y notable texto al que titula *Zur Kritik der Hegelschen Rechtsphilosophie*. Tenía —Marx, aquí— veinticinco años. Es un texto juvenil. Es, también, un texto de gran belleza y precisión filosófico-política. El impulso inicial del joven Marx es el de señalar prolijamente dos estamentos de la realidad: la opresión y la conciencia de la opresión. Ambos se requieren. Se requieren para potenciarse. Escribe: "Hay que hacer la opresión real más opresiva, agregándole la conciencia de la opresión; hay que hacer la ignominia aún más ignominiosa, publicándola".[113] Así piensa Marx: la conciencia de una situación de opresión es fundamental para que los oprimidos intenten transformarla. Hay un salto cualitativo entre la opresión y la conciencia de la opresión. Un oprimido puede ser un oprimido toda su vida, sólo advierte la ignominia de su situación cuando accede a la conciencia de su condición de oprimido.

Dos tendencias pueden surgir de aquí. Una es leninista-castroguevarista y montonera. Y dice esto: la vanguardia de la revolución es la elite; la elite es la que conoce el rumbo de la Historia y es la que puede añadirle la conciencia a la opresión, ya que la conciencia es patrimonio de la elite. La otra es genuinamente marxista. Y diría: la elite no existe al margen de las masas; la elite no es vanguardia; la vanguardia es la *unión* de la elite con las masas. No hay teoría por un lado y masas por otro. Escribe Marx: "la teoría se transforma en fuerza material en cuanto se apodera de las masas".[114] Propone: "el imperativo categórico de derribar todas las relaciones sociales en que el hombre es un ser rebajado, humillado, abandonado".[115] Para esto es necesaria la teoría y es necesaria la práctica. *Porque no hay conciencia revolucionaria al margen de las masas, ni más allá ni más acá*. Escribe Marx: "La teoría logra realizarse en un pueblo sólo en la medida en que es la realizadora de sus necesidades".[116] Y concluye: "Así como la filosofía encuentra en el proletariado sus armas materiales, el proletariado encuentra en la filosofía sus armas espirituales (...) La cabeza de esta emancipación es la filosofía; su corazón, el proletariado".[117]

No resulta arduo extraer de aquí una clara conclusión: *cuando la elite se aísla de las masas, pierde su corazón, sólo se queda con su cabeza.* El vocabulario de Marx está teñido de romanticismo y tal vez por eso su transparencia es, simultáneamente, racional y apasionada. Una revolución no se hace sólo con la conciencia o, según dice Marx en este temprano texto, con la filosofía. Una revolución se hace con las masas: las masas son el corazón de toda revolución auténtica.

El endiosamiento de la figura de Guevara (que, no es casual, se ha transformado con los años en símbolo del individualismo, de la libertad mesiánica, del aventurerismo romántico, del heroísmo solitario, de la rebelión sin masas), la concepción leninista de la vanguardia (la vanguardia es la que conoce las *leyes de la historia* y la que, por consiguiente, debe introducir, *desde afuera*, la teoría revolucionaria en las masas) y la concepción castrista de la toma del poder como hazaña heroica de un reducido número de guerrilleros distorsionaron las translúcidas reflexiones de Marx acerca de la necesaria unidad entre teoría y práctica, entre conciencia y corazón, entre elite revolucionaria y masas, y condujeron a los Montoneros a agregarle a la *Marcha Peronista* una de sus más equivocadas estrofas: "Ayer fue la Resistencia, hoy Montoneros y FAR, y mañana el pueblo entero, en la guerra popular". Marx, sorprendido, hubiera dicho: "Señores, ¿*mañana* el pueblo entero? ¿Acaso imaginan ustedes una revolución en la que el pueblo habrá de participar sólo en el futuro? Señores, ése es un error muy grave".

Es difícil tratar estas cuestiones. En su libro *Rebeldía y esperanza*, Osvaldo Bayer recoge las posiciones que sostuvo en una polémica sobre la violencia con el escritor Alvaro Abós. Y cita un texto de su antagonista. Abós dice: "No estoy solo en mi repudio al terrorismo foquista". Bayer escribe: "No creí ni creo en el foquismo porque soy insanablemente pacifista". Y luego se apodera de la palabra "repudio" que utilizara Abós y concluye que sus "repudios viscerales" los reserva para los verdaderos enemigos de la humanidad. Cito a Bayer: "A los repudios viscerales los reservo para los verdaderos enemigos de la humanidad, esos que hacen posible que mientras se mueren millones de niños de hambre se gasten en armas las mejores reservas de los pueblos, a esos que por fabricar artículos superfluos en pos de la egoísta ganancia personal han envenenado ecológicamente el futuro de las próximas generaciones y dividido al mundo entre desarrollados y subdesarrollados. Y no puedo odiar a aquellos que se equivocaron y perdieron buscando nuevas sendas."[118] Completamente de acuerdo. No puedo tener un "repudio visceral" por Ernesto Che Guevara. Ni lo puedo tener por los Montoneros. De aquí que rechace por completo la teoría de los dos demonios. No puedo "odiar" a Lenin o a Castro. Ante todo, porque sé que quienes los odian son canallas morales. Pero nada de eso debería impedirnos —a los que participamos de esta condición teórica y existencial— señalar que, con desdichada frecuencia, quienes se equivocan y se pierden "buscando nuevas sendas" favorecen a quienes destinamos nuestro "repudio visceral". Aquí, todo es más complejo. No alcanza con buscar "nuevas sendas". Quienes hicieron operativos como el asesinato del sindicalista José Ignacio Rucci, el asalto a la unidad militar de Azul, a la de Monte Chingolo y luego, en enero de 1989, el ataque a La Tablada decían y creían *buscar nuevas sendas*. No obstante, favorecieron a quienes destinamos nuestro "repudio visceral". Les crearon el clima de "guerra" que esperaban para reprimir masivamente. *Hay una relación de hierro entre estos ataques solitarios y soberbios y el marco justificatorio que terminan por entregarle a la represión.*

20. El trágico camino al golpe de Videla

Pese a las influencias guevaristas, la izquierda peronista surge otorgándose una política de masas. John William Cooke, en Cuba, le había dicho a Guevara que, para hacer la revolución en la Argentina, no era necesario el foco insurreccional. Estaban las masas peronistas. Guevara no le creyó. O, al menos, no fue seducido por esa interpretación. Su idea acerca del peronismo no era la de Cooke. Jamás hubiera llegado a creer que Perón podía transformarse en un revolucionario. Tal vez tampoco Cooke lo creyera. No *exactamente* así. Cooke creía lo que luego creyeron los cuadros más lúcidos de la izquierda peronista: había que trabajar con las masas peronistas, había que crearle hechos revolucionarios a Perón y llevar al país a una situación insurreccional a la cual Perón —más allá de sus preferencias ideológicas— no tuviera más remedio que dar su acuerdo. Como vemos, la praxis inicial de la izquierda peronista es una praxis de masas. Se identifica con Perón y el peronismo porque quiere hacer la revolución *con* las masas. La identificación con el peronismo implicaba un claro rechazo a la teoría del foco insurreccional.

Entre tanto, los Montoneros —que aún estaban lejos de hegemonizar a la izquierda peronista— realizaban sus operativos armados. La hegemonía de Montoneros comienza cuando la Juventud Peronista pasa a identificarse como tendencia revolucionaria del movimiento peronista. *La tendencia*. En esta etapa, los Montoneros se dan una política de masas y sus cuadros de superficie hacen la campaña electoral de 1973, que culmina con el triunfo del 11 de marzo. Luego vienen sus enfrentamientos con Perón y, como fruto maduro de esos enfrentamientos, surge un acto decisivo en la historia de la organización y en la historia de su aislamiento del *pueblo peronista* que tanto invocaba: el asesinato de Rucci. Se trata de uno de los errores más desdichados de la historia política argentina. Perón acababa de ganar en elecciones democráticas por un margen superior al 60%. El país, empeñosamente, buscaba un camino de pacificación. Pero la teoría del *apriete* pudo más. Había que tirar un cadáver sobre la mesa de negociaciones. Y los Montoneros apostaron duro: tiraron el de Rucci. Ese mismo día la derecha peronista mató a Enrique Grynberg, un militante de la Juventud Peronista. Empezaba la masacre. A partir de aquí, la gente se asusta. Se comienza a perder el trabajo territorial, de base. *El pueblo peronista se va a su casa.* Siempre que hubo violencia el pueblo peronista se fue a su casa. Se lo había enseñado Perón: *de casa al trabajo y del trabajo a casa,* les indicó en los momentos más fragorosos de 1955. Los Montoneros los espantaron. Se acabó esa consigna "a la lata, al latero, las casas peronistas son fortines montoneros". Era una típica consigna del trabajo de superficie, barrial, villero. La izquierda peronista conocía mal al manso *pueblo peronista*, hijo dilecto del Estado de Bienestar. Pero los Montoneros lo conocían peor. Matar a Rucci fue el paradigma de ese desconocimiento. Estaba mucho más cerca del verdadero *pueblo peronista* Rucci negociando con Gelbard y Perón la Ley de Contratos de Trabajo que los iracundos Montoneros asesinándolo.[119] A *nadie* le cayó bien el acribillamiento de Rucci. Los militantes de superficie se sintieron desconcertados. ¿De dónde provenían esas decisiones tan radicales? De la conducción. ¿En manos de qué conducción se estaba? ¿Cómo resolvía la conducción lo que había que hacer? En principio: *no consultando, en absoluto, con los cuadros de superficie*. Para la conducción, los cuadros de superficie eran los "perejiles". Ya hablaremos de ellos. Eran los mejores de esta historia tramada entre la derecha fascista que Perón sostenía (era, directamente, su entorno) y la conducción Montonera ya en manos absolutas, totales, de Firmenich y Galimberti.

Luego de la muerte de Perón pasan a la clandestinidad. Se acabó la política de superficie. Al acabarse, quedaron, precisamente, *en la superficie* todos los que habían creído en una política territorial. Este error roza lo imperdonable. Entregaron a los *perejiles* a las balas de la derecha lopezreguista. Además, desde la clandestinidad, retomaron activamente las operaciones armadas. Y comenzaron a apostar al golpe de Estado. Aquí entra la teoría de la hecatombe. *Cuanto peor, mejor*. Juzgaban que el gobierno peronista era un colchón que impedía *al pueblo* visualizar a las verdaderas fuerzas enfrentadas: Ejército y Guerrilla. No bien *el pueblo* viera esta antinomia optaría por la guerrilla y se uniría a la revolución montonera. Todo esto precipitó el golpe del 24 de marzo, tal como lo deseaban. Resulta muy difícil —cuando se piensa en *este* período y en las trágicas consecuencias que provocó— no repudiarlos visceralmente.

Durante este período —es decir, a partir del pasaje a la clandestinidad— deja de existir lo que había sido (entre 1969 y 1973) la izquierda peronista. Quedan los Montoneros. Con su iluminismo, su vanguardismo, sus desvaríos militaristas, su desdén por la vida y por las masas. La izquierda peronista marcha al exilio, cambia de casa, vive aterrorizada o es secuestrada y asesinada en los campos de concentración de la dictadura. *Porque los militares videlistas fueron terriblemente vengativos.* A nadie le perdonarían haber pertenecido a la izquierda peronista: ni a un maestro rural, ni a un militante villero, ni a un integrante de una comisión interna fabril, ni a un sacerdote del Tercer Mundo ni a los adolescentes de la Unión de Estudiantes Secundarios. Llegaron decididos a matarlos a todos. Entre tanto, la conducción de Montoneros se instalaba en el exterior, en México, en París, y planificaba patéticas, delirantes, macabras contraofensivas.

Desesperadamente, el gobierno peronista adelanta para noviembre de 1976 unas elecciones presidenciales que debían ocurrir en 1977. La dirigencia política se moviliza cuanto puede. Se consolidan acuerdos, candidaturas. Oscar Alende habla por la cadena nacional y advierte que "nunca ningún golpe militar trajo nada bueno". Pero Ricardo Balbín (que había, además, denunciado la "guerrilla en las fábricas") dice la frase más desdichada de su vida política: "Me piden soluciones, no las tengo". Los militares, agradecidos: la dirigencia política no tiene soluciones, ¿qué mejor justificación para el golpe de Estado? Los Montoneros, por su parte, siguen entregados a una violencia implacable. Favorecen, claro, a los militares. Cuanta más violencia, más necesaria se vuelve la intervención "correctiva" del Ejército. Los empresarios, la oligarquía, los sectores medios, todos reclaman el golpe. Todos quieren orden.

El golpe se produce el 24 de marzo de 1976. La fecha más triste y macabra de la historia argentina.

21. Transición: una Trabex contra la Junta Militar

No recuerdo el titular de *La Razón* del 20 de marzo de 1976. Recuerdo, sí, la modalidad que todos los titulares de ese diario tenían durante esos días: anunciaban, en grandes letras negras, la inminencia del golpe. Yo me había vuelto taciturno. Hablaba poco. Me sabía mal informado. O escasamente informado. O tal vez creía que no había información. Que nadie sabía nada.

Recuerdo haber leído en un diario la noticia del asesinato de un sindicalista. Lo mataron en su casa. "Su mujer y sus hijos pidieron por su vida", decía el texto. "Pero fue ametrallado en presencia de ellos." Uno estaba acostumbrado a encontrar la obscenidad de la muerte en las páginas de los diarios. Pero, no sé, ésta prefiguró para mí el horror que se avecinaba: no podía dejar de pensar en esa mujer y en esos hijos pidiendo piedad a los asesinos. Imaginaba, luego, a los asesinos matando a ese hombre en presencia de quienes lo amaban. Busqué, entonces, un teléfono y llamé a un amigo que era concejal en Vicente López. Le pregunté qué sabía, si es que algo sabía. Me dijo: "Todos se rajan o buscan abogados".

Regresé a mi casa. Abrí la puerta y miré la cerradura: era una *Llavex*, una sencilla *Llavex;* una de esas cerraduras que no parecen haber sido hechas para detener a nadie, sino sólo para cerrar la puerta. Venía con el departamento. Un departamento que yo había comprado cerca de un año atrás y del que aún —extrañamente, supongo— no me sentía propietario. Decidí ir a la cerrajería. Quedaba a una cuadra. Llegué y le pedí al cerrajero una *Trabex*. No podría explicar por qué, pero para mí, ese 20 de marzo de 1976, todo el amparo del mundo (toda posibilidad de no morir injuriado y avasallado en el interior del hogar como ese sindicalista) se cifró en poner una *Trabex* en la puerta de mi casa.

El cerrajero fue generoso. Atardecía y no me dijo: "Venga mañana". Me dijo: "Voy con usted". Tomó la *Trabex*, una pequeña caja metálica, cerró el negocio y caminó conmigo la cuadra que nos separaba de mi departamento. No hablamos de política. No hablamos de lo que todos hablaban: del golpe. Sólo caminamos esa cuadra, entramos en el ascensor del edificio, subimos hasta el octavo piso —ahí estaba mi casa, ahí estaba mi puerta— y él abrió su caja metálica, extrajo un pequeño taladro y taladró, con sabia precisión, la puerta, que estalló en aserrines que me parecieron tan súbitos y excesivos como fuegos artificiales. Luego colocó la *Trabex*. Le pagué, estreché su mano y no podría decir si volví a verlo de nuevo. La llave de la *Trabex* era robusta: un cilindro central y dos paletas dentadas que se desprendían a izquierda y derecha. La introduje en la cerradura y cerré con dos vueltas.

Eso hice el 20 de marzo de 1976: poner una *Trabex* entre la Junta Militar Argentina y yo. Increíblemente, estúpidamente me sirvió para dormir mejor esa noche. Y ninguna otra más.

22. La muerte del ámbito privado

Fue un golpe anunciado. Noventa días antes Videla había lanzado un ultimátum al gobierno de Isabel Perón. Luego dijo: "Morirán todos los que tengan que morir". Luego hubo un período de silencio. Los comandantes no decían palabra. Parte de la clase política buscaba una y mil soluciones. Inútil, impotentemente. Los comandantes seguían sin hablar. Una vez más, el silencio se vivió como terror. Terror para algunos, incertidumbre para otros, ansiedad para muchos más que se preguntaban: "¿Para cuándo? ¿Qué esperan?". El infaltable ingeniero Alsogaray dijo: "Todavía no. Hay que esperar unos meses. El caos económico aún no ha desgastado totalmente a este gobierno". Luego Oscar Alende habló por la cadena nacional. Dijo: "Nunca un golpe militar trajo nada bueno". Pero ya era tarde. Ya pesaba mucho más —como definitiva respuesta de la clase política— la frase de Balbín: "No tengo soluciones". Luego comenzaron a aparecer los enormes titulares de *La Razón*. Anunciaban la inminencia de lo inminente: el golpe. Hasta que dijeron: "Todo está decidido". Y el día siguiente, fue el día del golpe.

Los jefes del golpe (la llamada Junta Militar) anunciaron a la población que permaneciese en su casa esa noche para facilitar las "tareas operativas de los comandos militares". Me recuerdo cerrando la puerta de mi departamento, con la Trabex que había comprado cuatro días atrás. Vivía en un octavo piso. Qué patético gesto: cerrar la puerta del departamento. Era creer que existiría aún el ámbito privado. Que uno podría salvarse de la furia guerrera de la Junta protegiéndose en su casa, retirándose al ámbito privado. Ocurrió, a partir del 24 de marzo, un hecho decisivo: *la desaparición del ámbito privado*. Ese primer anuncio operativo de la Junta había sido falso y perverso: pedirle a los ciudadanos que no salieran de sus casas para no entorpecer las tareas de los comandos militares llevaba a creer en la existencia de dos ámbitos: el exterior (en el que se desarrollarían las "operaciones" de los comandos) y el interior (en el que un ciudadano podría permanecer seguro; en la, como suele decirse, seguridad del hogar). No hubo tal seguridad del hogar. No la hubo porque se aniquiló la diferencia entre el ámbito exterior y el privado. No existió lo privado para la operacionalidad militar. La entrada arrolladora en las casas, la destrucción de los hogares, su rapiñaje implacable fueron los signos de la época.

Durante los primeros días del golpe todos los diarios entraron en cadena: sólo publicaban los comunicados de la Junta. Y gran parte de los argentinos se sintieron sosegados: había llegado la hora del orden. Por televisión salía una y otra vez un aviso que decía: "Orden, Orden, Orden. Cuando hay Orden el país se construye de arriba a abajo". Conocía muy bien a ese tipo de argentinos. Y no eran pocos. Uno, un mes atrás, me había dicho: "Por suerte se vienen los militares. Gente honesta, castigadora". Todavía le veo la cara. Todavía recuerdo la forma que tomaron sus labios al decir la palabra "castigadora". Otro, un viajante de comercio, me había explicado la eficacia del ejército en Tucumán: "A los zurdos los atan y los vuelan. El pedazo más grande que queda es así". Hizo un pequeño círculo con el índice y el pulgar: "Así", repitió. Estaba decididamente satisfecho. Con este numeroso sector de nuestro país contó el golpe para recibir consenso. Numeroso, muy numeroso.

El 24 de marzo implica la era de la planificación racional y moderna de la Muerte. Los militares argentinos hicieron saber que no serían pinochetistas. Se interpretó tal aseveración como una señal de templanza: no se incurriría en los horrores del régimen chileno. Y, en efecto, no fueron pinochetistas, pero el modo en que no lo fueron acentuó decididamente la ferocidad y el horror de la represión. Para los blindados del 24 de marzo Pinochet había sido algo así como un exhibicionista: ese Estadio Nacional lleno de prisioneros, ¡qué disparate!, ¡qué alto precio había tenido en la opinión mundial! Pinochet era un tosco. Así, nuestros blindados decidieron inspirarse en la modalidad del ejército francés en Argelia: la represión se haría secretamente. La muerte secreta: ésta es la muerte argentina. La muerte se volvió subterránea, silenciosa, furtiva.

Los que han descrito la Argentina del '76 y el '77 han incurrido, con frecuencia, en un error que amengua la vivencia del miedo cotidiano. Tal vez esta experiencia la sabemos sólo quienes permanecimos aquí. Y es la siguiente: uno se enteraba de desmedidos horrores, desaparecían los amigos, o los conocidos o gente que uno no conocía pero de cuya desdicha se enteraba. Es decir, uno sabía de la existencia permanente del horror. Sin embargo, al salir a la calle lo que más horror producía era el normal deslizamiento de lo cotidiano. La gente iba a trabajar, viajaba en colectivo, en taxi, en tren, cruzaba las calles, caminaba por las veredas. El sol salía y había luz y hasta algunos días del otoño eran cálidos. ¿Dónde estaba el horror? Había señales: los policías usaban casco, en los aeropuertos había muchos soldados, sonaban sirenas. Los militares les hacían sentir a los ciudadanos que estaban constantemente en operaciones, que estaban en medio de una "guerra". Pero, a la luz del día, nada parecía tan espantoso como sabíamos que era. Quiero remarcar esta sutil y terrible vivencia del horror: *lo cotidiano como normalidad que oculta la latencia permanente de la Muerte.*

La Muerte se planificó con precisión matemática. No es difícil —nada difícil— imaginar a Chamorro o Massera en la ESMA planificando la racionalidad de la muerte tal como se planificaba en ̇Auschwitz. Esto es lo que Hannah Arendt llamó "banalización del mal". El mal fría y rutinariamente ejecutado. Burócratas de la muerte. Se torturaba a todos los detenidos. Se torturaba para quebrar a las personas. No sólo para obtener información. No, se torturaba porque así era el sistema. "Pásenlo por la parrilla. Denle máquina", eran órdenes que se daban sin pasión. Eran partes de un engranaje prolijamente diseñado.

El concepto de "guerra" —me permitiré ser insistente en este punto— será siempre el que elegirán los ideólogos del 24 de marzo para justificarse. Detrás de esta idea de la "guerra" pueden deslizar la justificación del horror. Así, dicen: "En una guerra mueren inocentes, en una guerra se cometen excesos". Pero no fue una guerra. Fue, primero, el amordazamiento de toda fuerza política que pudiera darle una salida democrática a la república. Fue el aniquilamiento de todos los sectores progresistas del país: desde lo cultural a lo sindical. Y fue, también, el aniquilamiento de una guerrilla que, sin amarras en lo popular, sin un trabajo de base que la insertara en los sectores humildes, carenciados, en los sectores profundamente agredidos por la economía de Martínez de Hoz, se lanzó a un enfrentamiento solitario que sirvió, ante todo, para que los letales hombres del 24 de marzo se sintieran justificados. Magnificaron enormemente toda acción guerrillera. "¿Ven? Esto es una guerra." Y torturaban niños, barrían comisiones internas de fábricas, hospitales, secuestraban profesores universitarios, psicólogos, homosexuales y judíos.[120]

23. LOS PEREJILES

Siempre se habla, siempre se hablará de ellos: que los secuestraron, que los torturaron, que los arrojaron vivos al mar. Sus padres, sus hermanos y también sus asesinos los nombran, los recuerdan. Están en el centro del debate, en el centro de la estremecida conciencia moral de la república. Son *nuestros* desaparecidos. A la gran mayoría se les suele aplicar un concepto casi despectivo. Se les dice "perejiles". Será apropiado preguntarnos por qué.

Supongo que nadie ignorará el tipo de frases que se pronuncian sobre ellos. Se dice, por ejemplo: "la mayoría de los desaparecidos eran perejiles". Se dice: "los que pusieron el cuerpo fueron los perejiles". Se dice: "Fulano no había hecho nada, era un perejil". La imagen que va tomando forma es la de una especie de seres cándidos, manipulados, inofensivos, jamones del sandwich, atrapados entre el mesianismo de la dirigencia guerrillera y la impiedad absoluta del Ejército represor. Patéticos seres que murieron por error, por estar, ingenuamente, en el centro de una desmesura histórica. Seres que murieron por nada. O peor aún: que murieron por tontos.

Detengámonos en la palabra: "perejil". Sirve, exhaustivamente, a sus propósitos. Dice lo que se propone decir. "Perejil" es un ser silvestre, ingenuo. Es, claro, un "jil". O, más exactamente, un "gil", con toda la carga despectiva que esa palabra tiene en la lengua coloquial argentina. Es, también, un anónimo. Un ser alejado del Poder, que ignora los mecanismos profundos de la historia, que no sabe por qué actúa, que cree saberlo pero que no lo sabe, ya que es un manipulado. Así, la palabra nos acerca a uno de sus significados más precisos: los "perejiles" son "Pérez giles". Es decir, anónimos tontos. ¿Hay algo más anónimo que llamarse Pérez? ¿Hay algo más patético, desvalido, insignificante que ser un Pérez gil?

¿Quiénes fueron? Básicamente fueron los militantes políticos de superficie de la década del setenta. Los que quedaron para las balas fáciles y abundantes de la Triple A cuando Montoneros pasó a la clandestinidad. Los que dieron sus nombres para las listas electorales del Partido Auténtico. Los militantes de las villas. Los profesores de "todos los niveles de la enseñanza", como les gustaba decir a quienes los mataron u ordenaron sus asesinatos. Los médicos de las comisiones hospitalarias. Los periodistas de izquierda. Los militantes sindicales, los que estaban al frente de las comisiones internas laborales. De éstos, muchísimos.

El lenguaje de la dictadura incurrió en una vaguedad deliberada y feroz cuando acuñó el concepto de "subversión" y lo utilizó en lugar del de "terrorismo" o "guerrilla". La "subversión" era más que el terrorismo, más que la guerrilla, que eran la "expresión armada" de la subversión. La subversión era todo cuanto atentara contra el "estilo de vida argentino" o contra el "ser nacional". Y como "estilo de vida argentino" o "ser nacional" eran indefinibles y, por consiguiente, absolutos, "subversión" podía ser cualquier cosa. Una de las características del terrorismo de Estado es la atipificación del delito. Nadie sabe qué habrá de convertirlo en culpable. Nadie sabe los motivos de la culpa o la inocencia, ya que estos motivos no están tipificados. Y no lo están porque el Estado terrorista los reserva para su exclusivo arbitrio. Serán culpables los que el Estado decida que lo son y por las razones que el Estado decida.

Cierto día, en el programa de Mariano Grondona apareció un decidido ideólogo de la derecha argentina, Vicente Massot. Incurrió en algunas desmesuras como comparar a Videla con Churchill y Eisenhower, con lo que cabe suponer que la dictadura militar argentina enfrentó a potencias similares a las del Eje. Pero, convengamos, la desmesura es el estilo de la derecha. Hubo otras desmesuras en el discurso de este ideólogo que tienen mayor relación con nuestra temática. Intentando demostrar que los militares enfrentaron una "guerra" a partir de 1976 (el argumento de la legalización procesista se centra en la cuestión de la "guerra": si hubo "guerra" todo lo demás se justifica de inmediato, porque en una "guerra" hay "excesos", "mueren inocentes" y mucho más si, como dicen, se trató de una "guerra no convencional" o "sucia", es decir, ni siquiera sometida a las leyes elementales de las guerras), Massot dice que la guerrilla tenía un "sofisticado aparato de superficie". Obsérvese la palabra: "sofisticado". Este concepto de la sofisticación subversiva costó millares de vidas en la Argentina. La guerrilla era tan "sofisticada" que todos éramos subversivos. O "potencialmente subversivos", que era un sello que le ponían a miles que echaban de sus trabajos... muchos hacia la muerte.

¿Quién no recuerda la teoría del "peine grueso" y el "peine fino"? Primero, había que pasar el "peine grueso", liquidar el "brazo armado" de la subversión. Y luego, el "peine fino". Es decir, el "sofisticado aparato de superficie". Periodistas, sacerdotes, obreros, escritores, historietistas, amigos, familiares.

Eran los perejiles. Vemos los rostros doloridos de sus padres. Vemos las justificaciones torpes y, a la vez, crueles de los que estuvieron junto a quienes los mataron. Vemos las confesiones de sus asesinos. Nos dicen: "los adormecíamos, los llevábamos en aviones y los arrojábamos al mar". Estas confesiones terribles nos los presentan como víctimas, como derrotados. Como irrecuperables derrotados. Y, de pronto, vemos sus rostros. Aparece el rostro de alguno de ellos en el televisor. O en el diario en que los familiares publican sus fotos para recordarlos. Y son jóvenes, conmovedoramente jóvenes. Y advertimos que estaban llenos de vida y, muy seguramente, de alegría.

No eran "perejiles". Si los engañaron, si los mandaron al muere las dirigencias, la culpa no es de ellos, es de las dirigencias. Tendrán que cargar para siempre con ese pecado de soberbia y mesianismo. Si los mataron los represores, serán éstos, los represores, quienes cargarán para siempre con la eterna condena de la sociedad que opta por la vida y por la justicia.

Eran, sí, los llamados "perejiles", hombres y mujeres de superficie. No eran sofisticados. Daban la cara. Creían en causas comunitarias. Buscaban una sociedad mejor. No murieron por tontos. No murieron en vano. Murieron por generosos. Ya nadie muere ni se enferma de eso en nuestros días.

24. Rodolfo Walsh: Carta a la Junta Militar

Luego del golpe militar Walsh disiente con la conducción de Montoneros. No aconseja el enfrentamiento armado al régimen. Los militares han demostrado ser más poderosos y hasta más hábiles. Se impone una política de repliegue. Sin embargo, esta política no debe abandonar —aún lo reclamaba Walsh en medio del desbande del '76— un trabajo de información a la gente. Retomaba, así, una vocación que era en él un servicio, la de periodista. Fruto de esta convicción es la *Carta abierta a la Junta Militar,* que escribe cuando se cumple el primer aniversario del golpe.

Resulta admirable (entre muchas otras cosas admirables, desde la actitud personal hasta la perfección de la escritura) el preciso manejo de datos que exhibe Walsh. Citar textos decisivos de la Carta nos permitirá un acercamiento a los horrores del régimen de Videla que superará cualquier otro abordaje. Walsh consigue enviar la Carta antes del *enfrentamiento* en el que perderá la vida. Escribe Daniel Link: "Walsh fue emboscado. Debía ser capturado vivo. El decidió entregar su vida en la calle y no en la sala de interrogatorios. Resistió con una pequeña pistola que, en los hechos, equivalía a la prescripta pastilla de cianuro, que Walsh abominaba".[121]

Walsh comienza aclarando que esta forma de expresión clandestina la utiliza por primera vez, luego de haber opinado libremente como escritor y periodista durante más de treinta años. Pero una serie de calamitosos acontecimientos lo impulsan a esta modalidad: "La censura de prensa, la persecución a intelectuales, el allanamiento a mi casa en el Tigre, el asesinato de amigos queridos y la pérdida de una hija que murió combatiéndolos".[122]

Conjeturo que la *Carta* puede dividirse en dos partes. La primera es política. La segunda —a partir del punto 5—, económica. Walsh parte de una caracterización general del régimen militar: "El 24 de marzo de 1976 derrocaron ustedes a un gobierno del que formaban parte, a cuyo desprestigio contribuyeron como ejecutores de su política represiva, y cuyo término estaba señalado por elecciones convocadas para nueve meses más tarde. En esa perspectiva lo que ustedes liquidaron no fue el mandato transitorio de Isabel Martínez sino la posibilidad de un proceso democrático donde el pueblo remediara males que ustedes continuaron y agravaron".[123] Este texto marca una decisiva diferencia entre Walsh y la conducción Montonera. Walsh rescata la posibilidad de un proceso democrático. No apuesta al tremendismo del "cuanto peor, mejor". *Acepta que hubiera sido deseable una apuesta a la política y no a los fierros.* Los Montoneros estaban muy lejos de algo así. Y nada lo demuestra mejor que su participación en el operativo de Monte Chingolo ordenado por Mario Roberto Santucho, que fue, sin más, uno de los más poderosos dinamizadores del golpe militar.[124]

Continúa, ahora, Walsh enumerando los horrores del régimen: "Quince mil desaparecidos, diez mil presos, cuatro mil muertos, decenas de miles de desterrados son la cifra desnuda de ese terror"[125]. Recordemos que la Carta está escrita en el primer aniversario de la Junta en el poder, es decir, el 24 de marzo de 1977. La exactitud de los datos, la precisión de la información es excepcional y demuestra hasta qué punto Walsh estaba entero, lúcido, no devastado (como tantos de nosotros) por el terror del régimen.

Sigue: "Colmadas las cárceles ordinarias, crearon ustedes en las principales guarniciones del país virtuales campos de concentración donde no entra ningún juez, abogado, periodista, observador internacional. El secreto militar de los procedimientos, invocado como necesidad de la investigación, convierte a la mayoría de las detenciones en secuestros que permiten la tortura sin límites y el fusilamiento sin juicio".[126] Y, a continuación, escribe el primer texto en que se refiere a la tortura. No es posible hablar del régimen de los militares argentinos sin extenderse —casi minuciosamente— sobre el tema de la tortura. La tortura fue absolutamente constitutiva de la salvaje dictadura argentina. Fue más allá de la "necesidad de hacer hablar a los detenidos". *Fue más allá de todo.* De aquí que Walsh escriba: "...han despojado ustedes a la tortura de su límite en el tiempo. Como el detenido no existe, no hay posibilidad de presentarlo al juez en diez días según manda una ley que fue respetada aun en las cumbres represivas de anteriores dictaduras (...) La falta de límite en el tiempo ha sido complementada con la falta de límite en los métodos, retrocediendo a épocas en que se operó directamente sobre las articulaciones y las vísceras de las víctimas, ahora con auxiliares quirúrgicos y farmacológicos de que no dispusieron los antiguos verdugos".[127] Volveremos detalladamente sobre la cuestión de la tortura. Es simple y terrible: que se haya llegado a tales extremos de horror pone en cuestión la identidad de un país. No éramos lo que creíamos ser. Y jamás volveremos a serlo. Por decirlo así: a partir de la ESMA, uno ya no puede ser argentino del modo en que lo era.

Walsh —a partir de cifras inapelables— destruye la excusa militar de la "guerra contra la subversión". Escribe: "1.220 ejecuciones en trescientos supuestos combates donde el oponente no tuvo heridos y las fuerzas a su mando no tuvieron muertos".[128] Esta *absoluta* diferencia en las bajas señala la inexistencia de una guerra y la realidad inequívoca de una masacre realizada —por sobre todo— contra civiles desarmados. También Tina Rosenberg —en su notable *La estirpe de Caín*— señala: "En todo el período de la guerra sucia la Marina perdió once hombres: seis oficiales y cinco alistados. En la ESMA, donde cerca de 4.500 prisioneros murieron, el grupo de tareas 3.3.2 perdió un marino". Y concluye: "La Junta exageró la amenaza montonera para tener una excusa para aniquilar a la izquierda argentina no violenta".[129]

A partir del punto 5 de la Carta, Walsh se concentra en la cuestión económica, demostrando algo que en la Argentina democrática —desde 1984 en adelante— jamás se llevó a primer plano: *la relación entre el terror y el proyecto económico*. La dictadura argentina tuvo el total apoyo del *establishment* y se puso a su servicio a través de su superministro de economía, José Alfredo Martínez de Hoz. Escribe Walsh: "En la política económica de ese gobierno debe buscarse no sólo la explicación de sus crímenes sino una atrocidad mayor que castiga a millones de seres humanos con la miseria planificada".[130] Walsh instrumenta aquí el concepto marxista de la economía como "determinación en última instancia". No se equivocaba: los crímenes de la dictadura pueden ser abordados desde muchos ángulos, pero su propósito final fue entregar la sociedad argentina a las garras de la economía de mercado. *La Argentina debe al capitalismo el mayor horror de su historia*. Videla y Martínez de Hoz no eran estatistas ni proteccionistas. Decían: "Achicar el Estado es agrandar la Nación". Mataron en nombre de la economía de mercado. Tal vez Ernst Nolte debiera observar nuestra historia para advertir que los horrores que denuncia en el nazismo y el stalinismo… se cometieron en este culto y europeo país del sur en nombre de la Escuela de Chicago.

Sigue Walsh: "En un año han reducido ustedes el salario real de los trabajadores al 40 por ciento, disminuido su participación en el ingreso nacional al 30 por ciento, elevado de 6 a 18 horas la jornada de labor que necesita un obrero para pagar la canasta familiar, resucitando así formas de trabajo forzado que no persisten ni en los últimos reductos coloniales".[131] Y luego puntualiza una relación de hierro entre esta política económica y la represión, la atroz violencia procesista: "…elevando la desocupación al record del 9 por ciento y prometiendo aumentarla con 300.000 nuevos despidos, han retrotraído las relaciones de producción a los comienzos de la era industrial, *y cuando los trabajadores han querido protestar los han calificado de subversivos, secuestrando cuerpos enteros de delegados que en algunos casos aparecieron muertos, y en otros no aparecieron*".[132] Y no duda acerca de quiénes son los beneficiarios de esta política económicorepresiva: "Dictada por el Fondo Monetario Internacional según una receta que se aplica indistintamente al Zaire o a Chile, a Uruguay y a Indonesia, la política económica de esa Junta sólo reconoce como beneficiarios a la vieja oligarquía ganadera, la nueva oligarquía especuladora y un grupo selecto de monopolios internacionales encabezados por la ITT, la Esso, las automotrices, la U.S. Steel, la Siemens, al que están ligados personalmente el ministro Martínez de Hoz y todos los miembros de su gabinete".[133]

En este análisis la Carta obliga a ciertas inevitables conclusiones. Los militares siempre han dicho que fueron derrotados políticamente. No lo fueron en el plano económico; esto es indudable. La economía actual de la Argentina es la apoteosis de lo que el Proceso se propuso. Esa "desocupación récord del 9 por ciento" que alarmaba e indignaba a Walsh llegó al 15 y al 16 por ciento en el gobierno de Carlos Menem. Y ésta es meramente la *desocupación abierta*. No tiene en cuenta la *desocupación parcial*. En la Argentina de hoy no se entiende por *desocupado* a quien tiene una changa de una hora por semana. *No se entiende por desocupado a quien tiene empleos indignos.* Se acabaron los conceptos de jornada laboral o de salario mínimo. El derecho de huelga ha desaparecido: quien hace huelga es despedido y reemplazado de inmediato por alguien del inmenso ejército de reserva de desocupados, de desesperados.

Esto viene de lejos y tiene que ver con las leyes de Punto final y Obediencia Debida. Esas leyes se dictaron para cubrir las espaldas de los represores de la dictadura. Pero esos represores estuvieron al servicio de una política y de una economía. José Alfredo Martínez de Hoz es la otra cara de Videla. Es notable cómo los esfuerzos por lograr justicia en el ámbito de los derechos humanos se ciñen, siempre, a lo militar, sin deslizarse al poder civil, económico, que impulsaba y requería para sus proyectos al horror represivo. Recuerdo, por ejemplo, una mesa de empresarios en un programa de *Tiempo Nuevo* en 1976 en la que varios "jóvenes brillantes" de empresas nacionales y transnacionales declaraban fervorosos que nada podría hacerse en el país sin la "derrota absoluta de la subversión". Se los veía no menos fundamentalistas que Camps o Suárez Mason.

Martínez de Hoz es el que inicia —apoyándose en Videla, los grupos de tareas y la ESMA— un proceso de concentración económica de irreparable profundidad. Sólo que los militares procesistas fueron tan torpes y sanguinarios que hasta excedieron lo que el poder económico reclamaba de ellos. El *establishment* desató a los monstruos y los monstruos no sólo fueron más allá de lo necesario, sino que hasta declararon la guerra a una potencia *siempre* amiga: la pérfida pero seductora, infinitamente deseable Albión. (En este sentido, en Chile, Pinochet hizo bien los deberes. Ejecutó la economía del *establishment*, no se desmañó en delirios guerreros y por eso todavía sigue siendo un grano en el, pongamos, trasero de la democracia chilena.) Luego viene Alfonsín y el poder económico nunca llega a un buen entendimiento con él. (No obstante, Alfonsín les consolida el *marco democrático* que los nuevos tiempos requieren.) Con Menem, en cambio, todo es casi idílico. El peronismo (con una mezcla infalible de populismo-controlador y liberalismo-aperturista) realiza plenamente lo que inició Martínez de Hoz. Y lo hace con muchos de sus hombres, ya sea como consejeros o directamente como hombres de la función pública. Bajo Menem, ese poder se consolida tan absolutamente que ya no necesita de la espada (fuera de moda además) para imponerse. Llegó la hora de las sonrisas y los buenos modales. El *establishment* observa cuál de las fuerzas políticas logra consenso. No le importa su coloratura. Sabe que todos —*todos*— tienen que hablar con él. *Para gobernar en la Argentina primero hay que lograr consenso en la sociedad y después escuchar al* establishment.

Seguramente —más tarde o más temprano— el poder político derogará las leyes de Punto final y Obediencia Debida. Al *establishment* ya no le importa proteger a esos brutales, impresentables monstruos del pasado. *La ley que no podrá derogar el poder político es la ley de obediencia debida al poder económico.* Esa, por ahora, no. Por ahora los argentinos votamos a la clase política para que negocie —en los mejores términos, si es posible— con un poder empresarial que se quedó con el país. Que, absolutamente, se quedó con el país.[134]

Volvamos a la Carta de Walsh. Sólo me resta citar su texto final. Siempre que discutamos o reflexionemos acerca del papel de los intelectuales habrá que citarlo. Es el texto perfecto, supremo del escritor comprometido, esa especie en extinción. Es la postura insoslayable del intelectual crítico. Walsh la pagó con la vida. No siempre es así. *No necesariamente un intelectual tiene que pagar su testimonio con la vida. No es la muerte lo que lo hace grande, es la honestidad y el coraje intelectual del testimonio. Es el acto irrenunciable de ofrecerlo.* Escribe Walsh: "Estas son las reflexiones que en el primer aniversario de su infausto gobierno he querido hacer llegar a los miembros de esa Junta, sin esperanza de ser escuchado, con la certeza de ser perseguido, pero fiel al compromiso que asumí hace mucho tiempo de dar testimonio en momentos difíciles". Y firma: "Rodolfo Walsh.- C.I. 2845022. Buenos Aires, 24 de marzo de 1977".[135]

25. Los desaparecidos: la muerte argentina

A comienzos de 1995 aparece un libro de Horacio Verbitsky cuyo título es *El vuelo*. Recogía las confesiones del primer *arrepentido* de la dictadura, el capitán Adolfo Scilingo. Este personaje —que afirma haber arrojado él, solamente él, treinta cadáveres al Río de la Plata— se presenta luego en el programa de Mariano Grondona y, mirando a cámara, pregunta: "¿Y yo qué hago con mis treinta muertos?". Lo que exige Scilingo es una confesión total de sus compañeros de armas sobre los horrores cometidos en la Escuela de Mecánica de la Armada, lugar en el que la piedad —para Massera y sus marinos— era enemiga de la patria. De aquí que no la reservaran para nadie.

Ese hecho —es decir, Scilingo en los medios hablando sobre el *pentonaval* y los macabros vuelos de los días jueves— llevó a primer plano un tema que *siempre* deberá estar en primer plano: el de los desaparecidos. ¿Cómo acercarnos a él, qué riesgos tiene, qué veladuras, qué artilugios se han utilizado para eludirlo, enmascararlo, condenarlo a las sombras, a la desmemoria y hasta al olvido?

No resulta ocioso —a veces— mirarse con los ojos de los otros. Siempre ellos ven de nosotros algo que nos está vedado; vedado por la simple razón de la opacidad de lo cercano. Así, ¿qué se conoce de la Argentina en los países que no son la Argentina, es decir, en el resto de este vasto planeta? Tuve una privilegiada oportunidad para comprobarlo. Ocurrió del siguiente modo: a fines de 1994 me entregaron cerca de trece guiones del escritor español Manuel Vázquez Montalbán. Trataban sobre las peripecias de Pepe Carvalho en Buenos Aires. (Se sabe: Carvalho es un detective-gourmet hábilmente tramado por la agitada imaginación de Vázquez Montalbán.) A Carvalho, como a todo detective que se precié de tal, le encargan una investigación. El misterio a resolver está en Buenos Aires. Quien le encarga la investigación pregunta a Carvalho: "¿Qué sabe usted de la Argentina?". Carvalho responde: "Tangos, desaparecidos, Maradona". Un texto excepcionalmente revelador.

Para la mirada externa (y la mirada de Carvalho es, claro, la de Vázquez Montalbán) los desaparecidos forman parte de nuestra identidad nacional. O, al menos, de nuestra *identificación nacional*. Argentina y desaparecidos forman una figura indisoluble. Incluso (y lo que se detecta ya en la esfera del lenguaje muestra su elevado nivel de cristalización cultural) la palabra *desaparecido* se dice *así* en muchos países. Es decir, en español. Más exactamente: en argentino. Este país, trágicamente, se ha adueñado de esa palabra. Tanto ha impuesto en la realidad la figura del desaparecido que la palabra que lo nombra se dice en argentino.[136]

De aquí este inicial interés por proponer vernos desde la mirada de los otros. Para los otros, la desaparición de personas es lo que también suele llamarse *la muerte argentina*. Tantos seres humanos han desaparecido en este país que la muerte ha concluido por ser vinculada con la ausencia del cuerpo.

Sin embargo, el tema no goza de prestigio entre nosotros. Hablar de los desaparecidos es "abrir las heridas del pasado"; o ser "inoportuno"; o lucrar con un tema "sórdido y macabro".

Nuestra narrativa se ha ocupado escasamente de esta temática. Es demasiado "referencial". Somos, los narradores argentinos, tan elusivos con este tema que hemos terminado por no tratarlo. O peor aún: cuando se lo trata se dice que se incurre en la "desaparedología". Recuerdo la primera vez que escuché este concepto. Estaba en un bar con algunos escritores y hablábamos de la novela de un colega que acababa de ser editada. Uno dice: "Pero... me dijeron que se mete con los desaparecidos". Otro le responde: "Muy poco. No como para pertenecer a la *desaparedología*". Y esto pretendía ser un gran elogio para la novela.

Siempre se sospecha del que habla de los desaparecidos. Otro ejemplo: en 1988 se estrenó, aquí, una película sobre el tango filmada en Puerto Rico y México. Yo había escrito el guión y había deslizado (no como temática central, pero sí, al menos, importante) la cuestión de los desaparecidos. Una crítica de un semanario que aparecía por aquellos tiempos me trató de "inescrupuloso". Con lo que estaba diciendo que quien se mete con la temática de los desaparecidos está, ante todo, lucrando con ella.

Hay, de este modo, toda una red cultural y política que busca sofocar el tema. Si alguien habla de los desaparecidos es —en la Argentina— alguna de las siguientes cosas: 1) un *inescrupuloso* que busca lucrar con una temática macabra; 2) un *referencialista* que burla las sutiles relaciones que la literatura debe guardar con la política; 3) un *oportunista* y hasta un *inconsciente moral* que intenta "abrir" heridas que deben permanecer cerradas.

Deberíamos llevar a un plano de privilegio la siguiente cuestión: ¿es posible continuar sin hacernos cargo de una realidad que nos identifica frente a los restantes países del mundo? Y más aún: si de ese modo se nos identifica, ¿no seremos así? Y si somos así, ¿podemos eludir una temática que nos constituye sin transformarnos (todavía más, crecientemente) en un país neurótico, en un país que teme explicitar los horrores que ha engendrado?

Todos sabíamos que se tiraban cadáveres al mar. Lo sabíamos porque el mar (con una extraña sabiduría) los devolvía como si los entregara para que nos hiciéramos cargo de ellos. No era el mar el que mataba, eran los asesinos que se habían adueñado del aparato del Estado para implementar un plan increíblemente macabro que negaba la sustantividad de la vida. No hubo excesos. Se trató de otra cosa: *de la fría y cuasi científica planificación del exceso.*

Es importante que alguien haya hablado desde la orilla de los asesinos. Sería deseable que hablaran muchos. Sería deseable que hablaran todos. Sería deseable una profunda confesión. Son indispensables las listas de quienes fueron sometidos a *la muerte argentina.*

Si la *confesión* de quienes mataron merecerá, no el olvido, pero sí el *perdón* de los familiares y amigos de quienes fueron muertos (y de la sociedad en general) es el tema más arduo y complejo que se agita más allá de las palabras del capitán Scilingo. Sin embargo, no podrá haber *perdón* en tanto no haya *justicia.* De aquí que los organismos de derechos humanos, las Madres y Abuelas de Plaza de Mayo pidan justicia, no cesen jamás de pedir justicia. Piden justicia y no venganza. Piden justicia y no sangre. Piden justicia y no violencia. Este es su ejemplo admirable.

"¿Y yo qué hago con mis treinta muertos?", se preguntaba Scilingo. Los había arrojado al Río de la Plata. El y sus compañeros de tareas tenían esa macabra misión y la llevaban a cabo en los llamados *vuelos de la muerte.* Luego regresaban y siempre había un cura para consolarlos, para apaciguar toda posible tormenta espiritual. Los cadáveres quedaban en el río. En el Río de la Plata. En el río de la ciudad portuaria, el río de los porteños, que ya jamás —como tantas otras cosas— volvería a ser el mismo. Había perdido para siempre su inocencia. O su más potente significado, que era el de haber sido el camino generoso para el arribo de nuestros abuelos a este país. Ahora se había tragado a sus hijos. Ocurre que éste es un país con una fuerte tendencia a tragarse a sus hijos.

Recuerdo una foto en el suplemento dominical de *La Prensa*. El suplemento se imprimía en tamaño apaisado y tenía un color cepia tirando, decididamente, a marrón oscuro. En la foto estamos mi madre y yo, muy pequeñito. Años cincuenta. Caminamos sobre algo que se parece a un muelle. El texto de la foto era, creo, "con el calor, los porteños se acercan al río". Era cierto: habíamos ido al río. Era cierto: con el calor, los porteños nos acercábamos al río. De este modo, el Río de la Plata fue en mi infancia, y en la de muchos otros, la posibilidad de la frescura, del agua y del ocio. Luego el río fue una especie de escuálido orgullo nacional, ya que en la escuela me enseñaron que era "el más ancho del mundo". Y que por eso Solís, al descubrirlo, le había puesto Mar Dulce. Teníamos el río más ancho del mundo y también la avenida más ancha del mundo. Eramos un país. Luego el río fue algo a lo que muchos le decían "el río color de león", cosa que le otorgaba un matiz bravío, tal vez majestuoso. Luego el río fue el terror y fue la muerte. Y ya nunca dejaría de ser la muerte. O, al menos, su evocación inevitable y estremecida.

A las 13 horas del 10 de diciembre de 1997 sucedió algo que provocará que la memoria no sea un hueco ciego, inexistente en la conciencia moral de este país. Organismos argentinos de derechos humanos entregaron a legisladores porteños un petitorio "para la realización de un Paseo que contenga un monumento poliescultural por los desaparecidos, que incluya sus nombres, en la zona de la Costanera Norte, en el Río de la Plata, como lugar simbólico donde muchas víctimas de la represión fueron arrojadas". Los legisladores aceptaron el petitorio con sencillez y prometieron consagrarse a la tarea de lograr su realización. Ese día, ese miércoles 10 de diciembre de 1997, era el Día Internacional de los Derechos Humanos. Una de las madres aclaró que no debería tratarse de un monumento "faraónico", porque "eso estaría en contra de las ideas de nuestros hijos". Algunos imaginaron un Paseo que penetrara en el río y la inscripción en sus murallas de los nombres de los desaparecidos. Así, la poderosa imagen del *Vietnam Memorial* de Washington se adueñó de todos.

El *Vietnam Memorial* es uno de los más conmovedores monumentos jamás construidos. Lo describí en un libro que publiqué en 1986: "Hubo un concurso para construir este monumento. Se trataba, claro, de honrar la memoria de los caídos en Vietnam. Nadie sabe por qué, este concurso lo ganó una joven japonesa empleada en un estudio de arquitectura. No reside aquí lo extraño: pudo haber sido japonesa u otra cosa. Pudo haber ostentado un gran nombre, un nombre consagrado o no, como era su caso. Lo que no se entiende es que *este proyecto* haya ganado *este concurso*. O quizá sí: algunos entendieron y aceptaron la idea. *Aceptaron, en suma, un monumento antibelicista* (...) Uno ingresa al monumento por uno de sus extremos. Aquí, la negra pared apenas se remonta unos centímetros del piso. Aquí meramente hubo lugar para grabar el nombre de un solo muerto. Luego dos. Cuatro. Ocho. Veinte. Y la pared va creciendo. Crece la pared y crece la cantidad de nombres, la cantidad de muertos. Y uno no sabe si está descendiendo o es que la pared crece. Ocurren dos cosas: quien recorre el monumento desciende y la pared crece. Y crecen los nombres. Y la sensación es que los muertos crecen y se apilan y están unos sobre otros y acaban por cubrirlo completamente a uno. Por fin, uno sabe, siente, que está en una enorme tumba, cubierto de cadáveres".[137]

Será imprescindible escribir con apasionada minuciosidad los nombres de los arrojados al río en el monumento que proponen los organismos de derechos humanos. Ese monumento se alzará para que nadie olvide que nuestro río color de león se tiñó del color de la sangre y que el río más

117

ancho del mundo lo fue para recibir cadáveres desde los aviones navales. La sumatoria de los nombres tiene un poder visual del que carecen las cifras. Una cosa es decir "ocho mil" y otra es "ver" ocho mil nombres escritos sobre piedra. Esta visión es sobrecogedora, imborrable. Se acerca a la dimensión del horror con más poder que la cifra abstracta.

El monumento no se hace para decretar la muerte de nadie ni para congelar la lucha por la justicia, que es y será, siempre, la lucha por el castigo a los responsables del genocidio. Se hace para que todos sepan que nuestro pasado hiere nuestro presente. Que le quitaron la inocencia a nuestro río. Que lo pusieron al servicio de la muerte. Y que la única posibilidad de redimirlo, de incorporarlo otra vez a nuestra memoria verdadera, será penetrarlo y escribirle los nombres de los seres que se devoró, que le hicieron devorar y que, ahora, con nosotros, con esta democracia imperfecta pero empeñosa, se atreverá, por fin, a decir en voz alta.

26. Reflexiones sobre la tortura

En algún momento del año 1965 —seis o siete meses antes del golpe de Juan Carlos Onganía, que fue, todos lo sabemos, más blando que el de Videla pero que lo prefiguró en ciertas acciones salvajes como el asalto a las universidades— dialogábamos con un par de compañeros de la Facultad de Filosofía acerca de la posibilidad de un golpe de Estado. Uno de ellos dijo que sí, que tal vez hubiera un golpe y que de ese golpe surgiría una dictadura. Pero —añadió— jamás tendría la dureza, el grado de salvajismo de las *otras* dictaduras latinoamericanas. "No sabemos nada de la verdadera fiereza del imperialismo", dijo, utilizando esa palabra de la época, imperialismo. Secretamente, pensábamos que nunca habríamos de saberlo. Porque la Argentina no era latinoamérica, sino un país europeísta y culto. Un país en el que los estragos del imperialismo no podrían jamás adoptar el salvajismo de las dictaduras de Batista o Trujillo. Eso pasaba lejos, en el Caribe, donde el calor y la incultura arrojaban a los hombres a un salvajismo sin límites. Recuerdo (y tal vez recuerdo precisamente esto por mi pasión por el cine) que mi compañero ilustró su tesis con una anécdota macabra: Trujillo, dijo, invitaba a su yate a las bellas actrices Kim Novak y Zsa Zsa Gabor, se adentraba en las aguas del Caribe y allí, en la soledad del mar, bajo ese sol caliente y dulce, entregado a la elegancia de los cocktails, y para diversión de las bellas actrices y de algunos otros —muy pocos— pasajeros, ordenaba a sus sicarios arrojar presos políticos a los tiburones. Y nosotros, en 1965, pensábamos: ese salvajismo, ese absoluto desdén por la vida es imposible en la Argentina. Pero no: lo imposible no es argentino.

Esta experiencia (la de saber que en el país en que uno vive existen monstruos capaces de llevar la crueldad a su extremo absoluto) le pasó a Sartre con la guerra de Argelia. La cuenta así: "En 1943, en la calle Lauriston, unos franceses lanzaban gritos de angustia y dolor: toda Francia los oía. El resultado de la guerra no era seguro, y no queríamos pensar en el porvenir; pero había una cosa que nos parecía imposible: que un día se pudiera hacer gemir a los hombres en nombre nuestro. Lo imposible no es francés: en 1958, en Argel, se tortura, regular y sistemáticamente; todo el mundo lo sabe (…), pero nadie habla de ello".[138] Por decirlo claramente: en relación a la tortura, lo imposible no es francés, lo imposible no es argentino, lo imposible no es israelí.

Hay una vergüenza de la que no se vuelve: la tortura. Cuando yo pensaba en los horrores de Trujillo, allá por los sesenta, me decía: "eso no va a ocurrir en mi país". Y decía "mi país" de un modo en que jamás volví a decirlo. Luego de Videla, ya no digo "mi país" con la inocencia con que solía. Sartre se sentía orgulloso de Francia (y de ser francés) durante la ocupación. Seguramente diría: "Mi país sufre, mi país es torturado". Pero ¿cómo decir " mi país" cuando es "mi país" el que tortura? ¿Cómo decir "mi país" cuando uno se avergüenza de lo que hace "su" país? Lo mismo con los judíos. ¿Cuántos de ellos, en medio de los pavores del Holocausto, se habrán dicho alguna vez: *nunca se hará gemir a los hombres en nombre nuestro*? ¿Y qué sentirán ante Benjamin Netanyahu y sus "halcones"? ¿Qué sentirán ante la petición de legalizar la tortura en el texto fundante de la democracia?

El texto que cité de Sartre apareció el 6 de marzo de 1958 en *L'Express*. Se utilizó como prólogo a un pequeño libro que publicó el periodista francés Henri Alleg bajo un título simple y elocuente: *La tortura*. Alleg había sido, entre 1950 y 1955, director del periódico *Alger Républicain*. Lo arrestaron los *paras*, es decir, los paracaidistas franceses, el grupo más cruel del ejército colonizador. (Prestemos atención: nuestros militares procesistas se inspiraron largamente en los *paras* de Argelia y desarrollaron con siniestra eficacia muchos de sus métodos de represión y tortura.) Alleg escribe: "En esta inmensa prisión superpoblada, cada una de las celdas alberga un sufrimiento, hablar de uno mismo es casi una indecencia. En la planta baja se halla la división de los condenados a muerte (…) ¿Las torturas? Hace ya mucho tiempo que esta palabra se nos ha hecho familiar a todos. Aquí son pocos los que se han salvado de ella (…) Noches enteras, durante un mes, he oído aullar a hombres que eran torturados y sus gritos retumbarán para siempre en mi memoria".[139] Y más adelante: "Todo eso lo sé, lo he visto, lo he oído. Pero, ¿quién dirá lo demás? Al leer mi relato hay que pensar en los 'desaparecidos'".[140] De este modo, Alleg confiesa la insuficiencia de su relato. El sabe, él vio, él oyó. Y todo eso está en su libro. Pero hay más. Están los "desaparecidos". Por eso escribe: "¿Quién dirá lo demás?". ¿Quién dirá lo que sólo las víctimas podrían decir? ¿Quién dirá lo que las víctimas no dirán porque no están, porque desaparecieron? El relato de Alleg es el relato de la ESMA. Sartre ya no podía ser francés del modo en que lo era antes de la existencia de los *paras*. Uno ya no puede ser argentino del modo en que lo era antes de la ESMA.

La tortura —para su justificación— siempre se remite a la dialéctica entre medios y fines. Gillo Pontecorvo (en su film *La batalla de Argelia*, 1966, coproducción italianoargelina) propone una escena reveladora sobre la cuestión: el general francés Mathieu —en el film eligieron llamar así al despiadado general Massu— se reúne con periodistas franceses. Los periodistas le preguntan si es cierto que las tropas francesas torturan. Muy sereno, Mathieu responde: "Señores, el tema no es la tortura. El tema es si queremos que Francia se quede o no en Argelia. Si ustedes quieren que Francia se quede, no me pregunten por los medios que empleo para lograrlo". Ninguno de los periodistas se atreve a responder. Mathieu logró lo que buscaba: justificar los medios a través del fin. Videla podría haber dicho: "Señores, el tema no es la tortura. El tema es si queremos o no que la subversión sea derrotada. Si ustedes quieren que lo sea, no me pregunten por los medios que empleo para lograrlo". Netanyahu y sus "halcones" podrían decir: "Señores, el tema no es la tortura. El tema es si queremos mantener los territorios ocupados y frenar al terrorismo. Si lo desean, no se irriten por los medios que solicitamos para lograrlo".

Ante todo, es falso que el tema *no es* la tortura. El tema *es* la tortura. El tema *es* el medio utilizado. El tema —el absoluto y definitivo tema: *la verdad*— es que la tortura no puede ser el medio válido para lograr nada. Porque todo lo que se consiga a su través nace con el estigma de la denigración de la condición humana. Porque como, con dura y sufriente lucidez, le dijera Rodolfo Walsh a la Junta Militar: "Mediante sucesivas concesiones al supuesto de que el fin de exterminar a la guerrilla justifica todos los medios que usan han llegado ustedes a la tortura absoluta, intemporal, metafísica en la medida en que el fin original de obtener información se extravía en las mentes perturbadas que la administran para ceder al impulso de machacar la sustancia humana hasta quebrarla y hacerle perder la dignidad que perdió el verdugo, que ustedes mismos han perdido".[141] Porque, en la tortura, simultáneamente, pierden su dignidad de seres humanos tanto las víctimas como los verdugos. Las víctimas, porque —como dice Walsh— su sustancia humana es machacada hasta quebrarse. Y los verdugos, porque su fiereza y su sadismo los conducen a una inhumanidad sin retorno.

Solemos decir —desde la vereda del *humanismo*— que la tortura es un fenómeno que conduce a la inhumanidad tanto a la víctima como al verdugo. Walsh, al plantear la relación torturador-torturado, concluye que ambos se hunden en la abyección, en la inhumanidad, ya que la tortura "se extravía en las mentes perturbadas que la administran", llega a la "tortura absoluta, intemporal, metafísica" y cede al impulso de "machacar la sustancia humana hasta quebrarla y hacerle perder la dignidad que perdió el verdugo". Hay una paralela pérdida de la dignidad: la víctima la pierde porque *habla*, porque *cede*, porque *delata* y, al hacerlo, *traiciona*. Y el torturador la pierde porque —torturando— asume la figura del artesano del dolor instrumental, de la vejación. Este encuadre, sin embargo, pese a parecer terrible y explicitar una realidad dolorosa, tal vez insoportable, es optimista. Lo es porque plantea que el verdugo —al torturar— se hunde en la inhumanidad. Lo es porque, en el fondo, nos está diciendo que la tortura no es humana. Que el hombre es humano cuando no tortura y es inhumano cuando tortura. La afirmación "torturar no es humano" esconde otra: la tortura no pertenece a la condición humana. O a la dignidad humana. Que es lo mismo, ya que nos hemos acostumbrado a entender que cuando decimos "humano" estamos diciendo "digno". Y cuando decimos "inhumano", "indigno". Pero toda reflexión implacable sobre la tortura nos conduce a asumirla como un fenómeno esencialmente *humano*. El torturador *goza* con el sufrimiento de su víctima, y este hecho —que un hombre pueda gozar martirizando a otro— lejos de ser inhumano es profundamente humano. Cuando el torturador ejerce su infame oficio no está hundido en la inhumanidad, sino que está exhibiendo una de las facetas de la condición del hombre: la de gozar con el dolor de los otros. Es injusto decir que los torturadores no son hombres sino bestias. Es injusto con las bestias: *los animales no torturan.*

Esta visión pesimista de la condición humana está presente en los textos de la *Guía bilingüe de exposición de instrumentos de tortura desde la Edad Media a la Época Industrial*. Es una exposición itinerante, es decir, se presenta en varias ciudades del mundo. Algunos de los instrumentos que se exhiben son: la "doncella de hierro", el hacha, la guillotina, la rueda para despedazar, las jaulas colgantes, la "cuna de Judas", los látigos para desollar, los aplastacabezas y los rompecráneos, el cepo, el potro, el aplastapulgares, el péndulo, el hacha para amputar las manos, el quebrantarrodillas, las pinzas ardientes, la pera oral, rectal y vaginal y las máscaras infamantes. Falta, sí, la picana eléctrica: es enteramente argentina. Es nuestro aporte a esta zona oscura —nunca asumida sin dolor— de la condición humana. Se la debemos al hijo del poeta de la espada. Lugones, en Lima, anunciaba el surgimiento de la hora de la espada. Y su hijo, en Buenos Aires, desenvainaba la picana. Es optimista pensar que la picana del hijo es la degradación de la espada que reclamaba el padre. Por el contrario, es su traducción más perfecta, su conclusión impecable.

El autor de los textos de la *Guía de la exposición de los instrumentos de tortura* se llama Robert Held y ha vivido en New York, Inglaterra y Alemania. Es un hombre cercano a Amnistía Internacional y cercano, también, a estas terribles temáticas. Esta cercanía ha determinado en él una visión no precisamente optimista de la condición humana. Escribe: "La expresión romana *homo homini lupus,* el hombre es un lobo para con los hombres, es una vil calumnia contra los lobos".[142]

Sería condenarnos a un aséptico ejercicio de reflexión no describir uno —*al menos uno*— de los instrumentos de tortura que detalla la guía. Elijo —por motivos que no escaparán al lector— el *aplastacabezas*.[143] Held lo describe así: "Los aplastacabezas (...) gozan de la estima de las autoridades de buena parte del mundo actual. La barbilla de la víctima se coloca en la barra inferior y el casquete es empujado hacia abajo por el tornillo (...) Primero se destrozan los alvéolos dentarios, después las mandíbulas, hasta que el cerebro se escurre por la cavidad de los ojos y entre los fragmentos del cráneo (...) *Los aplastacabezas todavía se usan para interrogatorios.* El casquete y la barra inferior actuales están recubiertos de material blando que no dejan marcas sobre la víctima".[144] La tortura ha existido y existe por innumerables razones, pero su razón fundante, la que posibilita todas las demás (ya sea quebrar al militante, obtener información o castigar con extrema venganza y rencor) es que el torturador, *por su condición de ser humano*, goza torturando. "En conclusión (escribe Held): la tortura florece hoy en la mayor parte del mundo, perfeccionada por la electrónica, por la farmacología y por la psiconeurología (...) Naturalmente tú, lector, lo desapruebas, como todos, o casi todos".[145] Y a continuación Held escribe el más pesimista de sus textos: "Pero es probable que nada cambie en tiempos próximos porque a ti, lector, una vez realizados los gestos que se dan por descontados, *en el fondo te importa un bledo.* Como a todos, o casi todos. Amnistía Internacional pone a tu disposición documentaciones completas e inimpugnables, y te pide un poco de apoyo; pero probablemente no sepas nada y no quieras saber, *porque así la vida será más cómoda*".[146] Sería deseable que no tuviera razón. O, al menos, que no tuviera tanta.

A fuerza de repetir algunos conceptos hemos aprendido a quitarles su verdadera densidad, el horror que subyace en ellos. Esto nos facilita la vida. Al cabo, ya es todo bastante difícil como para que debamos además enfrentar el verdadero sentido de algunas expresiones que nos hemos acostumbrado a oír sin buscar su comprensión, mecánicamente, como un paisaje cotidiano e indoloro. Por ejemplo: el concepto de *ley de Obediencia Debida* hace ya mucho que circula entre nosotros. Uno —ahora— lo escucha mecánicamente. (Cuando escribo *uno* me refiero al ciudadano medio de este país, que lee el diario, trabaja y vela por su familia.) Tan mecánicamente que escucha *Obediencia Debida* y completa *Punto Final,* ya que es así como se arma esa frase: *ley de Punto Final y Obediencia Debida.* Pero *obediencia debida* es un eufemismo. Esa ley debería llamarse *ley de Protección al Torturador.* Porque —esencialmente— dice que los torturadores son inocentes (o, si se prefiere, no culpables o no responsables) de los actos que cometieron. ¿Qué actos fueron ésos? Torturar, eso fueron. Pero la *ley de Obediencia Debida* se dicta para socorrer a los torturadores: cumplían órdenes, "debían obediencia" a sus superiores y esto los torna inimputables. Ahora bien, ¿por qué se le llama *ley de Obediencia Debida* y no —como se debiera llamar— *ley de Protección al Torturador*? Porque en el segundo caso aparece la palabra "torturador". Y la palabra "torturador" remite a la palabra "tortura". Y los gobiernos quieren evitar que los ciudadanos tengan presente que esos señores son torturadores. Y que la ley que los protege… protege a la tortura. En suma: que la *ley de Obediencia Debida* también podría —y debería— llamarse *ley de Protección a la Tortura.*

Se recurre, entonces, al eufemismo. Con el eufemismo se busca proteger la conciencia moral de los buenos argentinos. No será ocioso preguntarnos qué es un eufemismo. Pero no: hagamos algo más eficaz. Busquemos el significado de la palabra *eufemismo* a través de sus sinónimos. Con frecuencia, los sinónimos de una palabra la develan mejor que una definición, por ajustada que sea. Los principales sinónimos de eufemismo son: velo, ambigüedad, tapujo, embozo, disfraz. Es decir, el eufemismo es un velo. Es algo que se coloca sobre una realidad que se desea atenuar. Una realidad que no tolera ser mirada a los ojos, directamente, sin, claro, veladuras. Y hay otro sinónimo de eufemismo, aún más revelador: *paliativo.* Si buscamos los sinónimos de *paliativo* encontramos: suavizante, mitigante, sedante, atenuante, analgésico. De este modo, podríamos decir que el eufemismo es, no el opio, pero sí el analgésico de los pueblos.

Sartre —en mayo de 1957— publica otra de sus notas sobre la represión colonialista de Francia en Argel. Sartre sabe que, en Argel, Francia tortura. Y escribe para alertar a sus conciudadanos acerca de esta aberrante realidad. Supone, en cierto momento, que todo mejoraría si los gritos de los torturados pudieran oírse: "Sin embargo, no hemos caído tan bajo que podamos oír sin horror los gritos de un niño torturado. Con qué sencillez, con qué rapidez se arreglaría todo, si una vez, una vez sola, llegasen esos gritos a nuestros oídos, pero se nos hace el servicio de ahogarlos. Lo que nos desmoraliza (…) es la falsa ignorancia en que se nos hace vivir y que contribuimos a mantener. Para asegurar nuestro reposo, la solicitud de nuestros dirigentes llega hasta minar sordamente la libertad de expresión: se oculta la verdad o bien se la tamiza".[147] Pero resulta muy difícil —a partir de cierto nivel de *inevitable* información— ocultar la verdad, y hasta tamizarla. Sartre —tomando la palabra del ciudadano francés que no quiere ser importunado con los horrores de Argelia— exclama: "¡Si al menos pudiéramos dormir, e ignorar todo! ¡Si estuviéramos separados de Argelia por un muro de silencio! ¡Si nos engañasen *realmente!*". Si fuera así, deduce Sartre, el extranjero —es decir, quien *mira* a los franceses aguardando un gesto— "podría poner en duda nuestra inteligencia, pero no nuestro candor". Es decir, podría pensar: "Los franceses no son inteligentes. Son cándidos, ya que con tanta facilidad se los engaña". Y Sartre —es un texto impiadoso— concluye: "No somos cándidos, somos sucios".[148]

Graciela Daleo (en *Cazadores de Utopías*, film de David Blaustein discutible e insuficiente en algunos aspectos, pero necesario y conmovedor en otros) narra un momento muy particular de su pasaje por la tortura. Su torturador es Pernía (a quien Daleo, luego, en democracia, se acostumbró a ver en los diarios, libre y protegido por la *obediencia debida*). El "obediente" Pernía la tortura con esa mezcla de sabiduría de la infamia —hay que *saber* torturar, no sólo poder— y descontrol fanático. Graciela tiene colocada una capucha y, de pronto, ante una desmedida descarga eléctrica, brinca y cae su capucha. Entonces *lo ve* a Pernía. "Estaba fuera de sí, los ojos desorbitados, la camisa empapada y tenía una medalla de la virgen milagrosa y un crucifijo". Daleo, como un modo extremo de conjurar tanta humillación y dolor, empieza a rezar "a los gritos, un Ave María tras otro". Pernía se desespera y le grita: "Hija de puta, no recés". ¿Por qué le habrá gritado *eso*? ¿Le resultaría intolerable saber que estaba torturando a alguien que también, como él, creía en la Virgen?

A esta clase de seres (que pueden convivir con los buenos vecinos, ir a misa y seguir luciendo el crucifijo y la medalla de la Virgen) protege la *ley de Obediencia Debida*. Es la ley que protege, ampara (y justifica, ya que nada se justifica más que la obediencia cuando la obediencia se transforma en deber) a la tortura. Ni más ni menos. Los caminos de la política suelen ser laberínticos y un escritor no puede decir *cuándo* debe derogarse una ley. *Sólo puede decir que esa ley debe ser derogada.* Porque no somos cándidos. Porque ya no podemos ampararnos en la candidez. Porque todos sabemos que una ley que protege a los torturadores, protege a la tortura. Y si no somos cándidos, y no hacemos nada por modificar lo evidente, la realidad dura y cruel de la que ningún eufemismo nos protegerá, sólo nos resta, entonces, ser sucios.

27. Digresión: referentes y demonios

El *referente* es alguien a quien la sociedad coloca en determinado lugar y espera de él determinadas cosas que el *referente* se compromete en cumplir. Se trata de un pacto. La sociedad se reconoce en el referente porque éste reconoce a la sociedad, expresándola. La sociedad cree en el referente y el referente cree, no sólo en la sociedad, sino, muy especialmente, en sí mismo. Es decir, cree que tiene el derecho a ser referencial, cree que su palabra es necesaria y cree, también, que *siempre* es necesaria, de aquí que siempre deba pronunciarla, pronunciándose.

El referente adquiere con el tiempo un aura de santo. Los valores de la sabiduría y de la santidad lo constituyen. El referente sabe que la sociedad le exige no equivocarse. Le exige la palabra sabia, orientadora. Si erra, la duda caerá sobre su condición referencial. De aquí que el referente-santo-sabio sea un maestro en la elección del *punto justo*. Que suele ser —con apabullante asiduidad y lógica, ya que el referente trata de conformar a todos para que todos lo consagren como referente— el *punto medio*. Punto, claro, que entre nosotros se relaciona con la clase social que busca este tipo de referentes extraídos del ámbito cultural: la clase media.

El prólogo del *Nunca Más* (que tiene la orientación referencial del referente masculino de la nación, Ernesto Sabato) incurre en la exaltación del *punto medio*: "durante la década del 70 la Argentina fue convulsionada por un terror que provenía tanto desde la extrema izquierda como desde la extrema derecha". Así, se dibuja un país *inocente* que es asolado, herido desde los extremos: el extremo izquierdo y el extremo derecho. El referente mira y juzga desde el medio. *El punto medio es el punto de la inocencia.* Los demonios son los extremos.[149]

El 16 de agosto de 1979, el referente-femenino de la nación, María Elena Walsh, publicó —en el matutino *Clarín*— un artículo que prefiguraba el *punto medio* del referente masculino. Se llamó *Desventuras en el país-jardín de infantes*. Contenía una serie de necesarias afirmaciones contra la censura videlista. Y también contenía párrafos que instauraban la teoría del *punto medio* y la *patria inocente*: "Que las autoridades hayan librado una guerra contra la subversión y procuren mantener la paz social son hechos unánimemente reconocidos (…) Pero eso ya no justifica que a los honrados sobrevivientes del caos se nos encierre en una escuela de monjas preconciliares". La primera afirmación es, ya, altamente discutible: concederle a la ratio militarista haber sostenido una "guerra" es —lo hemos visto— concederle la plataforma perfecta para la justificación de sus horrores. Y, por otra parte, ¿qué significa "hechos unánimemente reconocidos"? El referente siempre habla en nombre de todos. Siente el derecho de enunciar desde sí las verdades de la totalidad. O más exactamente: siente que cuando se alza *su* voz se alza la voz de todos. Por eso el referente es el referente.

Admitamos que tal vez ese primer texto haya sido un texto concesivo para poder decir otras cosas. (Como sea, el error de la concesión es excesivo: la llamada lucha contra la subversión no fue una guerra. Fue una acción terrorista del Estado.) Es el segundo texto el que explicita la moral del *punto medio*. La guerra entre militares y subversivos generó un *caos* y de este *caos* sobrevivieron los *honrados*. Así lo dice el texto: "los honrados sobrevivientes del caos". Otra vez el país inocente que se debate entre los extremos de los demonios. Los extremos han generado el caos. Pero del caos sobrevivieron los honrados, quienes ahora se animan a reclamar el fin de la censura y del país-jardín de infantes. En suma: es hora de que la república vuelva a pertenecer a los honrados.

Durante el mes de diciembre de 1997, la referente femenina de este país (cuyo texto prefiguró el del referente masculino sobre los dos demonios y la *inocente república* en el medio, en el *punto medio*) incurrió en unas desafortunadas líneas acerca de los docentes en huelga y la "fealdad" de la carpa en que practicaban sus jornadas de ayuno de protesta. La sorpresa sacudió a muchos. ¿Cómo es posible que ella, que precisamente ella, nuestro referente femenino, juegue, clara y objetivamente, para el menemismo? ¿Nos hemos quedado sin referentes? ¿Hasta los referentes nos desilusionan?

El error es doble: *la gente cree en el referente y el referente se la cree*. Nunca es capaz de decir: "Oigan, yo no soy un santo. Me equivoco y me voy a seguir equivocando. Crean en mí, pero no siempre. No dejen nunca de ser críticos conmigo. La verdad no sale naturalmente de mis labios. A veces puede salir el error. Estén atentos". Pero no, el referente que ha aceptado jugar de referente jamás dice algo así: *hace exactamente todo lo que se espera que haga el personaje en que lo han convertido*. Carece por completo de autoironía, cosa que lo condena a la solemnidad, al aburrimiento y al punto medio. Es decir, a la medianía.

Como también se condena a la medianía la sociedad que sacraliza a los referentes. La sociedad que no se atreve a confesarse que no hay santos laicos ni referentes infalibles y que, si tanto se los necesita, será porque algo falla en la base (tal vez el coraje de la vigilia, de la mirada no complaciente, severa, de la *distancia crítica*) y que esa falla nos lleva a la creación de ídolos sabios, que concluyen, para desdicha de todos, por creerse exactamente eso, ídolos sabios, y entonces, cierto día, descubrimos que, como todos los ídolos, tienen los pies de barro. Y no habían tenido la grandeza de confesarlo.

28. LA BOMBA EN LA AMIA

No es posible pensar el siglo XX sin replantearse la idea del Mal. *No es posible pensar la Argentina sin replantearse la idea del Mal.* Por consiguiente (y tal vez: sobre todo), no es posible pensar la bomba en la AMIA sin pensar en la presencia devastadora del Mal. Ese hecho fue el acto terrorista más cruel luego de la dictadura militar. Ocurrió en democracia, aún no se ha aclarado y son muchos los que —entre la resignación y la legítima bronca— creen que no se aclarará jamás.

Hay, en principio, un aspecto *técnico* en la cuestión de esa bomba: cómo fue posible ponerla. Aquí, es muchísimo lo que el periodismo de investigación puede hacer y, en gran medida, hizo. El aporte central de este periodismo consiste en no confiar (y más aún: en desenmascarar) las justificaciones del Poder. Básicamente ha dicho: 1) si no se sabe más es porque no se quiere saber más; 2) si no se quiere saber más es porque ese saber (el que conduciría a develar la verdad) revelaría el compromiso sinuoso y macabro de importantes estamentos del Poder con el accionar del terrorismo.

En suma, el Poder no sabe más (o no dice lo que sabe) porque no quiere, y no quiere porque no puede revelar una verdad que lo condenaría. O que condenaría a estamentos de su estructura que no está dispuesto (por ideología o por compromisos de cualquier otro tipo) a señalar.

La cuestión *técnica* (digamos: cómo es posible colocar una bomba de tal magnitud, impunemente, en el corazón de una ciudad como Buenos Aires) exhibe la primera faceta del Mal que surge de la bomba en la AMIA: su racionalidad. Su racionalidad perversa, sin duda, pero implacable. Porque cuando se dice que la bomba en la AMIA fue un acto "irracional" se lo dice desde una ética de la vida, es decir, desde el Bien. Pero la racionalidad del Mal no es la del Bien. El Mal tiene un aspecto frío, instrumental, una estilizada *ratio* que mensura, que suma, que resta, que calcula probabilidades; una *ratio* que tiene una concepción mecánica, meramente numérica de la vida. Por ejemplo: "el atentado será exitoso si logra eliminar más de ochenta personas". Aquí, el Mal se hace sin pasión.

Tomo esta idea del *Facundo*. Escribe Sarmiento: "Facundo, provinciano, bárbaro, valiente, audaz, fue reemplazado por Rosas, hijo de la culta Buenos Aires, sin serlo él; por Rosas, falso, corazón helado, espíritu calculador, *que hace el mal sin pasión*, y organiza lentamente el despotismo con toda la inteligencia de un Maquiavelo".[150] Y también: "lo que en él (en Facundo) era sólo instinto, iniciación, tendencia, convirtióse en Rosas en sistema, efecto y fin".[151] Confieso que Sarmiento nunca deja de sorprenderme: anticipa en este texto una de las concepciones más fascinantes que el pensamiento del siglo XX ha elaborado sobre el Mal, esa que la escritora judía Hannah Arendt (1906-1975) denominó *banalidad del Mal*. El Mal trivial o banal es, precisamente, el Mal sin pasión, el Mal instrumental, el Mal burocrático, de gabinete, el Mal de "corazón helado y espíritu calculador" (retomo el lenguaje de Sarmiento). "La banalización del Mal (...) lleva el nombre del funcionario de la muerte Eichmann".[152] Imaginemos a Adolf Eichmann en Auschwitz: su misión es cómo llevar con mayor eficacia la mayor cantidad posible de judíos a los hornos crematorios. Es un funcionario, un agente instrumental, un burócrata: aplica la fría racionalidad del odio. La razón, aquí, está al servicio de la muerte. Por eso, insisto: hay una implacable racionalidad en la bomba de la AMIA. Ocurre lo mismo cuando se bombardea una ciudad: "se realizan mapas con coordenadas anónimas que permiten que las tripulaciones de los bombarderos ataquen escuelas y hospitales sin que se les perturbe la conciencia".[153] Así, quienes pusieron la bomba en la AMIA lo hicieron fríamente, instrumentaron el poder destructivo de la razón, planearon con "corazón helado" el fragor de la masacre.

El otro aspecto del Mal (el que conduce a su banalización) es el odio. Un odio que surge de las concepciones *fundamentalistas* de la existencia. ¿Qué son los fundamentalismos? San Buenaventura, un teólogo franciscano que enseñó en la Universidad de París entre 1248 y 1255, solía decir que el Mal surge cuando el hombre actúa a causa de sí y no a causa de Dios. Intentaba, claro (como *demasiados* teólogos), liberar a Dios de toda responsabilidad sobre el Mal. Aquí, sin embargo, nos valdremos de su razonamiento. Digámoslo así: el Mal, en su expresión fundamentalista, surge cuando los hombres actúan como si fueran Dios, creyéndose Dios, asumiendo el total arbitrio, decisión, poder y derecho sobre la existencia de los otros. El fundamentalista dice: "Yo, que soy la Verdad, tengo el derecho de decidir sobre la vida de los otros, a quienes puedo matar si esa muerte sirve a mis propósitos, que son los de Dios, a quienes puedo matar o torturar si se oponen a mis propósitos".

Hay, actualmente, cierta fácil tendencia a decir que las ideas son culpables y la gente inocente. Que se mata en nombre de las ideas y los que mueren son seres concretos e inocentes. No, las ideas no son culpables. Los que mueren también tienen ideas. Y sobre todo: ideales. Hay, sí, un momento en que las ideas se pervierten y abren la posibilidad del Mal: cuando se organizan en sistema. Porque allí donde las ideas se organizan en sistema surgen los fundamentalismos. Un sistema es siempre un sistema cerrado, que afirma tener la verdad y niega todo posible vestigio de verdad en el Otro, en el diferente. De aquí que la democracia sea nuestra bandera contra los fundamentalismos. Porque la democracia es el único sistema que incluye en su más profunda razón de ser la posibilidad de la verdad en el Otro, en el diferente, y el respeto por ella, y el deseo de que la exprese.

El odio fundamentalista surge de una pasión: asumirse como lo único, como la Verdad, como Dios. Pero, luego, esa pasión se vuelve cálculo, instrumentalidad, racionalidad implacable. El mal sin pasión: dónde poner la bomba, cómo ponerla, cómo ocultar la red laberíntica del terror, en qué pliegues del Poder agazaparse para, más tarde, volver a golpear.

La omnipresencia del Mal suele desalentarnos. Los teólogos dicen: el Mal es fruto del hombre, no de Dios. Dicen: Dios no hizo Auschwitz, lo hizo el hombre. Pero no todos somos teólogos y las preguntas nos asedian. Hay un tango que dice: "¿Dónde estaba Dios cuando te fuiste?". Muchos, hoy, se preguntan: "¿Dónde estaba Dios el 18 de julio de 1994? ¿Dónde estaba Dios cuando volaron la AMIA?". Muchos, hoy, nos preguntamos: "¿Cómo luchar contra el Mal?". Escribe Burton Russell: "La única respuesta al Mal que ha funcionado es la de Jesús o la de Aliosha Karamazov; la de llevar una vida de amor. Esto significa lo que siempre ha significado: visitar al enfermo, dar al pobre, ayudar a los que lo necesitan".[154] Convengamos: no es una mala respuesta.

29. Transición a la segunda parte

¿Hemos realizado una *crítica* de la violencia? Creo que sabemos más de la violencia que cuando empezamos nuestro ensayo. Pero si el concepto kantiano de *crítica* significaba *conocimiento de,* ha ocurrido, entonces, algo inesperado. No nos ha sido posible mantener una *distancia gnoseológica* ante nuestro objeto. Nuestro objeto no ha sido nuestro objeto y nosotros no hemos sido el sujeto de ese objeto. Entre nosotros y la violencia se ha quebrado la relación sujeto-objeto. Se ha quebrado la *adaequatio*. No podemos estudiar la violencia como un objeto exterior a nosotros. La violencia es parte constitutiva de nuestra subjetividad. De nuestra existencia. Somos parte del problema y por eso el problema nos atañe en totalidad.

Sartre, en esa espléndida *summa* metodológica que es la *Crítica de la razón dialéctica*, plantea claramente esta imposibilidad de la relación sujeto-objeto típica de la filosofía moderna. Escribe: "La única teoría del conocimiento que puede ser válida hoy en día es la que se funda sobre esta verdad de la microfísica: el experimentador forma parte del sistema experimental".[155] Se habrá notado —en la alternancia de pasajes escritos en tercera persona y en primera y, luego, en la creciente preponderancia de la primera— que *el experimentador* de este ensayo fue siendo atrapado por el *sistema experimental*. Ningún argentino que escriba sobre la violencia puede no ser atrapado por el *sistema experimental*. Deberá, fatalmente, ser atrapado por él. No podría ocurrir de otro modo: *la violencia no está allí, en la empiria, en la facticidad, y yo aquí, en el Saber*. La violencia ha sido el aire que ha respirado desde siempre el *experimentador*. Así, sólo podrá realizar su *crítica* como parte de su objeto, con el cual forma una sola totalidad problemática. Cree haberlo elegido, pero ha sido elegido por él. En este preciso sentido: la Historia nos elige, no podemos no-ser parte de ella, pero, a la vez, es esta pertenencia la que nos permite comprenderla. O, al menos, ir más allá de sus opacidades.

Notas

1. G. W. F. Hegel, *Lecciones sobre la historia de la filosofía*, tomo III, México, Fondo de Cultura Económica, 1955, p. 421.

2. El *criticismo* kantiano se presenta con un unívoco componente gnoseológico. Kant piensa que su época ya "no quiere seguir contentándose con un saber aparente y exige de la razón la más difícil de sus

tareas, a saber: que de nuevo emprenda su propio conocimiento y establezca un tribunal que al mismo tiempo asegure sus legítimas aspiraciones (…) Y este tribunal no es otro que la *Crítica de la razón pura*". Y añade: "No entiendo por esto una crítica de libros y sistemas, sino la de la propia razón en general (…) la determinación de sus fuentes, su extensión y sus límites, y siempre según principios" (Immanoel Kant, *Crítica de la razón pura*, tomo I, Buenos Aires, Losada, 1992, p. 121). De aquí tomamos el concepto de crítica de la violencia: se funda en el esfuerzo por fijar las fuentes, extensión y límites de la violencia. Así, nuestro punto de partida es kantiano, ya que kantiano es el sentido en que utilizamos el concepto de *crítica*.

3. Karl Marx, *Crítica de la filosofía del derecho de Hegel,* Buenos Aires, Ediciones Nuevas, 1965, p. 15.

4. Marx, ob. cit., p. 19.

5. Fredric Jameson, *El posmodernismo o la lógica cultural del capitalismo avanzado*, Buenos Aires, Paidós, 1992, p. 108. También: Fredric Jameson, *Ensayos sobre el posmodernismo*, Buenos Aires, Imago Mundi, 1991.

6. Walter Benjamin, *Para una crítica de la violencia*, Buenos Aires, Leviatán, 1995, p. 29.

7. Ernst Nolte, *Después del comunismo*, Buenos Aires, Ariel, 1996, p. 13.

8. Nolte, ob. cit., p. 72.

9. Nolte, ob. cit., p. 73.

10. Más adelante, veremos con mayor detalle un famoso texto de la poetisa María Elena Walsh, escrito en 1979 —y que los sectores culturales medios de la Argentina consideran de gran valentía—, que pedía al gobierno militar el fin de la censura para "los honrados sobrevivientes del caos". Establecía, así, una sociedad inocente (*honrada*) que había vivido atormentada por el caos generado por los extremos.

11. Nolte, ob. cit., p. 209.

12. Tengo para mí que un movimiento político social que tiene como base un libro como *Das Kapital* no puede participar del mismo estamento histórico-ontológico que otro basado en *Mein Kampf*. Adelantándome: tiendo a visualizar la experiencia soviética como el fracaso (derivado de nociones como la dictadura del proletariado, el

Partido único y la centralización estatal) de un intento humanista e igualitario. El nazismo, desde su inicio, se plantea como un régimen antiigualitario y racista.

13. Adolfo Hitler, *Mi lucha*, Buenos Aires, Ediciones Cultura Política, 1993, p. 19.

14. Hitler, ob. cit., p. 247.

15. Hitler, ob. cit., p. 247.

16. Hitler, ob. cit., p. 247.

17. Hitler, ob. cit., p. 248.

18. Hitler, ob. cit., p. 60.

19. Hitler, ob. cit., p. 163.

20. El *Diccionario de política* de Bobbio entrega —en su texto dedicado a la violencia— un ajustado análisis de la utilización política del antisemitismo llevada a cabo por los nazis: "Al distinguir decididamente entre un socialismo verdaderamente 'nacional' y la doctrina del judío Marx, los nazis desviaron contra los judíos parte de la hostilidad de la pequeña burguesía y de las clases altas contra el proletariado; al señalar el papel de primer plano de diversas personalidades judías en las finanzas internacionales, los nazis desviaron contra los judíos parte del antiguo resentimiento de la aristocracia y del de la pequeña burguesía y de las clases bajas contra el capitalismo; al llamar la atención sobre el importante papel que desempeñaron numerosos judíos en la renovación de las costumbres morales, en el teatro y en el arte 'degenerado', los nazis desviaron contra ellos parte de la hostilidad del campo y de la provincia contra la 'inmoralidad' de las ciudades, que despedazaba los viejos códigos tradicionales. No cabe duda de que este chivo expiatorio permitió a muchos alemanes, y en primer lugar a los estratos pequeñoburgueses, creer nuevamente, bajo la forma arrebatada de nacionalismo exasperado, en la reconstrucción de la unidad y de la potencia de Alemania después de la primera guerra mundial y sus gravísimas consecuencias" (Norberto Bobbio, Nicola Matteuci y Gianfranco Pasquino, *Diccionario de política*, México, Siglo XXI, 1995, tomo II, p. 1634.)

21. Hitler, ob. cit., p. 54.

22. Hitler, ob. cit., p. 43.

23. Hitler, ob. cit., p. 41.

24. *Idem.*

25. Martin Heidegger, *Introducción a la metafísica*, Buenos Aires, Nova, 1959, p. 75.

26. Heidegger, ob. cit., p. 75.

27. Heidegger, ob. cit., p. 76.

28. Heidegger, ob. cit., p. 87.

29. Jürgen Habermas, *El discurso filosófico de la modernidad*, Buenos Aires, Taurus, 1989, p. 189.

30. El más brillante texto en que Heidegger se lanza contra el hombre como "aquel ente sobre el que se fundamenta todo ente en lo tocante a su modo de ser y su verdad" es "La época de la imagen del mundo", que forma parte de sus *Caminos del bosque*. Hay edición castellana de Alianza Universidad, Madrid, 1995. La cita que utilicé se puede encontrar en la página 87.

31. Rüdiger Safranski, *Un maestro de Alemania, Martin Heidegger y su tiempo*, Barcelona, Tusquets, 1997, p. 23. Son fascinantes los textos que Safranski dedica al pasaje del pensamiento de Heidegger al de Sartre por medio de Alexandre Kojéve (págs. 399 y siguientes). Importan también las precisiones de los intentos de Heidegger por "blanquearse" luego del nazismo a través de una relación con Sartre, a quien acepta leer. Sartre (gustan decir los heideggerianos) le copió todo a Heidegger. Démoslo por aceptado e incurramos en el preguntar heideggeriano: si Sartre le robó todo, ¿por qué terminó escribiendo la *Crítica de la razón dialéctica* (una de las obras cumbres del pensamiento marxista, afirmación que corre por mi cuenta) y arengando a los obreros de la Renault en lugar de convertirse en un filonazi? Se dirá: porque Sartre jamás salió de la filosofía del sujeto. También se suele decir: al fin y al cabo, Sartre, en su polémica con Camus, justifica a Stalin. Otra vez el empate histórico. Pero esto es inaceptable en totalidad. Pocos filósofos han sido más críticos de la *ratio* stalinista como Sartre. Y lo fue desde "Materialismo y Revolución", un ensayo de 1949 en el que se lanza duramente contra lo que llama "escolástica marxista" y "neomarxismo staliniano", hasta la *Crítica de la razón dialéctica,* en la que es constante la diferenciación entre una *dialéctica dogmática* (staliniana) y una *dialéctica crítica*, que Sartre asume y construye desde la conciencia, la libertad y la praxis. El texto "Materialismo y Revolución" forma parte de *La república del silencio*, Bue-

nos Aires, Losada, 1968. La *Crítica de la razón dialéctica* —pese al olvido en que se ha sumergido a Sartre en los ochenta y los noventa— ha sido reeditada en español en 1996.

32. Habermas, ob. cit., p. 195.

33. Se trata de la segunda semana de enero de 1919. La centralidad del conflicto estuvo en una huelga de los obreros de los talleres metalúrgicos Vasena. Luego de la represión policial del gobierno de Yrigoyen, la FORA llamó al paro general y ciento cincuenta mil trabajadores marcharon a la plaza del Congreso. Era el clima ideal para que los jóvenes patricios de Carlés explicitaran sus modales agresivos, su fanfarronería de clase, su elitismo violento. Yrigoyen recurrió a las Fuerzas Armadas para la represión obrera y las jornadas se tiñeron de sangre, anticipando las matanzas de la Patagonia trágica.

34. Carlos Ibarguren, *Juan Manuel de Rosas, su vida, su drama, su tiempo*, Buenos Aires, Ediciones Theoria, 1972, p. 7.

35. En Juan Carlos Ghiano, *Lugones escritor*, Buenos Aires, Raigal, 1955, p. 16.

36. El discurso de "La hora de la espada" está en el libro *La patria fuerte*, que Lugones publica en 1930. Se lo puede encontrar en una breve recopilación que acaba de editar Perfil: *La hora de la espada y otros escritos*, Buenos Aires, Perfil libros, 1998.

37. Algunos atribuyen esta decisión a sus desengaños políticos. No obstante, creo apropiado recomendar la lectura de su única novela, *El ángel de la sombra* (una novela que aparece en 1926, desmereciéndose al lado de *El juguete rabioso* de Arlt y *Don Segundo Sombra* de Güiraldes), en la que se explicita un temperamento sombrío, dispuesto a unir la soledad, el amor extraviado y el suicidio. En ella, Lugones (un Lugones estragado por creencias esotéricas) se expresa así: "El también sería único. El supremo evocador de aquellos nombres del abismo: *Nadie, nada, nunca...*" (*El ángel de la sombra*, Buenos Aires, Losada, 1993, p. 190). Y más adelante: "¡Pronósticos!... ¡Reproches!... ¡Si él era el dueño de esa muerte! ¡Claro que se iba a morir, divina y amada como nadie lo fue nunca! ¡Eso era, eso sí, querer hasta la muerte, como decían! Y después de verla muerta, ¡qué le importaba a él morir también, fracasado, hundido! (...) Las potencias de la fatalidad y de la sombra: la pasión, el mar, la muerte, él las desataba con poderío incontrastable. El, él solo precipitaba al abismo la pá-

lida criatura que iba hundiéndose en aquella inmensidad de amargura y de tinieblas" (Lugones, ob. cit., p. 217). Se explicita en estos textos una pasión nietzscheana por los abismos que une la concepción fascista de la vida con la frustración amorosa y el autoaniquilamiento. Para ahondar más en la temática amorosa de Lugones: *Cancionero de Aglaura, cartas y poemas inéditos*, compilación de María Inés Cárdenas de Monner Sans, Buenos Aires, Tres Tiempos, 1984. Para deleitarse con una novela bien narrada y bien escrita que presenta a un Lugones cuasi detectivesco: C. E. Feiling, *Un poeta nacional*, Buenos Aires, Sudamericana, 1993.

38. Marysa Navarro, *Los nacionalistas*, Buenos Aires, Jorge Alvarez, 1968, p. 43.

39. *La palabra del general Uriburu*, Buenos Aires, Roldán, 1933, p. 15.

40. *La palabra…*, ed. cit., p. 16. Subrayado nuestro.

41. Juan E. Carulla, *Valor ético de la revolución del 6 de setiembre de 1930*, Buenos Aires, 1931, p. 11.

42. Carulla, ob. cit., p. 12.

43. Antes que los discepolianos se irriten demasiado, digo: Discépolo era un poeta metafísico, existencial. Escribía sobre la condición humana y de política sabía muy poco. Tan poco, que en 1952 cayó en manos de Apold, se volvió un optimista y esto le costó la soledad, la enfermedad y la muerte. Cfr. Sergio Pujol, *Discépolo*, Buenos Aires, Emecé, 1996, p. 178. Aquí menciona "la ambigüedad política de Discépolo". Y, más adelante, señala el carácter "conservador" de *Cambalache*: "Menos 'porteñista' que otros tangos (…) *Cambalache* cuestionaba la idea de progreso, cara tanto al positivismo liberal como al marxismo, y repudiaba las consecuencias de la rebelión de las masas. Ideológicamente, era una letra un tanto conservadora (…) '¡Cualquiera es un señor! ¡Cualquiera es un ladrón!': la nivelación, el derrumbe de las jerarquías, la pérdida de referentes éticos, la mezcla de todo con todo, como 'en la vidriera irrespetuosa de los cambalaches', eran las causas del suicidio del mundo" (p. 197). Otro verso que abomina de la nivelación: "Todo es igual… Nada es mejor/ ¡Lo mismo un burro/ que un gran profesor!". Sí, *Cambalache* repudia "las consecuencias de la rebelión de las masas". ("Los ignorantes nos han igualao".) Se une —desde esta perspectiva— con la visión que el nacionalismo oligárquico tenía de la Argentina del '30. Para decirlo to-

do: *el pesimismo no tiene ideología*. Si uno dice "el mundo fue y será una porquería", este axioma puede ser tan instrumentado por la izquierda como por la derecha. Depende de la coyuntura. Depende de quién esté en el llano y quién en el poder.

44. Carulla, ob. cit., p. 15. El libro culmina con una exhortación a respaldar al jefe predestinado. En este caso, Uriburu. Dice así: "En el antiguo fuerte, desde el cual irradia, hace siglos, la energía formadora de la Nación, está el hombre que puede reintegrarnos al perdido camino de la riqueza, de la potencia y de la cultura. ¡Secundémosle!... Argentinos, ¡secundémosle!" (p. 125). A la Casa de Gobierno le dice "fuerte" porque quiere marcar que la Nación viene formándose desde los muy hispánicos y católicos tiempos de la Colonia. Yrigoyen, por el contrario, representa a la chusma inmigrante, dominada por ideas anarquistas y ateas. Nada que ver con los "buenos argentinos".

45. Carlos Ibarguren, *La inquietud de esta hora*, Buenos Aires, La Facultad, 1934, p. 8.

46. Ibarguren, ob. cit., p. 30 y ss.

47. Ibarguren, ob. cit., p. 60. Subr. nuestro.

48. Ibarguren, ob. cit., p. 105.

49. Joseph A. Page, *Perón, una biografía*, Buenos Aires, Javier Vergara, tomo I, 1984, p. 43.

50. Utilizo el libro que editó la Subsecretaría de Informaciones en 1951. Contiene las cinco clases que Perón dio en la Escuela Superior Peronista entre el 15 de marzo y el 19 de abril de ese año. Las otras ediciones no son confiables en tanto han incluido en el texto títulos y subtítulos que lo manipulan, ya hacia la derecha o la izquierda. He decidido, asimismo, no dar la paginación sino la fecha de las clases a las que corresponden las citas, tal vez esto oriente al lector si desea encontrarlas en otras ediciones.

51. Mayor de E.M. Juan Perón, *Apuntes de historia militar*, Buenos Aires, Biblioteca del Oficial, 1951, p. 130.

52. Juan Perón, *Significado de la Defensa Nacional desde el punto de vista militar*, Buenos Aires, Ministerio de Guerra, 1944.

53. Colmar von der Goltz, *La nación en armas*, Buenos Aires, Biblioteca del Oficial, tomo II, 1930, p. 317. Ante la certeza de la inevitabilidad de las guerras se pregunta von der Goltz: "¿De qué sirve discu-

tir si ennoblecen o embrutecen a la humanidad?". Plantea la complejidad de la cuestión: "Lo que hemos experimentado desde 1918 en Alemania parece estar en abierta contradicción con la afirmación de los efectos purificadores de la guerra. Por otro lado, los pueblos llaman con razón los tiempos de mayor brillo a los períodos de su historia en que lucharon victoriosos por su libertad". Y, simplificando, acepta los designios irrebatibles de la Providencia: "Tenemos que conformarnos con lo que la Providencia dispone: las guerras forman parte de la humanidad; son destino inevitable de los pueblos. La paz eterna no está dada a los mortales de este mundo" (von der Goltz, ob. cit., p. 317).

54. Perón, *Apuntes…*, ed. cit., p. 140.

55. Perón, ob. cit., p. 143.

56. Perón, ob. cit., p. 135.

57. Frantz Fanon, *Los condenados de la tierra*, México, Fondo de Cultura Económica, 1963, p. 13.

58. Marx y Engels, *Obras escogidas,* Moscú, Ediciones en lenguas extranjeras, 1955, p. 41.

59. Federico Engels, *Anti-Dühring,* México, Grijalbo, 1964, p. 177.

60. Veremos —al analizar los textos centrales que Marx le dedica al tema en *Das Kapital*— que su ontologización de la violencia surge de un implacable análisis de la *violencia capitalista* en la acumulación originaria del capital.

61. Fanon, ob. cit., p. 14.

62. Fanon, ob. cit., p. 14.

63. Fanon, ob. cit., p. 20.

64. Jean Baudrillard, *La transparencia del mal,* Barcelona, Anagrama, 1991, p. 9.

65. Fanon, ob. cit., p. 37.

66. Fanon, ob. cit., p. 37.

67. Fanon, ob. cit., p. 54.

68. Fanon, ob. cit., p. 54.

69. Fanon, ob. cit., p. 64.

70. Fanon, ob. cit., p. 66.

71. El pensador más importante que ha tenido la derecha argentina durante las décadas del setenta y el ochenta ha sido Víctor Massuh. Quien, en uno de sus libros, se encargó largamente de Frantz Fanon. Massuh intenta —a través de un liberalismo extremo, anterior al "punto de vista de 1989", ya que su libro, su primera edición, es de mayo de 1968— esquematizar el pensamiento de Fanon a partir de sus aristas nietzscheanas. Su lógica lo lleva a encuadrar a Fanon dentro de lo que llama "violencia neurótica". Escribe: "El fervor por la revolución violenta va a culminar, de este modo, en una mística de la violencia *sin* la revolución. Y lo cierto es que ésta viene a ser la estación última de buena parte de la izquierda revolucionaria actual: una afirmación gritona de la revuelta sin contenido y sin mayores consecuencias, la asunción de un marxismo degradado y adolescente, neurotizado por la conciencia del fracaso de sus tentativas históricas" (Víctor Massuh, *La libertad y la violencia,* Buenos Aires, Sudamericana, 1984, p. 37). Luego, volviéndose sobre Nietzsche, conceptualizado como uno de los creadores del "hombre apocalíptico" (es decir, el hombre de la violencia), afirma: "Nietzsche quiso exaltar la nota incondicional y absoluta de una voluntad fantástica y ambiciosa que, en la realidad, no fue más que la relativa, precaria y acomplejada voluntad del alemán pequeño-burgués de la década del treinta. Quiso cantar la grandeza de una violencia ontológica, pero la historia lo desdobló en el precursor de violencias histéricas y vulgares. Soñó con una 'elite' de 'señores de la tierra', pero el futuro le entregó un rebaño obediente y dócil a la voluntad de un puñado de locos atacados de megalomanía suicida" (*Ibid.,* p. 27). Frente al hombre apocalíptico Massuh ubica al *hombre del autosacrificio y el coraje silencioso.* Un hombre que no somete al prójimo en aras de ningún absoluto.

Ahora bien, apena comprobar que la Argentina no posea un adecuado pensador de derecha que no haya convergido en alguno de los poderes militares. Víctor Massuh fue representante en la Unesco del gobierno de Jorge Rafael Videla. No sólo eso: fue el más duradero de los funcionarios culturales de los genocidas procesistas. Su odio fervoroso por las "izquierdas gritonas", por el "neurótico" Fanon, por el "apocalíptico" Marx le impidió denunciar —como hubiera debido hacerlo un filósofo, un humanista— los horrores de los que —quién podría dudarlo— tenía plena información. O, en todo caso, le impidió ser cómplice de ellos como funcionario cultural.

Puede aplicársele a Massuh el razonamiento que él aplica a Nietzsche: la "elite" y los "señores de la tierra" desembocaron en el nazismo, en "un puñado de locos atacados de megalomanía suicida". Y bien, ese hombre del coraje silencioso y del autosacrificio sobre el que tanto poetiza Massuh en sus adjetivadas páginas desembocó en los grupos de tareas, en la ESMA, en la tortura, en la desaparición de personas.

Como en el caso de Heidegger —en el que es posible detectar conexiones entre su filosofía y su adhesión al nazismo—, en el caso de Massuh (quien, de acuerdo, no es Heidegger, pero *lo es* como paradigma de un filósofo que acepta ser funcionario de un régimen aberrante) es muy sencillo detectar un deslizante paralelo entre esas figuras del hombre del autosacrificio y el coraje silencioso y la figura del general Videla. El *autosacrificio* y el *coraje silencioso* son concepciones militares de la existencia. Son concepciones que Videla encarnó, que incorporó para sí con total lucidez. Porque —haya o no leído a Massuh— era un militar. Un hombre seco, dispuesto, siempre, al sacrificio, al extremo sacrificio por la grandeza y la seguridad de la patria; un hombre de coraje —como todo militar cree que lo es: ser militar es tener coraje— y un hombre silencioso. Videla, en efecto, era un hombre parco, que recibía de espaldas y con las manos cruzadas tras la cintura a quienes lograban llegar a él con algún ruego; ruego que, siempre, implicaba una vida o varias. Videla no accedía: ése era su sacrificio, su coraje silencioso. Son los políticos los que hablan, son los civiles quienes tienen miedo.

72. No puedo tratar aquí este tema. Sobre todo porque ya lo he tratado en otro libro. No me queda sino remitir a él. Acerca de la "invención" de Perón, la inexistencia de la identidad peronista y el mito de Perón sería aconsejable consultar: José Pablo Feinman, *Ignotos y famosos, política, posmodernidad y farándula en la nueva argentina*, Buenos Aires, Planeta, 1994. Cfr. págs. 103-117. Aquí, apenas esto: "La *invención de Perón* radicó en presentarlo como un líder revolucionario, como un líder nacional-popular de los '40 que había evolucionado al socialismo en los '70. O que, en todo caso, en el momento decisivo, no podría sino jugar el papel que el *pueblo peronista* y la militancia le marcarían: el de la revolución socialista" (p. 110).

73. El esquema empobrecedor de los dos demonios llega a extremos patéticos. O, si se quiere, indignantes. Por ejemplo: durante el mes de enero de 1998 me llegó un sobre remitido por el escritor Abel Posse, quien acababa de sostener una polémica con Tomás Eloy Martínez.

Parece que Eloy Martínez —siempre según Posse— lo había acusado de "colaborador de la dictadura militar". Posse me envía una carta que publicó en *La Nación*, defendiéndose. En un memorable párrafo dice: "(Martínez) me acusó de haber sido 'colaborador de la dictadura militar', simplemente porque no renuncié a mi carrera diplomática (...) Entre 1973 y 1979 era secretario y cónsul en la deliciosa Venecia. Me causaría horror haber renunciado y tener que pensar hoy que lo hice por Galimberti o Firmenich" (*La Nación*, Cartas de lectores, 23/12/97). Si Posse no se da cuenta solo de que haber permanecido como funcionario diplomático en la "deliciosa Venecia" entre 1976 y 1979, fechas entre las que desaparecieron la casi totalidad de los treinta mil desaparecidos, es, sí, haber colaborado con la dictadura, y si no advierte que debió haber renunciado por decencia y humanidad y no por Galimberti y Firmenich... es porque se ampara en el esquema de los dos demonios llevado a un extremo delirante.

74. Osvaldo Bayer, *Rebeldía y esperanza*, Buenos Aires, Ediciones B, 1994, p. 66.

75. Hay dos maneras, creo, de acercarse al Che. Una es teórica, reflexiva y parte del análisis de la teoría del foco guerrillero. (Es la que intento en el cuerpo central del libro.) La otra es visual. Porque con el Che está todo dicho en la foto del poster. Fue, se sabe (o no), una foto azarosa, imprevista. Había un acto. Hablaba Fidel. Y el fotógrafo —Alberto Korda— andaba de un lado a otro con su cámara, sin esperar nada excepcional. De pronto, atrás, ajeno a todo protagonismo, se lo encuentra al Che. (Años después los cubanos harán un documental con este suceso: *Una foto recorre el mundo*.) El fotógrafo no lo puede creer. El Che parece ausente, está callado. Vaya a saber en qué está. O cuenta la multitud. O está algo aburrido. O está pensando en nuevos y trascendentes desafíos históricos. El fotógrafo lo encuadra, presiona, se oye ¡click! y ahí está: el Che pasa a la inmortalidad como el más bello ejemplar de hombre que produjo América latina.
Es la foto del último romántico. ¿Quién puede no enamorarse del último romántico de un siglo en el que han triunfado el pragmatismo, los sueños a ras del suelo, las pasiones de freezer? Miremos al Che: el Che ni siquiera nos mira. Mira hacia el horizonte. Esa mirada —para quien desee creerlo, y son muchos— es la de la utopía. Es la mirada que busca el futuro: allí, donde habita la utopía. Tiene el pelo crecido. (Hay muchísimas fotos del Che con pelo corto; pero estaba

escrito: ese día se ve como Sansón.) Y no sólo crecido, tiene el pelo al viento. A su pelo lo sacude la borrasca de la Historia. Cuando Sartre viaja a Cuba (en los comienzos de la revolución) escribe un opúsculo al que le pone un título brillante: "Huracán sobre el Azúcar". Cuba es la isla del azúcar. La revolución era el huracán. ¿Qué otro viento sino el viento huracanado y dulce de la revolución podía convulsionar los pelos del Che? El viento es la imagen de la libertad y toda revolución busca instaurar la libertad, ya que viene, ante todo, a liberar a los oprimidos. Así, es la libertad, es la liberación de los oprimidos lo que se lee en los pelos agitados del Che. También es "el extraño de pelo largo". Un rockero. Un eterno joven. Y la mirada profunda, los ojos oscuros, la nariz dilatada como si oliera el viento y lo saboreara, los labios firmes y la barba rala y la boina con la estrella. Y esa estrella es la suya. El Che es una *star*. Una *superestar*. Un Jesucristo *superestar*.

Ha sido (antes de la foto-eternidad) un viajero incansable. Recorrió, en 1950, 4.500 kilómetros en motocicleta. Después viajó en buque, después otra vez en moto, después en tren. Hizo de todo: desde una revista de rugby hasta trabajar en un leprosario. Y lo sacude la caída del guatemalteco Jacobo Arbenz, y comienza a odiar a los Estados Unidos ("el gran enemigo del género humano") y se encuentra en México con Fidel y se embarca en el *Granma*. Son ochenta y dos combatientes en un yate en el que, apenas, entran algo más de veinte personas. Y desembarcan en Cuba y —ahí: cuando vuelven a mirarse las caras y a ver cuántos son— descubren que son meramente doce. Pero hacen la revolución. Ellos, los viajeros del *Granma*. (Hoy se viaja en Internet. El Che viajó en el *Granma*. ¿Dice algo esto acerca de cómo han cambiado las posibilidades de la aventura?)

El Che era el Corto Maltés. El Corsario Negro. Sandokán. Robin Hood. Era Superman con kryptonita en los pulmones; era asmático. Su propósito fue, siempre, ir más allá de sus propios límites. "Hasta a mí, a veces, me cuesta ser como el Che." Se va al Congo; fracasa. Se va a Bolivia. Le dicen: no están dadas las condiciones. Pero el Che creía que nunca están dadas las condiciones, que siempre hay que crearlas. Y él era un voluntarista desmedido. Todo gran aventurero lo es. Creía en su poder para transformar la Historia. Para crearla. Nunca lo dijo, pero sospecho que creía que él era la Historia; una parte esencial de ella, un hombre capaz de generar actos históricos indestructibles, definitivos. Y en Bolivia es el martirio final. Ahí está su diario. Y está el de su compañero Villegas. Son la minuciosa descripción del sufrimiento. Ahí está, ahí va, va con unos cuantos compañeros alucinados por su coraje y su capacidad para tolerar el dolor, armado con algunas patéticas escopetas, entre mosquitos, garrapatas y serpientes, ahí va este Cristo de la modernidad, se desliza hacia la otra foto, hacia la que complementa a la anterior, hacia la foto final, la del piletón de Vallegrande: tiene los ojos abiertos, sonríe; está, a la vez, vivo y eterno. Qué destino, caramba. No cualquiera hace de su vida una aventura tan perfecta, tan desmedida y deslumbrante. Sólo, tal vez, él. Sólo el Che, que se lo propuso desde los orígenes. Aunque tuviera kryptonita en los pulmones.

76. Claudio Uriarte, "¡Qué lástima que no hubo guerra!", en *Radar*, suplemento de cultura de *Página/12*, Nº 81, 1/3/98.

77. Tengo para mí que para oponerse al horror hay que haberlo conocido. Yo no estaría escribiendo este ensayo ni acercándome a las pocas o muchas certezas a las que desearía llegar si en mi país no hubieran desaparecido treinta mil personas. *Lo que no implica pensar desde el terror sino incorporando los datos del terror.*

78. Ernesto Che Guevara, "La guerra de guerrillas", en *Escritos y discursos*, tomo I, La Habana, Editorial de Ciencias Sociales, 1977, p. 33.

79. Pierre Kalfon, *Che, Ernesto Guevara, una leyenda de nuestro siglo*, Barcelona, Plaza y Janés, 1997, p. 268.

80. Pierre Kalfon, ob. cit., p. 268. Subr. nuestro.

81. Ernesto Che Guevara, *Cuba, ¿excepción histórica o vanguardia en la lucha contra el colonialismo?*, La Habana, Editorial de Ciencias Sociales, 1993, p. 2.

82. Guevara, ob. cit., p. 13.

83. Guevara, ob. cit. p. 13. El Che es particularmente insistente en los obstáculos que encontrará la praxis revolucionaria: "Un *imperialismo desesperado e histérico*, decidido a emprender toda clase de maniobras y a dar armas y hasta tropas a sus títeres para aniquilar a cualquier pueblo que se levante; un *latifundismo feroz*, inescrupuloso y experimentado en las formas más brutales de represión y una *gran burguesía* dispuesta a cerrar, por cualquier medio, los caminos a la revolución popular, son las grandes fuerzas aliadas que se oponen directamente a las nuevas revoluciones populares de la América Latina", ob. cit. p. 14. Subr. nuestro.

84. Guevara, ob. cit., p. 19.

85. *Idem,* p. 19.

86. *Idem,* p. 19.

87. *Idem,* p. 20. Subr. nuestro.

88. Paco Ignacio Taibo II, *Ernesto Guevara, también conocido como el Che,* México, Planeta-Joaquín Mortiz, 1996, p. 675.

89. Adys Cupull y Froilán González, *Un hombre bravo,* La Habana, Editorial Capitán San Luis, 1994, p. 319. Froilán González es un hombre de baja estatura, con algún sobrepeso, amigable, hospitalario, buena gente. Me recibe en su casa de La Habana, se sienta en una mecedora y habla apasionadamente del Che mientras se mece. Se mece tanto que uno se marea al mirarlo. Luego me muestra su "santuario": una gran habitación con pinturas, grabados y muchos, muchísimos objetos sobre el Che. Pero lo que más le agrada exhibir es un mate y un paquete de yerba Taragüí. Su amor por el Che lo hizo —en ese aspecto, al menos— argentino. Me dice que los argentinos tenemos que rescatar al Che para nosotros, porque el Che —dice con serena certidumbre— nunca dejó de ser argentino.

90. Ernesto Che Guevara, *Diario del Che en Bolivia,* Buenos Aires, Legasa, 1996, p. 142.

91. Cupull y González, ob. cit., p. 330. Se trata del texto sobre los "muchos Vietnam" que analizaremos en detalle. Es el texto más radical de Guevara: jamás había llegado tan lejos en sus formulaciones.

92. Guevara, ob. cit., p. 271.

93. Guevara, ob. cit., p. 272.

94. Guevara, ob. cit., p. 279.

95. Ernesto Che Guevara, *La revolución, escritos esenciales,* Buenos Aires, Taurus, 1996, págs. 83/95. Curiosamente, esta edición carece de la frase de Martí. Se la puede encontrar en la edición de la Editorial de Ciencias Sociales de La Habana. Y, desde luego, en muchas otras.

96. Nada paradojalmente, el Che podría haber escrito "se pondrá al servicio de nuestra causa", ya que en él está presente, con gran fuerza y nitidez, la teoría fanoniana de la *hecatombe.* Lo veremos en seguida.

97. La expresión *Principito de la izquierda* pertenece al novelista Guillermo Saccomanno. De donde —supongo— debemos inferir que

los escritores de ficción tienen mucho que decir, desde la ficción, sobre figuras como las de Guevara. Hay cosas —con personajes como el Che— que uno sólo se atreve, inicialmente, a encarar desde la ficción. Escribí mi obra de teatro *Cuestiones con Ernesto Che Guevara durante la noche que precedió a su muerte* en 1997, es decir, en el año de la agobiante fiesta celebratoria. La obra plantea una larga discusión sobre la violencia entre el Che y un historiador fin de milenio, de nombre Andrés Navarro, que lo enfrenta en la escuelita de La Higuera, durante, claro, la última noche de la vida del comandante. Cuando discuten sobre el texto de los *muchos Vietnam* se produce este diálogo:

"Navarro: Hay otra frase escalofriante en su texto. Usted habla de la sangre derramada. Bien, quédese tranquilo: la sangre se derramó a raudales. Se crearon los dos, tres, muchos Vietnam. Miles de jóvenes en toda América latina eligieron la violencia y las armas obedeciendo su consigna. (*Pausa. Lo mira muy fijamente.*) Y no murieron por su causa, comandante. Murieron a causa suya.

Che: No los desprecie. No los injurie. No los transforme en marionetas de mis mandatos. Ellos decidieron su vida y, con su vida, su muerte. Fueron libres. La lucha que eligieron contenía riesgos extremos. Los tuvieron que padecer. Eso es todo. No los rebaje diciendo que yo los mandé a morir. (Pausa.) Tuvieron la vida y la muerte que eligieron."

98. Para otro momento, es decir, para un próximo ensayo. O, tal vez, para una próxima novela. Creo que será para una próxima novela. Y que esa novela se llamará *El ciervo dorado*.

99. Gilles Lipovetsky, *El crepúsculo del deber, la ética indolora de los nuevos tiempos democráticos,* Barcelona, Anagrama, 1994, p. 55. El subtítulo del ensayo de Lipovetsky es, claro, más que revelador: esa relación entre lo indoloro y lo democrático es típica de cierta liviandad fin de milenio que conduce la rebelión del sujeto moderno a la resignación del sujeto posmoderno.

100. Lipovetsky, ob. cit., p. 56.

101. Lipovetsky, ob. cit., p. 57.

102. Lipovetsky, ob. cit., p. 57.

103. Lipovetsky, ob. cit., p. 18.

104. Lipovetsky, ob. cit., p. 13.

105. Lipovetsky, ob. cit., p. 16.

106. Lipovetsky, ob. cit., p. 16.

107. Richard Gillespie, *Soldados de Perón, Los Montoneros,* Buenos Aires, Grijalbo, 1987, p. 119.

108. En el guión que escribí para el film *Eva Perón* —guión que el director Juan Carlos Desanzo y su protagonista Esther Goris siguieron con una fidelidad inédita en un arte como el cine, en el que se acostumbra a, por decirlo así, "modificar creativamente" o en aras de los "costos de producción" los textos del guionista, del escritor— Evita, el día del renunciamiento, en el balcón, frente a la muchedumbre, responde a la sugerencia de Perón —"decíles que sí sin decir sí"— con una pregunta que pudo haber dicho pero no dijo en la *realidad histórica.* La dice en el film. (Es decir, la inventé yo.) Eva pregunta: "¿Y cómo se dice eso?". Mi intención era marcar la diferencia entre Perón y Eva. Para Perón era absolutamente posible sugerirle algo que él sabía hacer como pocos: decir sí sin decir sí o decir no sin decir no. Era un político. Eva no lo era. De aquí su sorpresa: "¿Y cómo se dice eso?". En este enfoque, Eva sería a Perón lo que el Che era a Fidel. Uno el romántico, el otro el político.
Algunos han sostenido —sobre todo en la revista *Punto de Vista*, que dirige Beatriz Sarlo— que mi versión es la versión montonera. Falso de toda falsedad, como decía el Che. En mi guión, Evita levanta la huelga ferroviaria con furiosas amenazas: "Si hay que dar leña, vamos a dar leña". *Los Montoneros jamás la hubieran mostrado como represora y rompehuelgas.* Tampoco la hubieran juntado con un personaje tan siniestro como Raúl Apold, el Goebbels del peronismo. Ni tampoco la hubieran enfrentado tan duramente a Perón, por más evitistas que fueran. Jamás se habrían atrevido a exhibir a ese Perón militarista, que lejos de dialogar con las masas dialoga sólo con militares como él y deriva al arsenal Esteban de Luca las armas que Evita hace traer de Holanda. Esto, por señalar sólo algunos aspectos.

109. Eva Perón, *Historia del peronismo*, Buenos Aires, Escuela Superior Peronista, 1951. Este folleto publica íntegramente las primeras seis clases que Eva diera en la Escuela. Hubo, luego, muchas ediciones. No voy a dar la paginación de las citas. Sólo las fechas en que fueron dictadas las clases. Esto orientará al lector que quiera manejarse con algunas de las ediciones posteriores; ya que las hubo, insisto, de todo tipo.

110. El texto de Marx era el siguiente: "El descubrimiento de las comarcas auríferas y argentíferas en América, el exterminio, esclavización y soterramiento en las minas de la población aborigen, la conquista y saqueo de las Indias Orientales, la transformación de Africa en un coto reservado para la caza comercial de pieles-negras, caracterizan los albores de la era de producción capitalista. Estos procesos idílicos constituyen *factores fundamentales de la acumulación originaria*" (Karl Marx, *El Capital*, tomo I, México, Siglo XXI, p. 939). Es decir, era el mismo Marx —en este deslumbrante pasaje— quien afirmaba (traducido al lenguaje de los setenta) que sin la explotación, la conquista y el saqueo del Tercer Mundo —América, Indias Orientales, Africa— no habría podido existir el capitalismo.

111. ¿Qué resta, entonces, de la Teoría de la Dependencia cuando América latina está más cerca de ser un continente excluido que un continente explotado, cuando la globalización mediática arrasa con las identidades nacionales, cuando Henry Kissinger —sarcástico, en alguna sobremesa, apenas verificando un hecho— afirma que América latina puede hundirse en el océano sin que tal hecho conmueva en absoluto el feliz funcionamiento del capitalismo de mercado?
Tal vez la Teoría de la Dependencia nos afirmaba sólo en exterioridad: éramos necesarios porque el Otro necesitaba explotarnos para existir. *Nuestra existencia se basaba en la necesidad que tenía el Otro de construir su existencia. Ahora que el Otro no necesita de nosotros para existir… nosotros no existimos.* Hasta tal punto la Teoría de la Dependencia nos hacía depender de las necesidades del Otro. Sin el Otro, sin su insaciable perversidad, su ambición de dominio y su egolatría expansionista… no hubiéramos podido construir nuestra identidad. Conjeturo —es apenas una sugerencia— que deberíamos empezar a construir una *teoría de la existencia*. Que, en principio, no nos defina en exterioridad.

112. Esta temática (la de la constitución del Otro, es decir, de aquel sobre el que se ejerce la violencia, en un no-hombre o en un menosque-hombre) es central en este ensayo. Volveremos sobre ella en la segunda parte al analizar textos de Sarmiento pertenecientes a su *Vida del Chacho*.

113. Karl Marx, *Crítica…*, ed. cit., p. 17. He citado este texto en el parágrafo 2, pero necesito citarlo también aquí para desarrollar la temática del presente parágrafo. Confieso, además, que estos textos de

Marx, a los que suelo volver una y otra vez, constituyen una fuente de conocimiento y reflexión insoslayable para mí.

114. Marx, ob. cit., p. 30.

115. Marx, ob. cit., p. 31.

116. Marx, ob. cit., p. 34.

117. Marx, ob. cit., págs. 47/48.

118. Bayer, ob. cit., p. 66.

119. Esta clase obrera peronista que surge a la historia —el 17 de octubre de 1945— por medio de una voluntad autónoma, vigorosa, comienza a ser *excesivamente* halagada por su líder. El Estado de Bienestar peronista configura a un proletariado que todo lo espera de su líder y que sólo sabrá defenderlo auténticamente una vez. Esa, la del 17 de octubre. Ya lo defendió, ahora quiere ser feliz. El error de la izquierda peronista fue creer que la clase obrera que forjó Perón era combativa. Error: no era combativa. Lo esperaba a Perón (esperaba el *avión negro*) no para hacer la revolución socialista, no para construir la patria socialista, sino para que retornara la patria peronista: los buenos y viejos tiempos, la protección del Estado, las ventajas sociales. En este sentido, la derecha del peronismo (que reclamaba el retorno de la *patria peronista*) estaba más cerca de la clase obrera peronista que los jóvenes de izquierda que daban la vida por ella.

Asimismo, cuando los sindicatos, en el '73, reciben a Perón con la consigna *Bienvenido General a la patria liberada* expresaban más al "pueblo peronista" que la izquierda que reclamaba el *pasaje al Poder* por medio del gobierno de Cámpora. No: para el pueblo peronista alcanzaba con que Perón volviera. No quería el Poder, quería las bondades del Estado Benefactor Peronista. Si el General volvía, ya estaba. Volvían los días felices. No se trataba de otra cosa. El resto... era cuestión de esos estridentes revoltosos a los que Perón, por fin, hechó de la plaza mientras la clase obrera les gritaba *zurdos* y pedía a la policía que los moliera a palos.

120. Podrá argumentarse: ¿acaso el llamado *pueblo peronista* no era un pueblo amansado por el Estado Benefactor de Perón? ¿Para qué habría de insertarse en él la guerrilla? Precisamente por eso: esta característica del *pueblo peronista* —su ablandamiento a manos del Estado de Bienestar— determinaba que la inserción, el trabajo de base fuera más necesario que nunca. *Una lucha de transformación social*

siempre debe partir del estadio de conciencia alcanzado por las masas. Es, incluso, su condición de posibilidad para constituirse en verdadera *vanguardia*. A partir de 1973, la lucha terriblemente agresiva de Montoneros contra la "burocracia sindical" debe interpretarse como una actitud de resentimiento hacia los obreros peronistas, que seguían a sus conducciones, que confiaban más en Rucci que en Firmenich o Santucho. En lugar de aislarse de las masas, la guerrilla debió seguir con su trabajo territorial y abandonar la violencia elitista, que la alejaba del pueblo y, a la vez, le entregaba el marco justificatorio a la represión militar.

Si hubo algo que caracterizó a la izquierda peronista fue el *entrismo*. No fue alternativista. Aceptó la "conducción" de Perón porque era su única manera de acercarse a las masas. Los Montoneros escasamente lo entendieron. No lo entendieron mientras estaban en la lucha armada —aunque ahí lo entendieron mejor que cuando, después, pasaron a la clandestinidad, en el '74— y lo entendieron cuando adoptaron una política de superficie, una política de masas. Algo que les duró relativamente poco a causa de sus enfrentamientos con Perón, a quien pensaban "heredar".

El *entrismo* es la actitud política consitutiva de la izquierda peronista. Así, Gillespie se equivoca cuando adscribe mi primer y lejano libro, *El peronismo y la primacía de la política,* a eso que llama *peronismo montonero*. Dice: "Ante la vaguedad de sus ideas sobre el significado del 'socialismo nacional', algunos (se refiere, Gillespie, a *algunos montoneros*), de acuerdo con José Pablo Feinmann, creían que tal tendencia y el justicialismo eran 'conceptos equivalentes'; que no se trataba de una Cuarta Bandera del Justicialismo, sino de 'la síntesis más profunda del proyecto político de poder popular que animó al peronismo desde sus orígenes'" (Gillespie, ob. cit., p. 100). Lo que yo trataba de fundamentar era que el socialismo —entendido como justicia social y proyecto distributivo, que implicaba un horizonte de *poder popular*— había anidado desde siempre en el peronismo. Es decir, que nosotros, los jóvenes socialistas del '70, teníamos legitimado el *entrismo* porque, lejos de ser *infiltrados*, como decía la derecha peronista, expresábamos lo que el peronismo era esencialmente: *un proyecto socialista*. Esto —que hoy suena disparatado y que, en verdad, encuentro injusto cuando algunos ensayistas critican ese texto mío fuera del contexto, de la época y del proyecto cookista de entrismo en las bases peronistas que le dieron origen— era hacer política de superficie. Yo era un joven intelectual de la Facultad de Filosofía que buscaba algún fundamento teórico para que la izquierda, por fin, pudiera urdirse con el inasible *pueblo peronista*. De esta forma, *El peronismo y la primacía de la política* es un libro de política-ficción. Fue, creo, el intento teórico, si no más riguroso, al menos más imaginativo (algo que era dable esperar de alguien que, como yo, también escribía y escribiría literatura de ficción) para acercar al peronismo de las *Veinte verdades* a las posiciones del marxismo. Ahora bien, ese libro fue un libro de la izquierda peronista, y no un libro montonero, como dice Gillespie. Los que "ante la vaguedad de sus ideas sobre el socialismo nacional" leían *El peronismo y la primacía de la política* eran los jóvenes peronistas que practicaban la política del *entrismo*. Es decir, la política de masas: la verdadera política del socialismo. Los Montoneros fueron ajenos a la política de masas. Si alguna vez hubiesen creído realmente en ella no habrían pasado a la clandestinidad en el '74, no hubieran apostado al golpe militar en el '75 ni habrían emprendido una lucha solitaria —y trágica, no sólo porque entregaba a sus militantes a la muerte sino porque, objetivamente, consolidaba el *marco de guerra* que requerían los militares para su represión indiscriminada— a partir del '76.

En cuanto a Gillespie, siguió insistiendo conmigo y a partir del mismo error: la confusión entre izquierda peronista y Montoneros; lo que lleva a otra peor: la confusión entre política de masas y guerrilla. En un ensayo colectivo de 1986 escribe: "La crisis del peronismo en Argentina, la elección de un presidente imaginativo y conciliador en Colombia y la implosión de la 'Revolución de la Nueva Joya' en Granada han llevado a varias personalidades latinoamericanas y caribeñas a reexaminar el valor y las posiciones de la democracia política" (*Terrorismo, ideología y revolución*, Madrid, Alianza, 1987, p. 213). Y, en nota a pie de página, añade: "Véase la entrevista con el ex-ideólogo peronista de izquierda José Pablo Feinmann en *Clarín* (Buenos Aires), ed. internacional (24-30 de sept. de 1984); las declaraciones del líder del M-19 Alvaro Fayad antes de firmar un acuerdo de alto el fuego con el gobierno colombiano, en *El País*, ed. internacional (27 de agosto de 1984" (ob. cit. p. 216). Notable y —a la vez— increíble: pone en un mismo nivel a un escritor de izquierda con un líder guerrillero que negocia un cese del fuego con un gobierno antagonista. Ocurre que, para Gillespie, la izquierda peronista era, sin más, Montoneros, es decir, la guerrilla. De aquí a identificar a un "ideólogo peronista de izquierda" con un "líder guerrillero" hay un simple y torpe paso, que Gillespie da.

¿Cuál es la más profunda diferencia que late en todo esto? *Es la violencia*. La izquierda peronista era violenta en el sentido en que la Argentina de los setenta lo era. A partir del 11 de marzo de 1973, muchos consideraron que la violencia debía finalizar. Y lo siguieron pensando así. De aquí el asombro ante el asesinato de Rucci. Los Montoneros retornaron a la violencia. La izquierda peronista retornó a sus casas. O intentó continuar haciendo política, lo que se hizo imposible a causa del sangriento cuadro de situación que crearon las bandas de la Triple A... y las respuestas de los Montoneros. Para la izquierda peronista —siempre— lo principal fue la política. Para Montoneros, la violencia jamás dejó de ser su metodología esencial. Decíamos —en esos trágicos días de 1974 y 1975— "hay que optar por la política o por los fierros". Los Montoneros optaron por los fierros. Los militares también. La política dejó de existir.

121. Rodolfo Walsh, *El violento oficio de escribir*, edición a cargo de Daniel Link, Buenos Aires, Planeta, 1995, p. 414.

122. Walsh, ob. cit., p. 415.

123. Walsh, ob. cit., p. 415.

124. El operativo de Monte Chingolo se produjo durante la Nochebuena de 1975. Santucho había dicho a los suyos: "Compañeros: ésta es la operación guerrillera más grande de la historia latinoamericana. Más grande aún que el asalto al cuartel Moncada con el que Fidel comenzó la lucha revolucionaria en Cuba" (María Seoane, *Todo o Nada*, Buenos Aires, Planeta, 1997, p. 263). Escribe Seoane: "Pasada la medianoche, aún se escuchaban ráfagas perdidas en la cercana Villa IAPI, rastrillada por las tropas del Ejército para encontrar guerrilleros heridos u ocultos entre la gente aterrada por el vuelo rasante de los helicópteros y los allanamientos militares. Fue la Nochebuena más luctuosa del siglo (...) Horas después de la tragedia, el general Videla viajó a Tucumán para pasar la Nochebuena de 1975 con las tropas. Allí habló contra la 'corrupción' e 'inmoralidad' del gobierno, mensaje que fue considerado como un ultimátum a Isabel Perón. No hubo reacción popular ni oficial. Tampoco ante la clausura de las pocas puertas de legalidad que quedaban a la izquierda: al día siguiente del ataque, con el pretexto de que Montoneros había participado en el copamiento, Isabel Perón ilegalizó al Parti-

do Auténtico (PA), embarcado desde el mes de octubre en el intento de constituir un frente electoral de centro-izquierda con Oscar Alende (PI), Héctor Sandler, de la Corriente Argentina Revolucionaria (CAR) y Horacio Sueldo del Partido Revolucionario Cristiano (PRC), negociaciones en las cuales el PRT estaba presente" (María Seoane, ob. cit., p. 266). Es decir, la *acción armada* de la guerrilla le permite a Videla lanzar un ultimátum al gobierno. Le permite a Isabel ilegalizar al Partido Auténtico (expresión de superficie de Montoneros) y frustrar la posibilidad de un *frente electoral de izquierda* del que participaba el PRT, expresión de superficie del ERP. En resumen, la violencia aniquila la política en un momento en que sólo la política —a través de la unidad de sus fuerzas— podía restarle posibilidades al golpe.

125. Walsh, ob. cit., p. 416.

126. Walsh, ob. cit., p. 416.

127. Walsh, ob. cit., p. 416.

128. Walsh, ob. cit., p. 417.

129. Tina Rosenberg, *La estirpe de Caín,* Buenos Aires, Documentos *Página/12,* 1998, págs. 58/59.

130. Walsh, ob. cit., p. 421.

131. Walsh, ob. cit., p. 421.

132. Walsh, ob. cit., p. 421. Subr. mío.

133. Walsh, ob. cit., p. 423.

134. Recordemos una imagen: Graciela Fernández Meijide bailando con Santiago Soldati. Termina el baile y alguien le pregunta al empresario si la señora Meijide baila bien y el empresario —que es un hombre muy elegante, siempre tostado y con una sonrisa imbatible— responde que un caballero no revela sus secretos. Algo así. ¿Cuál es el secreto? No necesita decir nada el poderoso empresario. Ya todo está dicho. Meijide quiere gobernar en la Argentina, quiere la presidencia y la quiere porque muchos —que la votaron en octubre del '97— quieren verla en la presidencia. Y bien: ése es el secreto. *Para gobernar en la Argentina hay que bailar con Santiago Soldati.* El que no baila con el señor Soldati, no gobierna.

135. Walsh, ob. cit., p. 424.

136. Existe un testimonio fílmico escalofriante en el que Videla habla sobre los desaparecidos. Y dice: "Un desaparecido es una incógnita. No tiene entidad. No está ni muerto ni vivo. Está desaparecido". El testimonio figura en el film *Cazadores de Utopías*, dirigido por David Blaustein. En cuanto a las características de los desaparecidos —a su *composición social*— resultará importante el siguiente texto: "El análisis de las cifras documentadas acerca de la represión permite establecer que el 52% de los desaparecidos pertenecían a la clase trabajadora. Además de reprimir a los universitarios, sectores intelectuales y profesionales, en muchos casos la represión se hizo extensiva a los familiares directos de las víctimas, padres, hijos y hermanos. Se confiscaron propiedades que fueron negociadas con beneficio para las Fuerzas Armadas; se crearon campos de concentración para los prisioneros; se ha denunciado que las mujeres embarazadas se mantenían con vida hasta el nacimiento de los niños, quienes luego fueron entregados en "adopciones legales" a personeros del régimen o a familiares que adherían al mismo. Las Abuelas de Plaza de Mayo indican que aproximadamente 400 niños nacieron en cautiverio y/o fueron secuestrados cuando eran bebés: de ellos sólo se han recuperado cincuenta" (*Psicología y violencia política en América Latina*, Santiago de Chile, Ediciones Chile América CESOC, 1994, p. 140).

137. José Pablo Feinmann, *La creación de lo posible*, Buenos Aires, Legasa, 1986, p. 195.

138. Jean-Paul Sartre, *Colonialismo y neocolonialismo*, Buenos Aires, Losada, 1965, p. 54.

139. Henri Alleg, *La tortura*, Buenos Aires, Ediciones del Pórtico, 1958, p. 49.

140. Alleg, ob. cit., p. 52.

141. Walsh, ob. cit., 417. Deliberadamente no cité este texto de Walsh en el análisis que hice de su Carta a la Junta. Pertenece con tal precisión y lucidez a la temática de la tortura que lo reservé para el momento en que la tratara.

142. *Guía bilingüe de exposición de instrumentos de tortura desde la Edad Media hasta la Época Industrial*, Madrid, 1995, p. 23.

143. Creo, de todos modos, necesario explicitar alguno de los "motivos que no escaparán al lector". Es muy posible que sea a mí a quien se le escapen muchos de los significados del *aplastacabezas*. O más

exactamente: tal vez nadie —dada la magnitud del horror que expresa el aparato— sea capaz de abarcarlos todos. Lo elegí por un motivo inmediato, evidente: al aplastacabezas aplasta la inteligencia del disidente. Aplasta ese lugar en que los inquisidores siempre fijan el origen de las *ideas disolventes*. Pero hay, para nosotros los argentinos, otro motivo: Cabezas se llamaba José Luis, a quien nos hemos propuesto no olvidar. José Luis Cabezas es el más atemorizante y alarmante cadáver de la democracia argentina. Y en la resolución de su muerte está la clave para desenmascarar a los que, en democracia, han heredado la crueldad y la violencia de la dictadura. Volveremos sobre el tema.

144. *Guía...*, ed. cit., p. 62.

145. *Guía...*, ed. cit., p. 23.

146. *Guía...*, ed. cit., p. 23.

147. Sartre, ob. cit., p. 44.

148. Sartre, ob. cit., p. 45.

149. En su *Carta a la Junta*, Rodolfo Walsh —antes, claro, de que la "teoría de los dos demonios" apareciera en la sociedad argentina— la explicita en relación a los intereses de la Junta. Es decir, demuestra cómo a la Junta le interesa esa teoría, se ampara en ella, se siente, digamos, justificada por ella. Escribe Walsh: "Las 3A son hoy las 3 Armas, y la Junta que ustedes presiden no es el fiel de la balanza entre 'violencias de distintos signos' ni el árbitro justo entre 'dos terrorismos', sino la fuente misma del terror que ha perdido el rumbo y sólo puede balbucear el discurso de la muerte" (Walsh, ob. cit., p. 420).

150. Domingo Faustino Sarmiento, *Facundo*, Buenos Aires, Estrada, 1962, p. 3. Subr. nuestro.

151. Sarmiento, ob. cit., p. 3.

152. Ricardo Forster, "La metamorfosis del Mal", Revista *Confines*, N° 1.

153. Jeffrey Barton Russell, *El príncipe de las tinieblas, El poder del mal y del bien en la historia*, Santiago de Chile, Andrés Bello, 1994, p. 313.

154. Jeffrey Barton Russell, ob. cit., p. 337.

155. Jean-Paul Sartre, *Crítica de la razón dialéctica*, tomo 1, Buenos Aires, Losada, 1963, p. 37.

SEGUNDA PARTE
RELATOS DE UN PAÍS VIOLENTO

1. Fusilamiento de Santiago de Liniers

Para un protagonista de nuestra historia no siempre ha sido venturoso nacer en Francia. Si no lo fue para Carlos Gardel, ¿cómo podría haberlo sido para Santiago de Liniers? A Gardel, la Argentina le ha perdonado el haber nacido en Toulouse. Sin embargo, ese origen lejano del gran mito siempre fue sentido como una carencia. O, en todo caso, como una depreciación de la pureza de la errática "identidad nacional". Se hace difícil aceptar que los padres o los héroes o los mitos de la patria cometan el desatino, la imprudencia o, por decirlo así, la desprolijidad de nacer en el extranjero. Santiago de Liniers cometió esa desprolijidad: nació en Niort —que está, sí, en Francia— el 25 de julio de 1753. Fue el segundo hijo de una familia ilustre, acaudalada.

El mar es la imagen más poderosa de la aventura. Ismael, el narrador de *Moby Dick*, empieza su relato con una confesión: toda vez que se aburre sabe que el mar lo reclama; porque el mar aniquila —siempre— el tedio de una vida sin asombros. Porque el mar es —siempre— asombroso. Algo de esto le habrá ocurrido a Liniers, ya que desde muy joven se hace marino. En 1775 se embarca en la flota de Cartagena.

Siempre que alguien se embarca surge la idea del fin. ¿Cuál era el fin del viaje de Liniers? ¿Hacia qué aventura lo llevaban las aguas? Liniers partía rumbo a la gloria, rumbo al poder y rumbo a la muerte. Tenía todo, absolutamente todo —la gloria, el poder y la muerte— por delante.

1.1. George Canning (1770-1827) fue un célebre ministro inglés. Su celebridad fue construida con su laborioso pragmatismo. Fue Ministro del Exterior en 1807 y en 1822. Fue, también, muy sagaz: no demoró en reconocer la independencia de las naciones de Latinoamérica. Esto le valió una calle en la ciudad de Buenos Aires. Luego, a esa calle, le quitaron su nombre y le pusieron el nombre de un escritor nacionalista: Raúl Scalabrini Ortiz. Luego, durante la última dictadura militar, Canning volvió a recuperar su calle. Y, finalmente, habría de perderla con la democracia. (La historia argentina y sus vaivenes suelen detectarse en el nombre de las calles y sus cambios.)

Canning nunca deseó invadir las colonias españolas de América. Es decir, si la política de Canning se hubiera impuesto en el Reino Unido, Liniers jamás habría alcanzado la gloria. Canning solía decir: "No debemos entrar como guerreros, sino como mercaderes". Pero tanta lucidez proviene de la experiencia. Porque —antes de la brillante frase de Canning— los ingleses intentaron entrar como guerreros. Y Santiago de Liniers les arruinó la fiesta.

Los días eran serenos en las colonias españolas. Pero los ingleses las codiciaban. La codicia suele ser el camino más corto al error. Al menos, la codicia desmedida; y los ingleses codiciaban desmedidamente las colonias españolas. Les eran insuficientes los buenos negocios que les permitía el contrabando. No querían ser contrabandistas, querían ser conquistadores y propietarios. Así las cosas, intentaron invadir las colonias españolas.

Todos los niños en todos los colegios de nuestro país aprenden minuciosamente un capítulo de nuestra historia: se llama *Las invasiones inglesas*. Podría llamarse también: *los ingleses intentan entrar como guerreros y no como mercaderes*.

El 24 de junio de 1806 naves inglesas se desplazan frente a la fortaleza de Ensenada de Barragán. ¿Quién ejerce el mando en esa fortaleza? Santiago de Liniers. Aún no lo sabe, pero la gloria está cerca.

1.2. Las invasiones inglesas sirvieron a los criollos para fortalecer su autoestima. Habían defendido a la Colonia ante el invasor británico. Habían sido los protagonistas de la Reconquista. ¿Por qué —ahora— no podrían ser los protagonistas de la Independencia? Mayo surge, en gran medida, como la lúcida lectura de esta situación.

¿Fue una revolución la Revolución de Mayo? Hay muchas y variadas interpretaciones. Si se entiende por "revolución" un hecho similar a la revolución francesa... Mayo no se le parece demasiado. Ante todo, no hay "toma de la Bastilla". Es decir, no hay un pueblo sublevado, un pueblo en armas, un pueblo enardecido por la verborragia de sus ideólogos. (De todos modos, esto no impidió a Moreno y los suyos sentirse y asumirse como figuras americanas de Robespierre y Saint-Just. Lo hicieron con tanta altivez y talento que, lejos de ser patéticos espejos de protagonistas europeos, se erigieron en imagen y relato del exceso y la impotencia americanos.)

Todo estaba preparado para el desarrollo práctico de la altivez criolla. Ya los nuestros habían comenzado a sentirse importantes, capaces de vencer. Esto ocurrió con Liniers. Lo tuvo de protagonista.

Existe un cuadro esclarecedor. La pintura —en los siglos anteriores al vértigo fotográfico, al vértigo audiovisual— era la que retenía las imágenes poderosas de la historia. Aquí retuvo la imagen del general inglés Beresford entregando su espada a Santiago de Liniers. A Beresford se lo ve algo encorvado. No sólo capitulante sino, incluso, arrepentido. Hay derrotados orgullosos: aceptan su derrota, pero no la derrota de la causa por la que han peleado. Esta imagen de Beresford es patética: parece demolido por la realidad. Demolido por la derrota total: por la derrota militar y por la derrota de sus convicciones.

¿Cómo se lo ve a Liniers? Liniers es el brillante vencedor. Se lo ve magnífico, lleno de poder y dignidad y convicción y elegancia y hasta generoso con el caído. Beresford es la imagen del hombre abrumado: abrumado por su desdicha y por la magnificencia del adversario. Todos conocemos este cuadro. Su mensaje es claro: si habíamos derrotado a los ingleses, ¿por qué no habríamos de poder gobernarnos según nuestro propio arbitrio? La Revolución de Mayo asoma en el horizonte. ¿Será su caudillo el héroe de la Reconquista? ¿Será su caudillo Santiago de Liniers? *Santiago de Liniers no sólo no será el caudillo de la Revolución de Mayo, sino que será su víctima.* ¿Cómo habrá de ser posible algo así? Bien, digamos que los procesos de cambio son siempre complejos y aquellos que parecían destinados a protagonizarlos acaban, con frecuencia, siendo sus víctimas. Porque Liniers habrá de ser una víctima. ¿Víctima de qué? ¿Víctima de quiénes? No es una respuesta fácil. Para responder por qué murió Santiago de Liniers tenemos que responder, antes, otra pregunta: ¿qué fue la Revolución de Mayo? Se trata de una pregunta trascendental: es la pregunta acerca de nuestros orígenes, acerca de nuestro surgimiento como nación independiente. O, al menos (tal vez: por sobre todo), se trata de la pregunta acerca de la *modalidad* que tuvo nuestro surgimiento como nación. Que no difiere mucho de la modalidad de los otros pueblos de América latina. Como vemos, la *cuestión Liniers* implica la cuestión de la modalidad que tuvieron los movimientos independentistas en América latina.

1.3. Juan Bautista Alberdi fue el más profundo y brillante pensador y politólogo del siglo XIX. Tenía una frente ancha y una mirada triste: vivió casi siempre en el destierro. Esto le permitió pensar con enorme libertad acerca de los avatares históricos de nuestro país. Que fue el suyo.

Sus textos sobre la Revolución de Mayo son tan luminosos que jamás he podido evitar volver sobre ellos una y otra vez. No será ésta la primera que los cito. Es, desde luego, la primera que los cito en *este* libro, donde me permitiré, además, citarlos con dilatada generosidad. Escribe Alberdi: "La revolución de Mayo de 1810, hecha por Buenos Aires, que debió tener por objeto único la independencia de la República Argentina respecto de España, tuvo además el de emancipar a la provincia de Buenos Aires (…) de la Nación Argentina o más bien el de imponer la autoridad de su provincia a la nación emancipada de España. Ese día cesó el poder español y se instaló el de Buenos Aires sobre las provincias argentinas".[1]

De esta forma, según Alberdi, la Revolución de Mayo es una revolución de Buenos Aires destinada a separarse de España y sojuzgar a las provincias. Lo dice muy claramente. Escribe: "Fue la sustitución de la autoridad metropolitana de España por la de Buenos Aires sobre las provincias argentinas: *el coloniaje porteño sustituyendo al coloniaje español*".[2] Y continúa: "Para Buenos Aires, *Mayo* significa *independencia de España y predominio sobre las provincias*: la asunción, por su cuenta, del vasallaje que ejercía sobre el virreinato en nombre de España. Para las provincias Mayo significa *separación de España, sometimiento a Buenos Aires*; reforma del coloniaje, no su abolición"[3] Y concluye: "Ese extravío de la revolución, debido a la ambición ininteligente de Buenos Aires, ha creado *dos países* distintos (…) bajo la apariencia de uno solo".[4] ¿Cuáles son esos dos países? ¿No se hizo la revolución de Mayo para *todo* el país? Alberdi tiene una opinión contundente y distinta. Dice: la revolución de Mayo ha creado "el *estado metrópoli*, Buenos Aires, y el *país vasallo* (…) El uno gobierna, el otro obedece; el uno goza del tesoro, el otro lo produce; el uno es feliz, el otro miserable; el uno tiene su renta y su gasto garantido; *el otro no tiene seguro su pan*".[5]

Así, queda expuesta la rigurosa visión de Alberdi. Se resume en los siguientes puntos: 1) La revolución de Mayo se hizo en beneficio de Buenos Aires; 2) Buenos Aires asumió el papel de España. El papel del Estado-metrópoli; 3) Las provincias quedaron sometidas al poder de Buenos Aires. En suma, Buenos Aires —para Alberdi— protagoniza a partir de 1810 un proceso de *colonialismo interno*.

Liniers será la víctima más destellante de ese proceso.

1.4. ¿Fue una revolución la Revolución de Mayo? Para algunos sí, para otros no. La respuesta de Milcíades Peña es negativa. No fue una revolución. Se limitó a cambiar las autoridades político-burocráticas españolas por otras de origen criollo. Peña extiende esta interpretación a los movimientos independentistas de América latina. Escribe: "Los movimientos de la independencia buscaban el disfrute de un estado propio. El poder real —el económico— de la sociedad colonial se hallaba en manos de las oligarquías terratenientes y comerciales hispano-criollas. La *jerarquía burocrática* de virreyes, gobernadores, capitanes generales, etc., tenía la misión de proteger los intereses de España (es decir, de la Corona y el comercio de Cádiz) (…) Esa burocracia importadora fue el único grupo social dominante en la colonia a quien la Independencia vino a liquidar".[6]

En resumen, la Revolución de Mayo fue meramente política y administrativa: removió del Gobierno a la burocracia española e instauró en él a la burocracia criolla. No hubo desplazamiento de poder económico. Siguieron gobernando el país quienes ya lo gobernaban. Pero… Buenos Aires reemplazó a España.

José Carlos Mariátegui solía decir que las revoluciones independentistas habían sido solamente políticas. No representaron una alteración en el orden social. Sólo en el manejo de las cuestiones de Estado, que pasaron de mano. Es decir, de la mano de los representantes de la Corona a las manos de los criollos. No hubo cambios de poder en la estructura de clases. Alberdi diría —como hemos visto— algo más: se concentró en las burocracias políticas de Buenos Aires lo que antes estaba concentrado en el poder de la Corona: el gobierno absoluto.

Los jefes de la Junta de Mayo no amaban los buenos modales. Estaban decididos a todo. A matar, si era necesario. Y fue —para ellos— necesario. Moreno, Paso, Castelli pensaban en Robespierre. Pensaban que una revolución no se hace sin sangre.

Mariano Moreno escribe el *Plan de Operaciones*. Se trata de un *Plan* destinado a regir los pasos de la Junta. El *Plan* es una pieza alucinante. En el *Plan de Operaciones* se dará la fundamentación de la actitud política que condenó a muerte a Liniers.

Moreno era un jacobino. Los jacobinos representaron el ala extrema en la revolución francesa, su modalidad más cruel y sanguinaria. Gramsci, en sus *Notas sobre Maquiavelo, sobre la política y sobre el Estado moderno*, apunta: "Un juicio de Proudhon sobre los jacobinos: 'El jacobinismo es la aplicación del absolutismo de derecho divino a la soberanía popular —El jacobinismo se preocupa poco del derecho; procede voluntariamente por medios violentos, ejecuciones sumarias. La revolución es, para ellos, golpes rápidos, razzias, empréstitos forzosos, depuraciones, el terror (…) los jacobinos son los jesuitas de la Revolución'. Estas definiciones son extraídas del libro *La justice dans la Révolution*".[7] Para muchos, Moreno era un jacobino sin burguesía. No podía hacer la revolución en el Plata porque aquí no existía una burguesía revolucionaria sino una clase mercantil intermediaria y no productora. Y, luego, los terratenientes de siempre.

En su novela *La Revolución es un sueño eterno*, Andrés Rivera le hace decir a Castelli que la historia de los jacobinos de Mayo no es *la carencia de una historia, sino la historia de una carencia*.[8] ¿Qué significa la *historia de una carencia*? Significa que carecían de una burguesía revolucionaria. Moreno y los suyos tenían las ideas, tenían la pasión, pero no tenían en su base una clase social revolucionaria. Alberdi diría: deberían haber hecho la revolución para todo el país y no sólo para Buenos Aires. Diría: en las provincias estaban las bases sociales. Todo el país era la base social y no sólo Buenos Aires. Estas polémicas siempre seguirán abiertas. Pero ¿por qué mataron a Liniers? Porque querían ser feroces, impiadosos e implacables. Creían en la ejemplaridad de la violencia. Creían que una revolución sin sangre no es una revolución. Creencia que (lo veremos sobre todo en la tercera parte de este ensayo) comparten todos los revolucionarios. Desde Saint-Just hasta Lenin y Ernesto Guevara. Es tan injusto y violento el orden que vienen a derrocar que sienten la cuasi obligación de recurrir a una violencia mayor (que es, siempre, para ellos, *justa*) para asegurar la consolidación del nuevo Estado. (Recurriremos, para desarrollar esta cuestión, a un texto de Engels que lleva por título *De la autoridad* y que explicita como pocos que *el autoritarismo es inescindible de la Revolución*.)

1.5. Insistamos sobre este carácter jacobino de la Revolución de Mayo, cuyo impecable ideólogo y ejecutor es Moreno y desde el cual se torna transparente la muerte violenta de Liniers. Pocas revoluciones han explicitado tan abiertamente —como la nuestra, la de Mayo— la relación entre *cambio y violencia*. La profundización, la impiedad de la violencia es la garantía de la condición auténtica y radical, absoluta, del cambio. Al fundamentar el fusilamiento de Liniers y los suyos habrá de escribir Moreno: "están fuera de los términos de la piedad".[9]

Tulio Halperín Donghi —en su mejor libro, *Revolución y guerra*— analiza el 25 de mayo y lo relaciona con la modalidad punitiva de la Junta. Escribe: "La jornada del 25 ha creado un nuevo foco de poder, heredero a la vez que adversario del caído (…) Los adversarios del nuevo orden son rebeldes, y las autoridades no dan a ese término connotaciones más positivas que sus predecesoras. Aun a fines de 1810, el poeta de las nuevas glorias porteñas, Vicente López y Planes, haciéndose eco de las primeras victorias revolucionarias en el norte, proclama:

> 'Gloria al grande Balcarce; eterna gloria
> 'a su legión guerrera
> 'que enrojeció la espada carnicera
> 'con sangre de rebeldes!'

"Como su poeta, la revolución no vuelve la cabeza ante el justo suplicio de los rebeldes ni vacila en exhibirlo como un legítimo instrumento intimidatorio".[10] Es notable el poema de López y Planes: Balcarce, brazo armado de la revolución, conquista su eterna gloria al enrojecerse su *espada carnicera* con sangre de rebeldes.

Moreno y los suyos se asumen como una minoría ilustrada cuyo pulso no debe temblar porque están seguros no sólo de poseer la razón, sino de *ser* la razón. Ingenieros no vacila en depositar sobre los hombros de Moreno las características centrales de esta actitud. Para él, sin más, la Revolución de Mayo es Mariano Moreno. Escribe: "El 25 de Mayo tiene más valor simbólico que histórico. No fue un grito heroico, no fue una pueblada tumultuaria, no fue el gesto imperativo de una masa sublevada (…) ¿Qué fue lo que vino a diferenciarla (…) ante la historia? (…) Simplemente: Mariano Moreno. Sin el breve fucilazo de su genio aquella Junta hubiera naufragado en un mar de papel (…) Moreno introduce en ella tres factores revolucionarios: un espíritu nuevo, la acción y el terror".[11] Y anota esta perfecta definición de Moreno: "Era un místico, en suma, que en la hora de doctorarse había cambiado la teología por la democracia, Tomás de Aquino por Rousseau, y el púlpito por la prensa".[12] Y, desde luego, la cruz por la espada.

"Era un místico", define Ingenieros. Existe esta cualidad *mística* en los protagonistas de las revoluciones. En este sentido: su entrega total a la causa de la revolución los compromete, si fuera necesario, a entregar su vida y a tomar las vidas de los otros. En 1997, Regis Debray —para indignación de muchos— define a Ernesto Che Guevara como un místico. Guevara sería un místico, que quiere morir. Y Castro un político, que quiere durar. Como sea, se detecta en Guevara un temperamento similar al de Moreno. Esto aumenta su espesor personal y su densidad histórica. Creen y saben —con absoluto convencimiento— que la revolución se hace con la violencia y que la violencia requiere, como la revolución, la entrega máxima, la de la vida. Ya veremos a Ernesto Guevara, en la fortaleza de *La Cabaña*, administrando justicia a lo Saint-Just, a lo Moreno, es decir, al puro estilo jacobino.

1.6. Será necesario un repaso de algunos textos morenianos. Son los del *Plan de Operaciones*. En verdad, pocos, como Moreno, han redactado textos tan *explícitos* sobre la relación entre *revolución y violencia*.[13]

Escribe Moreno: "temo, a la verdad, que si no dirigimos el orden de los sucesos con la energía que es propia (...) se nos desplome el edificio; pues el hombre en ciertos casos es hijo del rigor y nada hemos de conseguir con la benevolencia y la moderación".[14] No hay nada más aberrante, para un revolucionario, que la moderación. La moderación es la antítesis del espíritu revolucionario. Moreno no lo ignora: "La moderación fuera de tiempo no es cordura, ni es una verdad; al contrario, es una debilidad cuando se adopta un sistema que sus circunstancias no lo requieren; jamás *en ningún tiempo de revolución*, se vio adoptada por los gobernantes la moderación ni la tolerancia; el menor pensamiento de un hombre que sea contrario a un nuevo sistema es un delito por la influencia y por el estrago que puede causar con su ejemplo, y su castigo es irremediable. *Los cimientos de una nueva república nunca se han cimentado sino con el rigor y el castigo, mezclado con la sangre derramada de todos aquellos miembros que pudieran impedir sus progresos*".[15] Con Marat, Moreno podría decir: "Me discuten el título de filántropo. ¡Oh, qué injusticia! ¿Cómo no ven que quiero cortar un pequeño número de cabezas para salvar muchas más?".[16]

Al asumirse como jefe de una minoría ilustrada con derecho a conducir el proceso revolucionario, Moreno desconfía de eso que Alberdi decía le faltaba a la Revolución de Mayo: *el pueblo*. Hoy, con el fracaso de los populismos, este concepto no goza de prestigio. Menos aún lo tenía para Moreno: "los pueblos nunca saben, ni ven, sino lo que se les enseña y muestra, ni oyen más que lo que se les dice".[17] Un párrafo deslumbrante que suscribiría Ted Turner.

Esta condición de *elegido* por la historia, condición que lo coloca por encima de los otros habitantes, lo autoriza al empleo extremo de la violencia. Escribe: "no debe escandalizar el sentido de mis voces, de cortar cabezas, verter sangre y sacrificar a toda costa, aun cuando tengan semejanza con las costumbres de los antropófagos y caribes. Y si no, ¿por qué nos pintan a la libertad ciega y armada de un puñal? Porque ningún estado envejecido o provincias pueden regenerarse ni cortar sus corrompidos abusos, sin verter arroyos de sangre".[18]

1.7. Santiago de Liniers se opone, desde Córdoba, al poder de la Junta de Buenos Aires. Se siente fiel a la Corona de España. Ha sido el héroe de la Reconquista. Ha recuperado a Buenos Aires para los españoles. Impidió el triunfo inglés y aseguró el poder español. ¿Por qué habría de combatir ahora a la Corona?

Como si esto fuera poco, la situación —sobre todo, tal vez, para él— era tremendamente confusa. España estaba en manos de los Bonaparte. Fernando VII había sido destituido. La Junta de Buenos Aires no decía enfrentar a Fernando VII sino afirmaba que gobernaría en su nombre en tanto el rey estuviese fuera del trono por la dominación francesa. (A esta situación se la llama "máscara de Fernando". Es decir, la Junta se pone una máscara —la del rey de quien, en verdad, desea liberarse— para gobernar. *Nuestra historia surge enmascarada, surge como ficción.*)

Esta situación enmarañó a Liniers. ¿Por qué separarse de España? ¿Por qué no esperar el retorno al trono de Fernando VII? A su vez, los revolucionarios de Buenos Aires juraban por Fernando. No querían evidenciar aún que su movimiento era el de reemplazar la autoridad del Rey en la Colonia, sino que fingían sustituirla en tanto éste, el Rey, estuviese en manos del poder napoleónico. Liniers decidió oponérseles. Pero la historia no estaba de su lado. ¿Por qué? La respuesta a esta pregunta implica *otra vuelta de tuerca* sobre las interpretaciones de la Revolución de Mayo.

1.8. Hemos analizado —en la primera parte de este ensayo— la globalización que en el fin de milenio propone el *esquema victorioso* del capitalismo de mercado. También, en el siglo XIX, Inglaterra y Francia propusieron una globalización. Si esta de hoy la hegemoniza Estados Unidos, la del siglo XIX la hegemonizaron, precisamente, Inglaterra y Francia. Así las cosas, ¿qué fue la Revolución de Mayo? *Fue separarse de la vieja y perimida globalización española para entrar en la globalización de la modernidad capitalista: la de Inglaterra y Francia.*

Canning había dicho: *No entraremos como guerreros sino como mercaderes.* Así los querían recibir los revolucionarios de Mayo. Nuestra revolución *y todas las revoluciones latinoamericanas del siglo XIX* fueron el cambio de una globalización por otra. Ser globalizados por España era perimido y arcaico. Era retrógrado. Francia con sus luces e Inglaterra con su comercio llamaban a los hombres de Buenos Aires. *La Revolución de Mayo se tejía entre Rousseau y Adam Smith, quienes nada tenían que ver con Fernando VII.* Liniers no advierte que éste es el camino de los tiempos. Así, insiste en permanecer bajo la globalización española. Y los jacobinos de la Junta deciden fusilarlo.

Lo que debe responderse acerca de nuestro 25 de Mayo es lo siguiente: pasar de una órbita de dominación arcaica a una órbita de dominación progresiva... ¿es una revolución? Es el pasaje de una situación colonial a una neocolonial. Es decir, en términos de hoy, el pasaje de una globalización a otra manteniendo, *aggiornado,* el encuadre de desequilibrio entre los términos. En favor, claro, de la metrópoli. Y esto, aunque Moreno se sintiera una exasperada mixtura de Robespierre y Saint-Just, no es una revolución.

1.9. Liniers era una amenaza para los hombres de Mayo. Era el héroe de la Reconquista. Era popular. Y era pro español. Así, se hace fuerte en Córdoba: ahí habrá de resistir a las fuerzas militares de la Junta.

El 28 de julio de 1810 se reúne la Junta de Buenos Aires y —advertida de los preparativos de resistencia por parte de Liniers— decide condenarlo a muerte. A él y a sus principales seguidores. Fatalmente —hubiera sido muy extraño que tal cosa no ocurriera— Liniers es derrotado y apresado. Generoso, el comandante Ortiz de Ocampo decide no fusilarlo. Generoso, o tal vez temiendo que la popularidad de Liniers se volcara contra él. Opta por enviarlo a Buenos Aires. Y que la Junta resuelva. Moreno se entera. Y se enfurece. Sin hesitar, decide enviar a Castelli para que intercepte a Liniers y cumpla los mandatos extremos de la Junta. Le dice: "Vaya pues doctor usted, que como los revolucionarios franceses ha dicho alguna vez que cuando lo exige la salvación de la patria debe sacrificarse sin reparo hasta el ser más querido. Confiamos en que no ocurrirá en la misma debilidad de nuestro Ocampo. Y si por accidente todavía no se cumpliese la determinación tomada irá el vocal Larrea, al que no le faltaría resolución, según pienso; y por último, si fuere necesario, iré yo mismo".

20 de agosto de 1810: Castelli parte de Buenos Aires al mando de cincuenta húsares. Lo acompaña Nicolás Rodríguez Peña como secretario y Juan Ramón Balcarce como su segundo. No demoran en encontrar a Liniers y su gente. Menos demoran en hacerlos prisioneros y comunicarles que van a ser fusilados. Gutiérrez de la Concha se enfrenta a Castelli y le dice: "¿Es esto conforme a la jurisprudencia que usted ha estudiado, doctor Castelli? ¿Querría usted que adoptásemos un sistema que empieza de este modo?". Castelli no responde.

Esta pregunta de Gutiérrez de la Concha es *fundamental* a los propósitos de este ensayo. Implica la relación entre *medios y fines* en los proyectos revolucionarios. *¿Puede ser la violencia el medio para un fin noble?* Esta es la pregunta, azorada, de Gutiérrez de la Concha. Volveremos sobre ella. Ahora será más que instructivo citar la narración que hace José Ingenieros del operativo Córdoba que ordena Moreno. Escribe: "Los batallones porteños de la división revolucionaria partieron a las órdenes de Ocampo; llevaban un comisionado civil, con instrucciones secretas, como los ejércitos de la Revolución Francesa. Lo era Hipólito Vieytes; cuando los cabecillas de la contrarrevolución cordobesa estuvieron en su poder, el comisionado anunció que tenía la instrucción de fusilarlos. Ese era el *modus operandi* de una revolución de verdad".[19] Sin mayores rodeos, Ingenieros consigna algo que para él es una insoslayable ley histórica: *el* modus operandi *de una verdadera revolución es fusilar*. Ocampo no lo hizo. Es reemplazado. Y Castelli —que sí es un revolucionario— no vacila en ordenar los fusilamientos.

Así las cosas, Liniers dice: "Todo es en vano, estamos en manos de la fuerza". Y añade: "Morimos por defender los derechos de nuestro Rey y de nuestra patria y nuestro honor va ileso al sepulcro".

Sin duda su honor iba ileso al sepulcro. También es cierto que no se lució mucho al decir que moría por defender los derechos de Fernando VII. En verdad, al decirlo, adhirió al arcaísmo histórico. La Historia seguía por el lado de Inglaterra y Francia, no por el lado de España. Fernando VII era el pasado. Moreno y los suyos sabían que debían complementarse a la globalización anglofrancesa para salir de las penumbras de la colonia. Y lo harían aun a costa de la sangre. De la sangre de los otros.[20]

Así, en el pasaje de una hegemonía a otra, en el tránsito de la hegemonía española a la hegemonía anglofrancesa, en ese tránsito fue devorada la vida de Santiago de Liniers. Ese tránsito reclamó su sangre. Ese tránsito y la modalidad sangrienta que decidieron darle los hombres de la Junta de Buenos Aires. Porque el héroe de la Resistencia murió víctima de un proyecto de nueva globalización que Buenos Aires estaba empecinada en hegemonizar a cualquier precio.

Miró a los soldados, se enfrentó a los fusiles y dijo: "Ya estoy, muchachos". "Muchachos": todavía se sentía un caudillo popular.

Los soldados descargan seis tiros. No son suficientes. Aún está vivo. Domingo French se le acerca, apunta minuciosamente a su frente y hace fuego. Le da el tiro de gracia. Domingo French, a quien recordamos cándidamente repartiendo escarapelas el 25 de mayo. Sabía, también, hacer otras cosas. Sabía rematar moribundos.

2. Fusilamiento de Dorrego, muerte accidental de Lavalle

Los golpes de Estado no empiezan en la Argentina con el que Uriburu le hace a Yrigoyen el 6 de septiembre de 1930. Hubo cierta tendencia a considerarlo así durante los primeros años del gobierno de Alfonsín: la República había extraviado su senda desde el fatídico día del derrumbe de Yrigoyen. Pero no: hubo, en el siglo XIX, un impecable golpe de Estado; es decir, el derrocamiento de un gobierno elegido y sostenido por el pueblo a manos de un caudillo militar y sus asesores civiles. Ese golpe fue el que Lavalle le hizo a Dorrego.

Manuel Dorrego era un héroe de la independencia y era, también, un convencido federal. Quería gobernar para Buenos Aires y para las provincias. Quería una política de integración. Era, Dorrego, algo alocado y no sabía manejarse muy hábilmente en los arduos, complejos artificios de la política. No manejó bien la paz con el Brasil, no tejió una trama sólida con las provincias, no supo consolidar un poder que le era indispensable ante los enemigos que lo acechaban. Tal vez —y éste fue su mayor error— no alcanzó a sospechar que tenía tantos enemigos.

Pero el partido unitario odiaba a Dorrego. Los unitarios eran los herederos de la política rivadaviana: querían retornar a la Constitución de 1826, que era elitista, centralista, aristocratizante y cuyo verdadero espíritu lo tradujo, en el Congreso que la dictó, un diputado rivadaviano: "La democracia es un vicio", dijo. ¿Qué le reprochaban los hombres de casaca negra a Dorrego? Lo dice José Luis Busaniche: "Pero, por sobre todo, era la política de conciliación con el interior lo que alborotaba los ánimos de aquellos jefes, y el haber quedado sin efecto las medidas antidemocráticas del Congreso con respecto a la ciudadanía".[21]

Seamos breves: el 1° de diciembre de 1828 Lavalle derroca a Dorrego. Dorrego huye del Fuerte y se reagrupa en la localidad de Navarro, donde decide enfrentar a Lavalle.

Pero Lavalle viene con los veteranos de la guerra con el Brasil; hombres, también, que habían luchado en las guerras de la Independencia. (Lavalle, entre muchas otras iniquidades, utiliza al Ejército de Los Andes como *policía interna*, lo sumerge en las facciones políticas y lo instrumenta para golpear a un gobierno legítimo. Este fue el papel que se negó a jugar San Martín, quien se aleja rumbo a Europa cuando los rivadavianos le piden, en el puerto de Buenos Aires, que se ponga de su lado y arregle sus cuestiones. San Martín se aleja. Si se hubiese quedado habría tenido que ser Lavalle: el brazo armado de una parcialidad antipopular y soberbia. Lavalle fue el policía, el represor que San Martín no fue.) La cantidad y calidad de las fuerzas de Lavalle son infinitamente superiores a las de Dorrego. Así, el 9 de diciembre lo derrota en Navarro. Dorrego huye. Quiere retornar a Buenos Aires y salir del país rumbo a los Estados Unidos. Sin embargo, dos de sus oficiales lo traicionan y lo entregan: se llaman Acha y Escribano. Acha era amigo de Dorrego. Dorrego se sorprende. Y le dice: "Compadre, no esperaba de usted semejante acción".

Lavalle se ha quedado en Navarro: es ahí donde le entregan a Dorrego. Lavalle no lo recibe. Le hace saber que habrá de ser fusilado en menos de una hora. Y ahora, sí, las cartas.

Siempre me pregunté por qué la historiografía oficial había permitido que trascendieran las cartas que Lavalle recibe en Navarro. Sobre todo las que recibe del impiadoso político unitario Salvador María del Carril y del desbocado poeta Juan Cruz Varela. Porque esas cartas no sólo han trascendido sino que, también, figuran en los manuales escolares. Hay una respuesta: han tratado de salvar a Lavalle. El fusilamiento de Dorrego es uno de los hechos más inicuos, más injustificables de nuestra historia. ¿Cómo preservar a Lavalle de semejante mancha? *Primero*, elaborando algunas interpretaciones piadosas sobre él. El cóndor ciego, le dirán. A lo sumo: *espada sin cabeza*. Permanece, así, la imagen de un militar trágico, contradictorio. *Segundo*, entregando a un par de civiles para salvar a un militar. De este modo, los sacrificados ante la posteridad son Salvador María del Carril y Juan Cruz Varela, quienes le han escrito esas terribles cartas a Lavalle extraviando su buen juicio de patriota y militar.

Esta maniobra *salvacionista* para con Lavalle nos ha permitido conocer algunos textos (escritos aquí, en nuestro violento país) que merecen figurar destacadamente en cualquier antología de la violencia. El 12 de diciembre escribe su impecable carta Salvador María del Carril: le dice a Lavalle que un hombre como él, "un hombre de genio", debe tener "la firmeza necesaria para prescindir de los sentimientos y considerar, obrando en política, todos los actos, de cualesquiera naturaleza que sean, como medios que conducen o desvían de un fin". Para Del Carril estaba claro: el fin justifica los medios. Dorrego era un medio. Mano dura con él. Y se lamenta: "Mire usted que este país se fatiga 18 años hace en revoluciones sin que una sola haya producido un escarmiento". Y luego estampa una frase fundamental en todo debate posible acerca de la temática *revolución y violencia*. Escribe: "la ley es: que una revolución es un juego de azar en el que se gana hasta la vida de los vencidos cuando se cree necesario disponer de ella". Y Juan Cruz Varela, también el 12 de diciembre, escribe a Lavalle: "Se ha resuelto ya en este momento que el coronel Dorrego sea remitido al cuartel general de usted. Estará allí mañana a pasado: este pueblo espera todo de usted, y usted debe darle todo". Es decir, *nosotros* esperamos todo de usted y usted debe darnos todo. ¿Qué es todo? Todo es matar a Dorrego. Y, luego, Varela escribe una línea imperecedera: "Cartas como éstas se rompen". Lavalle —intuyendo, tal vez, que obrarían en su descargo— no las rompió. Así, Varela y Del Carril (para quienes la historia se escribía con sangre y clandestinamente) son desenmascarados. Pero Lavalle, *el cóndor ciego*, no será exculpado por las cartas de sus ideólogos. El 13 de diciembre fusila a Dorrego. Demasiada determinación como para ser una mera *víctima* de la dialéctica mortal de los doctores de casaca negra. Aquí, en toda esta trágica historia, la única víctima es Dorrego y sus asesinos no merecen ninguna conmiseración histórica, aun cuando hayan recibido cartas cuyos firmantes aconsejaron romper.

2.1. A Lavalle lo llamaron de diversos modos. Le dijeron: "espada sin cabeza". Le dijeron: "el cóndor ciego". Las dos maneras de llamarlo definen su personalidad. Veamos.

Le dijeron "espada sin cabeza". Quisieron, de este modo, decirle que era un militar irracional, desquiciado por sus impulsos. Un militar sin criterio propio y demasiado permeable a los criterios de los otros, quienes, para colmo, solían aconsejarlo mal. Lo hemos visto: nadie tuvo peores consejeros que Lavalle. Podríamos, así, llamarlo "el guerrero mal aconsejado". (Una espada sin cabeza, un cóndor ciego necesitan del consejo de los otros. Si los consejos son malos, ni la espada recupera su cabeza ni el cóndor su vista.)

El acto poderoso por el que se recuerda —sobre todo— a Lavalle es el fusilamiento de Dorrego. Este acto, a su vez, siempre ha sido presentado como el acto de un noble militar extraviado por los malos consejos de civiles intrigantes. Los "malos consejos" de los civiles vienen a exculpar a Lavalle. Si fusiló a Dorrego fue por eso, exactamente por eso: porque estaba mal aconsejado. Pero ¿por qué le dicen el "cóndor ciego"?

Porque Lavalle fue un héroe de las guerras de la Independencia. Porque luchó heroicamente junto a San Martín. Porque sus cargas de caballería en batallas decisivas como Junín y Riobamba fueron la exhibición suprema de la destreza y el coraje. Por eso, es un "cóndor". Los "cóndores", se sabe, son aves bravías que habitan en Los Andes. Los hombres bravos del Ejército de Los Andes siempre fueron asimilados por nuestros poetas a los cóndores. ¿Cómo, entonces, no habría de ser un cóndor Lavalle? Pero era un cóndor... *ciego*. Porque todo en él era fuego y pasión. Y ese fuego y esa pasión lo perdían en sus decisiones políticas. Aparece, aquí, otra vez, el Lavalle-víctima.

En el fusilamiento de Dorrego se ha insistido —a lo largo de toda nuestra historia— en ver a dos víctimas: al fusilado y al fusilador. Dorrego muere y es la gran víctima del federalismo. Lavalle no muere pero permanece hundido en una desdicha que —con frecuencia— pareciera ser mayor que la de Dorrego: es la desdicha que genera la culpa. Lavalle ha sido la principal víctima de su temperamento, de su pasión incontrolada, de los malos consejos de sus consejeros. Esta imagen del Lavalle-víctima, del Lavalle-tragedia ha sido desarrollada por el referente-masculino de la nación, Ernesto Sabato, en una trama lateral de su novela *Sobre héroes y tumbas*. Convocó, con su infalible efectividad, la adhesión, la emoción y el deslumbramiento de los sectores culturales medios argentinos. En verdad, la vigencia de *ese* Lavalle se debe en gran medida a las páginas que Sabato le dedicara en esa novela fetiche —deudora kitsch de las filosofías de la tragedia— publicada a comienzos de la década del sesenta.

2.2. Con Lavalle —con su muerte— surge vigoroso un tema pocas veces tocado en nuestra historia: el sexo. Damasita Boedo era una joven que había recurrido a Lavalle en una dramática situación: iba a pedir clemencia para su hermano. Le pidió a Lavalle que no ordenara fusilarlo. Pero Lavalle fusiló al hermano de Damasita y enamoró a la niña, o ella se enamoró de él. O mejor aún: ambos se enamoraron; tal como suele ocurrir en las cuestiones del corazón.

Esta historia —una poderosa historia de amor que entrecruza lealtades fraternas, fusilamientos y sexo-pasión— se prolonga en el destino que Lavalle y Damasita comparten a partir de esa situación límite en que se conocieron. Damasita se une al cóndor ciego y lo acompaña en todas sus desdichas, ya que sólo desdichas vive Lavalle desde que conoce a Damasita. No por ella —quien, a no dudarlo, habrá edulcorado su destino— sino por su suerte aciaga.

Por fin, cuando Lavalle muere lo hace cerca, muy cerca de la cama que compartía con Damasita. Gran horror, gran escándalo, suceso del que habrá que renegar, suceso que sólo figurará con letra muy pequeña, como una mera nota a pie de página en los libros de nuestra historia. O que, sin más, no figurará. Porque los héroes, como los ángeles, no tienen sexo.

Lavalle estaba destinado a morir como un héroe. En una gran batalla. Cargando a caballo contra enemigos imponentes. He aquí, sin embargo, que muere en un episodio cuasi policial y, para colmo, cerca de una mujer con la que no estaba casado, con la que compartía su vida azarosa y pasional en el modo del ocultamiento, de la clandestinidad.

En suma, Lavalle era un hombre sexuado. Hacía el amor con Damasita Boedo. El sexo, así, irrumpe tumultuosamente por medio de esta historia de sangre y pasión. No habremos de restarle importancia, porque en lo silenciado suele estar —según nadie ignora, según nadie puede ignorar en un país hiperpsicoanalizado como el nuestro— lo más fascinante de una historia oscurecida por prejuicios y mezquindades intelectuales.

No será ocioso insistir en algo: en el temperamento fogoso de Lavalle, que explica tanto el irracional fusilamiento de Dorrego como su muerte en el dormitorio secreto que compartía con Damasita Boedo. Se va dibujando ante nuestros ojos la figura de un personaje profundamente carnal. Para Sarmiento, por ejemplo, Lavalle era un bárbaro. Pertenecía al mundo barbárico de la pampa y no a las luces de las ciudades europeas y cultas, como lo era Buenos Aires. Sorprende, tal vez, que Sarmiento nos dibuje a Lavalle como un hombre de la campaña (identificada siempre con el federalismo) y no como un hombre de la ciudad (identificada con Buenos Aires, con los unitarios). Pero, siempre que se trate de Sarmiento, debemos acostumbrarnos a las sorpresas. En *Facundo* dice: "¿Por qué es vencido Lavalle? No por otra razón, a mi juicio, sino porque es el más valiente oficial de caballería que tiene la República Argentina; es el general argentino y no el general europeo; las cargas de caballería han hecho su fama romancesca".[22] Para Sarmiento, Lavalle era un hombre ligado al caballo. Era el gran oficial de caballería de la República. No era artillero, como era artillero el europeísta general José María Paz. No: Lavalle era un gran jinete. Era un genio de las cargas de caballería. ("Las cargas de caballería han hecho su fama romancesca".) ¿Y quiénes se relacionan con los caballos? Sí, los gauchos. Ergo: Lavalle, para Sarmiento, era un gaucho. Decía y quería luchar por la civilización, pero lo hacía con los instrumentos de la barbarie. De aquí sus constantes fracasos. De aquí, tal vez, su tragedia.[23]

2.3. El destino de Lavalle no sólo es inseparable del de Dorrego, también es inseparable del destino de Rosas. Lavalle vivió obsedido por una ausencia y una presencia: por la ausencia de Dorrego, a quien ordenó matar y cuya sombra hostigó sus noches sin sueño, y por la presencia de Rosas, quien se erigió en el vengador de Dorrego.

Hay dos muertes que a Rosas le abren —en dos distintas etapas de su carrera política— el acceso al poder: la muerte de Dorrego le abre las puertas de su primer gobierno, la muerte de Juan Facundo Quiroga le abre las puertas del segundo. Nada favorece más a una dictadura que presentarse como la única posibilidad de orden ante la disolución nacional. Esto —que ha sido largamente instrumentado en nuestra historia plagada de dictaduras— fue esgrimido por Rosas con deslumbrante habilidad.

Lavalle —al fusilar a Dorrego— le sirvió el país en bandeja.

Rosas, así, se presenta como "el vengador de Dorrego". Como el hombre que viene a rescatar a la patria de la disolución anárquica, cuyo signo más alarmante había sido —precisamente— el fusilamiento de Dorrego.

Rosas asume el gobierno (su primer gobierno) el 8 de diciembre de 1829. Ha transcurrido *exactamente* un año desde la revolución de Lavalle contra Dorrego. De este modo, Rosas aparece como el hombre que viene a subsanar lo que ese acto insurreccional provocó: la muerte de Dorrego y la ausencia de un gobierno firme y estable para la República. Digámoslo ya: Rosas es —para Lavalle— una pesadilla recurrente. Rosas, una y otra vez, habrá de recordarle su crimen. Y —una y otra vez— hará saber que gobierna para vengar ese crimen y para tornar imposibles las condiciones que le dieron lugar. Pero —digámoslo, también, ya— *Rosas aprovechará la sangre que derramó Lavalle para justificar su propia violencia, su propio orden represor, su propia sangre derramada.*

Rosas —quien, en 1829, aún no había leído el *Facundo*; entre otras razones, claro, porque aún Sarmiento no lo había escrito—, Rosas, decíamos, no tiene problema alguno en asumirse como gaucho. Es más: ha decidido *ser* un gaucho (o *hacerse* un gaucho) porque sabe que —sólo así— logrará el respaldo de las peonadas, de los pobres.

El día de su asunción convoca a su despacho —ubicado en una de las salas del Fuerte— a don Santiago Vázquez, que era el representante del gobierno de la Banda Oriental y, muy sagazmente, le dice: "Aquí me tiene usted, señor Vázquez, en el puesto del que me he creído siempre más distante; las circunstancias me han conducido; trataremos de hacer lo mejor que se pueda (…) Conozco y respeto mucho los talentos de muchos de los señores que han gobernado el país, y especialmente de los señores Rivadavia, Agüero y otros de su tiempo; pero, a mi parecer, todos cometían un grande error, porque yo considero en los hombres de este país, dos cosas: *lo físico y lo moral;* los gobiernos cuidaban mucho de esto pero descuidaban aquéllo, quiero decir que se conducían muy bien para la gente ilustrada, que es lo que yo llamo moral, pero despreciaban lo físico, pues, los hombres de las clases bajas, los de la campaña que son la gente de acción (…) *Me pareció, pues, desde entonces, muy importante conseguir una influencia grande sobre esa clase para contenerla, o para dirigirla;* y me propuse adquirir esa influencia a toda costa; para esto me fue preciso trabajar con mucha constancia, con muchos sacrificios de comodidades y de dinero, *hacerme gaucho como ellos, hablar como ellos y hacer cuanto ellos hacían; protegerlos, hacerme su apoderado, cuidar de sus intereses, en fin, no ahorrar trabajo ni medios para adquirir más su concepto".*[24] De este modo, se produce con

Rosas un fenómeno imposible de soslayar: por primera vez los gauchos, los negros, los pobres, las peonadas sienten que ha llegado al Gobierno *uno de ellos*. Apoyándose en esas clases Rosas instaurará su dictadura.

Así, se presenta en su primer gobierno como lo que ya dijimos: como el vengador de la sangre derramada de Manuel Dorrego. Y como esa sangre la ha derramado Juan Lavalle, podemos decir que Rosas asume el gobierno como el más feroz enemigo que pueda tener Lavalle. Malos presagios para el "cóndor ciego".

2.4. El clamoroso hecho de asumir el poder como el vengador del *mártir del federalismo* determinará que el primer gran acto de gobierno de don Juan Manuel se desarrolle en la Recoleta, ante la tumba del mártir, de la víctima. Rosas leerá allí un presagioso y sombrío discurso fúnebre.

Rosas era teatral. Le gustaban las escenografías espectaculares, *sobrediseñadas*. El deslumbrante cortejo fúnebre parte de la Plaza de la Victoria rumbo a la Recoleta. En su novela *El Gaucho de Los Cerrillos*, Manuel Gálvez —un muy colorido novelista argentino, algo así como un Benito Pérez Galdós de nuestras tierras— describe esa escena: "El iba inmutable y callado. Llevaba el traje de capitán general. Ni miraba a las gentes, que le contemplaban absortas. Ni una sonrisa, ni un gesto. Rígido, teatral, magnífico en sus galas y en su belleza, parecía despreciar al mundo entero. En su fuerte puño, el bastón de mando adquiría un terrible significado. Las gentes lo miraban sumisas, encandiladas, humildes. Algunos bajaban la cabeza. Otros se hubieran arrodillado a su paso. Su arrogancia espléndida y todo su aspecto tenían algo de los Césares romanos".[25] Quien no se hubiera arrodillado a su paso era Juan Lavalle. Por el contrario, el "cóndor ciego" ya prepara sus planes: será el gran enemigo militar del nuevo orden. Lejos de arrodillarse... se alzará en armas. Pero ya llegaremos a esto. Ahora Rosas llega a la Recoleta y lee su oración fúnebre ante la tumba de Dorrego. Que dice así: "¡Dorrego! Víctima ilustre de las disensiones civiles: descansa en paz. La patria, el honor y la religión han sido satisfechos hoy, tributando los últimos honores al primer magistrado de la República, sentenciado a morir en el silencio de las leyes (…) Allá, ante el eterno árbitro del mundo donde la justicia domina, vuestras acciones han sido ya juzgadas, lo serán también las de vuestros jefes y la inocencia y el crimen no serán confundidos. ¡Descansa en paz entre los justos!".[26] Escribe Ibarguren: "El día se apagaba y las sombras envolvían a la muchedumbre aglomerada en el cementerio. Rosas leyó su oración al resplandor rojizo y humeante de antorchas sostenidas en alto por negros y soldados. El cuadro infundía una impresión siniestra y tenebrosa".[27]

Rosas asume la figura del vengador. La sangre derramada de Dorrego reclama más sangre derramada. Como vemos, *esta historia se escribe con sangre.* Así, no será casual que se escriban en nuestro país algunos de los textos más sangrientos de esa desmesura que llamamos literatura universal.

2.5. Esteban Echeverría será el autor de uno de los relatos más truculentos de nuestra historia, *El Matadero.* Es un relato escrito por el odio y desde el odio. Echeverría odia al régimen rosista y (desde Montevideo, donde estaba exiliado junto a la mayoría de los hombres de la cultura unitaria) escribe este texto estremecedor.

El relato responde al esquema *Civilización-Barbarie.* Un elegante unitario extravía sus pasos y se interna, con su cabalgadura, en los sangrientos territorios del matadero, donde reina la hez, la chusma rosista, que merece por parte del unitario (y por parte, claro, del autor del relato, el joven Echeverría) el más implacable de los desprecios.

La civilización entra en los dominios de la barbarie. Un unitario montado con silla inglesa pierde su rumbo y aparece en el matadero. Nada peor podría haberle ocurrido. Y Echeverría nos lo va a narrar con truculenta minuciosidad.

El matadero recién se publica en 1874. Es presumible que Echeverría lo haya escrito durante la década de 1830, que es cuando ubica la acción. Se supone que por temor a su desmesurado contenido jamás lo dio a la imprenta. Lo publica Juan María Gutiérrez en el tomo V de las *Obras Completas* del poeta.

El relato se ubica en la época de la cuaresma, cuando escasea la carne en Buenos Aires. Echeverría parte de una descripción del matadero: "Oíanse a menudo (…) palabras inmundas y obscenas, vociferaciones preñadas de todo el cinismo bestial que caracteriza a la chusma de nuestros mataderos, con las cuales no quiero regalar a los lectores".[28] Pero no: Echeverría no habrá de privar de nada a sus lectores. Se lanza, así, a describir la bestialidad del matadero: "De repente caía un bofe sangriento sobre la cabeza de alguno, que de allí pasaba a la de otro, hasta que algún deforme mastín lo hacía buena presa (…) Alguna tía vieja furiosa en persecución de un muchacho que le había embadurnado el rostro con sangre, y acudiendo a sus gritos y puteadas, los compañeros del rapaz la rodeaban y azuzaban como los perros al toro, y llovían sobre ella zoquetes de carne, bolas de estiércol, con groseras carcajadas y gritos frecuentes…". Bien, en este infierno de barbarie… cae el refinado unitario. "Mas de repente la voz ronca de un carnicero gritó: ¡Allí viene un unitario!"

"Y al oír tan significativa palabra toda aquella chusma se detuvo como herida de una impresión subitánea.

"—¿No le ven la patilla en forma de U?

"—Perro unitario.

"—Es un cajetilla.

"—Monta en silla como los gringos.

"—¡La Mazorca con él!

"—¡La tijera!

"—Es preciso sobarlo.

"—¿A que no te le animás, Matasiete?

"—¿A que no?

"—A que sí."

Y sí: Matasiete se le anima. Pero veamos la descripción que Echeverría hace del unitario: "Era éste un joven como de veinticinco años, de gallarda y bien apuesta persona (…) trotaba hacia Barracas, muy ajeno de temer peligro alguno".

Los "dogos del matadero" (así los llama Echeverría) derriban al unitario de su silla inglesa y Matasiete se arroja sobre él, cuchillo en mano. Alguien dice:

"—Tiene buen pescuezo para el violín.

"—Mejor es la resbalosa."

Ya veremos qué es la resbalosa. Lo veremos detalladamente en un célebre poema del poeta gauchesco unitario Hilario Ascasubi. Seguimos con el unitario y Matasiete. Quien empieza "sonriendo a pasar el filo de su daga por la garganta del caído". Pero llega el juez del matadero e impone orden. Habrá que hacer las cosas de a poco.

El joven unitario se pone de pie.

"—¿Tiemblas? —le dijo el juez.

"—De rabia porque no puedo sofocarte entre mis brazos."

Altanero el unitario: le harán pagar demasiado cara su altanería. En principio, le cortan las patillas. Luego:

"—A ver —dijo el juez—, un vaso de agua para que se refresque.

"—Uno de hiel te daría yo a beber, infame."

El juez del matadero ya pierde la paciencia. Pregunta:

"—¿Por qué no traes divisa?

"—Porque no quiero.

"—¿No sabes que lo manda el Restaurador?

"—La librea es para vosotros, esclavos, no para los hombres libres.

"—A los libres se les hace llevar a la fuerza.

"—Sí, la fuerza y la violencia bestial. Esas son vuestras armas, infames. El lobo, el tigre, la pantera, también son fuertes como vosotros. Deberías andar como ellos, en cuatro patas."

El juez del matadero se enfurece:

"—¡Insolente! Te has embravecido mucho. Te haré cortar la lengua si chistas. Abajo los calzones a este mentecato cajetilla y a nalga pelada denle verga, bien atado sobre la mesa.

"—Primero degollarme que desnudarme, infame canalla."

Echeverría narra: "Gotas de sudor fluían por su rostro, grandes como perlas; echaban fuego sus pupilas, su boca espumosa, y las venas de su cuello y frente negreaban en relieve sobre su blanco cutis como si estuvieran repletas de sangre". La sangre en las venas. Hay mucha sangre corriendo por las venas del unitario. Esa sangre será derramada. (Echeverría se aproxima a su explosivo, sangriento final.)

Los federales insisten en desnudar y vejar al unitario. *Entonces... el unitario revienta.* Estalla. Explota en sangre. Escribe Echeverría: "Entonces un torrente de sangre brotó borbolloneando de la boca y las narices del joven, y extendiéndose empezó a caer a chorros por entrambos lados de la mesa. Los sayones quedaron inmóviles y los espectadores estupefactos.

"—Reventó de rabia el salvaje unitario —dijo uno.

"—Tenía un río de sangre en las venas —articuló otro.

"—Pobre diablo: queríamos únicamente divertirnos con él y tomó la cosa demasiado a lo serio —exclamó el juez frunciendo el ceño de tigre". Echeverría escribe: "Los federales habían dado fin a una de sus innumerables proezas".[29]

Durante los primeros años de la década del cincuenta, Jorge Luis Borges y Adolfo Bioy Casares habrán de escribir un cuento similar al de Echeverría. Se llamará "La fiesta del monstruo" y es el asesinato de un joven estudiante judío a manos de las turbas peronistas que se dirigen a la Plaza de Mayo convocadas por Perón. El cuento se llama "La fiesta del monstruo" porque la concentración en la plaza es la *fiesta* y Perón es el *monstruo.*

Es un cuento —también— escrito desde el odio y la intolerancia pero provocado por otros odios y por otras intolerancias que lo hicieron posible. Son cuentos de la Argentina del odio. Bioy habrá de decir: "Ese relato está escrito con un tremendo odio. Estábamos llenos de odio durante el peronismo".[30]

2.6. Rosas, desde el Poder, implementa una organización parapolicial por medio de la que ejercerá el Terror. Es la Mazorca. Se llama así porque los granos de maíz se encuentran juntos, unidos. Y así se sentían los mazorqueros entre ellos: unidos, férreamente unidos.

Es interesante notar que la idea del fascismo es similar. El *fascio* es el haz, el manojo, la gavilla. También el *fascio* de los fascistas resaltaba la unión.

La Mazorca es el antecedente de los *grupos de tareas* de la dictadura de Jorge Rafael Videla.

Lavalle, ya lo veremos, será una privilegiada víctima de la Mazorca. También los sicarios de Rosas habían elegido este nombre porque sonaba como Más-Horca. Los grupos antisemitas de la Argentina siempre han gustado vociferar: "Mazorca, mazorca, judíos a la horca".

Y Lavalle, el cóndor ciego, siempre ciego, obstinadamente ciego, será quien le entregue a la Mazorca su más grande marco justificatorio.

Los días más sangrientos de la Mazorca invocaron a Lavalle como causa. Porque Lavalle, en 1840, invade el Buenos Aires de Rosas.

Antes de narrar esa trágica aventura insistamos en describir —a través de otro brillante texto de nuestra literatura— la metodología de acción de la Mazorca. Hablemos de Hilario Ascasubi. A propósito de quien escribe Ricardo Rojas: "Bajo el nombre de Paulino Lucero o de otros gauchos payadores, compuso Hilario Ascasubi numerosos cielitos, décimas, redondillas, romances y medias cañas, que eran coplas usadas en las elaciones del pericón".[31] El poema más estremecedor que escribe Ascasubi es *La refalosa*. (En él —además de *El matadero*—, confesarán haberse inspirado Borges y Bioy para la escritura de "La fiesta del monstruo".) En *La refalosa* Ascasubi le cede la palabra a un gaucho mazorquero. Este gaucho mazorquero le habla a otro gaucho que está defendiendo la causa de los unitarios. Se trata de un odio entre gauchos. Uno es federal, el otro es unitario. El federal es mazorquero. Y Ascasubi lo hace versear con una

ferocidad tan desmesurada como la ferocidad de los federales del matadero que vimos describir a Echeverría. La *refalosa* se llama así porque el degollado, finalmente, *resfala* en
su propia sangre.

Escribe Ascasubi: "Unitario que agarramos lo estiramos:
o paradito nomás, por atrás, lo amarran los compañeros, por
supuesto mazorqueros, y ligao con un maniador doblao, ya
queda codo con codo y desnudito ante todo. ¡Salvajón! Aquí
empieza su aflición. Luego, después, a los pieses un sobeo en
tres dobleces se le atraca, y queda como una estaca lindamen-
te asegurao, y parao lo tenemos clamoriando; y como medio
chanciando lo pinchamos, y lo que grita cantamos *La refalosa* y tin tin, sin violín (…) Finalmente: cuando creemos conveniente, después que nos divertimos grandemente, decidimos que al salvaje el resuello se le ataje; y a derechas lo agarra
uno de las mechas mientras otro lo sujeta como a un potro
de las patas, que si se mueve es a gatas. Entretanto nos clama
por cuanto santo tiene el cielo; pero ahí nomás por consuelo
a su queja: abajito de la oreja, con un puñal bien templao y
afilao que se llama el *quita penas,* le atravesamos las venas del
pescuezo. ¿Y qué se le hace con eso? Larga sangre que es un
gusto y del susto entra a revolver los ojos (…) De ahí se le cortan las orejas, barba, patilla y cejas; y pelao lo dejamos arrum-
bao, para que engorde algún chancho o carancho".[32]

2.7. Y Juan Lavalle, el guerrero desesperado, lanza en 1840
una ofensiva contra el poder rosista. Lo hace —según dijimos— con un ejército fortalecido por las ideas de los unitarios exiliados en Montevideo y por los capitales de los
franceses que bloqueaban el puerto de Buenos Aires. Lavalle cree que todo el pueblo de la campaña habrá de unirse a
su ejército libertador. No es así: los gauchos de la campaña
son fieles a Rosas. Y Rosas aprovecha la cercanía del ejército de Lavalle para dar rienda libre a la Mazorca en la ciudad
de Buenos Aires. Se producen así los días del Terror rosista.
Pocos los describieron mejor que José Mármol en su novela *Amalia.* Otro texto *sangriento* de nuestra literatura.

Lavalle se acerca a Buenos Aires. Rosas lo espera en las afueras de la ciudad. Y, *en la ciudad,* la Mazorca se entrega al crimen y al saqueo. Pero Lavalle se retira. No se atreve a avanzar sobre Buenos Aires. Extraño militar Lavalle. Dicen que lo atormentó la sombra de Dorrego. Dicen. Pero no se sabe. Lo cierto es que se retira.

El ministro inglés Mendeville se comunica con Rosas: le dice que en la ciudad reina el caos, el crimen. Rosas le dice que nada puede hacer. Luego, cuando se lo proponga, frenará los crímenes de la Mazorca. Pero Rosas —recordemos— asumió el gobierno como el vengador de Dorrego. Para que tal cosa ocurra tiene que morir Lavalle.

Lavalle se retira hacia el norte. El general rosista Manuel Oribe lo derrota en la sangrienta batalla de Quebracho Herrado. Lavalle sigue huyendo. Junto a él, ahora, Damasita Boedo.

Lavalle llega a Jujuy durante el anochecer del 8 de octubre de 1840. Llega con doscientos hombres. Muy pocos para intentar nada. Se obstina en pasar la noche en la ciudad. Se aloja con Damasita Boedo en casa de un amigo. Allí muere a las seis de la mañana. ¿Cómo? Unos mazorqueros pasan por el lugar y hacen unos disparos azarosos. Todo es muy extraño. Se insiste en decir que una bala atravesó la puerta. O que entró por la cerradura.

También, otros historiadores (por ejemplo: el historiador rosista José María Rosa) se arriesgan a una hipótesis más riesgosa: que Lavalle, dicen, se suicidó. Como sea, una muerte oscura para el cóndor ciego. No murió cargando heroicamente en la batalla. Sin embargo, no sería un desatino desearle que muriera en brazos de Damasita Boedo, buscando entregarle algo de paz, algo de goce, algo de amor a un corazón desmedidamente atormentado.

Rosas cumplió su amenaza. El fusilador de Dorrego muere a manos de una partida de federales. No lo degüellan. No lo vejan. No lo someten a la refalosa. Pero lo someten a una muerte que no encontrará gloria alguna en la historiografía de sus adherentes.

Una vez muerto, y para impedir que los federales encuentren su cadáver, le corten la cabeza y la claven en una pica según las costumbres de la época, los hombres del cóndor ciego recogen su cadáver y lo llevan en un viaje desesperado a través de las soledades de la Quebrada de Humahuaca, rumbo a Bolivia.

3. Asesinato de Juan Facundo Quiroga

En 1845, en Chile, un exiliado político, un hombre de poderosa inteligencia, firme personalidad y gran talento literario habrá de publicar un libro exagerado y genial. El hombre se llama Domingo Faustino Sarmiento. Y el libro se llama *Facundo*. Se publica como folletín en el diario *El Progreso*.

Sarmiento era —lo dijimos— un exiliado. Desde 1830 gobernaba en la Argentina don Juan Manuel de Rosas. Lo sabemos: *el vengador de Dorrego*. Fue reelegido en 1835 y en el momento en que Sarmiento escribe su *Facundo* el poder de Rosas permanece todavía robusto y temible.

Sarmiento, en Chile, como activista intelectual de la oposición rosista, decide enfrentar al régimen con lo que él ambiciona habrá de ser un implacable documento político. Rosas dirá: "Así es como se me ataca. Ya verán que nadie me defiende tan bien".

Sarmiento se propone develar la barbarie de los campos argentinos; barbarie de la que Rosas sería su actual representante, ya que Rosas, para Sarmiento, es la barbarie que ha conquistado y sometido a la culta Buenos Aires. Pero no hay pasión en Rosas. Sarmiento enuncia un concepto excepcional: "Rosas, dice, hace el mal sin pasión".[33] Dibuja la figura de un monstruo político que hace el mal desde su gabinete. Rosas es el mal sin pasión y es, también, la racionalidad del mal. Facundo, por el contrario, es la pasión. Sarmiento diría: "Juan Facundo Quiroga es el mal con pasión". En algo, Sarmiento se equivocaba y en algo no. Facundo no era el mal. Pero Facundo, sí, era la pasión.

Vamos a hacer algo que ya ha sido hecho: vamos a evocar la sombra de Facundo. El asesinato del Tigre de los Llanos no nos entregará el secreto último de las causas de la violencia, de la sangre derramada en nuestro país, pero nos permitirá vislumbrar muchas de las facetas de intolerancia y desdén por la vida humana que conducen, siempre, al crimen político. Habremos de encontrar, también, algo más que intolerancia y desdén por la vida, ya que un crimen político es un hecho sobredeterminado. La ambición de poderío y el deseo de dominación (que Facundo, lo veremos, habrá de desarrollar en una carta memorable al general Paz) también contribuyen a la complejidad del acto de matar.

Evocar la sombra de Facundo, dijimos, es nuestro propósito. Y esto ya ha sido hecho. Porque nadie evocó la sombra de Facundo como su terrible adversario Sarmiento: "¡Sombra terrible de Facundo voy a evocarte para que, sacudiendo el ensangrentado polvo que cubre tus cenizas, te levantes a explicarnos la vida secreta y las convulsiones internas que desgarran las entrañas de un noble pueblo! Tú posees el secreto: ¡revélanoslo!".[34] ¿Qué secreto posee Facundo? Muchos: su figura se ha agitado en medio de batallas impiadosas, sus hombres han sido fusilados y él también supo fusilar a prisioneros indefensos.

Para Vicente Fidel López (el hijo del autor del Himno Nacional y brillante historiador de la versión, digamos, "oficial" de nuestra historia) Facundo es un "personaje siniestro". Para los historiadores revisionistas, Facundo es un héroe del federalismo, un defensor de las provincias. Y para Rodolfo Ortega Peña —historiador, abogado y militante del peronismo combativo de los años setenta, víctima de la organización terrorista Triple A— Facundo lucha contra el Imperio inglés que penetra en la patria de manos de Rivadavia. Ortega Peña, incluso, llega a dar una muy interesante justificación de la bandera negra de Facundo con su lema exasperado: "¡Religión o Muerte!".

¿Quién fue el hombre que despertó tantos enconos? ¿Fue un bárbaro despiadado, un caudillo fanático y feudal, un fundamentalista del siglo XIX que levantaba esa bandera que proponía el acatamiento a la Religión o la Muerte? ¿Qué instrumentación hizo de la violencia política? ¿Cuál era su concepción de la guerra y de las causas de la guerra? En busca de estas respuestas nos lanzaremos tras los pasos de Facundo, desde su nacimiento en los Llanos de la Rioja hasta su muerte imponente, sanguinaria, excesiva y terrible como él en los pasajes desolados de Barranca Yaco.

3.1. Escribe Félix Luna: "(Facundo) había nacido en 1788 en San Antonio, un caserío situado al pie de la sierra de los Llanos de la Rioja. Su padre era un hacendado importante de la región".[35] El origen de Facundo no era humilde. Este fue un rasgo común en los caudillos federales del siglo XIX. Los caudillos, si bien protegían a los pobres, a los gauchos, provenían de familias de arraigo y dinero. Esto les daba más poder sobre los desposeídos. Como solía decir el historiador revisionista José María Rosa: "El caudillo era el sindicato del gaucho".

Y Facundo no demora en hacerse caudillo. Para Sarmiento habrá de ser esta condición la que torna fascinante a Facundo y la que hace necesario estudiar su vida. Escribe: "un caudillo que encabeza un gran movimiento social no es más que el espejo en que se reflejan en dimensiones colosales las creencias, las necesidades, preocupaciones y hábitos de una nación en una época dada de su historia".[36] De aquí la fascinación de Sarmiento por Facundo: era la fascinación por la irracionalidad del caudillaje que, sin embargo, revelaba el misterio profundo de una sociedad.

Pero hay otros motivos, otras causas que explicaban esta fascinación: a Sarmiento lo deslumbraba la figura desbordante y excesiva de Quiroga. ¿Por qué? Hay muchas respuestas y las iremos viendo. Ante todo, digamos esto: Sarmiento también era un ser desbordante y excesivo. Supieron llamarlo "montonero intelectual". Y era, además, pariente lejano de Quiroga. Lo reconoce en el tomo 46 de sus *Obras Completas*. Es cierto: le llevó cuarenta y seis tomos reconocerlo, pero lo reconoció. Porque en el tomo 46 de sus *Obras Completas* Sarmiento, refiriéndose a Quiroga, afirma: "Nuestras sangres son afines".[37]

La misma sangre corría por las venas del bárbaro caudillo y del civilizado escritor y maestro. ¿Cómo fue posible? Muy sencillo: porque, a veces, Facundo fue más civilizado que Sarmiento y, a veces, Sarmiento fue más bárbaro que Facundo. Porque la historia es tan compleja como para obligarnos a pensar que la sangre que habrá de derramarse en Barranca Yaco era, también, sangre sarmientina.

3.2. Veamos cómo describe Sarmiento la figura de Quiroga, su aspecto físico: "Facundo (…) era de estatura baja y fornida; sus anchas espaldas sostenían sobre un cuello corto una cabeza bien formada, cubierta de pelo espesísimo, negro y ensortijado. Su cara, un poco ovalada, estaba hundida en medio de un bosque de pelo (…) La estructura de su cabeza revelaba, sin embargo, bajo esta cubierta selvática, la organización privilegiada de los hombres nacidos para mandar".[38] Facundo no demora en transformarse en el caudillo de su provincia. En pocos años es uno de los hombres más influyentes del Interior argentino.

Estamos, ahora, en 1826. Gobierna Rivadavia como jefe del partido unitario. ¿Qué es un unitario? Es, en principio, alguien que cree en la necesaria hegemonía de Buenos Aires, como punto cultural centralizador, sobre el resto del país. Sarmiento supo describir muy bien al unitario tipo rivadaviano: "El unitario tipo marcha derecho, la cabeza alta; no da vuelta, aunque sienta desplomarse un edificio; habla con arrogancia; completa la frase con gestos desdeñosos y ademanes concluyentes; tiene ideas fijas, invariables (…) Es imposible imaginarse una generación más razonadora, más deductiva, más emprendedora y que haya carecido en más alto grado de sentido práctico".[39] El jefe de esta facción era el señor Rivadavia, a quien suele llamarse (la frase es de Bartolomé Mitre) "el más grande hombre civil de la tierra de los argentinos". La frase tal vez debiera incomodarnos, ya que

Rivadavia no era, en verdad, un hombre demasiado grande, ni física ni espiritualmente. Sarmiento dice: "Rivadavia tenía por misión presentarnos el constitucionalismo (…) con todas sus palabras huecas, sus decepciones y sus ridiculeces".[40] La generación de los jóvenes románticos argentinos (cuyos representantes más lúcidos y talentosos fueron Sarmiento y Juan Bautista Alberdi) condenó severamente la política rivadaviana. Alberdi le reprochó falta absoluta de sentido histórico. ¿Qué significaba esto?

Rivadavia (y, claro, su partido unitario) dicta una Constitución en 1826. La Constitución rivadaviana del '26 será el hecho que dinamizará la praxis guerrera de Facundo, que saldrá a enfrentarla en nombre de las provincias, en nombre del federalismo. La Constitución rivadaviana de septiembre del '26 será —también— una Constitución arrogante, centralista, exasperadamente unitaria. Por ejemplo: en el artículo 6 explicita las causas de suspensión de los derechos de ciudadanía. Es decir, explicita por qué motivos, lisa y llanamente, una persona deja de ser argentina. Dice: "Los derechos de ciudadanía se suspenden: 1º, por no haber cumplido veinte años de edad, no siendo casado; 2º, por no saber leer ni escribir (…), 6º, por el (estado) de doméstico a sueldo, jornalero, soldado, notoriamente vago, etc".[41] En el Congreso que dicta esta Constitución, un diputado rivadaviano de nombre Manuel Antonio Castro exclama: "La democracia es un vicio".[42] Claro: para los hombres de casaca negra, para los secos, envarados unitarios, la democracia —que implica, siempre, el reconocimiento social y político de *todas* las personas— era un vicio. El país no se construía para todos, sino sólo para algunos. Y especialmente para la clase gobernante, de la que Rivadavia era un aplicado operador político.

En el siglo XX, Borges, que prolongó en nuestra época la tradición unitaria, habrá de decir, en sus momentos de mayor extravío político, que fueron muchos, "la democracia es una exageración de la estadística". Como sea, el ingenio de Borges —aun en sus expresiones antidemocráticas—

era excepcional. Ocurre que hay seres que atraviesan este mundo con ingenio, elegancia y talento excepcionales.

Bien, no fue éste el caso de Rivadavia.

Rivadavia fue un personero de los intereses británicos en la Argentina. De los intereses financieros y de los intereses mineros. Y las minas que pensaba explotar Rivadavia en sociedad con los capitales británicos eran... las de Famatina. Esto tenía, para Rivadavia, un serio inconveniente: las minas de Famatina estaban en la provincia de Facundo, en La Rioja. Y el Tigre de los Llanos no se proponía tener buenos modales con los unitarios de Buenos Aires. Y, mucho menos, se proponía regalarles su riqueza minera.

Los unitarios parten rumbo a las provincias llevando la Constitución rivadaviana. Los caudillos del Interior reciben de modo agraviante a estos personeros. Ibarra, de Santiago del Estero, en una arrasadora tardecita de calor, recibe al representante de Buenos Aires, que viene con levita negra, solemne y muy transpirado. Felipe Ibarra lo recibe en calzoncillos y tomando mate. Y le dice que se vuelva a Buenos Aires con su maldita Constitución.

También Facundo, cuando arriban a verlo los accionistas mineros de Buenos Aires, que usan silla inglesa en sus cabalgaduras y despliegan modales elegantes, los recibe vestido con "calzón de jergón y un poncho de tela ruín", tal como lo narra Sarmiento en su *Facundo*. Y Sarmiento se indigna. Para él, el poncho es la barbarie y el frac es la civilización. Y escribe: "De frac visten todos los pueblos cristianos y cuando el sultán de Turquía, Abdul Medjil, quiere introducir la civilización europea en sus estados, depone el turbante, el caftán y las bombachas para vestir frac, pantalón y corbata". Y añade el sanjuanino: "(Por el contrario) los argentinos saben la guerra obstinada que Facundo y Rosas han hecho al frac y a la moda".[43]

Adelantándonos un poco en nuestro relato, digamos que Facundo también habrá de vestir el frac del hombre de la culta Buenos Aires, habrá de recortar sus patillas y ambicionará ser el líder de la organización nacional. A este Facundo se lo conoce poco. *Fue, sin embargo, este Facundo y no el del federalismo riojano el que encontró la muerte violenta en Barranca Yaco.*

3.3. Repasemos las facetas de la Constitución rivadaviana del '26 que hemos citado. Un argentino perdía sus *derechos de ciudadanía* por los siguientes motivos: 1) por haber cumplido veinte años de edad sin estar casado; 2) por no saber leer ni escribir; 3) por el estado de: a) doméstico a sueldo, b) jornalero, c) soldado, d) notoriamente vago. Contra esta Constitución clasista y soberbia habrá de alzarse Facundo. Escribe Félix Luna: "Los desaciertos de los unitarios, empeñados en organizar el país en un sistema de centralismo y la torpe política de Rivadavia le hacen comprender (a Facundo) que los hombres como él deben defenderse para no ser barridos".[44]

Facundo ha armado un ejército cuya base combativa está en los hombres que él llama sus "llanistos". La primera batalla de importancia que Facundo libra es El Tala. En El Tala, Facundo se enfrenta con uno de los más coloridos personajes de nuestras luchas civiles: el general Gregorio Aráoz de Lamadrid, quien, en verdad, sabía componer vidalitas y cocinar empanadas... pero no sabía mucho de estrategia militar. Era, sí, poseedor de un coraje desmedido, asombroso. Derrotado en una de sus tantas batallas, se interna en un monte, atormentado por incontables heridas. Y no es una exageración: decimos *incontables heridas* y así eran las heridas de Lamadrid luego de esa batalla adversa: *incontables*. Aturdido, ahogado por su propia sangre, tambaleante aunque aún sosteniendo el sable en su diestra, se protege entre los matorrales. Escucha, entonces, el fragor de soldados que se acercan. Creyéndolos enemigos grita: "¡No me rindo! ¡No me rindo!". Eran hombres suyos, que venían a salvarlo, a curar sus heridas tan incontables, tan infinitas como su coraje.

Quiroga y Lamadrid vuelven a enfrentarse en la batalla del Rincón. "En julio de 1827, con la batalla del Rincón, el régimen presidencialista desaparece: Rivadavia renuncia, el Congreso se disuelve (...) Con una bandera negra que dice 'Religión o Muerte' el riojano ha destruido el plan unitario".[45] La bandera negra de Facundo y ese lema "¡Religión o Muerte!", ¿qué significaban?

Durante la década del setenta —caracterizada por una exaltación de los movimientos nacionales antiimperialistas— se dieron algunas interpretaciones, por decirlo así, *sugestivas* de la consigna de Facundo Quiroga. Hoy, cualquiera que oye *Religión o Muerte* evoca fanatismos fundamentalistas, terrorismo islámico. Sin embargo, en un film muy visto durante los sesenta y comienzos de los setenta, se daba una interpretación positiva de la religión como elemento de identidad nacional de los pueblos agredidos por aquello que durante esos años —tal vez con alguna simpleza pero tal vez con envidiable y perdida pasión— solía llamarse el "imperialismo". El film era *La Batalla de Argelia* de Gillo Pontecorvo. En una de sus secuencias, Pontecorvo muestra a una pareja de jóvenes argelinos que contraen matrimonio por medio del ritual musulmán y no por medio del ritual religioso del dominador francés. La lectura era clara, transparente: *la religión nacional era un factor de identidad ante la penetración cultural del agresor imperialista.*

De este modo —y siguiendo este esquema de interpretación— Rodolfo Ortega Peña, en los setenta, en su libro *Facundo y la montonera*, ofrece una interpretación rotundamente positiva de la bandera de Facundo. En su capítulo VII (titulado precisamente "¡Religión o Muerte!") escribe: "La penetración británica en tierra americana adoptó de inmediato formas masónicas. La masonería fue, en ese sentido, un idóneo instrumento en manos británicas".[46] Era el mismísimo George Canning quien había insistido en peticionar la "libertad religiosa" en el Plata, que era, sin más, el laicismo y la imposición de la masonería. Facundo, de este modo, al defender la religión católica estaría defendiendo la nacionalidad agredida por los servidores del Imperio Británico. Ortega Peña, entonces, habla de *la religión como ideología nacional defensista* y de la religión *como factor de movilización de masas.*

La interpretación se armaba así: 1) Rivadavia quería entregar el país al Imperio Británico; 2) El Imperio Británico exigía condiciones religiosas adecuadas para "penetrar". Para ello, exigía eliminar la religión natural de los pueblos. La religión que les otorgaba cohesión e identidad: la religión católica. Facundo, entonces, como ardoroso militante antiimperialista enarbolaba su bandera *Religión o Muerte*, que, lejos de ser fruto del oscurantismo, del fanatismo fundamentalista, era fruto de una clara percepción cultural: un país agredido por el imperialismo debe aferrarse a todo aquello que consolida su unidad nacional, su identidad, su rostro como nación autónoma.

Estas ideas se pensaron apasionadamente en ciertos momentos de nuestra historia. Nuestro pasado siempre está presente en nuestra cotidianeidad. Hoy, tal vez algunos exhiban su desdén ante estas ideas de Ortega Peña (ideas, no hay que olvidarlo, que le costaron la vida a manos de las bandas fascistas de la Triple A). Pero —también hoy— tenemos que explicitarlas. Para comprender cómo jugaron en nuestra historia. Facundo Quiroga no fue patrimonio de Carlos Menem ni se reencarnó en él. También fue pasionalmente asumido por una generación de militantes antiimperialistas que vieron en el caudillo riojano la encarnación de la identidad nacional en un país agredido por los poderes imperiales.

En resumen: estemos o no de acuerdo, no podemos negar la poderosa fuerza de Facundo, su riqueza inacabable para generar diversas interpretaciones históricas, diversas militancias, tan extremas que a muchos —como a Ortega Peña— les arrebataron la vida. La historia argentina no es una cuestión inocente.

3.4. Una vez expulsado Rivadavia del panorama político, los federales creen que ha llegado el momento de gobernar el país de acuerdo con sus convicciones e intereses. Este es el papel que va a desempeñar Dorrego. Dorrego es un federal que llega a la gobernación de Buenos Aires e intenta una

De Menem que con su payasada se Procession de Facundo

conciliación con las provincias. Pero, en nuestra violenta historia, los conciliadores son, a menudo, víctimas de los violentos y, a veces, sus víctimas predilectas.

El 1º de diciembre de 1828 —apoyándose en los regimientos que regresan de la guerra con el Brasil— el general Lavalle derroca a Dorrego. Para colmo, Lavalle fusila a Dorrego el 13 de diciembre de ese año y comete, así, uno de los actos más atroces de nuestra historia. Ya están otra vez los unitarios en el poder. Ya están otra vez los hombres de casaca negra. Salvador María del Carril, Julián Segundo de Agüero y Juan Cruz Varela rodean a Lavalle y lo atiborran de consejos. Lavalle escucha y —ya que su criterio es, en verdad, escaso— obedece.

Las provincias federales reaccionan con indignación. Al frente de esa indignación política se ubica Juan Facundo Quiroga. Lo sabe bien: han regresado los tiempos de la guerra, los tiempos de la muerte.

Los unitarios envían al Interior a una figura destellante de nuestras luchas civiles: el general José María Paz. Para Sarmiento, Paz es el hombre de la civilización. Es el general a la europea. Y lo es hasta en el arma que ha elegido: Paz es general de artillería, no de caballería. La caballería es cosa de bárbaros, cosa de gauchos. Sarmiento —lo hemos visto— desdeñará a Lavalle porque es general de caballería, porque sus cargas de caballería en Riobamba y Junín crearon "su fama romancesca". Pero Paz... Paz no: el arma de Paz es la artillería. Paz es un matemático de la guerra. Sarmiento escribe de él: "Una batalla es un problema que resolverá por ecuaciones hasta daros la incógnita, que es la victoria".[47]

Se prepara, de este modo, el enfrentamiento entre Facundo y Paz en La Tablada. El enfrentamiento entre el general de los campos argentinos (Facundo) y el general de la civilización europea, Paz. Antes de la batalla le ocurre a Facundo un hecho extraordinario: su caballo moro se niega a ser montado. El general Quiroga insiste una y otra vez y nada: el moro no acepta, se niega. Es como si dijera: no hay que pelear en esta jornada. Es como si dijera: si la batalla es hoy… nos espera la derrota.

Facundo creía en el poder predictivo de su caballo moro.

Y entramos aquí en una faceta imponente de la personalidad de Quiroga: sus hombres y hasta sus adversarios lo creían brujo, lo creían poseedor de una sapiencia que se extendía más allá de lo normal. Creían, en suma, que Juan Facundo Quiroga tenía poderes *sobrenaturales*.

Un día le traen a un gaucho y le dicen que se ha robado una yunta de bueyes. Facundo le pregunta: "¿Es así?". El gaucho dice: "No". Y lo dice con la mirada baja y haciendo marcas con el pie en la tierra. Facundo lo observa. Le mira el pie, lo mira mover ese pie y hacer marcas en la tierra, como si quisiera distraerlo. "Este hombre es culpable", dice. Y ordena que lo azoten. Sus subordinados le preguntan cómo se ha dado cuenta de la culpabilidad del gaucho. Facundo responde: "Cuando un gaucho hace marcas con el pie al hablar… es porque está mintiendo".

Será José María Paz, en sus *Memorias póstumas*, quien hará jugosos comentarios sobre los poderes sobrenaturales de Quiroga. Sus propios soldados —dice— le temían a las tropas de Facundo porque creían que se transformaban en feroces capiangos. Es decir, en tigres. Decían que Facundo tenía entre sus tropas cuatrocientos capiangos: cuatrocientos hombres que se transformaban en fieras a la hora de la batalla, tornándose invencibles.

José María Paz —cuyas *Memorias póstumas* constituyen uno de los momentos más elegantes de nuestra literatura— se burla de lo que llama "creencias bárbaras". Pero otro de sus hombres insiste con la cuestión: le dice que el caballo moro de Quiroga habla con éste y da opiniones sobre la estrategia de las batallas. "Lo que yo puedo asegurar (dice el subordinado de Paz) es que el caballo moro se indispuso terriblemente con su amo el día de la acción de La Tablada, porque no siguió el consejo que le dio de evitar la batalla ese día".

Paz extrae sus conclusiones: "Fácil es comprender cuánto se hubiera robustecido el prestigio de este hombre no común (Quiroga) si hubiese sido vencedor de La Tablada. Las creencias vulgares se hubieran fortificado hasta tal punto, que hubiera podido (…) ser un nuevo Mahoma y (…) ser el fundador de una nueva religión o abolir la que profesamos. A tanto sin duda hubiera llegado su poder (…) cimentado sobre la ignorancia crasa de las masas y robustecido con la superstición". Y concluye el culto general Paz: "La derrota de La Tablada quebró de modo muy notable ese prestigio que le daba la más bárbara superstición".[48]

Sin embargo, Facundo no es este bárbaro irracional que se han empeñado en dibujar Sarmiento y Paz. Pierde la batalla de La Tablada y luego se prepara para enfrentar nuevamente al general de la civilización, al artillero, al matemático. Y durante esos días le envía una carta. Una carta de Facundo a Paz. Es uno de los textos más sinceros y profundos de nuestra historia. Ningún bárbaro irracional hubiera podido escribirlo.

A pocos días de la batalla de Oncativo, Quiroga envía su carta. La carta aparece publicada por primera vez en 1906 en el notable libro de David Peña, *Juan Facundo Quiroga*. Este libro recogía unas conferencias que Peña había dictado en la Facultad de Filosofía en 1903. Era la primera vez que en el ámbito universitario se valorizaba la figura de Facundo. La carta de Facundo es del 10 de enero de 1830. Es la carta de un guerrero a otro guerrero en las vísperas de una batalla decisiva. Dice Facundo: "La sangre que se vierte ahora, es verdad, se verterá acaso infinito, pero el mundo imparcial y la severa historia dará la justicia al que la tenga entre los que intentan dominar y los que pelean por no ser esclavos".[49] Así, entonces, caracteriza Facundo a los bandos que se enfrentan. Para él, la lucha es entre: 1) Los que intentan dominar; 2) Los que luchan por no ser esclavos. ¿Cuál de estos dos elementos habría que eliminar para eliminar la violencia, el derramamiento de sangre? Es claro: si los que intentan dominar no intentaran hacerlo, los que luchan por no ser esclavos no necesitarían luchar, ya que nadie intentaría dominarlos. En suma, la guerra siempre surge del deseo de dominación. *Es el deseo de dominación el que abre la posibilidad de la guerra, de la violencia, de la sangre derramada.* Esto que ya estaba en la dialéctica del amo y el esclavo que Hegel desarrolla en la *Fenomenología del espíritu* lo hemos reencontrado en la carta de Facundo a Paz. Y sería aventurado suponer que el caudillo riojano hubiese leído alguna página del filósofo de las mediaciones dialécticas. Pero era un guerrero, y algunas ideas tenía sobre el fragoroso arte que ejercitaba.

Y continúa la carta de Facundo: "Las armas que hemos tomado en esta ocasión no serán envainadas sino cuando haya una esperanza siquiera de que no serán los pueblos nuevamente invadidos". Y atención a este párrafo extraordinario: *"Estamos convencidos en pelear de una sola vez para no pelear toda la vida. Es indispensable ya que triunfen unos u otros, de manera que el partido feliz obligue al desgraciado a enterrar sus armas para siempre".*[50]

Es la lógica de la guerra: dos partidos dispuestos a pelear, es preferible pelear una vez y no pelear siempre. Para no pelear siempre tiene que surgir de la guerra un partido feliz (el vencedor) y uno desgraciado (el vencido). Y el partido feliz debe obligar al desgraciado a enterrar sus armas para siempre.

La lógica de la guerra es la del antagonismo absoluto. No hay integración posible. No hay posibilidad de que los dos partidos sean felices. La felicidad de uno requiere la desdicha y la derrota del otro y viceversa. En este antagonismo irresuelto consiste la concepción de la historia como guerra, conflicto y violencia. Este era el país de Facundo: un país dividido mortalmente en el que había que guerrear hasta el final, hasta vencer tan absolutamente que la victoria fuese el fin total de la guerra.

Esta lógica de la guerra surge de la irresolución del antagonismo que marcara Facundo: a) los que intentan dominar; b) los que luchan por no ser esclavos. La lógica de la guerra es consecuencia de la lógica del espíritu de dominación. Veremos, en la tercera parte, el modo en que Hegel —en su *Filosofía del derecho*— analiza el surgimiento de las *desigualdades* a partir del concepto de *posesión*, entendiendo este concepto como *apropiación* y *dominación* de la objetividad.

3.5. José María Paz gana la batalla de Oncativo y el derrotado Facundo se refugia en Buenos Aires. Aquí está ahora: en Buenos Aires. Quiroga comienza a aporteñarse. Pese a las derrotas que le infligiera Paz, su prestigio no ha sufrido menoscabo alguno en la culta ciudad portuaria. Facundo es recibido en todas las tertulias. Se corta el pelo. Se viste en la sastrería en que se visten los aristócratas, los poderosos de la ciudad: se viste en Dudignac y Lacombe.

Se entrega a la fiebre de las cartas: el juego consume sus noches, pierde mucho dinero y parece no darle importancia. Pero hay algo que ya comienza a atormentarlo: el reuma. Ese reuma tenaz humillará la conciencia del caudillo, quien habrá de vivir su enfermedad como una abyección infinita e inmerecida. Sabe, además, que es un militar derrotado y esto lo atormenta casi tan hondamente como el reuma. Como sea, arma un ejército y sale otra vez a campaña.

En la batalla de Río V derrota a las tropas del coronel Pringles. A Pringles lo ubica una avanzada de Facundo y le intima la rendición. Pringles dice que sólo se rendirá ante Facundo. Un tiro de carabina y Pringles cae mortalmente herido. David Peña nos narra: "Colocado en una camilla, el esforzado guerrero es conducido a presencia del general vencedor. Durante la travesía, bajo la sed abrasadora que se apodera de los heridos, decía el afiebrado Pringles: —'En estos campos, ¿no hay agua?' No la había. Quiroga lo cubre con su rico poncho de Vicuña y lo ve expirar casi en sus brazos. Enterado de la forma de su muerte, llamó al capitán que lo había herido, reprochando su acción con gesto terrible: —'Por no manchar con tu sangre el cuerpo del valiente coronel Pringles, no te hago pegar cuatro tiros sobre su cadáver. ¡Cuidado con otra vez que un rendido invoque mi nombre!'"[51]

Quiroga continúa su campaña y logra otra importante victoria en la batalla de Rodeo del Chacón, el 28 de marzo de 1831. Dice David Peña: "Esto es Chacón, batalla fácil, sin sangre, pues así lo dice al otro día la revista pasada a las bayonetas. Pero si no hay heridos ni muertos hay en cambio prisioneros".[52] Triste suerte esperaba a los prisioneros de Rodeo del Chacón. Porque luego de esta batalla Facundo se entera de varias atrocidades que cometen los unitarios. Hay una que lo desquicia grandemente: los unitarios han asesinado a su fiel compañero de armas, a su fiel subordinado el general José Benito Villafañe. Y se desata la ira de Facundo.

No hubo sangre en la batalla de Rodeo de Chacón. Pero la hubo después. Facundo hace fusilar a veintisiete oficiales unitarios para vengar la muerte de José Benito Villafañe. Veintisiete oficiales. Escribe David Peña: "Caía la tarde de un domingo apacible como la agonía del cielo. Una, dos, tres descargas de fusilería dan aviso de que la orden de un hombre ha enviado a la eternidad un montón de vidas útiles. Veintiséis prisioneros son echados, colgantes, en cuatro carros del tráfico que llevan su carga al cementerio de la caridad".[53] Las versiones de la historia no se ponen de acuerdo: algunas dicen que los fusilados fueron vientisiete, otras dicen que fueron veintiséis. La diferencia es poca: una sola vida humana. ¿Qué puede importar una vida entre tanta masacre? Este es el envilecimiento de la guerra: cuando una vida ya no es importante es porque todas perdieron su valor.

3.6. Facundo quiere volver a toparse con Paz: su orgullo herido sólo podría sosegarse si pudiera infligirle a Paz una derrota tan humillante que salvara su honor. Pero la historia le juega una mala pasada. A él y a Paz. A Facundo porque quería luchar otra vez con Paz. Y a Paz porque cae increíblemente prisionero de los federales de Estanislao López.

Ya no habrá revancha entre Facundo y Paz. El general artillero, europeo, el general de la civilización, el matemático de la guerra... es boleado por un simple gaucho federal ·

en un paraje solitario denominado El Tío. Sarmiento dirá: "la civilización fue boleada".

Ahora, al frente de los ejércitos unitarios está Lamadrid, el general de las empanadas y las vidalitas. Quiroga le busca batalla y lo derrota —en noviembre de 1831— en La Ciudadela. La guerra ha terminado. Han vencido los federales y el general Quiroga lleva sobre sí el honor del triunfo definitivo, ya que es en La Ciudadela, con la derrota de Lamadrid, donde se consolida el triunfo federal.

Sólo algo atormenta a Quiroga: al atrapar a Paz, Estanislao López se ha quedado con su caballo moro, con su caballo de leyenda, con el que le hablaba, con el que le había aconsejado no librar la batalla de La Tablada. Facundo, otra vez, se instala en Buenos Aires. Y aquí comienza el camino hacia su muerte.

Porque el Quiroga que habrá de morir en Barranca Yaco no es el Tigre de los Llanos. Es un constitucionalista elegante, de modales y gustos porteños, que ha pulido prudentemente su barba y sus bigotes, que sólo desea bregar por la definitiva organización de la República. En fin, un estadista y no un guerrero. También un jugador compulsivo. Un político sagaz. Un dandy. Un mecenas que le ofrece al joven y brillante Juan Bautista Alberdi una beca para ir a estudiar a Estados Unidos.

Sarmiento no se esmeró mucho en describir a este Facundo, pero no fue menos importante que el otro. Escribe David Peña: "Se instala con su familia en Buenos Aires; adquiere una buena propiedad, dota de los mejores maestros a sus hijos; los vincula a la mejor sociedad, casa a sus hijas con hombres distinguidos y entra de lleno en el juego de la política sobre la base de su popularidad, de su fortuna y de la gama extraordinaria, singular, de sus talentos, que lo presentan ahora como un hombre de salón...".[54] Dice algunas cosas asombrosas. Dice, por ejemplo, que no debió haber rechazado la Constitución del '26. Dice que sus socios mineros le dijeron que esa Constitución anulaba los negocios de Famatina. Se presenta tan obsesionado con la constitucionalidad del país que hasta llega a reivindicar a Rivadavia.

En efecto, Rivadavia regresa brevemente al país. Los federales no lo dejan desembarcar y Juan Facundo Quiroga (sí, él) sale en su defensa y hasta se larga a visitarlo en el barco donde aguarda. Se lo impidió el mal tiempo. De lo contrario, allí hubiera estado, junto a Rivadavia, conversando con él, exhibiéndole sus nuevos modales; que eran, ahora, los de la civilización.

Alguien mira con resquemor esta sorprendente mutación del Tigre de los Llanos. Es Juan Manuel de Rosas. Que no quiere constitución. Que quiere el poder absoluto. Y que se siente incómodo por la actividad mundana, civilizada, del constitucionalista Facundo.

3.7. Facundo anda por los cuarenta y seis años. Su reuma lo corroe dolorosamente. Pero su prestigio es muy grande. Tanto, que le piden que marche al norte para solucionar un conflicto que ha surgido entre las provincias de Salta y Tucumán. ¿Cómo no habría de ir Facundo? Su nuevo rol de pacifista y organizador de la Nación se lo exige. Decide marchar sin escolta. Lo acompaña su secretario privado, el doctor Santos Ortiz. Un doctor en filosofía.

El 20 de diciembre de 1834, Rosas, en la hacienda de Figueroa, le escribe una importante carta que le hace alcanzar con un chasqui. Es la célebre *Carta de la hacienda de Figueroa*, en la que el Restaurador explicita su pensamiento político. Dice Rosas: "No habiendo, pues, hasta ahora entre nosotros, como no hay, unión y tranquilidad menos mal es que no exista esa Constitución que sufrir los estragos de su disolución".[55] Este párrafo de la *Carta de la hacienda de Figueroa* es posiblemente el más importante y el que tal vez arroje alguna luz sobre la muerte de Facundo.

Rosas se oponía al dictado de una Constitución. Previa a ella debía existir la unidad del país. Facundo pensaba: la Constitución dará la unidad. Rosas pensaba: antes hay que conquistar, en los hechos, la unidad y luego se podrá dictar una Constitución.

Facundo viaja hacia el norte. Es un viaje penoso. Su reuma lo martiriza.

En el silencio de la noche, mientras su secretario duerme, Facundo, quebrado por terribles dolores, murmura: *Ahora, este cuerpo es mi enemigo. Siempre fue mío. Mi aliado. Mi servidor. Mi instrumento. Con las piernas me aferraba al moro. Con mi mano aferraba el sable. Con mi pecho enfrentaba las balas de los unitarios. Del enemigo.*

Ahora, el enemigo es él. Este cuerpo que se corrompe y que me hiere es mi enemigo. Durante la noche, entre el silencio, no sólo escucho mi respiración. También escucho los ruidos profundos de mi enfermedad. La espalda que se dobla. Los dedos que se encogen. El pecho que se astilla.

Este cuerpo putrefacto me arrastra hacia mi fin más temido. Hacia mi muerte lenta, oscura, sin cañones, sin estruendo, sin sol...

Sin gloria.[56]

Facundo soluciona el conflicto del norte y emprende el regreso. Le han dicho que los gobernantes de Córdoba, los hermanos Reynafé, han preparado una partida para que lo embosque y le quite la vida. Quiroga, soberbio, responde: "Aún no ha nacido quien pueda matarme".

Pero sí: había nacido. Era un oscuro gaucho levantisco, un criminal obediente, un hombre más cercano a la imprudencia que al coraje. Su nombre es Santos Pérez y aguarda a Quiroga en un pedregal llamado Barranca Yaco. Sarmiento escribe de Santos Pérez: "Con miras más elevadas habría sido el digno rival de Quiroga; con sus vicios, sólo alcanzó a ser su asesino".[57]

El 16 de febrero de 1835, cerca del mediodía, la galera de Facundo llega a Barranca Yaco. Su acompañante, su secretario, el doctor en filosofía Santos Ortiz, que le ha reclamado suspender el viaje, que sabe de los peligros que aguardan, empieza a perder sangre por la nariz, tal es su terror. Facundo estira su mano y deja que la sangre de Ortiz se deslice por ella. Y, entre la crueldad y la burla, dice: *Su sangre, doctor. Mírela. Esta es la sangre que su cuerpo de-*

rramará en Barranca Yaco. *Es una sangre como cualquier otra. Es sangre, secretario. Solamente, nada más que sangre. Este país está cubierto de sangre. Todos la hemos derramado. Todos hemos confundido la vida con la guerra. Su sangre, secretario, mírela. Apenas un poco más de sangre en un país ensangrentado. Tranquilícese. Quizá solamente lo degüellen. No es más digno ni menos doloroso pero encaja más con nuestras tradiciones. Sí, lo degollarán. Pondrán su cabeza sobre un tronco y con un cuchillo mellado le abrirán lentamente el pescuezo. Usted gritará, claro. Pero no mucho, no mucho. Porque la sangre se le agolpará en la boca y lo ahogará. No, decididamente no podrá gritar. Pero sentirá la penetración tenaz de la cuchilla. Luego se le nublará la vista. Y luego... nada más. Cálmese, secretario. No durará mucho. Siempre se muere rápido. Pensar en la muerte lleva mucho tiempo. Algunos se gastan la vida en eso. Pero morir no. Morir es como una exhalación. Siempre se muere rápido. Cálmese, secretario. Esa cuchilla atravesará su cuello tan velozmente que no le dará tiempo a sufrir. Tal vez, durante un instante, alcanzará a pensar: "Me están matando, me están matando". Pero sólo eso. Sólo eso... o ni siquiera eso.*[58]

En Barranca Yaco los detiene la partida de Santos Pérez. El Tigre de los Llanos se asoma por la ventanilla y pregunta: "¿Quién comanda esta partida?". Recibe un pistoletazo en un ojo. Muere al instante. El resto... es una brutal carnicería. Luego, cuando los asesinos se van, se descarga una tormenta. Un aguacero de verano, abrupto y tórrido. Violento. Ha sido asesinado Juan Facundo Quiroga.

Escribe Borges: "Pero al brillar el día sobre Barranca Yaco/ hierros que no perdonan arreciaron sobre él/ la muerte, que es de todos, arreó con el riojano/ y una de puñaladas lo mentó a Juan Manuel" (*El general Quiroga va en coche al muere*). No es otra la sospecha que queda instalada: a Facundo lo hizo matar Rosas. Los hermanos Reynafé y Santos Pérez fueron instrumentos de don Juan Manuel, fueron la cara visible del crimen. Detrás de los asesinos, manejando todo desde las sombras estaba Rosas.

En 1851 habrá de decir Urquiza: "A mí no me ha de mandar asesinar (Rosas) como al general Quiroga por el delito de querer organizar también la República". Luego se preguntará Joaquín V. González: "¿Quién concibió el asesinato de Facundo? ¡Misterio!, dijeron todos; pero muerto el rival de Rosas el poder de éste no tiene límites y se extiende sobre todo el país". David Peña, convencido, exclama: "¡Rosas, el verdadero autor de la muerte de Quiroga!".

Rosas dirá siempre que son los salvajes unitarios quienes desean adjudicarle ese crimen. Y en 1870, desde Southampton, desde su destierro implacable, pregunta: "¿Lo han probado?". Es cierto: nadie lo probó.

Rosas hizo matar a los hermanos Reynafé y a Santos Pérez. Se presentó, de este modo, como el vengador de Facundo. Derramó más sangre por la sangre derramada de Facundo. A Rosas se lo incrimina sobre la base de conjeturas. Que son: a) Facundo quería Constitución, Rosas no; b) Facundo había comenzado peligrosas conversaciones con los unitarios, con los sectores cultos de la sociedad que abominaban de don Juan Manuel; c) Facundo era el único político con prestigio como para oponerse a los planes de dominación absoluta de Rosas. De estos tres puntos se deduce: Rosas ordenó la muerte de Facundo. Pero Rosas tiene razón: nadie lo ha probado.

Lo cierto es que a Facundo lo asesinó la situación del país en 1835. Lo asesinó la impunidad del asesinato de Dorrego. Siempre que hay una situación de impunidad, esta situación abre el espacio de posibilidad para nuevos crímenes. En una sociedad sin impunidad, en una sociedad que castiga verdaderamente los crímenes, la muerte de Facundo se vuelve infinitamente menos posible. La muerte de Facundo y cualquier otra muerte.

Y, también, a Facundo lo mató el desdén por la vida humana que existía en la bárbara argentina de 1835. Facundo había sido protagonista importante de ese desdén: había hecho fusilar a los oficiales de Rodeo de Chacón por venganza, por una feroz rabieta personal. Por su mero arbitrio, por su capricho.

Rosas —que había asumido su primer gobierno como el vengador de Dorrego— asume el segundo como el vengador de Facundo. Y continúa la impiadosa dialéctica de la sangre derramada y la venganza por la sangre derramada. Es legítimo preguntarnos cómo salir de esa dialéctica. Es necesario, además, encontrar una respuesta.[59]

4. Asesinatos de la Mazorca

El fusilamiento de Dorrego torna poderosa la imagen del *Gaucho de los Cerrillos*, la imagen de Rosas. Todas las miradas convergen hacia él: deberá ser él, piensan todos, quien habrá de sacar al país de la anarquía, de la disolución. Rosas, sí, había tenido un certero olfato para saber cómo erigirse en conductor de las clases pobres. Se lo dijo, según vimos, el día de su ascensión al poder, es decir, el 8 de diciembre de 1829, a don Santiago Vázquez, representante del gobierno de la Banda Oriental. Confiesa, don Juan Manuel, que los errores de quienes lo han presidido en la conducción del país han radicado, grandemente, en ignorar a los hombres pobres, a los hombres de las clases bajas, a los hombres de la campaña, que son, piensa él, la gente de acción. Le advierte a Vázquez, como haciéndole un guiño, sobre la animadversión, sobre la natural hostilidad que existe siempre en los pobres contra los "ricos y superiores". Vázquez lo sabe: teme, como todos los de las clases ilustradas temen, que la plebe se solivie. Rosas lo serena: sabe cómo evitarlo. Y se lo dice: siempre, en efecto, le ha parecido "muy importante conseguir una influencia grande sobre esa clase para contenerla o para dirigirla". Vemos, aquí, que Rosas ha sido consciente acerca de las necesidades del *control social* para gobernar. Lo que no esperaban los *ilustrados* era que el *Gaucho de los Cerrillos* ejercería, también, el control sobre ellos. Y de un modo despiadado y sangriento. Pero ya llegaremos a esto. Ahora —todavía— lo tenemos a don Juan Manuel frente a Santiago Vázquez, el día de su asunción al poder, explicándole cómo se ha ganado la adhesión fervorosa de las peonadas. Se trata, esta *confesión* de Rosas, de un notable documento acerca de las condiciones de posibilidad del caudillaje entendido como *seducción* y *manipulación*. De aquí que nos hayamos permitido detenernos ligeramente en ella una vez más.

Rosas, así, se adueña del gobierno. Los unitarios esperan que calme a la plebe, que evite la anarquía y posibilite el curso de sus negocios. No saben lo que les espera. O comienzan a saberlo el 13 de diciembre de ese año veintinueve. Porque ese día Rosas asume para sí la figura feroz de la *venganza*. Ese día celebra los funerales de Dorrego. El nuevo gobierno no venía dispuesto a olvidar. Que el primer acto de Rosas como gobernador haya sido enterrar a Dorrego era un mensaje claro para quienes lo habían asesinado: *la sangre derramada no había caído en vano, no sería olvidada y reclamaba más sangre porque reclamaba su venganza.* Fue un espectáculo desmesurado y atemorizador. El cortejo fúnebre partió de la plaza de la Victoria rumbo a la Recoleta. Rosas lo encabezaba. Sólo le faltaba música de Wagner a don Juan Manuel para completar su escenografía macabra. Tenía, sin embargo, antorchas. Porque es ya de noche cuando llega a la Recoleta. Y tiene que leer su discurso. Y extrae unas cartillas minuciosamente escritas. Y alguien le acerca una antorcha. Y el viento sacude las páginas y las llamas. Y el Restaurador lee un texto que, años más tarde, hará decir a su biógrafo Carlos Ibarguren que es un "discurso necrológico que tiene la belleza serena de una oración".[60] Dice Rosas: "¡Dorrego! Víctima ilustre de las disensiones civiles: descansa en paz. La patria, el honor y la religión han sido satisfechas hoy, tributando los últimos honores al primer magistrado de la República, sentenciado a morir en el silencio de las leyes. La mancha más negra de la historia de los argentinos ha sido ya lavada con las lágrimas de un pueblo justo, agradecido y sensible (…) Allá, ante el Eterno, árbitro del mundo, donde la justicia domina, vuestras acciones han sido ya juzgadas, lo serán también las de vuestros Jefes, y la inocencia y el crimen no serán confundidos… ¡Descansa en paz entre los justos!".[61] De este modo, Rosas accedía al gobierno como *Ángel de la Venganza*. Porque algo estaba claro: sería él quien habría de decidir qué era la inocencia y qué era el crimen. El y no el Eterno. O, en todo caso, el Eterno encarnado en él, quien llegaba para gobernar en Su nombre, asumiendo Su justicia y Su castigo. Los días del Terror no estaban lejos.

4.1. Rosas asume su segundo gobierno el 13 de abril de 1835. Se dirá que la sociedad argentina estaba dividida en dos, que no fue Rosas quien creó esa división y que, por el contrario, él venía a solucionarla, a superarla. Hay, incluso, un libro de un apasionado rosista, Ricardo Font-Ezcurra, que se llama *La unidad nacional*. Sin embargo, no es así: la división, es cierto, existía, pero Rosas la instrumentó para fortalecerse. Rosas hizo de la *división nacional* (y no de la unidad) su metodología de gobierno. La *división nacional* implica la teoría del *enemigo interno*: *la libertad, la juridicidad y la paz social siempre están amenazadas cuando un gobierno recurre a la teoría del enemigo interno*.

Rosas explicita frontalmente esta teoría en su discurso de asunción en la Legislatura de Buenos Aires. Observemos dos puntos cruciales: el enemigo interno y la necesariedad de la dictadura. Anticipándonos: *siempre la teoría del enemigo interno funciona al servicio de la justificación de la dictadura*. Dice, magnífico, teatral, Rosas: "Ninguno ignora que una fracción numerosa de hombres corrompidos, haciendo alarde de su impiedad y poniéndose en guerra abierta con la religión, la honestidad y la buena fe, ha introducido por todas partes el desorden y la inmoralidad".[62] El *enemigo interno* está señalado: *una fracción numerosa de hombres corrompidos*. Serán, para Rosas, los unitarios. Pero serán, centralmente, quienes no piensan como él. Como lo siguieron siendo y lo serán siempre para todo gobernante que apele a la teoría del *enemigo interno*. Continúa Rosas, ese día de otoño, en la Legislatura de Buenos Aires: "El remedio a estos males no puede sujetarse a formas y su aplicación debe ser pronta y expedita". Así, la teoría del *enemigo interno* justifica la rapidez de los procedimientos; lo cual, claro, justifica, a su vez, un avance temible del poder ejecutivo sobre las formas judiciales, ya que la Justicia —para los que combaten *ejecutivamente* contra el *enemigo interno*— siempre es lenta y llega tarde. Continúa Rosas, y continúa y concluye de un modo palmario y estremecedor: "La Divina Providencia nos ha puesto en esta terrible situación para probar nuestra virtud y nuestra constancia. Persigamos a muerte al impío, al sacrílego, al ladrón, al homicida y sobre todo al pérfido y traidor que tenga la osadía de burlarse de nuestra buena fe". Y atención ahora: "Que de esta raza de monstruos no quede uno entre nosotros y que su persecución sea tan tenaz y vigorosa que sirva de terror y de espanto (...) El Todo Poderoso dirigirá nuestros pasos".[63]

Lo admito: se trata de un texto algo desmesurado. Tal vez suene extrañamente hoy, como un rescoldo de tiempos salvajes, *felizmente superados*. Ocurre, no obstante, que no hay tiempos *felizmente superados*, y que sólo hace algo más de una década hemos dejado de oír el lenguaje despiadado de la teoría del *enemigo interno*. (Por otra parte —en setiembre de 1996— el presidente Carlos Menem pronunció una frase que alarmó a la sociedad, ya que remitía, de un modo directo y hasta brutal, a la teoría del *enemigo interno*. Sintiéndose molesto por el desarrollo de un polo opositor, declaró: "El enemigo acecha".)

Carlos Ibarguren se complace con ese texto feroz del *Gaucho de los Cerrillos*. Rosas, argumenta, era transparente, no pretendía engañar a nadie. Asumía el gobierno como dictador. Nadie podía ignorar que los tiempos que se avecinaban serían difíciles y que las libertades públicas y privadas serían avasalladas. *Pero, dice, esto era necesario*. Como vemos, la teoría del *enemigo interno* funciona, en Ibarguren (y la utilizará, también, para validar a Uriburu ante la *demagogia yrigoyenista*), como encuadre justificatorio de la *dictadura*. "¿Qué es una dictadura?", se pregunta nuestro nacio-

nalista de brillante prosa. Responde: "Es el violento avasa-
llamiento de un pueblo a la voluntad omnímoda de un
hombre, de un grupo o de una clase social".[63] Jugueteaba
—al mencionar la dictadura de *una clase social*— con el
concepto marxista-leninista de *dictadura del proletariado*.
Pero, para Ibarguren, hombre de linaje, amigo de estancieros, individualista implacable, la dictadura ideal es la que
responde a la *voluntad omnímoda de un jefe*. (Los nacionalistas viven soñando con los jefes, con la voluntad de los jefes, con la omnipotencia de los jefes, con su espectaculari-
dad escenográfica.) De este modo, Ibarguren encuentra en
Rosas al dictador ideal. Y, para demostrarlo, distingue dos
tipos de dictaduras: la ocasional y la trascendental. La ocasional es efímera; es, ¿para qué abundar?, su nombre lo dice: es *ocasional*, meramente correctiva de algunos desórde-
nes y no abre surcos históricos. La trascendental sí: abre
surcos históricos y, abriéndolos, supera la anarquía, ya que
la anarquía es el fundamento de las dictaduras trascenden-
tales. "¿Cómo y por qué nace la dictadura? Ella es siempre
consecuencia de la anarquía (...) Una colectividad desga-
rrada por la anarquía sólo puede volver a su quicio, y formar otra vez un todo coherente, mediante una fuerte acción
que reajuste todos los elementos que se han aflojado y dis-
gregado. Tal acción debe ser necesariamente violenta".[65]
Queda cerrado así el círculo de la teoría del *enemigo interno*. ¿Por qué? *Porque la teoría del enemigo interno se implementa —siempre— para concluir en una justificación de la
violencia.* El teorema que —a partir de Rosas— traza Ibarguren es impecable: la anarquía (que existe porque existe el
enemigo interno) conduce a la dictadura trascendental (único ejercicio de gobierno capacitado para erradicarla) y la acción desarrollada por la dictadura trascendental debe ser *necesariamente violenta*. Y, aún, insiste Ibarguren: "Rosas
interpretó y dirigió, como jefe supremo, este gran movimiento (*el de la erradicación de la anarquía*, J.P.F.); por eso
su dictadura fue trascendental y durante su larga duración,
en la que se mantuvo firmemente la unidad nacional y su

independencia, pudieron madurar los elementos que forjaron la organización constitucional, después de su caída".[66] Notable texto: Ibarguren acepta la *organización constitucional* que impusieron Sarmiento, Mitre y Roca, como *fruto maduro* de la dictadura rosista. Torpemente —anticipándolos— incurre en la misma justificación que los militares de la Seguridad Nacional ofrecerían de sí mismos: la democracia fue el fruto maduro del aniquilamiento de la subversión, de la anarquía; en suma, del *enemigo interno*. Si, para Ibarguren, las atrocidades de la Sociedad Popular Restauradora (la Mas-horca) abrieron el horizonte de posibilidad de la Constitución de 1853 y de la república consolidada en el ochenta, para los procesistas del '76 el Operativo Independencia y las torturas de la ESMA abrieron la posibilidad de la democracia. Dos formas de justificar —a través de dos procesos políticos diferenciados— la crueldad de la violencia histórica.

4.2. La concepción del *enemigo interno* instaurada por el régimen rosista condujo, con dramática coherencia, a una disyuntiva feroz: unos debían vivir y otros debían morir. Quedó, así, establecido el conflicto central de esa patria de 1835: *Viva la Santa Federación, Mueran los Salvajes Unitarios.* Para que los salvajes unitarios murieran, el *Gaucho de los Cerrillos* impulsó una organización represiva y sanguinaria: se llamó la Mazorca. "Los agentes del terrorismo eran miembros de la Sociedad Popular Restauradora, un club político y organización parapolicial. La sociedad tenía un ala armada, comúnmente llamada la Mazorca. La palabra *mazorca*, que significaba la espiga del maíz con sus granos muy juntos, simbolizaba la fuerza mediante la unión, pero en realidad se popularizó porque su pronunciación sonaba en forma similar a 'más horca'".[67] Y añade Lynch: "No era un comité de seguridad pública, un club jacobino ni un partido político. Era esencialmente una organización paramilitar o parapolicial".[68] Claramente: la Más-Horca era la Triple A de Rosas. (Supongo que alguien, aquí, se indignará porque utilizo a un autor inglés como bibliografía. Supongo que ese alguien supuestamente indignado habrá de ser un rosista. Lo que me cuesta suponer es que aún existan rosistas. De todos modos, se verá que recurriré —como ya lo he hecho— a historiadores favorables a Rosas para describir los fenómenos de terror desatados por el hombre que, según Sarmiento, sabía en qué lugar de la pampa se encontraba con sólo mordisquear el pasto.)

Pero Lynch pierde su ecuanimidad de parlamentarista británico cuando comenta los castigos a que fueron sometidos los hombres de la Más-Horca luego del derrumbe del Restaurador. Escribe: "Un *justo castigo* esperaba a algunos de estos asesinos después de la caída de su señor. Cuitiño y Troncoso fueron ejecutados en 1853, desafiantes hasta lo último; Cuitiño murió con el puño levantado 'como buen federal'. Alem y Badia también fueron ejecutados en 1853".[69] No es arduo imaginar el ensañamiento puesto en lo que Lynch llama *justo castigo*. El mazorquero Santa Coloma fue degollado lentamente no bien concluyó la batalla de Caseros.

Pero es en 1840 cuando la represión del *Gaucho de los Cerrillos* habrá de tornarse más indiscriminada y salvaje. El torpe Lavalle, el *cóndor ciego*, la *espada sin cabeza*, le entregó el marco justificatorio. El 5 de agosto de 1840 entra en la provincia de Buenos Aires conduciendo un ejército que había armado con los emigrados de Montevideo y los capitales franceses. Pero se retira. Sí, se va. Quienes acostumbran a poetizar con la historia dicen que se le apareció el fantasma de Dorrego y el *condor ciego* ahuecó el ala. Como sea, dejó el terreno yermo para la iracundia del Restaurador. "Durante cinco semanas, desde el 23 de septiembre hasta el 27 de octubre de 1840, Buenos Aires quedó a merced de los terroristas. La gente permanecía en sus casas y echaba llave a sus puertas (…) El único movimiento en las calles era el de los terroristas".[70] Fue el gran festín de la Más-Horca. Andaban con sus ponchos colorados, con altos sombreros de copa, con cinta federal y armados hasta los dientes. "Cazaban sus presas en las calles o invadían las casas".[71]

Ahora nos deslizamos al rosista Ibarguren. También él describe las impiedades de la Más-Horca: "La vida y la hacienda de los ciudadanos dependió de una delación, de una orden policial o de un asalto de mazorqueros".[72] El *sistema* predilecto de los mazorqueros era el degüello. Escribe Ibarguren: "El degüello fue, durante el siglo pasado, para el soldado y el gaucho, el medio preferido de deshacerse de sus enemigos. Experimentaban una fruición feroz y voluptuosa al hundir la daga en la carne palpitante, sentir los estremecimientos de la víctima y ver borbotar la sangre tibia".[73]

Así, Rosas, no dispuesto a frenar la escalada de violencia de la Más-Horca, se aleja de Buenos Aires. Es decir, deja a la ciudad sin el control de su jefatura. Alarmado, el ministro británico Mandeville se atemoriza en extremo (no sólo por él sino por el clima reinante en Buenos Aires) y se comunica con el Restaurador, quien se encuentra acampado con su ejército en Morón, aduciendo esperar un ataque de Lavalle. (Lavalle ya había huido hacia su destino final: hacia las garras de Oribe y la prosa de Sabato.) Rosas no se conmueve por los temores del ministro británico. Le dice que el país está en guerra y "que la guerra se prepara sin padre para hijo, ni hijo para padre". Y exclama: "¡Yo mismo clavaría el puñal en el corazón de mi hija si la viera hoy con cobardía para defender el juramento santo!". Luego, algo más sereno, empuja algunos consejos para el ministro: le dice que no salga de noche, que no es conveniente. Y hasta le formula un reproche: "Vuestra Excelencia sale solo de noche y aún de día se aleja de la ciudad. ¿Por qué hemos de pagar nosotros el coraje temerario de Vuestra Excelencia".[74] Pero Rosas no era impotente ante la Más-Horca. Cuando la quiso frenar, la frenó. Lo hizo en octubre de 1840 y, no bien volvieron a recrudecer los crímenes, en 1842, volvió a detenerlos. Así, en abril de 1842, dirigió la siguiente amonestación a la policía: "Su Excelencia ha mirado con el más profundo desagrado los escandalosos asesinatos cometidos en estos últimos días, *los que aunque habían sido sobre salvajes unita-*

rios, nadie absolutamente estaba autorizado para semejante bárbara licencia".[75]

Nada de esto le impide escribir al historiador uruguayo Vivian Trías lo siguiente: "Fue un caudillo fascinante (...) Todo ello explica que, a pesar de que la literatura histórica liberal y la enseñanza oficial se dedicaran, sistemáticamente, a generar odio contra su recuerdo, a fines de siglo solía ocurrir (...) que algún paisano, en apero dominguero, entrara achispado a una pulpería, clavara con furia el facón en el mostrador, y con ojos centelleantes de desafío gritara a la concurrencia: '¡Viva el gaucho Juan Manuel de Rosas!'".[76] Sí, cómo no recordar el "¡Viva Perón, carajo!" de los años del peronismo proscripto. Pero Rosas, contrariamente a Perón, no regresó. Envejeció y murió en Southampton el 14 de marzo de 1877. Tenía ochenta y cuatro años. Y nada, ni siquiera el amor que le tuvieron las clases populares, justifica su política de terror. Como tampoco la justifica su defensa de la soberanía nacional. Por decirlo claramente: *la Vuelta de Obligado no justifica la Más-Horca.*[77]

4.3. *Amalia* no es la primera novela argentina, pero no sería errado afirmar que sí, que lo es. Porque si bien —con espíritu arqueológico— es posible encontrar una que otra novela argentina anterior a *Amalia*, lo cierto es que es en ésta donde el género novelístico cobra ya cohesión en nuestra historia literaria.

Amalia es, entre otras cosas, una novela sobre la *Mazorca*, la impiadosa organización parapolicial que, según vimos, impulsó Rosas para reprimir a sus enemigos políticos. Podríamos decir que el Mal, en *Amalia*, es la Mazorca. Es el elemento antagónico de la novela, es lo que crea su elaborado suspenso, es lo que le permite a su autor señalar los distinos caminos del Bien y del Mal.

Ricardo Rojas dice de la novela de Mármol: "Su prosa es descosida pero interesante; se mezclan en ella la nota realista y la romántica, constituyendo un documento histórico de valor autobiográfico y social".[78] El valor autobiográfico de *Amalia* es relativo e irrelevante. Importa más su valor social: expresa claramente la visión que los unitarios tenían de Rosas.

Mármol, según dice Ricardo Rojas, utiliza "la nota realista y la romántica". Esto nos va a servir. Hay, sí, en *Amalia*, personajes realistas y personajes románticos. 1) Todos los realistas son federales. 2) Todos los románticos son unitarios. Es notable el odio de clase y el racismo compulsivo que atraviesan la novela. La Mazorca, qué duda cabe, es el Mal, es la represión, es la muerte inclemente. Pero quienes luchan contra Rosas son (y lo veremos en las escenas que pinta Mármol) un completo catálogo de desdén aristocrático. Analicemos cómo se veían a sí mismos los enemigos de Rosas y como veían a los federales.[79] "*Amalia* (escribe Ricardo Rojas) apareció en forma fragmentaria: la primera parte (un tomo) en Montevideo, el año 1851; la obra completa (dos volúmenes) en Buenos Aires el año 1855".[80] Es decir, el primer volumen aparece antes de la caída de Rosas; el segundo, cuando Rosas ya está derrotado y exiliado en Southampton.

Mármol escribe el primer tomo como exiliado en Montevideo. Aquí, el ambiente era terriblemente hostil a Rosas. Se editaba un periódico que se llamaba *Muera Rosas*, el mediocre poeta José Rivera Indarte (que había sido partidario de Rosas) concluía un panfleto que llevaba el sugerente título de *Es acción santa matar a Rosas* y Mármol, en 1843, había exclamado: "¡Ah, Rosas! No se puede reverenciar a Mayo sin arrojarte eterna, terrible maldición". Y se la lanza: "Ni el polvo de tus huesos la América tendrá".

Las fechas que damos de *Amalia* (1851 el primer tomo, 1855 el segundo) importan porque en la novela de Mármol se detecta una y otra vez la influencia del *Facundo* sarmientino. En este sentido: *el esquema civilización-barbarie dinamiza el texto*. Los aristocráticos y románticos héroes de *Amalia* viven temiendo la delación de sus criados, que son… negros. Daniel Bello —uno de los dos héroes románticos de la novela, el otro es Eduardo Belgrano— le dice a Amalia:

"Oye, Amalia; tus criados deben quererte mucho, porque eres buena, rica y generosa. Pero en el estado en que se encuentra nuestro pueblo, de una orden, de un grito, de un momento de mal humor, se hace de un criado un enemigo poderoso y mortal. Se les ha abierto la puerta a las delaciones, y bajo la sola autoridad de un miserable, la fortuna y la vida de una familia reciben el anatema de la Mazorca". Y luego agrega el héroe romántico: "Los negros están ensoberbecidos"[81].

Tenemos aquí un primer esquema para enfocar a la Mazorca desde la óptica de los emigrados de Montevideo, que es la de Mármol en *Amalia*. La Mazorca actúa empujada por delaciones. Estas delaciones las hacen los sirvientes de las familias unitarias. Quienes más se entregan con pasión a las delaciones son los negros. Escribe, de ellos, Mármol: "Raza africana por el color. Plebe de Buenos Aires por todo lo demás".[82] Le reprocha a Rosas haberlos lisonjeado: "él lisonjeó sus instintos, estimuló sentimientos de vanidad hasta entonces desconocidos por esa clase, que ocupaba por su condición y por su misma naturaleza el último escalón de la gradería social".[83]

Rosas, para horror de las clases acomodadas, acudía a las fiestas de los negros en el barrio del Tambor. Y Mármol advierte: "Pero lo que llama, sí, la atención y concentración del espíritu, y que deberá preocupar más tarde a los regeneradores de esta tierra infeliz, son los instintos perversos que se revelaron en aquella clase de la sociedad (*los negros*, JPF), con una rapidez y una franqueza inauditas".[84] Y Mármol insiste: los negros son terriblemente ingratos, ya que se insolentan con aquellas familias que les han dado trabajo y protección y a ellas llevan "la calumnia, la desgracia y la muerte".[85] Y aún más: "El odio a las clases honestas y acomodadas de la sociedad era sincero y profundo en esa clase de color; sus propensiones a ejecutar el mal a la vez francas e ingenuas: y su adhesión a Rosas leal y robusta".[86]

Estas ideas de Mármol estaban ya —como tantas otras cosas— en el *Facundo*. Sarmiento decía que Rosas había fortalecido su poder con el concurso de "dos razas diversas que vinieron en su apoyo".[87] Los indios y los negros. Con los indios Rosas se aseguraba el control de la campaña. Con los negros, el de la ciudad. Escribe Sarmiento: "Rosas se formó una opinión pública, un pueblo adicto en la población negra de Buenos Aires, y confió a su hija doña Manuelita, esta parte de su gobierno (...) los negros, ganados así para el gobierno, ponían en manos de Rosas, un celoso espionaje en el seno de cada familia".[88] Pero la conclusión de Sarmiento es optimista y su optimismo no tiene, en verdad, desperdicio. Dice: "Felizmente las continuas guerras han exterminado ya la parte masculina de esta población".[89]

Como vemos, las guerras, continuas, han ahorrado a nuestro país los problemas raciales con que se debaten cotidianamente los norteamericanos. Lo dice Sarmiento. Está en el *Facundo*, en el capítulo XIV. Con este tipo de odios se hizo la Argentina. Así, tal como exigía Mármol, se regeneró "esta tierra infeliz".

Sarmiento no deja de anotar que Rosas sustentaba su poder también por medio de los indios: "Para intimidar la campaña, atrajo, a los fuertes del sur, algunas tribus salvajes, cuyos caciques estaban a sus órdenes".[90] De los indios ya se ocupará Roca.

Mármol, en suma, plantea en su novela un enfrentamiento irreductible, un antagonismo mortal, un conflicto ético y estético. Por un lado las clases acomodadas, pudientes y blancas. Por el otro las clases pobres y las razas degradadas: los negros, los indios. Tenía, de este modo, que recurrir al romanticismo y al realismo como estéticas literarias. Usó el *romanticismo* para describir a las clases acomodadas, decentes y blancas. Usó el *realismo* para describir a las clases bajas, a los federales, a los negros, a los indios.

4.4. David Viñas, en *Literatura argentina y realidad política*, se encarga de analizar el uso que hace Mármol del romanticismo y del realismo para describir con uno a los unitarios y con otro a los federales. Viñas toma como ejemplo la descripción que realiza Mármol de la casa de Amalia y de la casa de Rosas. Lo blanco, lo etéreo y lo sublime están en el hábitat de Amalia. Lo negro, lo terrestre y lo vulgar en el de Rosas.[91]

Los textos clasistas y racistas de *Amalia* no sólo son abundantes, sino que reflejan de modo palmario el desdén de las clases acomodadas del Buenos Aires de 1840. Veamos a la también etérea y celestial Florencia Dupasquier (que es, junto con Amalia, la heroína de la novela) llegar a los dominios de María Josefa Ezcurra, la cuñada de Rosas. Escribe Mármol: "La joven pisó el umbral de aquella puerta y tuvo que recurrir a toda la fuerza de su espíritu, y a su pañuelo perfumado, para abrirse camino por entre una multitud de negras, de mulatas, de chinas, de patos, de gallinas, de cuanto animal ha creado Dios".[92] La equiparación de la chusma federal y de las razas consideradas inferiores con los animales es constante en los textos de la novela.

Sigue la descripción de la escena: la etérea Florinda Dupasquier inquiere por María Josefa Ezcurra, exige que la lleven ante ella. Los personajes federales (quienes, según Mármol, habían osado mirar "con ojos insolentes" a Florencia) se muestran remisos a cumplir la petición, pero Florencia Dupasquier insiste y gracias a su insistencia Mármol nos entrega otro texto memorable: "El tono imperativo de esta orden y el prestigio moral que ejercen siempre las personas de clase sobre la plebe (…) influyó instantáneamente en el ánimo de los seis personajes que, *por una ficción repugnante de los sucesos de la época, osaban creer, con toda la clase a que pertenecían, que la sociedad había roto los diques en que se estrella el mar de sus clases oscuras y amalgamándose la sociedad entera en una sola familia*".[93]

Pareciera, según Mármol, que Rosas —en 1840— había implantado el socialismo en el Plata. Más todavía lo parece cuando le hace decir a María Josefa Ezcurra: "Ahora somos todos iguales. Ya se acabó el tiempo de los salvajes unitarios, en que el pobre tenía que andar dando títulos al que tenía un frac o un sombrero nuevo. Ahora todos somos iguales (...) Y ser todos iguales, los pobres como los ricos, eso es Federación, ¿no es verdad?".[94]

Y esto lo dice, vale insistir, María Josefa Ezcurra, a quien Mármol describe con las características de lo repugnante. *Tiene mal aliento*: "(Florencia Dupasquier) hacía un gran esfuerzo sobre sí misma para soportar la presencia de aquella mujer cuyo aliento le parecía que estaba tan envenenado como su alma".[95] *Y es sucia:* porque le habla a la señorita Dupasquier "riéndose y acariciándo con su mano sucia la espalda tersa y rosada de Florencia".[96]

He aquí en acción el código estético y político de Mármol. María Josefa Ezcurra: *sus manos son sucias*. Florencia Dupasquier: *su espalda es tersa y rosada*. De esta forma, al enfrentarse federales y unitarios se enfrentan asimismo el Mal y el Bien, lo Feo y lo Bello, lo Terrenal y lo Celestial. Como en la película de Ettore Scolla, los federales son *sucios, feos y malos*. Los unitarios son tersos, blancos, celestiales, rosados, hermosos. Veamos cómo saluda Daniel Bello: "Daniel saludó sin levantarse del sillón, y con una sonrisa (...) que es atributo de las personas de calidad acostumbradas a tratar con inferiores".[97] No obstante, existen en *Amalia* las *bellezas federales*.

Repasemos, antes de enfrentarnos a las bellezas de la Federación, la belleza de Amalia y Florencia Dupasquier. Amalia y Florencia son tan bellas como, dice Mármol, "dos creaciones del espíritu".[98] Así las describe: "Florencia y Amalia eran, más bien que dos mujeres, dos ángeles que volaban robando la tierra con sus alas (...) Una y otra... no pisaban la alfombra, se deslizaban en ella como dos sombras, como dos creaciones del espíritu".[98]

¿Hay belleza en la mujer federal? Sí, existe la belleza federal. Mármol analiza la belleza de Agustina Rosas de Mansilla, considerada la mujer más bella de su tiempo. Mármol no lo niega: es muy bella. *Pero*: "Pero (...) la belleza de Agustina no estaba, sin embargo, en armonía con el bello poético del siglo XIX: había en ella demasiada bizarría de formas, puede decirse, y muy pocas de esas líneas sentimentales, de esos perfiles indefinibles, de esa expresión vaga y dulce, tierna y espiritual que forma el tipo de la fisonomía propiamente bella de nuestro siglo, en que el espíritu y el sentimiento campean tanto en las condiciones del gusto y del arte".[99]

Así, en esa fiesta, Amalia se encuentra con una elegante señora que le aclara por completo la cuestión. La señora pregunta: "¿Le habrán dicho a usted que Agustina es una belleza?". Responde Amalia: "Cierto, ésa es la opinión universal. ¿No es así la de usted?". La señora dice: "Cierto que sí; solamente que yo la llamo *belleza federal*".[100]

Hemos llegado al punto axial. Amalia y Florencia son bellas. Agustina Rosas de Mansilla también. Pero es bella de otra forma: es una belleza federal. Y así la describe la elegante señora que habla con Amalia: "Es una linda aldeana, pero aldeana; es decir, demasiado rosada, demasiado gruesos sus brazos y sus manos, demasiado silvestres para el buen tono y demasiado frívola entre la gente de espíritu".[101]

Detengámonos en el rosado. Rosada era la espalda de Florencia Dupasquier que María Josefa Ezcurra injuriaba al acariciar con su mano sucia. Rosada es, también, Agustina Rosas de Mansilla. *¿Qué diferencia el rosado de la belleza unitaria del rosado de la belleza federal?* El rosado de Florencia es tersura, es flor y crepúsculo. El rosado de Agustina es buena salud, robustez, buena alimentación. En suma, carnalidad. Otra vez: espíritu y materia, civilización y barbarie.

4.5. El tema de la sangre derramada es constante en *Amalia*. *Amalia* es una novela sangrienta, tan sangrienta como la época que se propone describir. Mármol encuentra en el gaucho una inmediata y natural cercanía con la sangre: "Los trabajos de pastoreo a que se entrega (*el gaucho*, JPF) por necesidad y por vocación completan después su educación física y moral. En ellos se hace fuerte, diestro, y atrevido, y en ellos adquiere esa desgraciada indiferencia por los espectáculos de sangre, que influyen tanto en la moral del gaucho". Y continúa: "Entre el hombre y el animal existe esa simpatía íntima, esa relación común que tiene su origen en la circulación de la sangre. El gaucho pierde la una y la otra por la costumbre de verter la sangre, que viene a convertirse en él, de ocupación en necesidad, y de necesidad en diversión".[102]

Así las cosas, el gaucho se identifica con la sangre y no teme en absoluto verterla. Los gauchos apoyan a Rosas. La Mazorca está formada por gauchos. Son épocas de guerra. Es el año de 1840. Y como dice María Josefa Ezcurra: "no es época de espada sino de puñal. Porque es a puñal como deben morir todos los inmundos salvajes asquerosos unitarios, traidores a Dios y a la Federación".[103]

Nos resta todavía otro pasaje memorable de la novela de Mármol: tenemos que ver a Rosas bebiendo sangre. Mármol no nos iba a privar de este espectáculo. Es así: Rosas está trabajando en la confección de las listas de sus enemigos, tarea a la que se consagraba con particular obsesión. (Y que ya veremos cómo la detalla el fanático rosista Carlos Ibarguren.) Decide quién ha de morir, quién ha de vivir. De pronto, le pide un vaso de agua a un ordenanza. El ordenanza se lo trae. Y describe Mármol: "En ese momento tomó Rosas el vaso de agua de manos del ordenanza. La puerta del rancho daba al Oriente, y los vidrios estaban cubiertos por las cortinas de rojo punzó. El sol estaba levantándose entre su radiante pabellón de grana; y sus rayos quebrándose en los vidrios de la puerta y su luz tomando el color de las cortinas, venía a reflejar con él en el agua del vaso un color de sangre y de fuego. Este fenómeno de óptica llevó al terror a la imaginación de los secretarios (…) Les hizo creer que el agua se había convertido en sangre y súbitamente se levantaron pálidos como la muerte. La óptica y su imaginación, sin embargo, se habían combinado para representar, bajo el prisma de una ilusión, la verdad terrible de ese momento. Sí; porque en ese momento (*Rosas*) bebía sangre, sudaba sangre y respiraba sangre; concertaba en su mente los primeros pasos para las degollaciones que debían pronto bañar en sangre a la infeliz Buenos Aires".[104]

De este modo, Rosas rompe todos los diques. Ante todo, el de las clases. Escribe Mármol: "La comunidad de la Mazorca, la gente del mercado, y sobre todo las negras y las mulatas que se habían ya dado carta de independencia absoluta (…) comenzaban a pasear en grandes bandadas la ciudad, y la clausura de las familias empezó a hacerse un hecho".[105] Y luego Rosas rompe por completo el dique de la seguridad de las clases pudientes, acomodadas, de los unitarios, de los románticos. Ha llegado la hora de la sangre. Y escribe Mármol: "El dique había sido roto por su mano, y la Mazorca se desbordaba como un río de sangre".[106]

Este es el Buenos Aires de 1840. Lavalle avanza sobre la ciudad con el *Ejército Libertador*. Y Rosas —que había soliviantado a las clases populares, a los gauchos, a los mulatos, a los negros— se dispone a lanzar a la temible *Mazorca* sobre las clases acomodadas. *El realismo se dispone a aniquilar al romanticismo.*

Nuestro análisis de la Mazorca se vuelve —de este modo— más rico, complejo. Mármol, en su novela incomparable, nos ha exhibido el infinito desdén de las clases que se consideraban superiores, ha explicitado el racismo y el odio de los cultos. No habrá menos odio en la plebe, en los incultos, en los bárbaros. El enfrentamiento —cruel y sangriento— era inevitable y muchas cabezas rodarían a causa de tanto odio y de tanta, infinita incomprensión.[107]

4.6. Carlos Ibarguren, en su biografía de Juan Manuel de Rosas, describe cómo el Restaurador de las Leyes transcurría largas horas en su despacho analizando los informes que le enviaba su policía acerca de los habitantes de Buenos Aires. Eran las *listas* que confeccionaba la Mazorca y a partir de las cuales desarrollaba sus acciones criminales.[108]

Repasemos las *listas* que pacientemente leía Rosas en su gabinete: "*Pastor Albarracín*: No ha prestado servicios a la causa de la Federación. No usa bigote, es unitario salvaje. Fue preso por hablatín contra el Superior Gobierno".

Por *hablatín*: es decir, por hablar mal del Gobierno. Bastaba ser un *hablatín* para ser un condenado. Seguimos: "*Juan*

Navarro: Es paquete de frac unitario. Fue preso el 25 de junio por tener reuniones de unitarios salvajes en su casa.

"*Manuel Jordán*: Hablatín contra el Superior Gobierno. Es salvaje unitario y se ha quitado el bigote.

"*Juan Araujo*: Se reunía con los salvajes unitarios a criticar las providencias del Gobierno, en casa del reo Tiola que fue ejecutado.

"*Martín Lacarra*: Es de frac y unitario muy acérrimo.

"*Sinforiano Huertas*: Se ha quitado el bigote. Fue preso por el coronel Parra por salvaje unitario.

"*Martín Quintana*: Es paquete de frac. No usa divisa. Fue preso por el coronel Cuitiño por salvaje unitario".[109] Y así… ininterrumpidamente. En suma, no usar bigote, usar levita y hablar mal del Gobierno eran causas mortales en la patria de la Mazorca.

A propósito de las listas dice John Lynch en su biografía de Rosas: "Las clasificaciones eran una forma de lista negra. Describían las opiniones políticas de los individuos y estaban compiladas con la información suministrada por los jueces de paz, la policía, los militares, la Sociedad Popular Restauradora (la *Mazorca*) y fuentes privadas". Y añade: "Esa práctica había sido adoptada por Lavalle en 1829 contra los federales, aunque en forma mucho menos sistemática".[110] O sea, lo que diferencia al terror de Lavalle en 1829 del de Rosas y la Mazorca entre 1838 y 1840 es que, a lo sumo, el terror de Lavalle era menos sistemático. Quienes han padecido el *terror* malamente podrían decir si prefieren que sea sistemático o no.

Lo cierto es que los guerreros de Lavalle en la campaña de Buenos Aires asesinaron gauchos de a cientos en 1829. El coronel Rauch y el coronel Estomba ataban a los enemigos a los cañones y los hacían disparar. A Rauch lo decapitaron los indios. Y Estomba —luego de agotar a sus soldados en marchas y contramarchas y aturdirlos con proclamas delirantes— terminó loco y conducido por sus hombres a un asilo de Buenos Aires.

5. Asesinato de Ángel Vicente Peñaloza

José Hernández acaba de casarse cuando se entera de una noticia atroz: han asesinado a Ángel Vicente Peñaloza. Lo han asesinado los hombres del partido de la civilización, los hombres del partido unitario, los hombres de la ciudad portuaria, Buenos Aires. La noticia conmueve a Hernández. La muerte del Chacho Peñaloza era, para él, intolerable. Lo fue para muchos otros federales.

La prosa combativa de Hernández se vuelve injuriosa; sólo tolera, ahora, ser ultrajante. Nada de medias tintas. Sabe que la cabeza de Peñaloza ha sido colocada en una pica y exhibida en la plaza de Olta, donde fue atrapado el caudillo federal. Así, Hernández, publica una serie de artículos que aparecen en el diario *El Argentino* de la ciudad de Paraná. Sus palabras tienen la fuerza de pistoletazos. Pocas veces el lenguaje ha sido esgrimido con tal potencia en nuestra violenta patria. Escribe Hernández: "Los salvajes unitarios están de fiesta".[111] Un texto feroz. Retoma la caracterización rosista y mazorquera del enemigo unitario: "salvajes", ha escrito Hernández. Asume, así, el lenguaje virulento de las épocas más duras, más sangrientas del Restaurador de las Leyes.

Hay una fiesta. ¿Cuál es? "Los salvajes unitarios están de fiesta. Celebran en estos momentos la muerte de uno de los caudillos más prestigiosos, más generoso y valiente que ha tenido la República Argentina".[112] Así caracteriza Hernández a Peñaloza. Le entrega tres adjetivos inapelables: prestigioso, generoso, valiente. ¿Los merecía el Chacho?

Si uno observa su imagen, esa imagen es la de un gaucho manso, severo y hasta algo sabio. Un hombre simple, que viste de poncho y no luce destello alguno. Sí, iremos viendo que Peñaloza merecía los tres adjetivos de Hernández. Quien continúa: "El partido federal tiene un nuevo mártir. El partido unitario tiene un crimen más que escribir en la página de sus horrendos crímenes".[113]

¿Mártires del partido federal? Manuel Dorrego, fusilado por el unitario Juan Lavalle. Juan Facundo Quiroga, cuya muerte adjudicaba Hernández a Juan Manuel de Rosas, a quien, claro está, consideraba unitario, un representante más de los intereses del Puerto.

Continúa Hernández: "El general Peñaloza ha sido degollado. El hombre ennoblecido por su inagotable patriotismo (…) acaba de ser cosido a puñaladas en su propio lecho, degollado, y su cabeza ha sido conducida como prueba del buen desempeño del asesino, al bárbaro Sarmiento".[114] No hay que asombrarse: *Hernández llama bárbaro a Sarmiento.* Eran así las pasiones en nuestro apasionado siglo XIX. No se andaban con frases o improperios pequeños. Se decían —nuestros héroes de bronce— cosas terribles. Se las decían porque no eran de bronce y estaban tramados por pasiones descomedidas. De este modo, vocifera Hernández: "¡Maldito sea! Maldito, mil veces maldito sea el partido envenenado con crímenes, que hace de la República Argentina el teatro de sus sangrientos horrores".[115]

5.1. ¿Quién era Ángel Vicente Peñaloza? ¿Quién era el hombre que habría de ser cosido a puñaladas por el partido de la civilización, por el partido de la culta Buenos Aires? ¿Quién era el hombre cuya muerte habría de despertar la prosa airada, ardiente de José Hernández?

Ángel Vicente Peñaloza es riojano de origen. Nace en un caserío. Ese caserío se llama Guaja y está en el departamento de la Costa Alta de los Llanos. El Chacho es un caudillo que habrá de asumir la causa del federalismo, la causa de las provincias ante la deserción del gran caudillo federal, ante la deserción de quien debió haber asumido la jefatura de la lucha integral de las provincias federales contra la hegemonía porteña. Es decir, ante la deserción de Justo José de Urquiza.

Caudillo de ondulante, laberíntica, sinuosa trayectoria don Justo José. Vence en Caseros a Rosas. Hace fusilar por la espalda a Martiniano Chilavert, el militar rosista de mayor enjundia en esa batalla. Y —también después de Caseros— hace, Urquiza, degollar a Santa Coloma (uno de los jefes máximos de la mazorca) con un cuchillo mellado. Lo hace degollar lentamente. Saboreando la venganza. Luego, cuando Buenos Aires espera la entrada del vencedor del federalismo rosista… Urquiza entra en la ciudad con el poncho federal. Como si anunciara que con él llega *otro Rosas* a la ciudad portuaria.

Los porteños no lo quieren. Urquiza se refugia en Entre Ríos. Así, pasa a ser el caudillo del partido federal. El caudillo de la Confederación Argentina. Juan Bautista Alberdi (en Europa) es su Ministro de Relaciones Exteriores. Confía en Urquiza. Cree en él. Se desengañará.

Urquiza habrá de deslizarse de su condición de federal combativo a la de satélite domesticado de Buenos Aires. Alberdi resume así su trayectoria: "¿Para qué ha dado tres batallas? *Caseros* para ganar la presidencia, *Cepeda* para ganar una fortuna, *Pavón* para asegurarla".[116] Ya lo hemos visto a Urquiza en Caseros. Es el comandante del Ejército Grande. Es el vencedor de Rosas. ¿Cómo es en Cepeda? En Cepeda comanda a las tropas federales contra los porteños de Mitre. Es el gran caudillo de las provincias que se opone a la hegemonía de Buenos Aires. El federalismo lo espera todo de él.

La batalla de Cepeda se produce el 23 de octubre de 1859. Félix Luna —en *Soy Roca*— le hace narrar a Roca algunos aspectos de esta batalla: "Disfruté de un inesperado placer estético: el de la guerra". Es un guerrero el que está hablando. Y, para un guerrero, la guerra es un hecho estético. Continúa Roca: "Aquella tarde nublada de Cepeda, cuando contemplé el avance de las tropas porteñas hacia nuestras líneas como grandes cuadros de un color azul oscuro desplazándose acompasadamente por los verdes pastizales; cuando me crispó el toque de los clarines y percibí el humo blanco de la artillería y bajo los pies se estremeció el suelo con el trote unísono de miles de jinetes y el aire se rasgó con el alarido de los lanceros entrerrianos, esa tarde caí en cuenta que la guerra puede ser bella y que, para ser un soldado de verdad, hay que amar esas galas del ruido y el color, aun sabiendo muy bien que atrás de las arengas y las charangas, de las banderas al viento y el alegre crepitar de los disparos vendrá el horror de los cadáveres destripados, los gritos y las súplicas de los heridos, la brutalidad, el dolor irremediable, el olor a mierda, el asco".[117]

Urquiza gana sin apelación posible la batalla de Cepeda. Pero permite a los porteños rearmarse militar y políticamente. De este modo, se produce otra batalla decisiva. Es la batalla de Pavón. Ocurre el 17 de setiembre de 1861. Es una extraña batalla. La caballería de Urquiza vence a los porteños. La infantería porteña dispersa a los entrerrianos. Pero la batalla estaba en manos de Urquiza. Sólo tenía que volver a lanzar al ataque su caballería. Un gran misterio de nuestra historia: no lo hace. Alberdi escribe: "Ganó la batalla de Pavón: y le regaló a Buenos Aires la victoria yéndose a su casa y dejando el campo de batalla en manos de los vencidos".[118]

Mitre, a principios de 1862, es electo presidente. Se vienen malos tiempos para las provincias; malos, muy malos tiempos para Ángel Vicente Peñaloza.

Urquiza se queda en su provincia. Jamás volverá a montar a caballo para guerrear contra Buenos Aires, para comandar las fuerzas del federalismo. Ya lo veremos al Chacho pedirle que lo haga. Ya lo veremos a Urquiza responderle vaguedades.

Una certeza se va abriendo paso: el caudillo del Palacio San José ha traicionado la causa del federalismo. Así lo dice Alberdi: "Trabajó por la causa de las provincias: hoy trabaja contra ellas por la causa de Buenos Aires. Representó el nacionalismo argentino: hoy es el brazo zurdo del localismo de Buenos Aires contra la República Argentina".[119]

5.2. "El riojano Ángel Vicente Peñaloza, el *Chacho*, nació en el caserío de Guaja, departamento de la Costa Alta de los Llanos, en 1796, del matrimonio formado por don Esteban Peñaloza y doña Ursula Rivero, ambos riojanos (...) Es bastante conocido el origen del apodo asignado al púer Ángel

Vicente. Hablan de él tanto Sarmiento como José Hernández en sus dos libros clásicos sobre el célebre llanista. Quien lo educó en su niñez ('un anciano sacerdote'), para abreviar y dar más fuerza a la palabra *muchacho*, lo llamaba por ese apócope que, después, se haría famoso en los partes y cartas militares".[120] Y así explica José Hernández el origen del nombre *Chacho*: "Muy niño aún, (*Peñaloza*) fue tomado a su cargo por un anciano sacerdote de la provincia de La Rioja, a quien acompañó hasta su muerte. Este respetable anciano (...) balbuciente ya por su avanzada edad, no podía pronunciar claro la palabra muchacho con que acostumbraba a llamarlo, que ha venido a hacerse célebre en los fastos de nuestra historia política, y que será la eterna pesadilla de los que se han echado sobre sí la odiosa responsabilidad de su alevosa muerte".[121] Cuando veamos quiénes fueron en verdad los responsables de la alevosa muerte del Chacho nos preguntaremos si, como afirma Hernández, vivieron una eterna pesadilla. Veremos, por el contrario, que siguieron viviendo muy tranquilamente sus existencias y que no abandonaron los sueños de poder cuya trama incluyó el sacrificio de Peñaloza. Suele ser un consuelo de las víctimas pensar que los victimarios pasan el resto de sus vidas atormentados por las pesadillas de sus pecados.

Ya tenemos el origen del curioso apelativo del caudillo riojano. Peñaloza es el *Chacho* porque a un geronte con sotana el aire de sus pulmones le alcanzaba meramente para emitir dos de las tres sílabas de la palabra *muchacho*. Dos. Es decir, las dos últimas: *chacho*. Como sea, habrá de representar, a su modo sencillo, parco, expresivo pero de pocas palabras, la causa de los pueblos del interior.

5.3. La situación que encuadra el drama es la siguiente: Urquiza abandona la batalla de Pavón. Abandona una batalla que debió haber ganado en defensa del federalismo argentino. Con su repliegue se repliega la causa de las provincias. Surgen, entonces, pequeños caudillos que aún quieren guerrear contra las ambiciones avasallantes de Buenos Aires. El principal de esos caudillos es el viejo manso y de lenta y trabajada sabiduría que habrá de ser sacrificado en Olta: Ángel Vicente Peñaloza.

¿Quién habrá de asesinar a Peñaloza? A Peñaloza lo asesinará el progreso. El progreso acostumbra ser arrasador. Se suele matar en nombre del progreso y de la civilización con una certeza y una impiedad que superan toda posible barbarie. Tracemos un paralelo.

En la Argentina, prolijamente, se aniquiló a indios y gauchos porque se oponían al Progreso. (Así, con imponentes mayúsculas.) Todos hemos visto esas películas del *far-west* estadounidense. Las hemos visto de pibes. O las vemos ahora en televisión. La actitud del cine norteamericano con respecto al indio ha ido evolucionando. Desde *La Diligencia* —de John Ford, protagonizada por John Wayne y filmada en 1939— en la que el indio era el Mal absoluto corrió mucha agua bajo el puente. Fue el propio Ford quien comenzó a cambiar el punto de vista. En *El Ocaso de los Cheyennes* —protagonizada por Richard Widmark, James Stewart, Edward G. Robinson y filmada en 1964— el indio no sólo no es el Mal absoluto, sino que Ford llega a conmover a sus espectadores describiendo ese trágico *ocaso* de los nobles cheyennes: el progreso los aniquila, pero hubiera sido deseable respetarlos y conservarlos. La valoración del indio llega hasta *Danza con lobos,* de 1990, dirigida y protagonizada por Kevin Costner. Se demoró, según vemos, *demasiado* en respetar a los indios.

Ahora se hacen documentales de implacable revisionismo: se muestra el genocidio del indio norteamericano como parte de una política de *progreso* que no se detenía ante nada.

Pero Argentina no es Estados Unidos. Y habría que ver por qué. La diferencia está en la concepción del *progreso* que ambos países implementaron. Detrás de las *matanzas progresistas* de los blancos norteamericanos venían los colonos. Lo hemos visto en infinidad de westerns. Hemos visto a los indios atacando a las carretas de los colonizadores. La imagen se ha hecho clásica. Las carretas se colocan en círculo y los carapálidas se defienden de la ira de los hombres de piel cobriza.

El *progreso* yanki era una empresa capitalista. Era una naciente burguesía productora la que se adueñaba de los territorios arrebatados a los indios para incorporarlos a la pujante, expansiva economía capitalista del país. *No querían enriquecerse, querían trabajar.* Esto se expresa en la célebre frase: *Go west, young man.* El oeste era el territorio de la esperanza y —como tal— esperaba a los hombres jóvenes. Por el contrario, la matanza de gauchos que se realiza después de Pavón no se implementa con un criterio de colonización. Sólo se desea exterminar a quienes se oponen a las ambiciones de hegemonía y dominio de las oligarquías porteñas. *No quieren construir un país, quieren exterminar a un enemigo.*

Lo mismo ocurre con los genocidios indígenas que implementan primero Juan Manuel de Rosas y luego Julio Argentino Roca: salieron a matar indios para conquistar y repartir tierras; *no para colonizarlas, no para incorporarlas a una economía capitalista en desarrollo.* Detrás de las matanzas de Rosas y de Roca no venían los laboriosos colonos, sólo venían los ciegos y ambiciosos hombres que habrían de convertirse en terratenientes. En poderosos oligarcas a quienes poco les importaba crear un país porque preferían, antes, construir sus fortunas personales, desmesuradas e improductivas. Ociosas. En Estados Unidos mataron para construir una nación. Aquí mataron para poseer fortunas.

Ninguna de las dos matanzas tiene justificación histórica posible porque toda matanza es inaceptable. Pero la *burguesía conquistadora* norteamericana entendía el *Progreso* de muy distinto modo al de los parásitos y ociosos conquistadores de tierras argentinos. En esas dos maneras de entender el *Progreso* —una como apropiación y producción y la otra como apropiación y goce— están las causas del destino diferenciado de ambos países.

Sabemos que Sarmiento —en sus días crepusculares— habrá de abominar de la clase a cuyos intereses sirvió. Tuvo

235

la necesaria inteligencia y grandeza para hacerlo. Así, despectivamente, habló de *esa oligarquía con olor a bosta de vaca*. El, que hizo tanto por consolidarla. Que aplaudió, con helada impiedad, la decapitación de Peñaloza.

5.4. No todos nuestros historiadores son parciales, unidimensionales o conciliadores oportunistas. No todos son unitarios o federales, rosistas o antirrosistas, peronistas o antiperonistas, liberales o revisionistas. No todos, tampoco, se entregan a construir una historia sin contradicciones, sin pasiones, sin sonido ni furia, por decirlo así.

José Luis Busaniche es uno de nuestros más grandes historiadores. Es, quizá, un liberal desengañado. Porque pocos, como él, han visto, desde el corazón de la historiografía liberal, las atrocidades del liberalismo en nuestra patria. Con frecuencia, Busaniche pareciera ser el Juan Bautista Alberdi del siglo XX. Así, en su *Historia Argentina*, llama a Sarmiento *progresista homicida*. Es una conceptualización de extrema dureza y de gran exactitud.[122]

Escribe Busaniche: "Ante la cabeza cortada de Peñaloza, Sarmiento se sintió solazado y feliz y escribió a Mitre el 18 de noviembre de 1863: 'Después de mi anterior, llegó el parte de Irrazábal de haber dado alcance a Peñaloza y cortádole la cabeza en Olta, extremo norte de los Llanos, donde parece que descansaba tranquilo con su estado mayor. No sé lo que pensará de la ejecución del Chacho. Yo he aplaudido la medida precisamente por su forma. Sin cortarle la cabeza a ese inveterado pícaro y ponerla a la expectación, las chusmas no se habrían aquietado en seis meses'".[123]

Nos detenemos en esta frase: "He aplaudido la medida precisamente por su forma". La forma fue la *decapitación*. Porque así fue: a Peñaloza le cortaron la cabeza. Pero ¿cómo fue?

Luego del triunfo en Pavón, el general triunfante en esa batalla —es decir, el general Mitre— decide lanzar una guerra punitiva contra los caudillos federales. (Sinónimos de punitivo: castigo, escarmiento.) A esta *guerra punitiva* Mitre le da el nombre de *guerra de policía.* Y sabía muy bien por qué utilizaba ese concepto. Se lo dice a Sarmiento en una carta que el sanjuanino cita en su libro *El Chacho.* Dice Mitre: "Declarando 'ladrones' a los montoneros sin hacerles el honor de considerarlos como partidarios políticos, ni elevar sus depredaciones al rango de reacción, lo que hay que hacer es muy sencillo".[124] ¿Qué es lo *sencillo* que hay que hacer? *Lo sencillo es matarlos.*

Hay muchas biografías de Sarmiento. Una de las mejores la escribió Allison Williams Bunkley. La publicó Eudeba y en su página 356 figura un texto fundamental. Es el siguiente: "Sarmiento había aprendido del general Bougueaud en el norte de Africa que era necesario 'combatir la barbarie con la barbarie', y no perdonó medios para hacerlo". Convendrá retener este precepto, este mandato pasionalmente asumido por Sarmiento: *combatir la barbarie con la barbarie.*

Luego, en su libro, en *Vida del Chacho,* que escribe para justificar sus atropellos desde la gobernación de San Juan y prepararse el camino para la presidencia de la República, Sarmiento se lanza a hacer sus propias consideraciones sobre el caso. Escribe: "El idioma español ha dado a los otros la palabra *guerrilla,* aplicada al partidario que hace la guerra civil fuera de las formas, con paisanos y no con soldados, tomando a veces en sus depredaciones las apariencias y la realidad también de la banda de salteadores. La palabra argentina *montonera* corresponde perfectamente a la peninsular *guerrilla* (…) Las *guerrillas* no están todavía en las guerras civiles bajo el palio del derecho de gentes (…) Chacho, como jefe notorio de bandas de salteadores, y como *guerrilla,* haciendo la guerra por su propia cuenta, murió en esa guerra de policía, en donde fue aprehendido y su cabeza puesta en un poste en el teatro de sus fechorías. Esta es la ley y la forma tradicional de ejecución del salteador".[125]

Por eso Mitre decía: *guerra de policía.* Por eso Sarmiento decía: *salteadores.* Intentaban decir: no luchamos contra soldados sino contra delincuentes. Y a los delincuentes no se los juzga, no se les aplica el código de honor de la guerra: se los mata donde se los encuentra, se les corta la cabeza y se expone a la expectación pública.

El más sanguinario de los punitivos de la civilización fue el coronel Ambrosio Sandes. En carta del 15 de marzo de 1862 Sarmiento le escribe a Mitre: "El coronel Sandes llevó por escrito (…) de pasar por las armas a todos los que encontrase con armas en la mano y lo ha ejecutado en los jefes y oficiales. Dios guarde a V.E. Domingo Faustino Sarmiento".

Durante esos días, un general de Mitre llega a Buenos Aires. Es el general Arredondo y le dice a Mitre:

—Sandes es un malvado.

Mitre le responde:

—Yo sé que Sandes es un mal, pero es un mal necesario.

En una de sus furiosas cartas Sarmiento escribe: "Sandes ha marchado a San Luis. Si Sandes va, déjenlo ir. Si mata gente, cállense la boca. Son animales bípedos de tan perversa condición que no sé lo que se obtenga con tratarlos mejor".[126]

Pero Peñaloza seguía guerreando. Lo llamaban el *Padre de los Pobres*. Luchaba con lanzas contra fusiles Remington. Y aguardaba, desesperadamente, que Urquiza volviera a montar a caballo y emprendiera otra vez la marcha sobre Buenos Aires. Entonces —ingenuamente pensaba— él se le uniría y la victoria sería inevitable. Pero Urquiza no volvería a montar a caballo para guerrear contra Buenos Aires. Durante esos días se dedicaba a cuidar sus ovejas, a tomar mate en el Palacio de San José y a dejar embarazadas a todas las mujeres de Entre Ríos.

5.5. El 12 de noviembre de 1863 fue un día lluvioso y trágico. Peñaloza —derrotado en todas las batallas en que enfrentó a los ejércitos de Buenos Aires— buscó refugio en Loma Blanca, no muy lejos de la plaza de Olta. Y ahí se quedó, sentado en un catre y con un mate en la mano. Tal vez estaba cansado. Tal vez había, por fin, comprendido que Urquiza jamás volvería a alzarse contra los civilizadores.

Le cedemos —una vez más— la palabra a Busaniche: "Al último (*Peñaloza*) buscó refugio en los Llanos, vencido e inerme, y allí fueron a buscarlo los civilizados con perseverancia tenaz, hasta que un día de noviembre lo hallaron en el caserío de Olta, entre su familia. —¿Cuál es el bandido Peñaloza?, gritó un oficial de línea, de apellido Irrazábal. —Yo soy Peñaloza, pero no soy bandido, contestó el viejo Chacho. Y no pudo continuar porque le atravesaron a lanzadas los de la partida, obedeciendo a la voz del oficial que era la voz de los nuevos principios. Le cortaron luego la cabeza y la pusieron en un palo a orilla del camino". Y continúa Busaniche: "Así terminó aquella guerra feroz inspirada por el odio de un partido que todavía buscaba su desquite desde la muerte del matador de Dorrego. 'El jefe, lo toma, lo mata —dijo años después Guillermo Rawson en el Senado de la Nación— y pone sobre un palo la cabeza del viejo Chacho con su barba blanca encanecida; y como era conocido por todos, hasta por las plantas que lo rodeaban, lo pusieron para terror y espanto de los demás montoneros. Esto también —agregó Rawson con velado sarcasmo— *fue una irregularidad*'". Y concluye Busaniche: "Lo cometido por otros en 1840, es un horrendo crimen, cometido por personas de fortuna en 1863, es para cierta historiografía inescrupulosa, apenas una *irregularidad*".[127]

Y así fue derramada la sangre de Ángel Vicente Peñaloza, el Chacho. Le decían el *Padre de los Pobres*. Y los pobres le hicieron una copla que se cantaba en las pulperías:

> *Peñaloza diz que es muerto*
> *no hay duda que así será.*
> *Tengan cuidado, magogos,*
> *no vaya a resucitar.*

Nunca lo hizo. Y si alguna vez lo hizo… lo volvieron a eliminar.

6. Asesinato de Justo José de Urquiza

El miércoles 3 de febrero de 1870 el presidente Domingo Faustino Sarmiento visita a su antiguo enemigo Urquiza en la ciudad de Paraná. Sarmiento ha sucedido a Mitre en la presidencia de la República. La fecha de la visita de Sarmiento es emblemática, ha sido cuidadosamente elegida: ese 3 de febrero de 1870 se cumplen dieciocho años exactos de la batalla de Caseros. En Caseros, el llamado Ejército Grande, al mando del general Urquiza, había derrotado a las fuerzas de Juan Manuel de Rosas.

En una primera y prolija lectura, entonces, la visita de Sarmiento a Urquiza implica un reconocimiento, casi un homenaje: lo visita en el aniversario de la gran batalla que Urquiza ganó al frente de las fuerzas que se movilizaron contra el poder rosista: contra el poder de los estancieros y los saladeristas bonaerenses. Nunca se lo vio tan victorioso a Urquiza como en Caseros. Es, ahora, como si Sarmiento le dijera: "Reconozco en usted al jefe que comandó el ejército que derrotó a la tiranía. Reconozco en usted al caudillo nacional que nos libró de la dictadura del bárbaro Rosas y nos posibilitó la organización de la República".

Sin embargo, los barcos (Sarmiento, recordemos, había llegado en barco para visitarlo a Urquiza) suelen tener nombres. El *Titanic*, por ejemplo, tenía ese nombre —precisamente ése: *Titanic*— porque testimoniaba el orgullo de la ciencia positivista y su concepción del progreso ilimitado a comienzos del siglo XX.

Titanic es un nombre majestuoso, que expresa una arrogancia, una, digamos, vanidad histórica. Esa vanidad era la vanidad de la invencible burguesía que se lanzaba a la conquista del siglo XX y que confiaba en la idea del Progreso, que era hijo de la Ciencia, de los saberes impecables del positivismo. Así, la catástrofe del *Titanic*, que ocurre en abril de 1912, es la catástrofe de la idea del Progreso Ilimitado. Dos años después estallaba la Primera Guerra Mundial.

Como vemos, los nombres de los barcos no responden

a casualidades. Tampoco era casual el nombre del barco que condujo a Sarmiento hasta los pagos de Urquiza: se llamaba *Pavón*. Y Pavón no era precisamente el nombre de una batalla que Urquiza hubiera ganado, sino el nombre de la más extraña y discutida de sus batallas. Una batalla, además, que dio por perdida cuando los más valerosos de sus hombres querían seguir guerreando porque, con total certeza, estaban seguros de ganar.

La batalla de Pavón se había librado en septiembre de 1861. Urquiza comandaba el ejército de la Confederación Argentina y Mitre las tropas de Buenos Aires. Ya veremos con mayor detenimiento qué pasó en Pavón, qué significa Pavón militar y políticamente. Pero podemos anticipar algo: para los entrerrianos, para los federales, para los hombres de la Confederación, Pavón significa una batalla que Urquiza no se decidió a ganar, una batalla que entregó a Mitre, a Buenos Aires. Una batalla perdida porque el comandante del ejército federal, sorpresivamente, decidió volverse al tranco a su provincia.[128]

¿Comprendemos ahora la osadía, la ofensa de Sarmiento? Arribar a Entre Ríos en un buque llamado *Pavón* era recordarle a Urquiza y a los federales el momento de la derrota, y de la peor de las derrotas: la derrota injustificada. Sin coraje y tal vez hasta traidora y cobarde.

¿Sarmiento quiso hacerle un homenaje a Urquiza? ¿Quiso decirle que honraba la memoria de Pavón porque en esa jornada Urquiza había abandonado la lucha en beneficio de la unidad y la organización nacional? Muchos historiadores que hacen de nuestra historia un cuento de hadas protagonizado por héroes de bronce brilloso se acercan a esta convicción: si Urquiza, dicen, se retiró de Pavón fue porque era un patriota que quería la organización de la República y si Sarmiento llegó a Entre Ríos con un buque de este nombre fue porque quiso recordarle a Urquiza ese gesto patriótico y magnánimo. Qué bobería más insípida. Qué cuento mezquino, sin encanto ni pujanza.

Sarmiento, en ese caluroso mes de febrero de 1870, le

presentaba a Urquiza, en sus propias narices, un doble mensaje: lo reconocía como el vencedor de Caseros pero le recordaba que era, también, el derrotado de Pavón, el hombre que había aceptado la supremacía definitiva de Buenos Aires sobre las provincias federales. Y si bien Urquiza se hizo el distraído, los entrerrianos que aún rumiaban entre el rencor y la indignidad la retirada de los campos de Pavón, recogieron el guante, entendieron el mensaje sarmientino. Y juraron vengarse.

El agravio de Sarmiento no quedaría impune. Los entrerrianos —ésos, los que habían querido desesperadamente seguir luchando en Pavón— se harían justicia. Pero no matando a Sarmiento. Sino derramando la sangre de quien aceptaba mansamente el agravio del poder de Buenos Aires: Urquiza.

Ese 3 de febrero de 1870, mientras las salvas de los cañones saludaban la llegada del *Pavón*, mientras Sarmiento desembarcaba para estrecharse en un abrazo conciliador con Urquiza, los federales duros, los que desde hacía ya tiempo hablaban de la "traición" de Urquiza, maceraban su odio y preparaban sus puñales. La suerte del vencedor de Caseros estaba echada. Sólo le restaban dos meses de vida.

6.1. Esta no es una biografía. Es el trazado de la muy compleja trama de hechos que determinaron el asesinato de Urquiza en el Palacio de San José. De modo que nos bastará con decir que Justo José de Urquiza nació en Entre Ríos el 18 de octubre de 1801. Tiene nueve años (o los tendrá apenas unos meses después) cuando se produce la Revolución de Mayo, tiene diecinueve cuando los caudillos federales del interior mesopotámico (Santa Fe, Entre Ríos) entran con modales desprolijos en la soberbia Buenos Aires y tiene veintinueve cuando Rosas asume el poder.

En la década del 40 Urquiza ya comienza a vislumbrarse como el hombre que entraña un real, auténtico peligro para Rosas. Las miradas de los unitarios, las miradas de todos quienes desean la caída del Restaurador, empiezan a volverse hacia él.

Urquiza es un militar entrerriano, un federal que acepta la política de Rosas y que, también, cada año, junto a los otros gobernadores, le renueva al Restaurador el poder de representante de las relaciones exteriores de la Confederación. En suma, es un buen federal, un hombre de Rosas y un vencedor despiadado en las batallas que libra.

Hay cinco batallas fundamentales en la vida de Urquiza: India Muerta (27 de marzo de 1845), Vences (27 de noviembre de 1847), Caseros (3 de febrero de 1852), Cepeda (23 de octubre de 1859) y Pavón (17 de septiembre de 1861). En las batallas de India Muerta y Vences, Urquiza lucha como militar de la Confederación rosista. Son batallas de tremenda crueldad.

La historiadora urquicista (con frecuencia: *agobiantemente urquicista*) Beatriz Bosch escribe: "Aplastante triunfo del ejército federal. Cinco jefes, setenta y un oficiales y mil doscientos cuarenta individuos de tropa quedan prisioneros, según el parte del día siguiente de la victoria. Banderas, estandartes, armas y carruajes integran el copioso trofeo. Al descalabro sigue la inmediata persecución".[129]

Observemos esto: Urquiza persigue a un enemigo descalabrado. Escribe Beatriz Bosch: "Urquiza mismo corre a lo largo de tres leguas a los fugitivos, que buscan los montes (…) Cruento matiz caracteriza a la jornada". Bosch intenta justificar a Urquiza, limpiarle la sangre de las manos, y escribe: "Ninguna de las víctimas lo fue en virtud de órdenes impartidas por el vencedor".[130] Sin embargo, los fusilamientos y las degollaciones posteriores a esa batalla dejan caer sobre Urquiza un mote sombrío, siniestro: le dirán, para siempre, "el degollador de Vences".

Como sea, el poder rosista comenzaba a resquebrajarse y todos veían en el caudillo militar de Entre Ríos al único jefe capaz de encabezar un movimiento contra el Restaurador. Así las cosas, rodean y escriben cartas a Urquiza los unitarios emigrados en Montevideo y los rosistas que desean sacudirse la sofocante presencia del Gaucho de los Cerrillos. Urquiza comienza a dar forma militar (más militar que política) a los sueños liberadores de Sarmiento, Alberdi y Mitre, las grandes figuras del liberalismo. Y también a los sueños de viejos federales porteños y cuasi mazorqueros como Lorenzo Torres, que desean sacudirse la molesta cáscara rosista y abrir el país al comercio exterior.

La decadencia del régimen rosista no es incomprensible, sino todo lo contrario. En 1852, Rosas era un caudillo arcaico, abrazado a una idea de soberanía que se negaba a incorporar elementos modernizadores. Quizá Rosas debió modernizar el país y mantener su soberanía. O por decirlo de este modo: debió combinar la pasión nacional de la Vuelta de Obligado con los ferrocarriles y el desarrollo de una clase capitalista progresiva y productora. Pero, ¿era posible?

Algo es factible afirmar: *no era posible para Rosas*. El Restaurador representaba un nacionalismo de resistencia, defensivo. Pero le tenía demasiada tirria a lo extranjero. Jamás hubiera traído técnicos, ingenieros europeos al país. Esto lo hizo, en el Paraguay, el fantasioso, alocado y tal vez genial Francisco Solano López. Quien no sólo se trajo de Europa a la irlandesa Madama Lynch y la hizo su mujer, sino que también trajo ingenieros, médicos y arquitectos europeos para hacer una potencia industrialista en su pequeño país. Así, comenzó a demostrar algo absolutamente incómodo para los liberales del Plata: comenzó a demostrar que era posible un desarrollo nacional independiente. Claro: los liberales del Plata se encargaron de hacerlo imposible. Armaron la guerra de la Triple Alianza y aplastaron al pequeño paraíso industrialista de López y su bella mujer irlandesa. (Urquiza fue cómplice de este crimen histórico y su muerte tiene mucho que ver con esa actitud.)

Pero Rosas no era Solano López. Siguió aferrado a la economía de la carne salada, del tasajo que se vendía para los mercados esclavistas. Sólo que en 1852 esos mercados se habían reducido considerablemente. Los ganaderos entrerrianos, consagrados al desarrollo del ganado lanar, que Inglaterra realmente reclamaba, necesitaban alterar la situación política. También la burguesía mercantil porteña, clase improductiva e intermediaria que requería la libre penetración de las manufacturas británicas. En resumen: en 1852 nadie quería a Rosas. Los liberales porteños porque clamaban por el retorno al librecambio. Los ganaderos entrerrianos porque querían ubicar en Europa su producción lanar. Y los mismos rosistas porque también querían diversificar su producción y mantener el poder del puerto y de la Aduana sin soportar ya la presencia asfixiante del Restaurador. Algo tenía que pasar.

Y lo que pasó fue Caseros.

6.2. Urquiza se pone al frente del Ejército Grande Libertador y marcha sobre Buenos Aires. Ya le había rechazado a Rosas el derecho a tener las representaciones exteriores de la Confederación. Luego hizo un airado *Pronunciamiento* (conocido, claro, como el *pronunciamiento de Urquiza*) y luego montó a caballo.

El boletinero del Ejército Grande era un escritor de lujo: era nuestro bien conocido Domingo Sarmiento, aquí a las órdenes de Urquiza y escribiendo entre tanto un libro notable: *Campaña en el ejército grande*. En él, como no podía ser de otro modo, nos da un formidable retrato de Urquiza. El *loco* Sarmiento cuenta lo siguiente: Urquiza, en su tienda de campaña, tenía un enorme perro. Le había dado el nombre de un almirante inglés, de un anciano y simpático almirante inglés que había colaborado con los unitarios en Montevideo. El perro se llamaba Purvis. Como el almirante, desde luego.

Y escribe Sarmiento: "El perro Purvis, pues, muerde horriblemente a todo el que se acerca a la tienda de su amo. Esta es la consigna. Si no recibe orden en contrario, el perro muerde. Un gruñido de tigre anuncia su presencia al que se aproxima; y un 'Purvis' del general, en que le intima estarse quieto, la primera señal de bienvenida. Han sido mordidos Elías, su secretario, el barón de Grati, cuatro veces, el comandante de uno de sus cuerpos, y Teófilo, su hijo, y ciento(s) más".[131]

Hagamos la pregunta insalvable: ¿habrá logrado Purvis morder a Sarmiento? Es la pregunta que a Sarmiento le hará el general Paz. "El general Paz (dice Sarmiento), al verme de regreso de Buenos Aires, su primera pregunta confidencial fue: —¿No lo ha mordido el perro Purvis? —Porque no ha podido morderme, general, es que me ve usted aquí. Siempre tenía la punta de la espada entre él y yo".[132]

Sarmiento cuenta otro detalle importante: cuenta que Urquiza le hacía saber a los unitarios emigrados y ahora adheridos al Ejército Grande "la necesidad de ponerse la cinta colorada". Ya veremos lo agresivo que sabría ser Urquiza con los porteños en este aspecto. Por supuesto: hasta Pavón. Pero luego de la victoria de Caseros, se dará el gusto de entrar en Buenos Aires con la cinta federal. Feroz humillación para la orgullosa ciudad liberal.

Ahora Sarmiento está ahí, en la tienda de Urquiza, Purvis lo mira y no se atreve a morderlo. En parte porque su amo lo ha contenido y en parte porque Sarmiento tiene su espada lista para defenderse. El sanjuanino aprovecha para hacer una sugestiva descripción de Urquiza. Dice que no le encuentra nada excepcional. Y escribe: "Ningún signo de astucia, de energía, de sutileza, salvo algunas guiñadas del ojo izquierdo, que son la pretensión más bien que la muestra de sagacidad".[133]

Esto de las guiñadas del ojo izquierdo es lo que llamamos "sugestivo". Sugiere un paralelismo: el de Urquiza y Perón, ambos expertos en guiñar los ojos. Y también —según vimos— algo más: de acuerdo con la interpretación que finalmente hiciera gran parte de la izquierda peronista en los años setenta acerca de Perón... Perón habría sido el sucesor de Urquiza. Porque Urquiza traicionó a los montoneros del siglo XIX y Perón a los del XX. Como vemos, el pasado no siempre es meramente el pasado. Los paralelismos enriquecen las interpretaciones. Esta, desde luego, es precisamente eso: una interpretación. Si Perón fue el Urquiza del siglo XX es una cuestión altamente discutible. Pero extraordinariamente provocativa.

Eso sí: tanto Perón como Urquiza guiñaban el ojo izquierdo. Y tal actitud, para un observador tan implacable como Sarmiento, es "La pretensión más que la muestra de (la) sagacidad". Y algo más observa el sanjuanino en Urquiza. Y, al hacerlo, define tal vez como nadie al amo de Purvis: "*Era preciso anularse en su presencia; era preciso no haber pensado jamás, hecho o dicho cosa que no partiese de él mismo, que no hubiese sido inspirada directa o indirectamente, mediata o inmediatamente, próxima o remotamente por él*".[134] Se trata de un texto de notable precisión psicológica. Un texto que tal vez pinta a Urquiza mejor que las 796 páginas de Beatriz Bosch.

6.3. La batalla de Caseros es una batalla que se resuelve en tres horas. Algunos historiadores del revisionismo histórico nacionalista afirman que Rosas guerreó más contra el Imperio del Brasil que contra Urquiza. Es una afirmación discutible. Su intento es demostrar que Rosas fue depuesto por una potencia extranjera; demostrar que, con la caída de Rosas, caía el honor de la patria y que el Brasil (a quien Ernesto Palacio llama obstinadamente "nuestro enemigo histórico") se adueñaba de Buenos Aires, de la Confederación, se vengaba, en suma, de la derrota de Ituzaingó.

No es así: la derrota de Rosas en Caseros no es la infamante derrota de la patria a manos de una potencia extranjera. El llamado *ejército grande* de Urquiza era un, digamos, frente amplio: estaba compuesto por los unitarios de la emigración ilustrada de Montevideo, por los románticos de la nueva generación que habían venerado a Esteban Echeverría, al joven Alberdi y a Florencio Varela, por los ganaderos del litoral no porteño, por antiguos rosistas y, sin duda alguna, por batallones brasileños que Urquiza había logrado movilizar en favor de su cruzada.[135] No entregó la patria por eso. Quería la derrota de Rosas y (pragmático como buen político argentino) les habrá prometido beneficios y provechos para sumarlos a sus tropas.

El más brillante de los militares con que Rosas cuenta

en Caseros es el coronel Martiniano Chilavert. También es el que lucha con más empeño y eficacia. Finalmente, derrotado, cuando Rosas ya ha huido hacia el buque inglés que lo trasladará hacia las lejanías de Southampton, Chilavert es detenido y lo llevan ante Urquiza.

¿Qué hará Urquiza?

Parecen tener, en principio, una conversación caballeresca, una serena conversación entre un vencedor y un vencido. Un vencido que merece respeto por su dignidad y su valor.

Sin embargo, de pronto sale Urquiza y, a gritos, ordena fusilar a Chilavert. Y por la espalda. Nadie sabrá jamás el motivo. Pero el jefe supremo del Ejército Grande se permite esta feroz arbitrariedad: "¡Que lo fusilen por la espalda!", ruge.

Los soldados urquicistas aferran a Chilavert, pero éste, con fiereza, logra desamarrarse y no permite que lo pongan de espaldas contra los fusileros. Ahora se señala el pecho y grita: "¡Tiren, tiren aquí!". Los soldados bajan los fusiles. El oficial los contiene. Pero suena un tiro y la cara de Chilavert se cubre de sangre. Se conserva todavía de pie ante los soldados y, casi sin ver, continúa gritando: "¡Tiren al pecho!" Lo atraviesan con las bayonetas, lo golpean con las culatas y lo martirizan con las espadas. Chilavert, aún de pie, aún vivo, se lleva otra vez la mano al pecho: con su gesto está diciendo: "¡Tiren aquí!".[136]

También fue sacrificado el coronel Martín Santa Coloma, a quien se le tenía especial odio por haber sido uno de los jefes de la organización parapolicial de Rosas, la Mazorca. A Santa Coloma lo degollaron por la nuca. La orden fue impartida por Urquiza. Que fuera degollado por la nuca, ordenó, "para que pagase a los que él mató así", como explicita el boletinero del Ejército Grande, Sarmiento. El degüello era una modalidad, una costumbre de matar típica de los tiempos.

Escribe Carlos Ibarguren: "El degüello fue (…) para el soldado y el gaucho, el medio preferido de deshacerse de sus enemigos. Experimentaba una fruición feroz y voluptuosa al hundir la daga en la carne palpitante, sentir los estremecimientos de la víctima y ver borbotear la sangre tibia".[137] Charles Darwin en su *Viaje de un naturalista* escribe: "Cuando el gaucho corta un pescuezo lo hace como un gentleman". Una apreciación muy británica. Ni los gauchos ni los hombres de Urquiza se comportaban como caballeros cuando se entregaban a la práctica feroz del degüello. Solían haber degüellos aún peores que los del orden común: porque, a veces, con cruel deliberación, el degüello se hacía con un cuchillo mellado.

Urquiza establece su cuartel de general victorioso en los parajes de Palermo. Aquí, los fusilamientos son cotidianos. Se fusila sin piedad. Y los cadáveres se cuelgan de los árboles. Algunas damas que van a visitar, a conocer al vencedor del sangriento tirano Rosas se horrorizan ante el espectáculo. Para Urquiza había vencedores y había vencidos.

Al entrar en Buenos Aires lo hizo al frente de sus tropas y, ante el espanto de los liberales porteños, no se privó de llevar el cintillo federal. También desfilan en esa jornada los batallones brasileños. Urquiza no se opone a que lo hagan. Sabe que tiene en sus manos el dominio de la situación. Días después insiste en obligar a los mismísimos porteños a usar el cintillo federal. Los hombres de Buenos Aires, secretamente, murmuran temerosos: ¿Ha llegado un nuevo Rosas?

6.4. La situación es compleja. Todos querían la caída de Rosas. No las peonadas, no los gauchos, quienes se sentían protegidos por el populismo agrario del Restaurador. Pero la oligarquía ganadera bonaerense estaba harta del personalismo rosista. Quería manejar el país al margen de una presencia tan absorbente y tiránica. Además, en la Vuelta de Obligado, Rosas le había puesto cadenas a los ríos. ¿Es posible imaginar una imagen más contraria al librecambio, a la inserción del país en el ámbito de la modernidad capitalista?

Para Rosas el capitalismo se reducía a la estancia, a la exportación de carne salada y a la manipulación populista del gauchaje. Los hombres de su clase querían más: querían, ellos, manejar el país y consolidar lazos poderosos con Inglaterra en lo económico y con Francia en lo cultural. ¿A quién representaba Urquiza? Representaba a los ganaderos del litoral entrerriano, una clase en pleno ascenso, poderosa, que se afirmaba en sus buenas relaciones con el federalismo de las provincias interiores. Querían el puerto, querían la Aduana, querían ser el eje de la organización constitucional del país. El eje de la modernidad argentina.

Las luchas entre Buenos Aires y la Confederación que habrán de sobrevenir luego de Caseros deben entenderse así: ¿desde dónde se organizará el país, desde Paraná o desde Buenos Aires?; ¿qué clase social llevará adelante el proceso: los ganaderos bonaerenses y la burguesía mercantil del puerto o los ganaderos entrerrianos como socios mayores de los intereses federales, de los intereses de las provincias? Este es el marco político-conceptual del enfrentamiento entre Buenos Aires y Paraná, entre Mitre y Urquiza.

Los porteños establecen un frente compacto y decidido ante Urquiza. No quieren un nuevo Rosas. No quieren ser manejados desde Paraná. No quieren que Paraná hegemonice el proceso de modernización, de organización del país. Así, la alta clase ganaderil bonaerense (los que antes estuvieron con Rosas) establece una indestructible alianza con la burguesía mercantil, que eran los viejos unitarios, los hombres de ideas europeas, los que se habían exiliado en Montevideo.

No lo quieren a Urquiza. Urquiza es la vieja barbarie; detrás de Urquiza —además— están no sólo las provincias litorales sino las provincias mediterráneas, ese suelo de bárbaros caudillos. Se produce, de este modo, un golpe: el golpe del 11 de setiembre de 1852. Hay una hermosa calle con este nombre en el barrio de Belgrano. Bien, conmemora este golpe: el golpe de los airados porteños contra Urquiza.

Urquiza permanece en Paraná. Y es elegido gobernador de Buenos Aires don Valentín Alsina, en tanto que se elige ministro de gobierno y jefe de las fuerzas armadas a quien ya se perfila como el gran caudillo de la causa porteña: Bartolomé Mitre.

Escribe Milcíades Peña: "Y el 16 de setiembre, ante una reunión de hacendados congregados en el Coliseo, Lorenzo Torres y Valentín Alsina, exponentes rabiosos del federalismo y el unitarismo extremos, de la Mazorca y de la emigración montevideana, se confundieron en un abrazo para demostrar la solidez del frente de la oligarquía porteña contra la dictadura urquicista que la despojaba de sus privilegios en beneficio de todas las provincias".[138] El abrazo de Lorenzo Torres y Valentín Alsina se conoce como *el abrazo del Coliseo*. Y Lorenzo Torres no representa —como escribe José María Rosa— al *rosismo menguante*. No: representa al rosismo de ese momento. Al rosismo que quiere —como tenía con Rosas— el Puerto y la Aduana, pero que no quiere más a Rosas. Representa al *rosismo sin Rosas*, de aquí que tanto le teman a Urquiza, a quien visualizan como un nuevo Rosas.

Aclaremos algo importante: Urquiza no despojaba a Buenos Aires de sus beneficios en provecho de *todas* las provincias, como dice Peña. Lo hacía, ante todo, en beneficio de los ganaderos de Entre Ríos y luego —muy secundariamente— en beneficio de las restantes provincias, a quienes contaba como aliados secundarios. Ya veremos —y esto Peña lo explicita muy bien— que los ganaderos entrerrianos (ante todo: Urquiza), cuando advierten que su alianza con las provincias y su guerra con Buenos Aires está costando demasiado, le cederán el terreno a Buenos Aires, a Mitre y al poder de la burguesía mercantil y de la oligarquía terrateniente. Esta decisión, a Urquiza, le costará la vida.

6.5. Durante unos años Urquiza acepta su papel de caudillo de los intereses del litoral y de las provincias interiores. De este modo, y ante el intento de la provincia de Buenos Aires de separarse de la Confederación, monta a caballo y enfrenta a Mitre en la batalla de Cepeda, el 23 de octubre de 1859.

En esta batalla se destaca un gaucho guerrero. Es tan buen jinete y tiene tanto coraje que se dedica a inutilizar los cañones del enemigo... enlazándolos. Se llama Ángel Vicente Peñaloza. Le dicen *El Chacho*.

Los hombres de Urquiza vencen en Cepeda, pero Urquiza se niega a entrar en Buenos Aires. Respeta demasiado a la ciudad ilustrada y europea. Siguen los enfrentamientos. Y nada impide que Urquiza y Mitre (que Paraná y Buenos Aires) vuelvan a toparse en una batalla decisiva. Ocurre el 17 de setiembre de 1861 y es la batalla de Pavón. Todo indica que las fuerzas federales van ganando el combate. Pero... Lo sabemos: Urquiza —sin que nada lo justifique— emprende la retirada.[139] Los federales duros querían seguir peleando: lo querían Ricardo López Jordán, Ángel Vicente Peñaloza y Felipe Varela. Lo querían todos los bravos entrerrianos. Urquiza acababa de firmar su sentencia de muerte.

Se recluye ahora en el Palacio de San José y deja hacer a las tropas mitristas. Y el 12 de noviembre de 1863 es asesinado Ángel Vicente Peñaloza. Entonces José Hernández publica en el diario *El Argentino* de la ciudad de Paraná una serie de artículos en los que vaticina la muerte violenta de Urquiza. Los publica en noviembre de 1863, con la muerte ardiente de Peñaloza en el corazón. Escribe: "La sangre de Peñaloza clama venganza, y la venganza será cumplida sangrienta como el hecho que la provoca".[140] *Pocos textos argentinos —como éste de Hernández— explicitan la dialéctica de la sangre derramada y la venganza por la sangre derramada.* ¿De quién espera Hernández la venganza? De Urquiza. Urquiza —dice— "no puede continuar por más tiempo conteniendo el torrente de indignación que se escapa del corazón de los pueblos".[141]

Hernández —como antes Peñaloza, como pronto Felipe Varela— le pide a Urquiza que se ponga al frente de las fuerzas federales y vuelva a combatir contra Buenos Aires. Y lo amenaza de un modo muy especial. No le dice que habrá de ser víctima de los federales por no cumplir con su obligado papel histórico. No: le dice que quienes habrán de matarlo serán los unitarios, los hombres de Buenos Aires. Con pluma poderosa, cargada de furia y de presagios escribe: "el partido unitario es insaciable. Vuelve a todos lados su rostro sangriento, sus ojos inyectados de sangre, sus manos manchadas con sangre de hermanos (…) *La historia de sus crímenes no está completa*".[142] Bien, preguntemos: ¿por qué no está completa la historia de crímenes del partido unitario? Hernández responde: "El general Urquiza vive aún, y el general Urquiza tiene también que pagar su tributo de sangre a la ferocidad unitaria, tiene también que caer bajo el puñal de los asesinos unitarios, como todos los próceres del partido federal".[143]

Y el siguiente texto que escribe Hernández es de escalofriante premonición, como si estuviera viendo el futuro en tanto lo escribe: "Tiemble ya el general Urquiza; que el puñal de los asesinos se prepara para descargarlo sobre su cuello, allí, en San José, en medio de los halagos de su familia, su sangre ha de enrojecer los salones tan frecuentados por el partido Unitario".[144] Hay en este texto una velada, temible afirmación: *los unitarios frecuentan asiduamente los salones del Palacio de San José*. ¿Quiénes, entonces, habrán de matar a Urquiza? ¿Los unitarios que frecuentan sus salones o los federales que hierven de indignación porque tal cosa ocurre?

También Felipe Varela, ya alzado contra las fuerzas del mitrismo, espera la reacción de Urquiza. En enero de 1864 le escribe: "Con respecto a la Administración del general Mitre, toda la mayor parte de la gente clama al Altísimo que Su Excelencia monte a caballo a liberar de nuevo a la República que de lo contrario cae en un abismo". Y en su *Manifiesto* de 1868 aun habrá de decir Varela: "El magnánimo capitán Urquiza (nos) acompañará y, bajo sus órdenes, venceremos todos una vez más a los enemigos de la causa nacional". Pero no: Urquiza no habrá de montar a caballo. Se conforma con ser un satélite de Buenos Aires. No apoya a los federales rebeldes.

Su traición al federalismo combativo obedece a su especial percepción del siguiente problema: no quiere empeñarse en una guerra a fondo, sangrienta y final contra Buenos Aires. Urquiza y su clase —los estancieros entrerrianos— son liberales, librecambistas, miran más hacia Europa que hacia el Interior. ¿Para qué ponerse al frente de la modernización periférica de la Argentina? Que eso lo haga Buenos Aires. Urquiza sabe que los socios menores reciben buenas prebendas cuando no molestan. Y decide eso: no molestar. Y si las provincias se hunden, que se hundan. Ya está cansado de guerrear y Buenos Aires le asegura lo que desea: ser el prócer de la pacificación, buenos negocios y la tranquilidad de reposar en el hermoso Palacio de San José.

Sabía algo con claridad: la lucha que Buenos Aires estaba dispuesta a hacerle en caso de que continuara la beligerancia era absoluta, impiadosa. La había explicitado —con su habitual claridad, con su habitual pasión y su fuego con frecuencia incontrolado— el mismísimo Sarmiento en una carta que le envía a Mitre el 20 de setiembre de 1861. Una carta que el historiador entrerriano Aníbal Vázquez —en su biografía de López Jordán— califica de *sádica y satánica*. En esa carta dice Sarmiento: "Urquiza debe desaparecer de la escena, cueste lo que cueste, ¡Sothhampton o la horca!". Es decir, el destierro o la Muerte. Para Urquiza fue la Muerte, la muerte violenta, sin piedad. La exacta, precisa muerte que José Hernández le había vaticinado.

6.6. Urquiza es asesinado el 11 de abril de 1870. Dos meses atrás lo había visitado Sarmiento en el buque *Pavón*. Fue demasiado para los federales duros. Cincuenta hombres, comandados por Simón Luengo, entran en el Palacio de San José. Urquiza, que está en la galería con uno de sus ministros, los ve llegar y los oye proferir gritos alarmantes. "¡Muera Urquiza!", gritan. "¡Viva López Jordán!" Aníbal Vázquez dice que Urquiza se defendió con valentía. Pero era tarde para ser valiente. Los federales duros hubieran preferido que fuera valiente con Buenos Aires antes que serlo con sus asesinos. Lo apuñalan.

Ricardo López Jordán había sido el lugarteniente de Urquiza que más empeño tuvo en continuar la batalla de Pavón, que consideraba ganada por los federales. Luego se levantará en armas contra la ciudad portuaria. Luego será derrotado. Y luego lo matarán de un tiro en una calle de Buenos Aires. Como a un perro.

Ahora la organización del país ya queda en manos —completamente— de Buenos Aires. Pero las provincias no son inocentes del país que se construye. Son los provincianos Sarmiento (sanjuanino), Avellaneda (tucumano) y Roca (también tucumano) quienes realizan la organización centralista y macrocefálica del país. La Argentina entra en la etapa de su modernización. *Pero la potencia le viene de afuera.* Es una modernización satélite, periférica. Argentina es al Imperio Británico lo que Urquiza terminó siendo a Buenos Aires: un socio menor, muy menor, casi mendicante.

La posibilidad de un país integrado, de un país construido en beneficio de todos y no solamente del Puerto y la Aduana de Buenos Aires se había perdido. Y en esa pérdida, en esa derrota a la que tanto contribuyó, Urquiza perdió lo que perdió el 11 de abril de 1870 en el Palacio de San José, ante los ojos horrorizados de su familiares, su vida.

Quienes lo compraron dicen que fue un patriota, un hombre que resignó sus ambiciones en nombre de la pacificación y la organización de la República. Quienes lo mataron dicen —sencillamente— que fue un traidor. Que abandonó a los pobres, a las provincias marginadas que todo lo esperaban de él. Y Alberdi (en el tomo V de sus *Escritos póstumos*) dirá: "Acaba su vida como la empezó". ¿Cómo la empezó? Siendo, con Rosas, un satélite de Buenos Aires. ¿Cómo la terminó? Siendo también, con Mitre y Sarmiento, un satélite de Buenos Aires. Nada de esto justifica su asesinato, pero permite comprender por qué ocurrió.

7. Transición a la tercera parte

En *El Resplandor*, film de Stanley Kubrick, hay una escena terrorífica: una ola de sangre invade un recinto de modo arrollador, incontenible. Es la imagen de la sangre como la imagen de la Muerte. Tal vez como la imagen del Mal. Así hemos visto correr la sangre a lo largo de estos relatos: como una oleada vigorosa que se ha alimentado de miles de vidas. Liniers, Dorrego, Quiroga, las víctimas de la Mazorca, Lavalle, Peñaloza, Urquiza y los miles de muertos que dejó a su paso la llamada "conquista del desierto".

Como vemos, uno de los carriles centrales a través de los que se ha desarrollado nuestra historia es el de la sangre derramada. Es decir, el de la violencia. En los pasajes violentos de nuestra historia es donde hemos encontrado los núcleos de *incomprensión absoluta*. Deberíamos definir este concepto. Digámoslo así: la incomprensión absoluta es el rechazo integral de las razones del Otro. La incomprensión absoluta es lo que podríamos llamar la concepción de la política y de la historia como guerra. La guerra consiste en conceptualizar al Otro, al diferente, como *enemigo*. Una vez que se ha ubicado al Otro en la dimensión del enemigo la *única* actitud ante él es la violencia. Es por medio de la violencia que los enemigos —en la guerra— resuelven sus conflictos. Así, habría toda una vertiente de la historia argentina que ha solucionado los conflictos recurriendo a la violencia. Y la resolución de los conflictos por medio de la violencia ha sido hegemónica en nuestra historia. Esta hegemonía ha urdido una historia trágica, tramada por el odio, la venganza y la sangre derramada. Toda sangre derramada ha reclamado otra sangre derramada para buscar el falso alivio de la venganza.

7.1. La muerte de Santiago de Liniers es parte del concepto jacobino de *revolución* que manejaron los hombres de Mayo; sobre todo el más enérgico de todos ellos, Mariano Moreno. Hay que observar cuidadosamente que ese concepto también lo maneja el severo unitario Salvador María del Carril cuando, en su célebre carta a Lavalle del 12 de diciembre de 1828 —a pocos días del fusilamiento de Dorrego, que esta carta reclama—, le explicita: "Ahora bien, general, prescindamos del corazón en este caso. Un hombre valiente no puede ser vengativo ni cruel. Yo estoy seguro que usted no es ni lo primero ni lo último. Creo que usted es además un hombre de genio y entonces no puedo figurármelo sin la firmeza necesaria para prescindir de los sentimientos y considerar obrando en política todos los actos de cualesquiera naturaleza que sean como medios que conducen o desvían de un fin". Del Carril se maneja hábilmente en la dialéctica entre medios y fines. Los fines requieren determinados medios, y si esos medios implican que la sangre corra, la sangre deberá correr. Y continúa: "Así, (*como un medio*, JPF.) considere usted la vida de Dorrego. Mire usted que este país se fatiga 18 años hace en revoluciones, sin que una sola haya producido un escarmiento. (*Se equivoca o miente: olvida, ante todo, el fusilamiento de Liniers y sus compañeros*, JPF.) Considere usted el origen innoble de esta impureza de nuestra vida histórica y lo encontrará en los miserables intereses de quienes las han ejecutado". El taimado del Carril se desmadra: la falta de fusilamientos le parece una *impureza de nuestra vida histórica*. Y —entre brillante y tenebroso— concluye: "la ley es: que una revolución es un juego de azar, en el que se gana hasta la vida de los vencidos cuando se cree necesario disponer de ella".

Este jacobinismo habrá de reaparecer en un célebre texto de Federico Engels titulado *De la autoridad*. La concepción es: *una revolución es inevitablemente violenta y esa violencia consiste en tomar la vida de los derrotados si tal cosa es necesaria*. Engels, en 1872, escribe: "Una revolución es, indudablemente, la cosa más autoritaria que existe; es el acto por medio del cual una parte de la población impone su voluntad a la otra por medio de fusiles, bayonetas y cañones, medios autoritarios si los hay; y el partido victorioso, si no quiere haber luchado en vano, tiene que mantener este dominio por el terror que sus armas inspiran a los reaccionarios".[145]

El espíritu del *Plan de Operaciones* de Moreno (de 1810), de la carta de Salvador María del Carril (de 1828) y del texto de Engels (de 1872) es el mismo: una revolución divide el campo histórico entre revolucionarios y reaccionarios. (O si se prefiere: entre amigos y enemigos de la revolución.) Y si los revolucionarios desean fortalecer su gesta revolucionaria no deben hesitar en tomar las vidas de los reaccionarios. Liniers, entonces, cae víctima de este esquema conceptual: para Moreno y la Junta de Mayo representa la reacción; debe, pues, pagar con su vida. Ya que una revolución también se afirma a sí misma a través de las vidas que escoge sacrificar en busca de su propia coherencia. Recordemos el texto de Ingenieros sobre el *modus operandi* de una revolución: *no es el que adopta Ortiz de Ocampo al negarse a fusilar a Liniers, sino el que adopta Castelli al fusilarlo.*

7.2. Pero el fusilamiento de Liniers abre otro abismo en nuestra historia: el de Buenos Aires y las provincias. Si a lo largo de nuestro relato hemos, a veces, exaltado los derechos de las postergadas provincias argentinas y hemos condenado el exclusivismo porteño, es éste el momento de aclarar esta interpretación. No avalamos un federalismo acrítico. Ni Buenos Aires es el Mal y las provincias el Bien. Ni viceversa. El error, en todo caso, es no haber constituido un país integrado.

Para Alberdi la democracia estaba en las provincias. Buenos Aires usurpó el papel de España como nuevo dominador y, en lugar de integrar a las provincias, las dominó. Hubo, de este modo, un profundo proceso de *colonialismo interno* que detalladamente hemos visto. Alberdi (en el tomo V de sus *Escritos póstumos*) habla de los caudillos del interior como los representantes de la democracia bárbara. Esta es una profunda visión alberdiana.

Hubo una democracia en el siglo XIX en la Argentina. Estaba en las provincias, en el Interior y sus jefes eran los caudillos. Pero era una democracia bárbara.

Por el otro lado, en Buenos Aires, existía una *civilización no-democrática*. Una civilización de elite, para pocos y desdeñosa con el resto del país.

Alberdi formula una pregunta decisiva: "¿Cómo suprimir los caudillos sin suprimir la democracia en que tienen origen y causa? Esta es toda la gran cuestión del gobierno en América".[146] Este texto es fundamental. *Primero*: Alberdi postula (con razón) que los caudillos federales tienen su origen y causa en la democracia. ¿Por qué? Porque representan a la mayoría. *Segundo*: Esos caudillos, sin embargo, no pueden organizar la República porque representan una *democracia bárbara*. *Tercero*: Pero sería nefasto organizar la República sin incluir en su organización eso que los caudillos representan: la mayoría popular. Porque sin incluir a la mayoría no hay democracia posible, ya que, por definición, la democracia consiste en gobernar para el pueblo y con el pueblo.

Alberdi —con honda coherencia— se pregunta: ¿cómo suprimir a los caudillos sin suprimir al pueblo? ¿Cómo pasar, en suma, de la democracia bárbara a la democracia civilizada?

Los civilizadores del siglo XIX no vieron la cuestión de un modo tan amplio y humanitario. Muchísima sangre no se hubiera derramado si la hubieran visto como Alberdi lo pedía. Pero no. La *modernización periférica* que impulsaron los hombres de Buenos Aires fue la negación de la democracia. *No intentó superar a la democracia bárbara, se propuso aniquilarla.*

Para Alberdi, las provincias, bajo Buenos Aires, entran en un coloniaje moderno. Escribe: "Sin dejar de ser colonias, en lugar de serlo, como antes, de la España, lo han sido de Buenos Aires. En lugar de serlo de una metrópoli extranjera y ultramarina, lo han sido de una metrópoli nacional y territorial. Han sacudido el yugo de España para recibir el de Buenos Aires".[147] Pero no perdamos de vista la siguiente cuestión: "Como España en otro tiempo, Buenos Aires emplea los brazos de sus mismos colonos para mantener en coloniaje a las provincias".[148] Y así detalla Alberdi *la fundamental contribución de los provincianos a la causa de Buenos Aires, la fundamental contribución de los provincianos para someter a las provincias.* Es decir, este país macrocefálico y fragmentado que hemos tenido desde 1810 no es resultado únicamente de la ambición y la ceguera de los porteños, sino también de la ambición y ceguera de los provincianos. Así describe Alberdi este cuadro: "En 1833, el *riojano* Quiroga (…) sometió la nación para ponerla a los pies de Buenos Aires, bajo Rosas. Aldao, Ibarra, López, todos los caudillos provincianos se constituyeron en tenientes serviles de Rosas (…) El *sanjuanino* Sarmiento ha sugerido a Mitre la reforma de la Constitución que ha puesto en manos de Buenos Aires el gobierno y la renta de todas las provincias".[149] Y sigue Alberdi enumerando a provincianos que lucharon denodadamente por la causa del centralismo porteño: el *cordobés* Vélez Sársfield, el *entrerriano* Urquiza, el *tucumano* Paz… (Y le falta agregar a los *tucumanos* Avellaneda y Roca.) Y escribe: "Es mucho menos de temer el más crudo y localista porteño que un provinciano radicado en Buenos Aires que tiene que exagerar su *patriotismo hechizo* para que no lo crean traidor, o para que le den empleos importantes. Verdugos de sus hermanos, ellos permiten que Buenos Aires pueda decir: Desempeñado por provincianos, ¿cómo puede ser opuesto a las provincias mi ascendiente?".[150]

De este modo, el triunfo final del país no integrado, del país antidemocrático, del país de las minorías, fue una mezcla de esfuerzos de porteños y provincianos. Los provincianos que permanecían en las provincias se transformaban en oligarquía liberal. Demagogos y populistas pero sometidos al centralismo antidemocrático. Y los provincianos que llegaban a la alta política de Buenos Aires seguían los intereses de la gran metrópoli. Como dice Alberdi: *Verdugos de sus hermanos.*

Así, la modernización del país fue para pocos. Los capitales y los ferrocarriles ingleses vinieron para pocos. No para integrar el país sino para fortalecer el dominio de las minorías. *La modernización argentina fue profundamente antidemocrática.* Por tal motivo, fue profundamente violenta.

NOTAS

1. Juan Bautista Alberdi, *Escritos póstumos*, Buenos Aires, Francisco Cruz, 1897, p. 107.

2. Alberdi, ob. cit., p. 108.

3. Alberdi, ob. cit., p. 109.

4. Alberdi, ob. cit., p. 110.

5. Alberdi, ob. cit., p. 110.

6. Milcíades Peña, *Antes de Mayo*, Buenos Aires, Ediciones Fichas, 1970, p. 75.

7. Antonio Gramsci, *Notas sobre Maquiavelo, sobre la política y sobre el Estado moderno*, Buenos Aires, Nueva Visión, 1972, p. 194.

8. Andrés Rivera, *La revolución es un sueño eterno*, Buenos Aires, Grupo Editor Latinoamericano, 1987, p. 52. La cita es: "Escribo la historia de una carencia, no la carencia de una historia".

9. Mariano Moreno, *Representación de los hacendados y otros escritos*, Buenos Aires, Emecé, 1998, p. 174.

10. Tulio Halperín Donghi, *Revolución y guerra, Formación de una élite dirigente en la argentina criolla*, Buenos Aires, Siglo XXI, 1994, p. 169.

11. José Ingenieros, *La evolución de las ideas argentinas*, tomo I, Buenos Aires, El Ateneo, 1951, p. 147 y ss.

12. Ingenieros, ob. cit., p. 148.

13. Se sabe: el *Plan de Operaciones* es anónimo y durante cierto tiempo se le negó su autoría a Moreno. Es absurdo: sólo Moreno pudo haber escrito ese texto escalofriante, desmesurado, terrorífico y genial, que, simultáneamente, en una relación deslumbrante, nos repele y nos fascina. Confieso que una de las causas por las que todavía debemos tomarnos en serio un país que tan escasamente ha cumplido sus promesas es porque, en sus orígenes, hubo un personaje como Mariano Moreno. Estemos o no de acuerdo con él.

14. Mariano Moreno, *Escritos políticos y económicos,* Buenos Aires, La Cultura Argentina, 1961, p. 269.

15. Moreno, ob. cit., p. 270. Subr. nuestro.

16. Citado por Albert Camus, *El hombre rebelde,* en *Obras 3,* Madrid, Alianza, 1996, p. 158.

17. Moreno, ob. cit., p. 273.

18. Moreno, ob. cit., p. 274.

19. Ingenieros, ob. cit., tomo I, p. 159.

20. El 11 de octubre de 1810, en el número 19 de la *Gazeta de Buenos Aires,* se publica el *Manifiesto de la Junta sobre el fusilamiento de Liniers y sus cómplices.* Aquí, la pluma de Moreno obra del siguiente modo: trazar primero un esbozo terrible de Liniers y los conspiradores de Córdoba para, luego, justificar los fusilamientos. Escribe: "Un eterno oprobio cubrirá las cenizas de D. Santiago Liniers, y la posteridad más remota verterá exècraciones contra este hombre ingrato, que por voluntaria elección tomo á su cargo la ruina y exterminio de un pueblo, á que era deudor de los más grandes beneficios (...) Los conspiradores de Cordoba han cometido el mayor crimen de estado, quando atacando en su nacimiento nuestra grande obra, trataron de envolver estas provincias en la confusion y los desordenes de una anarquía (...) nuestro exterminio era lo que únicamente podía satisfacer sus deseos (...) Dilapidaron el Erario (...) Incendiaron los campos, las cabañas, las mieses, los rebaños, sin motivo, y sin utilidad (...) Cubierta la tierra de cadáveres, y teñida con la sangre de tantos inocentes inmolados al osado empeño de esos conspiradores contra la patria, ¡quién podría figurarse el horrible aspecto que presentaría á la historia de la América el quadro espantoso de la desolación de esa region inmensa!" (Moreno, *Representación...,* ed. cit., pp. 170/175.) Ante tan enorme blasfemia, ante tan inmensos crímenes, ¿qué otra respuesta sino la más absoluta merecen del estado revolucionario estos hombres? Moreno, entonces, puede escribir: "A la presencia de estas poderosas consideraciones, exâltado el furor de la justicia, hemos decretado el sacrificio de estas víctimas á la salud de tantos millares de inocentes. *Solo el terror del suplicio puede servir de escarmiento á sus complices* (...) Los grandes malvados exîgen por dobles títulos todo el rigor del castigo; nuestra tierra no debia alimentar hombres que intentaron inundarla con nuestra sangre" (Moreno, ob. cit., pp.

176/177. Subr. nuestro.) Como vemos, cuando el propósito es el *castigo absoluto* es necesario encontrar en el enemigo la *culpa absoluta.* Es un mecanismo insoslayable para decretar la muerte del Otro.

21. José Luis Busaniche, *Historia Argentina,* Buenos Aires, Solar/Hachette, 1969, p. 480.

22. Domingo Faustino Sarmiento, *Facundo,* Buenos Aires, Estrada, 1962, p. 270.

23. Lavalle, narra Sarmiento, "va a morir traspasado de una bala que le dispara de paso la *montonera*" (Ob. cit., p. 271). Hay un hondo desdén en la expresión *de paso.* Esta *muerte accidental* de Lavalle es una injuria a su destino de héroe; pero, para Sarmiento, ha sido posibilitada por su obstinación de guerrero bárbaro, no europeo, no matemático. Al cabo, hombre de a caballo y no artillero, como Paz. El siguiente texto sarmientino —sin duda, deslumbrante— explicita la cuestión: "Si Lavalle hubiera hecho la campaña de 1840 (*campaña que Lavalle realiza contra Rosas respaldado por los franceses y los unitarios exiliados en Montevideo,* JPF.) en silla inglesa y con el paletó francés, hoy (*Sarmiento escribe el* Facundo *en 1845,* JPF.) estaríamos a orillas del Plata, arreglando la navegación por vapor de los ríos y distribuyendo terrenos a la inmigración europea. Paz es el primer general ciudadano que triunfa del elemento pastoril, porque pone en ejercicio contra él, todos los recursos del arte militar europeo, dirigidos por una cabeza matemática. La inteligencia vence a la materia; el arte, al número" (Sarmiento, ob. cit., p. 271/272).

24. José Luis Busaniche, *Rosas visto por sus contemporáneos,* Buenos Aires, Kraft, 1955, p. 30/31. Subr. nuestro.

25. Manuel Gálvez, *El gaucho de Los Cerrillos,* Buenos Aires, Espasa Calpe, 1950, p. 161.

26. Ibarguren, *Juan Manuel de Rosas,* ed. cit., p. 144.

27. Ibarguren, ob. cit., p. 145.

28. Esteban Echeverría, *La cautiva, El matadero,* Prólogo y notas de Carlos Dámaso Martínez, Buenos Aires, Losada, 1997. El cuento de Echeverría —del cual tomaremos las citas— se extiende entre las páginas 119 y 145.

29. Carlos Altamirano y Beatriz Sarlo hacen un buen análisis del componente ideológico y el estético en *El matadero*: "La colisión de lo sublime y lo grotesco en *El matadero* señala un momento de profunda

ideologización de la estética romántica (…) En la materialidad del barro, la sangre y los humores, los hombres y mujeres del matadero se mueven rápidos, diestros, con sabiduría y, casi, con elegancia; cuando atraviesa los límites de ese mundo, el joven de ciudad es torpe y su cuerpo cae desairado del caballo que monta en silla inglesa. Atado a la mesa de la casilla donde se lo juzga, su resistencia es sublime pero desmañada, no sabe ni puede emplear la fuerza de sus miembros frente a la tenaza de los brazos de sus torturadores: es un extranjero en ese mundo próximo a la naturaleza. Tampoco sabe cómo responder a sus jueces, porque lo que dice tiene para él un sentido supremo y absoluto, mientras que carece de sentido para los otros. Su misma muerte es incomprensible para los criollos del matadero: 'Pobre diablo: queríamos únicamente divertirnos con él y tomó la cosa demasiado a lo serio'. La intraducibilidad de dos dimensiones sociales, el hiato cultural entre letrados y plebeyos, la guerra de sentido que desata la presencia o la ausencia de la divisa punzó de los federales, son el argumento social de ese desenlace que, más que al cuadro de costumbres, pertenece al ensayo narrativo que se propone representar el conflicto" (Carlos Altamirano, Beatriz Sarlo, *Ensayos argentinos, De Sarmiento a la vanguardia,* Buenos Aires, Ariel, 1997, pp. 46/47).

30. *Clarín, Cultura y Nación*, 17/11/1988. Reportaje de Matilde Sánchez.

31. Ricardo Rojas, *Historia de la literatura argentina, Los gauchescos,* tomo II, Buenos Aires, Losada, 1948, p. 453.

32. Rojas, ob. cit., p. 455. Escribe Rojas y acordamos con él: "Yo no conozco en la literatura de ningún tiempo, una obra de crueldad más impasible. Si esta condición está en el modelo y no en la copia, convengamos en que el arte no se había atrevido a copiarlo con tan absoluta frialdad. Parece escrita esa página por un degollador de la *mazorca*, que hubiera sido payador él mismo y que hubiera acertado a poner en la descripción literaria el arte que ponía en sus degüellos" (Rojas, ob. cit., p. 455).

33. Hemos analizado, en la primera parte de este ensayo, la riqueza de este concepto sarmientino, que anticipa el que Hannah Arendt habrá de desarrollar en el siglo XX: el de la *banalidad del Mal.*

34. Sarmiento, ob. cit., p. 3.

35. Félix Luna, *Los caudillos,* Buenos Aires, Peña Lillo, 1973, p. 137.

36. Sarmiento, ob. cit., p. 15.

37. Cfr. David Peña, *Juan Facundo Quiroga,* Buenos Aires, Eudeba, 1968, p. 218.

38. Sarmiento, ob. cit., p. 130.

39. Sarmiento, ob. cit., p. 197.

40. Sarmiento, ob. cit., pp. 194/203.

41. Busaniche, ob. cit., p. 448.

42. *Idem.*

43. Sarmiento, ob. cit., p. 213.

44. Luna, ob. cit., p. 139.

45. Luna, ob. cit., p. 140.

46. Rodolfo Ortega Peña, Eduardo Luis Duhalde, *Facundo y la montonera,* Buenos Aires, Plus-Ultra, 1968, p. 111.

47. Sarmiento, ob. cit., p. 244.

48. José María Paz, *Memorias póstumas,* Buenos Aires, Almanueva, 1954, p. 266/267.

49. Cfr. David Peña, ob. cit., p. 131.

50. *Idem.*

51. David Peña, ob. cit., p. 151.

52. David Peña, ob. cit., p. 152.

53. David Peña, ob. cit., p. 154.

54. David Peña, ob. cit., p. 170.

55. *Correspondencia entre Rosas, Quiroga y López,* Buenos Aires, Hachette, 1958, p. 103.

56. José Pablo Feinmann, *El último viaje del general Quiroga,* en *Escritos para el cine,* Buenos Aires, Punto Sur, 1988, p. 180.

57. Sarmiento, ob. cit., p. 360.

58. Feinmann, ob. cit., p. 196. Algunos de estos textos fueron utilizados en el film de Nicolás Sarquís *Facundo, la sombra del tigre.* Supongo, al releerlos, que quise escribir mi versión de *La refalosa.* Con menor suerte.

59. Dorrego, a metros del patíbulo, dice: "Que mi muerte no sea pretexto de nuevos derramamientos de sangre". Recién en nuestro siglo, con los organismos de derechos humanos surgidos a causa de la dictadura

militar, la situación cambia en nuestra historia: *Justicia y no venganza*. No reclamar más sangre, sino reclamar, inclaudicablemente, justicia. En eso —con avances laboriosos y desoladores retrocesos— se está.

60. Ibarguren, ob. cit., p. 144.

61. Ibarguren, ob. cit., p. 145.

62. Ibarguren, ob. cit., p. 210.

63. *Idem.*

64. Ibarguren, ob. cit., p. 211.

65. Ibarguren, ob. cit., p. 212.

66. Ibarguren, ob. cit., p. 213.

67. John Lynch, *Juan Manuel de Rosas*, Buenos Aires, Emecé, 1984, p. 206.

68. *Idem.*

69. Lynch, ob. cit., p. 209. Subr. nuestro.

70. Lynch, ob. cit., p. 218.

71. *Idem.*

72. Ibarguren, ob. cit., p. 238.

73. Ibarguren, ob. cit., p. 239.

74. Ibarguren, ob. cit., p. 240.

75. Ibarguren, ob. cit., p. 241. Subr. nuestro.

76. Vivian Trías, *Juan Manuel de Rosas*, Buenos Aires, Siglo XXI, 1974, p. 289.

77. En 1989, cuando regresó —porque, sí, Rosas regresó—, lo trajo Carlos Menem para poder indultarlo a Videla. Ahora, el Restaurador, cotidiana e inofensivamente, nos mira desde esos billetes colorados de veinte pesos. Uno se los da a los taxistas, los taxistas se enfurecen y dicen: "¿No tiene más chico?". Son —casi— las únicas incomodidades que hoy provoca don Juan Manuel.

78. Ricardo Rojas, ob. cit., tomo VI, p. 470.

79. Estamos buscando una comprensión compleja de la historia de nuestro país, que no ubique el Mal en una parcialidad y el Bien en otra. *Buscamos la comprensión de las causas de la violencia y también deberemos encontrarla en los prejuicios, en los desdenes, en los odios po-*

líticos, clasistas y raciales de los enemigos de Rosas. Amalia es un instrumento invalorable para esta tarea.

80. Ricardo Rojas, *ídem.*

81. José Mármol, *Amalia*, Buenos Aires, Centro Editor de América Latina, tomo I, 1967, p. 29. Leí *Amalia* —a lo largo de los años— en más de una edición. Cito la del Centro Editor porque, por variados motivos, me resulta entrañable. Está gastada por el tiempo y poblada de anotaciones. (Siempre soñé, también, con hacer una versión cinematográfica de la novela. Ocurre que es muy dificultosa para nuestro país por los costos de producción. Como sea, deberíamos poder hacerla.) De las ediciones recientes creo que es más que aceptable la de Editorial Porrúa, México, 1991.

82. Mármol, ob. cit., tomo II, p. 181.

83. Mármol, ob. cit., tomo II, p. 182.

84. *Idem.*

85. *Idem.*

86. Mármol, ob. cit., p. 182/183.

87. Sarmiento, ob. cit., p. 399.

88. Sarmiento, ob. cit., p. 400.

89. Sarmiento, ob. cit., p. 401.

90. *Idem.*

91. Cfr. David Viñas, *Literatura argentina y realidad política*, Buenos Aires, Jorge Alvarez, 1964, pp. 125/132. Viñas publicó recientemente una valiosa reelaboración de este libro, un clásico de nuestra ensayística.

92. Mármol, ob. cit., tomo I, p. 104.

93. Mármol, ob. cit., tomo I, p. 105. Subr. nuestro.

94. Mármol, ob. cit., tomo I, pp. 311/312.

95. Mármol, ob. cit., tomo I, p. 114.

96. Mármol, ob. cit., tomo I, p. 115.

97. Mármol, ob. cit., tomo I, p. 120.

98. Mármol, ob. cit., tomo I, p. 250.

98. Mármol, *Idem.*

99. Mármol, ob. cit., tomo I, pp. 215/216.

100. Mármol, ob. cit., tomo I, p. 225.

101. *Idem.*

102. Mármol, ob. cit., tomo II, pp. 48/49.

103. Mármol, ob. cit., tomo II, p. 62.

104. Mármol, ob. cit., tomo II, pp. 153/154.

105. Mármol, ob. cit., tomo II, p. 223 y ss.

106. Mármol, ob. cit., tomo II, p. 223.

107. Para algunos la cuestión es fácil. El rosismo era popular y defendía la soberanía de la patria. Sus enemigos eran aristocratizantes y se aliaban a los brasileños y a los franceses. Pero ¿hay algo que pueda justificar la Mazorca? Ni el racismo de los unitarios ni su desdén clasista la justifica. Tampoco la defensa heroica que hace Rosas de la soberanía nacional en la batalla de la Vuelta de Obligado. No es casual que esta época de nuestra historia sea tan discutida. Hubo demasiado odio y hubo demasiada sangre derramada. Los crímenes de la Mazorca fueron muchos y el sistema despótico y policial-represivo que Rosas instaló no tenía precedentes en el país. Sería torpe intentar elucidar estas cuestiones cuantitativamente: quiénes mataron más y quiénes mataron menos. No se pueden justificar los asesinatos de Rosas por medio de los de Lavalle en la campaña de Buenos Aires luego del fusilamiento de Dorrego o los del Ejército Nacional mitrista luego de la batalla de Pavón. No se trata de justificar la violencia. Se trata de encontrar sus causas y lanzarse a la construcción de una historia que busque eliminarlas.

Luego del análisis de *Amalia* es posible asegurar algo: en esa terrible Argentina de 1840, el desdén oligárquico, racista y cultural de los unitarios contribuyó enormemente a la incomprensión, al antagonismo, a la imposibilidad de conciliar… que son siempre causas centrales de la violencia.

108. Nuestro país sabe mucho de listas. La dictadura militar de Videla fue experta en listas. El rótulo de *subversivo* o *potencialmente subversivo* podía prefigurar la muerte para cualquier ciudadano y era aplicado con enorme liviandad, arbitraria y caprichosamente.

109. Ibarguren, ob. cit., p. 241.

110. Lynch, ob. cit., p. 203.

111. Antonio Pagés Larraya, *Prosas del "Martín Fierro", Con una selección de los escritos de José Hernández*, Buenos Aires, Raigal, 1952, p. 153.

112. *Idem.*

113. *Idem.*

114. *Idem.*

115. Hernández, ob. cit., p. 154.

116. Alberdi, *Póstumos*, ed. cit., p. 267.

117. Citado por Torcuato Di Tella, *Historia Argentina, desde 1830 hasta nuestros días*, Buenos Aires, Troquel, p. 84.

118. Alberdi, ob. cit., p. 268.

119. Alberdi, ob. cit., p. 269.

120. Fermín Chávez, *Vida del Chacho*, Buenos Aires, Theoría, 1967, p. 15.

121. Hernández en Pagés Larraya, ob. cit., p. 164.

122. Que utilicemos el concepto de *progresista homicida* que, a su vez, utiliza Busaniche para definir a Sarmiento no quiere decir que no nos guste, digamos, el *Facundo*. Por decirlo claramente: haber escrito uno de los más grandes textos de nuestra literatura no exime a Sarmiento de la *culpabilidad histórica* a que lo condena su Gobernación en San Juan. En *El farmer* (una de las novelas en que Andrés Rivera indaga en nuestra historia —desde la ficción— con mayor hondura de la que habitualmente exhiben nuestros historiadores) Rivera le hace decir a Rosas: "Y el señor Sarmiento, que es argentino, escribió, desde el silencio de un escritorio:
"*Derrame sangre de gauchos, que es barata.*
"Que se escriba qué diferencia al general Rosas del señor Sarmiento" (Andrés Rivera, *El farmer*, Buenos Aires, Alfaguara, 1996, p. 115). Se ha escrito mucho sobre esto. Es decir, muchos han escrito qué diferenció a Rosas de Sarmiento. Rosas fue el estancamiento, la barbarie, la Mazorca, el oscurantismo feudal. Sarmiento fue el progreso, la educación pública, la civilización. Sin embargo, sigue siendo incómodo el reto que Rosas lanza en *El farmer*: que se escriba, que se diga, que se discuta, ¿qué diferencia al señor feudal que instauró ese orden que describió Echeverría en *El matadero* del civilizador, del educador, del aliado de las luces y el progreso que dijo *Derrame sangre de gauchos,*

que es barata? Hay una diferencia: Sarmiento supo defenderse mejor. Era más culto, más talentoso, era un escritor descomunal. Utilizó su prosa vehemente para justificar a Irrazábal, para justificarse a sí mismo, para demostrar, en suma, que todo debía ser como había sido, que había que cortarle la cabeza al *salteador* Peñaloza y clavarla en una pica y exhibirla ante la azorada consideración pública.

Esto lo hizo en su libro *El Chacho*, un libro fogoso pero certero, implacable, que formó parte de su preparación presidencial. Este texto autojustificatorio de Sarmiento figura en el capítulo de *El Chacho* que lleva por título "Las cosas como son". Siempre me estremeció este título: ¿cómo son las cosas? Esta, claro, es una pregunta eminentemente filosófica, y trasladada al campo de la antropología de la violencia se formula así: *¿por qué las cosas son de tal modo que algunos consideran tener el derecho de matar a los otros?*

Para que esta convicción surja en el que mata requiere el siguiente esquema conceptual previo: *el que debe morir no pertenece a la condición humana.* Para el señor Sarmiento los salteadores de Peñaloza no eran hombres, *su sangre era barata* y a nadie debe incomodar derramar sangre barata porque la sangre barata es la sangre de los animales y no la sangre de los hombres. Aquí, Rosas tiene razón: que alguien se anime a decir qué lo diferencia del señor Sarmiento; para él, para Rosas, los unitarios eran salvajes y él, Rosas, los hacía morir al grito de *Viva la Santa Federación, mueran los salvajes unitarios.* Sarmiento, por su parte, ordenaba el degüello de federales explicando que las guerrillas no estaban incluidas en el *derecho de gentes* y que a los salteadores se los mata sin juicio y sin ley allí donde se los encuentra. (Todas las resonancias de esta temática con nuestros *procesos históricos* cercanos son absolutamente deliberadas.) Y, en fin, me permitiré citar un texto de un libro que escribí hace varios años, un libro juvenil y fervoroso con el que a veces, hoy, disiento y con el que a veces, hoy, concuerdo por completo: *"toda política de exterminio debe comenzar por excluir de los terrenos de la condición humana a aquéllos que se propone exterminar"* (*Filosofía y Nación*, Buenos Aires, Ariel, 1996, p. 246).

123. Busaniche, ob. cit., p. 730.

124. Domingo Faustino Sarmiento, *El Chacho* en *Civilización y barbarie*, prólogo de Alberto Palcos, Buenos Aires, El Ateneo, 1952, p. 520.

125. Sarmiento, ob. cit., pp. 522/523.

126. Busaniche, ob. cit., p. 727.

127. Busaniche, ob. cit., p. 729. El concepto de *irregularidad* que esgrime Rawson para conceptualizar la matanza de los montoneros del siglo XIX es semejante al concepto videlista de los *excesos de la represión* para justificar las matanzas del Proceso. Estos paralelos —lo sé— son riesgosos e irritan a muchos historiadores. Sólo que yo no soy un historiador y —como a Borges— me fascinan las simetrías porque abren causes de honda comprensión de los hechos. En cuanto a la opinión de Busaniche sobre los crímenes de 1840 (Rosas, la Mazorca) y los de 1863, creo que su diferencia no radica en que eran cometidos unos por personas de fortuna (los de 1863) y otros no (los de 1840). *Rosas era hombre de fortuna.* Sus crímenes no respondían a una ideología del progreso como los de Mitre y Sarmiento; progresistas homicidas, según Busaniche, sino que respondían al proyecto de un nacionalismo defensivo, de raíces hispánicas y católicas y base popular. *Se identifican en que ambos concebían la política como guerra.*

128. Escribe Busaniche: "Y entonces, se produjo lo inaudito, inexplicable. Aquel general en jefe (*Urquiza*), porque no recibió, según él, oportunamente, los partes del ala izquierda y porque un ayudante le dijo que el centro de su ejército (…) había sido derrotado, adoptó la más extraña resolución que pueda concebirse: abandonó el campo de batalla y abandonó su ejército, seguido por algunas divisiones entrerrianas (…) ¡Y a cuántos pobres paisanos, valientes y fieles, sacrificó aquella conducta indisculpable del general Urquiza en la batalla de Pavón! De ellos nadie se acordó jamás" (Busaniche, ob. cit., pp. 702/703). Pavón —y seguramente insistiremos sobre esto— es el exacto momento histórico en que Urquiza le entrega a Mitre y a Buenos Aires el dominio del país. Este dominio habría de completarse con el aniquilamiento del Paraguay, del que Urquiza fue manso cómplice. Durante los setenta, sectores de Montoneros —con habilidad para las analogías históricas— solían comparar la traición de Urquiza a las montoneras federales del siglo XIX con la *traición* de Perón a las organizaciones combativas del siglo XX, que, no en vano, reclamaban la herencia de las montoneras federales. El paralelismo es sugestivo. En todo caso, debería servir como disparador del análisis y no como su conclusión.

129. Beatriz Bosch, *Urquiza y su tiempo*, Buenos Aires, Eudeba, 1980, p. 119.

130. Bosch, ob. cit., pp. 119/120.

131. Domingo Faustino Sarmiento, *Textos fundamentales*, tomo II, Buenos Aires, Fabril, 1959, p. 137. Hay una muy buena y reciente edición de *Campaña en el ejército grande* con prólogo y notas de Tulio Halperín Donghi, editada por la Universidad Nacional de Quilmes.

132. *Idem.*

133. Sarmiento, ob. cit., p. 138.

134. *Idem.* Las bastardillas en que figura el texto son nuestras.

135. Años después, José Hernández, el mismísimo autor del *Martín Fierro,* buscará el apoyo del Brasil para beneficiar al caudillo Ricardo López Jordán en su enfrentamiento al Buenos Aires liberal del presidente Sarmiento. (López Jordán, ya veremos esto, habrá de ser el responsable más señalado de la muerte de Urquiza.) Hernández escribirá un *memorándum* en el que exhibirá la presencia de tropas brasileñas en Caseros de un modo exaltado y hasta patriótico.

136. Episodio narrado por Adolfo Saldías en *Historia de la Confederación Argentina*, tomo III, Buenos Aires, Eudeba, 1968, p. 356.

137. Ibarguren, ob. cit., p. 239.

138. Milcíades Peña, *El paraíso terrateniente,* Buenos Aires, Fichas, 1969, p. 107.

139. Releer el texto de Busaniche en la nota Nº 128.

140. Hernández, ob. cit., p. 154.

141. *Idem.*

142. *Idem.* Subrayado nuestro.

143. *Idem.*

144. Hernández, ob. cit., pp. 154/155.

145. Marx y Engels, *Obras escogidas,* tomo I, Moscú, Editorial de literatura política del Estado, 1955, p. 671.

146. Alberdi, *Póstumos* V, ed. cit., p. 202.

147. Alberdi, ob. cit., p. 151.

148. Alberdi, ob. cit., p. 152.

149. Alberdi, ob. cit., pp. 152/153.

150. Alberdi, ob. cit., p. 154.

TERCERA PARTE

LA VIOLENCIA Y EL SENTIDO
DE LA HISTORIA

1. MODERNIDAD Y PECADO

El pensamiento neoconservador ha resuelto ser impiadoso con la modernidad. ¿Qué entiende por modernidad? Muchas cosas, pero, en el plano político-social, un período histórico que abarca precisamente dos siglos: de la Revolución Francesa a la caída del Muro de Berlín. De 1789 a 1989. Así, la modernidad sería la historia de la soberbia revolucionaria y su fracaso; el relato de los afanes desmesurados del hombre por adueñarse de la historia, transformarla, someterla a su razón y a sus deseos. Este relato (siempre, claro, para el pensamiento neoconservador) se ha explicitado en la modalidad del error. También del pecado. Y, en última instancia, del Mal. ¿Ha sido así? ¿Ha sido la experiencia de la modernidad (que es, sin más, la experiencia de los afanes prometeicos del hombre por cambiar la historia) un despliegue monstruoso y sanguinario del pecado y el Mal? Busquemos las raíces de la cuestión. Hablemos de Prometeo y el fuego de los dioses.

La cuestión, coherentemente, empieza con los griegos: Prometeo era una de las divinidades griegas, una divinidad menor que tenía una cercana relación de origen con Gaia, la Tierra. De este modo, Prometeo participaba más de la condición de los hombres que de la condición de los dioses. O, si se quiere, estaba más predispuesto a favorecer a sus hermanos falibles y menesterosos que a las huestes poderosas de Zeus. Cierto día, demostrando un espíritu lúdico e insolente, se atreve a gastarle una muy dura broma al mismísimo Zeus, quien se enfurece y decide castigarlo... castigando a los hombres. Les quita entonces el fuego.

Los hombres se desesperan. ¿Qué hacer sin el fuego? Aquí, una vez más, interviene Prometeo: roba el fuego de las ruedas del carro del Sol y lo entrega a los hombres. Ahora, otra vez, lo poseen. Ahora, otra vez, pueden protegerse del frío y trabajar los metales. Pueden, en suma, vivir, desarrollar su historia. Que es, claro, *la* historia. La desobediencia fundante de Prometeo la ha hecho posible.

Zeus castiga al dios-cómplice de los hombres: lo encadena a un peñasco y un águila, ordena, habrá de devorarle infinitamente el hígado. Infinitamente, ya que el hígado que el águila devora durante el día crece durante la noche para que el águila se consagre a devorarlo otra vez a partir del nuevo amanecer. Pero Prometeo ha posibilitado la historia. Permanecerá como el símbolo de la rebeldía ante los dioses. Robarle el fuego a los dioses será, para siempre, el acto fundante de toda historia humana posible. La historia, aquí, surge de un gesto de irreverencia ante los dioses. La historia surge, entonces, como pecado.

No ocurren de modo diferente los hechos que relata el *Génesis*: seducido por la mujer, por Eva, quien ha sido, a su vez, seducida por el Demonio, Adán come el fruto del árbol del conocimiento, del árbol del Bien y del Mal. ¿Por qué, en lugar de reposar en el árbol de la vida, en la identidad, en la mismidad del paraíso, en la unicidad del buen Dios, ha elegido el hombre el fruto azaroso y condenado del conocimiento? Pocos filósofos han reflexionado tan hondamente sobre esta cuestión como Sören Kierkegaard. Quien escribe: "Si se me permitiera expresar un deseo pediría que a ninguno de mis lectores se le ocurriera llevar adelante su penetración hasta formular la siguiente pregunta: ¿Qué habría ocurrido si Adán no hubiese pecado?".[1] Pero ¿quién, alguna vez, no se ha formulado o se formulará esta pregunta? ¿Puede transcurrir una vida humana sin la formulación (explícita o velada) de este interrogante?

Hay una respuesta para la pregunta de Kierkegaard: si Adán no hubiera pecado no habría ocurrido… la Historia. El escándalo del *Génesis*, que no es otro que la desobediencia fundante de Adán (*desobediencia posibilitada por Eva, la mujer, quien se convierte, así, en la partera de la historia*), radica en que el hombre elige la razón antes que el sometimiento a lo divino. Esto era casi inexplicable para Kierkegaard. Quien pregunta: "¿A qué se debe que el hombre haya renunciado a las posibilidades ilimitadas que le había otorgado Dios para aceptar las posibilidades limitadas que le brindaba la razón?".[2] Se debe a que el hombre elige el sufrimiento de la razón y de la historicidad antes que el eterno pero vano placer del reposo en el seno de lo divino. Como vemos, la historia, también en el relato bíblico, surge como irreverencia, como pecado. Y es el Mal el que abre el horizonte histórico, ya que es el Diablo quien arroja al hombre a la historia, al conocimiento, a la razón y, por consiguiente, al dolor. No será poco lo que habrá de abundar la poética del romanticismo acerca de la identidad entre razón y sufrimiento, entre conocimiento y dolor.

Y será, precisamente, una de las más altas cumbres de la narrativa romántica la que habrá de entregar otra vuelta de tuerca sobre la cuestión: el *Fausto* de Goethe, obra que se estrena en 1829 y que resultó tan decisiva para su autor, tan decisiva, digamos, como culminación de una vida dedicada a la filosofía y a la literatura, que lo llevó a confesar: "A partir de ahora mi vida puede ser considerada como un absoluto regalo; es indiferente lo que haga o deje de hacer". Como vemos, los afanes prometeicos del arte llevan al hombre a plenitudes tan absolutas como la más radical de las experiencias místicas.

La obra de Goethe explicita las insatisfacciones del doctor Fausto. Mefistófeles dice a Dios que la posesión de la razón invalida al hombre para el Bien. Dios dice que hay un ser que ha dedicado su vida a la pasión del conocimiento y que, sin embargo, no le ha sido irreverente: el doctor Fausto. Mefistófeles se propone (con la autorización divina) ponerlo a prueba.[3] Así las cosas, promete a Fausto añadirle juventud y potencia a sus conocimientos. A cambio, claro, de su alma. Fausto acepta. Su espíritu es el de lo absoluto, el de la exasperación de la racionalidad hasta límites divinos, que, en el hombre, siempre lindan con lo demoníaco.

Tenemos, en suma, a los tres grandes protagonistas de la irreverencia ante Dios: Prometeo, Adán (y Eva, su compañera y aliada del Diablo) y Fausto. Prometeo es el traspaso de la potencia a los hombres: les entrega el fuego y los lanza a la historia. Adán elige el árbol del conocimiento y no el de Dios; inaugura la historia humana en la modalidad de la desobediencia y el pecado. Y Fausto es la figura de la razón y su sed de infinito, de poderío. Son los paradigmas de la modernidad. A los tres ha elegido el pensamiento neoconservador de nuestra época para demonizar los intentos revulsivos, transgresores de los seres humanos. Dirá, entonces, toda racionalidad (y, sobre todo, la racionalidad revolucionaria de los dos siglos de modernidad: 1789-1989) es prometeica, es demoníaca, es, sí, el Mal, porque pretende reemplazar a Dios por el hombre y la razón. Y cuando esto ocurre surgen los fundamentalismos, las ideologías. Las ideologías (afirma el neoconservadurismo) implican el fanatismo prometeico de la razón. Son formas del Mal. Culminan, siempre, en la Muerte, en la negación de los individuos concretos. En suma, en Auschwitz o Gulag.

La cuestión es: si perdemos la irreverencia de la modernidad ante Dios (irreverencia que implica, siempre, la posibilidad de la historia humana), ¿no estaremos sometiéndonos acríticamente, con mediocre obediencia, a los nuevos dioses de la comunicación y el mercado, que son, según nadie ignora, los dioses del pensamiento neoconservador? A esta altura de este ensayo el lector sabe cuál es la respuesta del autor a tal pregunta. No obstante, aún no está planteado todo el cuadro problemático que justificaría, ya, una respuesta. En suma, continuemos.

Los monarcas del siglo XVIII (aquellos a quienes la Revolución Francesa vino a incomodar en grado extremo) afirmaban que su poder surgía de la voluntad divina. Que ellos gobernaran, ésa y no otra era la voluntad de Dios. De este modo, el gesto inicial y fundante de los revolucionarios de 1789 fue el de escindir a los reyes de los arbitrios divinos, sin, claro está, incluirse ellos. Quiero decir: los revoltosos del Estado llano no se lanzaron a vocear: "Los reyes no son Dios, Dios somos nosotros". No: escindieron, sin más, a Dios y a los dioses (los monarcas) de la historia humana. Los hombres, dijeron, hacen la historia. Y la hacen con la más revolucionaria de sus aptitudes: la razón. Esta simetría entre razón y revolución permite comprender la Revolución Francesa, es decir, el despegue de la modernidad.

"Los pensadores de la Ilustración (escribe Jürgen Habermas) aún tenían la extravagante expectativa de que las artes y las ciencias no sólo promoverían el control de las fuerzas naturales, sino también la comprensión del mundo y del yo, el progreso moral, la justicia de las instituciones e incluso la felicidad de los seres humanos. El siglo XX ha demolido este optimismo."[4] De acuerdo: el siglo XX ha demolido muchas cosas. Pero los revolucionarios del siglo XVIII vivían en el siglo XVIII y no en el XX. Vivían una situación intolerable: el absolutismo monárquico. No se debe invalidar un gesto de irreverencia histórica por sus resultados finales, ya que los resultados finales son, siempre, eso: finales, y en el fin siempre aparecen la decadencia y la muerte, y el pensamiento neoconservador (al que no pertenece Habermas) instrumenta este fin para invalidar la insolencia de los orígenes. Así, entonces, es posible rescatar la pasión revolucionaria del Iluminismo: estaban hartos de los reyes, de las monarquías, del absolutismo, de todos esos rumbosos parásitos que decían gobernar en nombre de Dios. Dijeron: libertad, igualdad, fraternidad. Y las desmesuras napoleónicas esparcieron por toda Europa estas convicciones. Las convicciones contenidas en la Declaración de los Derechos del Hombre y del Ciudadano (votada en la Asamblea el 26 de agosto de 1789). Convicciones que proponían la igualdad entre los hombres, que, por consiguiente, impugnaban las desigualdades sociales, que reconocían como "derecho natural" de todo ciudadano "la resistencia a la opresión", que entendían que "la libre comunicación de los pensamientos y de las opiniones es uno de los derechos más preciosos del hombre" y que "la sociedad tiene el derecho de pedir cuentas a todo agente público de su administración". De donde se desprende que la lucha contra la corrupción forma parte esencial del espíritu prometeico. No es malo recordarlo en la Argentina de los noventa.

Durante una hegemonía política y armada que duró veintitrés años, la Revolución Francesa (llevada al paroxismo de su ambición por Bonaparte) cambió el rostro de Europa: abolió los privilegios, los derechos feudales y se obstinó en imponer el Código Civil. Y aún más: despertó el espíritu republicano en los pueblos, el odio a los reyes, a las arbitrariedades monárquicas. Les entregó a los hombres la certeza de hacer la historia y no de ser hechos por ella. Porque cuando los hombres no hacen la historia la hacen los dioses o los reyes, que los representan sobre la tierra con su mismo arbitrio e impiedad.

Luego de la derrota de los ejércitos napoleónicos (que encarnaban, más allá de los desbordes imperiales de su jefe, el despliegue de los principios de la Revolución), sobreviene el festín de la restauración monárquica. Los reyes están sedientos de venganza: quieren rehacerlo todo. O más exactamente: quieren retrotraer la situación de Europa a 1788. Otra vez el derecho divino, el absolutismo, el enmudecimiento de la sociedad civil. Se reúne, en 1814, el Congreso de Viena. Se reúne hasta octubre de 1815. Y planifican una sociedad de vencedores. Todo ocurre (o, ambicionan, *debe* ocurrir) como si no hubiera existido la Revolución. Surge, así, la Santa Alianza. También estos vencedores se creían eternos. La alianza es *santa* porque es la alianza de los reyes, que son, como siempre, los representantes de Dios. Otra vez lo divino retorna de manos de los poderosos para castigar las insolencias de los hombres. El alma invicta de la Santa

Alianza fue el canciller de Austria, Klemens Wenzel Metternich (1773-1859), a quien, con exquisita precisión, llamaron el "Teniente de Dios".

Y aquí, también con exquisita precisión, la mente filosófica más poderosa y fascinante de la historia comienza a hablar... del "fin" de la Historia. Se trata de Hegel. Fue (con perdón) el Francis Fukuyama de su tiempo. Que a nosotros nos haya tocado Fukuyama y no Hegel debería, tal vez, hundirnos en la melancolía, ya que cada época histórica tiene el sepulturero que se merece. Algo, no obstante, iguala a Hegel con Fukuyama: ambos eran funcionarios estatales. Fukuyama responde al Departamento de Estado. Hegel respondía a Federico Guillermo de Prusia.

Hay, cómo no verlo, una situación histórica similar: la Santa Alianza es el festín obsceno de los vencedores de la Revolución. Creen (es notable cómo cada época histórica incurre en la desmesura de asumirse absoluta, definitiva y final) que todo ha terminado, que todo ha vuelto a su cauce, que los reyes son los reyes y los pueblos son los pueblos, que los reyes deben mandar y los pueblos obedecer. Creen, en suma, que nada más ha de ocurrir, ni tiene por qué ocurrir. Desde su cátedra en la Universidad de Berlín, Hegel santifica especulativamente esta situación. El desarrollo autoconsciente del Espíritu Absoluto (aproximadamente, dice) encuentra su realización objetiva, concreta en el Estado prusiano. Con lo cual presta a los neoconservadores de hoy un doble servicio: 1) dictamina que la Historia puede llegar a un punto en el que es posible proclamar su culminación; 2) permanece como central antecedente de las concepciones absolutistas del Estado en el siglo XX: stalinismo y nazismo. De este modo, Fukuyama se atreve a decir: concuerdo con Hegel, la Historia puede culminar. Y también, a través de Karl Popper (*La sociedad abierta y sus enemigos*), decir: Hegel instauró la glorificación del Estado, fundamento de la *sociedad cerrada*, sociedad antidemocrática, antiliberal, por medio de la que se desarrollaron los totalitarismos del siglo XX, que la libertad de mercado ha venido a sustituir.

Insistamos en esta rica simetría: tanto la Santa Alianza (luego de la derrota de la Revolución Francesa) como el capitalismo finisecular de libre mercado (luego de la derrota de la Revolución Rusa) se obstinan en proclamar el *fin de la Historia*. Concluyamos con una inevitable certeza: si la Historia continuó *entonces* (revoluciones de 1830 y 1848), nada impide conjeturar que no continuará *ahora*.

2. LOS NUEVOS DIOSES

Hay, en el ámbito del saber popular, una frase que dice: "el movimiento se demuestra andando". Es una imperiosa apelación a la primacía del conocimiento práctico. Si uno, dice, quiere demostrar la existencia del movimiento, mejor que teorizar sobre las condiciones de posibilidad de su existencia, será, lisa y llanamente, caminar. Así, la idea del movimiento conjugó (y hasta diría: conjuró) una sólida unión entre teoría y praxis. O, si se prefiere, le añadió a la teoría el imperativo de la praxis. Conocer para transformar fue su bandera.

Las filosofías del movimiento son las filosofías de la modernidad, es decir, las filosofías de la revolución. Cuando se intenta transformar el mundo hay que proclamar que el cambio es posible, que la Historia deviene, que es una materia en constante movimiento. No se equivocaron quienes opusieron a Parménides y Heráclito. Ambos dijeron su correspondiente frase célebre, esa que habría de ubicarlos en la historia del pensamiento. Parménides dijo: "el ser es, el no ser no es". Heráclito, sí, dijo eso que todos saben que dijo: "nunca nos bañamos dos veces en el mismo río".

De este modo, Parménides quedó ubicado en el bando de los "conservadores". El ser, dijo, es uno, el ser es inmóvil, el ser es. ¿Cómo no habría de encontrar el pensamiento "conservador" su expresión en esta apoteosis de lo establecido? Trasladó, hábilmente, las cualidades del ser a las de la mera existencia y pudo afirmar: lo que existe es el ser, es eterno y es inmóvil. Es decir, inmodificable.

El pensamiento "revolucionario" se apoderó de Heráclito. Hay una anécdota tragicómica acerca de Heráclito. Ocurrió en este país, el nuestro, que se obstina en la tragicomedia. Culminaba la dictadura militar cuando un general de la nación, de apellido Nicolaides y muy importante por esos días, dijo que el marxismo había nacido "en Grecia, quinientos años antes de Cristo". Desvariaba, pero no tanto. Porque las filosofías del movimiento (y el marxismo, con su impronta hegeliana, es la filosofía del movimiento por excelencia) encuentran su lejano origen en Heráclito. ¿Por qué no nos podemos bañar dos veces en el mismo río? Porque el río, como la Historia, fluye, cambia, deviene. (El año, ahora, es 1965. Dos o tres estudiantes de filosofía, desbordados por las lecturas dialécticas, tomamos un café con un venerable, sereno, y muy burgués profesor de Antropología Filosófica. Con pasión digna de los tiempos y de nuestros veinte o veintidós años le narramos las facetas vertiginosas de las filosofías del movimiento: nada permanece, nada es en modo definitivo, todo nace para destruirse, para buscar su forma nueva, su "superación dialéctica", el pensamiento es movimiento, y pensar la realidad es pensar la trama del cambio. El profesor sereno y venerable, apabullado por nuestros argumentos, finalmente dice: "Está bien, de acuerdo. Ahora, digo yo, en medio de todo esto, ¿no hay nada que permanezca?". No, le decimos, nada. Estamos con Heráclito y no con Parménides. El ser de la realidad es el movimiento. Lo que implica decir: el ser de la realidad es la revolución. De aquí que el general Nicolaides —que, al fin y al cabo, tiene apellido de filósofo griego— afirme, desde el conservadurismo de Parménides, "el marxismo nació quinientos años antes de Cristo". ¿Quién se lo habrá dicho?)

Esta necesidad de la permanencia (expresada en la angustiada frase del venerable profesor) constituye el espíritu del pensamiento conservador. Sin embargo, *las filosofías del movimiento acostumbran a desembocar en diversas apoteosis de la permanencia*. La muerte de las filosofías del movimiento es el Estado. O, al menos, así lo ha sido en la reciente historia de la modernidad. Hegel termina cosificando la Historia en la monarquía por estamentos de Federico Guillermo III. Engels (en su mejor texto: *Ludwig Feuerbach y el fin de la filosofía clásica alemana*, 1886) se lo reprocha: hay, en Hegel, dice, una contradicción entre método y política. El método dialéctico nunca se detiene. El político Hegel, por el contrario, congela la Historia en el Estado. Sin embargo (y esto, claro, no lo vio Engels) lo mismo habrá de ocurrir con Marx, el marxismo y la experiencia de los socialismos reales: al cosificar una etapa del desarrollo dialéctico bajo la conceptualización política de la "dictadura del proletariado" se instaura la necesariedad del Estado Revolucionario. Y, aquí, el movimiento muere y nacen la burocracia y la represión.

El espíritu de las filosofías del movimiento nada tiene que ver (en su condición pura, esencial, verdadera) con el Estado. El movimiento se entiende como desobediencia y transgresión. Robarle el fuego a los dioses, desobedecerlos. Esta insolencia ante lo establecido es asumida por los espíritus rebeldes como la experiencia extrema del Mal. Pero, aquí, el Mal consiste en la desobediencia ante lo divino. Es decirle "no" a lo que "es". "En Hegel (escribe Engels), la maldad es la forma en que toma cuerpo la fuerza propulsora del desarrollo histórico (…) puesto que todo nuevo progreso representa necesariamente un ultraje contra algo santificado, una rebelión contra las viejas condiciones, agonizantes, pero consagradas por la costumbre".[5] Así, el progreso revolucionario se identifica con la destrucción, con la negación absoluta de lo existente. Tomemos un ejemplo: Severino Di Giovanni (que se vestía de negro: el color de lo maldito) escribe en una carta de 1928: "¡Oh, cuántos problemas se presentan en los senderos de mi joven existencia, trastornada por miles de torbellinos del mal! No obstante el ángel de mi mente me ha dicho tantas veces que sólo en el mal está la vida".[6] La frase es excepcional: para el anarquista Di Giovanni, para el supremo transgresor Di Giovanni, "sólo en el mal está la vida", es decir, la vida está en la negación absoluta de lo sacralizado, de lo establecido. Siempre, el Poder, calificará como "el Mal" a todo aquello que tienda a cuestionarlo, ya que el Poder se asume como incuestionable. El avión que iba a traer al "Perón revolucionario" de los años sesenta y comienzos de los setenta era, como el traje de Di Giovanni, negro. Era, así, lo que Cooke llamaba el "hecho maldito" del país burgués. Y el "hecho maldito" viajaba en un avión negro.

Hoy, el pensamiento neoconservador sabe ser implacable. Dice: las filosofías revolucionarias acabaron entronizando al Estado y negando la democracia. Dice (con sagacidad y audacia): toda revolución es, por esencia, estatista y antidemocrática. Pone ejemplos: el comunismo y el nazismo. Y los identifica. Ambos, dice, fueron estatistas, dirigistas y antidemocráticos. Niega o finge desconocer (insisto: de modo falaz pero extraordinariamente hábil y efectivo) que *el nazismo fue una de las facetas del capitalismo y que las posibilidades del socialismo no se agotan en la experiencia estatista soviética.* Pero no importa. Esta discusión, incluso, el pensamiento neoconservador la ha dejado atrás. Hoy ha ido más allá: ha instaurado a los nuevos dioses. Y los nuevos dioses (aceptados también por las nuevas izquierdas europeas) son "la globalización de la economía, la crisis del Estado nacional y la revolución comunicacional".[7] Son, qué duda cabe, elementos insoslayables que las filosofías del movimiento deberán tener en cuenta si desean seguir moviéndose. Aceptándolos, rechazándolos o, según ha sido su costumbre inveterada, apoderándose de ellos. Conjeturo que esta última es la única actitud posible: nada puede en este mundo detener a la revolución comunicacional. Paradójicamente o no, la burguesía ha terminado por ser más revolucionaria que el proletariado (en este sentido: hegemoniza la revolución comunicacional, que es la única revolución de hoy) y a nadie debería sorprender que la burguesía (o lo que aún entendemos por eso) sea revolucionaria, ya que fue el propio Marx uno de los que con mayor apasionamiento lo demostró. Como ahora veremos.

3. La nueva revolución burguesa

Tal vez alguien se sorprenda, pero será necesario decirlo cuanto antes: Karl Marx, ese pensador al que muchos consideran envejecido, superado y hasta afrentado por la historia, sigue siendo una herramienta insustituible para la comprensión de la realidad. Y no la del siglo XIX, la de Manchester y Liverpool, o la de las revoluciones sociales que impulsó el espíritu prometeico en el siglo XX. No, Marx es necesario, hoy, para comprender los fundamentos de la revolución comunicacional capitalista de fin de milenio. Y estas opulencias de su pensamiento —estas iluminaciones vastas, quizás infinitas— no provienen, para esta temática al menos, de sus obras más prestigiosas, sino de un texto que para Marx fue una herramienta destinada a la militancia, a la inmediatez de la lucha política: el *Manifiesto Comunista*, que aparece en Londres en febrero de 1848, el mismo año en que se descubre oro en California y la voracidad del capitalismo norteamericano se desboca hacia el Oeste.

El *Manifiesto* nunca fue una obra central para los teóricos marxistas. Había otras cimas del maestro que merecían más atención que ese texto de batalla: *El Capital*, ante todo, y luego los *Grundrisse* o la deslumbrante *Introducción general a la crítica de la economía política* de 1857. Existe, sin embargo, otra cuestión que motivó la nunca confesada (abiertamente confesada) desafección por ese texto: Marx, en él, se entrega a un arrebatador y hasta bello relato de la burguesía como clase eminentemente revolucionaria. Una *contradicción* que la dogmática marxista no podía tolerar: revolucionario era el proletariado y la burguesía era la reacción. Ninguna dogmática gusta de los matices de un pensamiento, de su riqueza, de, incluso, sus contradicciones. Si lo hiciera no sería una dogmática, sino una filosofía de la libertad.

Llevar a primer plano este aspecto del *Manifiesto* —el de las condiciones revolucionarias de la burguesía— requirió que alguien hiciera de él la lectura más prolija, más inteligente y hasta más literaria (es decir, más ajustada al sig nificado de sus palabras, a su robustez metafórica) que se ha hecho desde 1848; en suma: desde su aparición. Esa lectura la hizo Marshall Berman en un libro bastante conocido, y no mal, en nuestro país: *Todo lo sólido se desvanece en el aire, La experiencia de la modernidad*. Escribe Berman: "al lado del *Manifiesto comunista*, el conjunto de la apologética capitalista, de Adam Ferguson a Milton Friedman, resulta notablemente pálida y carente de vida".[8]

Vamos, entonces, al encuentro de esos pasajes del *Manifiesto*. Veremos cómo, en ellos, Marx no sólo describe la primera *globalización* (y usamos deliberadamente esta palabra de hoy) burguesa, sino que prefigura la segunda, la que actualmente se expande incontenible. Con una diferencia: Marx percibía al enterrador que esperaba a la burguesía al final de su globalización: el proletariado industrial, fruto perfecto e inevitable de esa globalización (que Marx, digámoslo ya, aplaudía justamente por eso: porque producía a su verdugo), pero ¿quién espera *hoy* al final de la globalización?; ¿engendra la globalización de este fin de siglo a su verdugo o engendra sólo un horror similar al de la primera pero sin *superación*? Vayamos a los —con frecuencia sorprendentes— textos del *Manifiesto*.

Escribe Marx: "Los mercados de las Indias y de China, la colonización de América, el intercambio con las colonias (…) imprimieron al comercio, a la navegación y a la industria un impulso hasta entonces desconocido, y aceleraron, con ello, el desarrollo del elemento revolucionario de la sociedad feudal en descomposición".[9] Todas las imágenes que produce este texto son de movimiento, celeridad, desplazamiento e impulso. Sigue Marx: "La gran industria ha creado el mercado mundial (…) El mercado mundial aceleró prodigiosamente el desarrollo del comercio, de la navegación y de todos los medios de transporte por tierra. Este desarrollo influyó a su vez en el auge de la industria, y a medida que se iban extendiendo la industria, el comercio, la navegación y los ferrocarriles, desarrollábase la burguesía".[10] Y, de inmediato, vincula a la *burguesía* (a esta burguesía tenazmente globalizadora) con la idea de *revolución*: "La burguesía ha desempeñado en la historia un papel altamente revolucionario (…) La burguesía no puede existir sino a condición de revolucionar incesantemente los instrumentos de producción y, por consiguiente, las relaciones de producción, y con ello todas las relaciones sociales".[11] Así, nos encontramos en presencia de una clase arrasadora, que no respeta ningún orden instituido, que barre con lo estanco, lo arcaico, lo osificado. Y he aquí la frase que dinamizó el entusiasmo de Berman: "Todo lo estamental y estancado se esfuma; todo lo sagrado es profanado, y los hombres, al fin, se ven forzados a considerar serenamente sus condiciones de existencia y sus relaciones recíprocas".[12] Berman traduce "todo lo estamental y estancado se esfuma" como "todo lo sólido se desvanece en el aire". Es una traducción más libre y, digamos, literaria del texto en alemán de Marx. Y es, también, un espléndido título para un libro.

Este vibrante proceso es inevitablemente violento. Marx no lo ignora: esa globalización burguesa fue destructiva, sanguinaria, violenta en extremo. Más que en el *Manifiesto* esta violencia del *burgués globalizador* aparece en los trabajos de Marx sobre el sistema colonial del capitalismo. Y Marx, aquí, pese a denunciar todo el horror de la acción británica, se somete a las leyes de la historia: Inglaterra, en la India, expresa la globalización capitalista y éste es un proceso revolucionario, necesario. Escribe: "De lo que se trata es de saber si la humanidad puede cumplir su misión sin una revolución a fondo del estado social de Asia. Si no puede, entonces, y a pesar de todos sus crímenes, Inglaterra fue el instrumento inconsciente de la historia al realizar dicha revolución. En tal caso, por penoso que sea para nuestros sentimientos personales, desde el punto de vista de la historia tenemos derecho a exclamar con Goethe: '¿Quién lamenta los estragos si los frutos son placeres? ¿No aplastó a miles de seres Tamerlán en su reinado?'".[13] Hay, aquí, una profunda justificación de la violencia como *partera de la historia*; expresión que —según claramente sabemos— pertenece a Marx.

Como vemos, es necesario remitirse a Marx (y no sólo al *Manifiesto*, sino también a sus textos sobre el colonialismo) para inteligir la virulencia revolucionaria del capitalismo. Esa virulencia vuelve hoy a estar presente. El proletariado no enterró al capitalismo —como lo anunciaban los pasajes proféticos del *Manifiesto*—, no hizo la revolución que auguraba Marx. *Esa revolución la está haciendo el empecinado capitalismo: es, por decirlo así, la segunda revolución globalizadora, encarnada hoy en la revolución comunicacional que se sostiene en la economía de libre mercado.* Ahora bien, Marx apoyó esa primera globalización porque veía en ella un paso necesario de la racionalidad histórica: esa globalización generaba —en tanto hacía desvanecer en el aire a todo lo sólido, a todo lo instituido, caduco, osificado— al proletariado redentor, que habría de sepultar a la civilización burguesa para implantar una sociedad no clasista. Hoy, no hay superación. No hay racionalidad histórica. La nueva revolución burguesa arrasa, globalizándose, con todo y nada crece en su lugar salvo ella misma, que se reproduce incesantemente. Asistimos a una historia hecha por el doctor Fausto que engendrará al monstruo de Frankenstein: un ser indoblegable para quien lo ha creado. Marx, hoy, al no existir el proletariado revolucionario superador, sólo podría enaltecer a la burguesía revolucionaria desde sí misma, como parte de ella. Y es difícil imaginarlo en ese lugar. Es difícil, también, imaginar otro lugar. Es decir, uno que implique no sólo la diferenciación, sino la superación de la actual revolución capitalista. (Esta revolución, por su parte, no se apiada mayormente de los estragos que produce: el hambre, la exclusión, la pobreza, la marginalidad. No faltará quien —entre el cinismo y la venganza— recoja los textos de Goethe que citó Marx y los utilice para justificar las crueldades del capitalismo supranacional fin de milenio: *Quién lamenta los estragos si los frutos son placeres*. En verdad, lo hacen los economistas que cotidianamente teorizan acerca de los avances de la macroeconomía y otorgan a la pobreza el nombre de *tasa de sufrimiento*.)

4. Frankenstein 2000

La certeza sobre el *sentido progresivo* de la Historia ha sido esencial en la cultura política de la izquierda. A esto se le suele llamar *utopía*: hay algo que aguarda en el futuro, algo por lo que habrá que pelear pero, asimismo, algo que no podrá sino realizarse. La utopía de la cultura política de la izquierda fue —siempre— una utopía garantida: ella era, sin más, el sentido de la historia, nada podría impedir su realización porque la historia existía y se desarrollaba para que esa realización fuese posible. Voy a utilizar —como ejemplificación de esta temática— tres textos de diverso tono, de diversa época, pero que expresan esa certeza: la historia se dirige hacia un fin necesario e inevitable, ese fin es su sentido y —aún más— en ese fin habrán de suprimirse las desigualdades. Escribe Marx en el *Manifiesto* (1848): "La burguesía produce, ante todo, sus propios sepultureros. Su hundimiento y la victoria del proletariado son igualmente inevitables".[15] Este es el *sentido de la historia* para Marx: la burguesía se expandió triunfal por todo el planeta —creando un mundo entendido como mercado de mercancías— pero, al hacerlo, engendró a su enterrador: el proletariado industrial, cuya misión histórica es enterrar a la burguesía y eliminar la sociedad de las desigualdades. Vayamos, ahora, a un texto de Sartre escrito en 1961. Es el conocido prólogo al libro *Los condenados de la tierra* de Frantz Fanon, libro en el que se realiza una exaltación de la violencia como *praxis humanizadora* del que hablamos en la Primera Parte de este ensayo. Sartre, aquí, ya no habla en nombre del proletariado europeo, sino de los pueblos coloniales, cuya descolonización implicará la necesaria vía a una sociedad sin desigualdades. Observemos cómo marca la insoslayable *necesariedad* de ese proceso: "Europa hace agua por todas partes. ¿Qué ha sucedido? Simplemente, que éramos los sujetos de la historia y que ahora somos sus objetos. La relación de fuerzas se ha invertido, la descolonización está en camino; lo único que pueden intentar nuestros mercenarios es retrasar su realización".[16] Claro, fue maravilloso existir con esa certeza: "la descolonización está en camino". Es decir, la historia tenía un sentido, un sentido inexorable y este sentido era su racionalidad. La historia era racional porque tenía un devenir necesario, porque era dialéctica (de aquí la necesariedad de interrogarnos en el parágrafo siguiente acerca de la dialéctica), porque no ocurría arbitraria y azarosamente, sino que se encaminaba hacia un horizonte de justicia. Y tan poderosa era esta marcha que Sartre escribía: "lo único que pueden intentar nuestros mercenarios es retrasar su realización". Hay, aquí, algo semejante a un reloj de la historia: la violencia de los colonizados lo hace progresar (es una *violencia progresiva*, inscripta en el sentido de la Historia porque ayuda a su realización) y la violencia de los mercenarios lo retrasa (es una *violencia reaccionaria*, pues intenta, vanamente, frenar el tiempo histórico). Hay también una simplista concepción lineal de la temporalidad.

Y el tercer ejemplo de esta modalidad utópica de la cultura política de la izquierda es, tal vez, más extravagante que los dos anteriores: porque fue escrito en 1994, después de la caída del Muro y de las certezas sobre el triunfo inevitable de los que padecen injusticias. Lo escribió Norberto Bobbio y gira sobre un tema fin de milenio: la lucha de las mujeres por suprimir su postergación histórica. Escribe Bobbio: "La gradual equiparación de las mujeres a los hombres, primero en la pequeña sociedad familiar, luego en la más grande sociedad civil y política, es uno de los signos más certeros del imparable camino del género humano hacia la igualdad".[17] Es casi increíble que en un libro fin de milenio se encuentre esta frase: "imparable camino del género humano hacia la igualdad". Esta es la *utopía garantida*: la que se plantea como un *camino imparable*. Como vemos —recogiendo su experiencia histórica, que para algo debe servir—, la cultura política de la izquierda debe comenzar a pensarse como *cultura antiutópica*, entendiendo por esto la abjuración del *camino imparable*, de la *utopía garantida*. Para entendernos: esto no implica pedirle a nadie que abandone sus sueños, implica pedirle que no considere necesaria e inevitable su realización histórica. Si algo —creo— hemos aprendido es que nuestros sueños no son el sentido necesario de la historia.

Fue Marx, claro, el que impuso esta *certeza del amparo* en la cultura de la izquierda. Exaltó a la primera globalización burguesa porque su visión de la misma era dialéctica. Porque creía —como buen dialéctico— en la astucia de la historia. Así, justificó las atrocidades de la burguesía (*¿Qué importan los estragos si los frutos son placeres, no mató a miles de seres Tamerlán en su reinado?*) porque veía en ellas un paso necesario e inevitable para el surgimiento del proletariado, que habría de enterrarla para crear un mundo igualitario. ¿Sería hoy, Marx, un exaltador de la nueva globalización capitalista? Sólo si viera que ella implica el paso dialéctico a una etapa de justicia, es decir, sólo si la actual globalización burguesa engendrara a su enterrador. Pero —lo hemos visto— no es así. Esta globalización capitalista de fin de siglo no es la que analizó Marx: no impone un sentido, una racionalidad en la historia generando a su enterrador. No: no sabemos qué engendra. O sí: engendra marginalidad, exclusión, violencia.[18]

El impulso fáustico (el hombre que desea adueñarse de la totalidad de lo real y someterla a su dominio por medio de la técnica) de la actual globalización capitalista remite a Frankenstein antes que al viejo proletariado redentor del *Manifiesto*. Porque hoy estamos a las puertas de la vieja intuición goyesca: el sueño de la razón engendra monstruos. Engendra al poderoso y paradigmático personaje de Mary Shelley: el monstruo de Frankenstein, producto de la omnipotencia descarrilada, *insensata*, de una racionalidad ingobernable. Así, el historiador Francois Furet, en un libro que Eric Hobsbawm marca como un producto tardío de la guerra fría pero cuyas reflexiones sobre la temática del sentido de la historia son inexcusables, escribe: "Si el capitalismo se convirtió en el futuro del socialismo, si el mundo burgués sucedió a la 'revolución proletaria', ¿en qué se basará esta confianza en el tiempo? (...) La historia volvió a ser aquel túnel en el que el hombre ingresa como en la oscuridad, sin saber adónde lo llevarán sus acciones, inseguro en cuanto a su destino, despojado de la ilusoria seguridad respecto de lo que está haciendo. Privado de un Dios, en este fin de siglo, el individuo democrático ve temblar las bases de la divinidad de la historia: una angustia que será necesario conjurar".[19]

El último texto es, una vez más, la búsqueda —pero ahora desde la nueva derecha que implementa la actual globalización— de una historia garantida, de una historia con sentido y no insensata, no frankensteiniana: "una angustia que será necesario conjurar". *Todo parece señalar que no se puede existir sin garantismos metafísicos, y que éstos deben ser encontrados en Dios, en la Razón o en la Historia.* Bien, ya no hay garantismos. No hay Dios, no hay racionalidad, no hay sentido de la Historia. La burguesía no engendró al proletariado redentor, se engendró a sí misma y está engendrando un mundo desquiciado por la injusticia y la violencia. Esto produce angustia. Claro: Frankenstein desatado, libre, entregado a su locura ingobernable y destructora produce angustia. Pero no es imposible vivir —aunque sea un tiempo, sin entregarnos fácilmente a otros amparantes garantismos— en la angustia. De la angustia se sale y se aprende (Kierkegaard sabía mucho de esto); de los garantismos, de las ilusiones y de las exaltadas profecías se aprende poco y, con frecuencia, no se sale. Así las cosas, será adecuado preguntarnos por uno de los más poderosos garantismos de la filosofía, la dialéctica: qué fue y adónde condujo.

5. Qué era la dialéctica

Durante largos años una frase tuvo honda hegemonía no sólo en el pensamiento, sino en la acción, en la praxis, en la militancia y, por consiguiente, en la vida: *la realidad es dialéctica.* Era una verdad irrebatible, fuera de toda discusión. ¿Por qué se la requería tanto? En su más espeso sentido garantizaba algo esencial: si la realidad era dialéctica, la realidad tenía un orden lógico, un sentido, una finalidad. La realidad era teleológica (*telos = fin*). *La dialéctica era un garantismo metafísico acerca del sentido de la historia.*

Este uso de la dialéctica fue consagrado por Hegel y derivado por Marx al esquema de la lucha de clases. Porque supongo que acordamos en el siguiente juicio: *que la realidad es dialéctica es un concepto de la izquierda, ha sido el concepto fundante de las concepciones revolucionarias de la historia.* Para Kant, la dialéctica era inadecuada para el conocimiento. En su *Dialéctica trascendental* afirma que la dialéctica —al trabajar lejos de los datos de la empiria, al trabajar ya sobre las síntesis del entendimiento— trabaja en el vacío y *se pierde en contradicciones.* Hegel cambia por completo el enfoque: no hay una razón por un lado y una realidad por otro. Así, dice su célebre fórmula: *todo lo racional es real y todo lo real es racional* (*Filosofía del derecho*, Prefacio). Si para Kant era pernicioso que la razón se *perdiera* en contradicciones, para Hegel no. La realidad es racional y, al serlo, es contradictoria, funciona por medio de contradicciones, tal como lo hace la razón. *Este pasaje de la razón kantiana a la razón hegeliana ha sido fundamental en la historia de la modernidad: sin él no hubieran existido el marxismo, la Comuna, la Revolución Rusa, la Revolución Cubana, el Che Guevara y las guerrillas latinoamericanas.* No sé si esto dice algo acerca de la importancia de la filosofía en los acontecimientos borrascosos de la historia.

Hegel historiza a la razón. Kant enfrentaba al *entendimiento* y a la *realidad empírica.* Al trabajar con elementos provenientes de la realidad empírica, el entendimiento trabajaba con contenidos; producía, digamos, verdades, conocimiento. Pero la *razón dialéctica*, al trabajar sobre las síntesis lógicas del entendimiento, no trabajaba sobre la empiria; perdiéndose, de este modo, en contradicciones y aporías. No, dice Hegel: las contradicciones de la razón son las contradicciones de lo real. La razón es contradictoria y dialéctica porque la realidad lo es. Porque la realidad es racional y porque la razón es real. De este modo, Hegel llega a la postulación filosófica más revolucionaria de la modernidad: *la transformación de la sustancia en sujeto*. Atrás quedó Descartes: "sólo puedo no dudar de mi duda". Es decir, lo único indubitable, lo único de cuya realidad no puedo dudar es el sujeto, el cogito. Atrás quedó Kant: la razón dialéctica se pierde en contradicciones por no trabajar sobre la realidad empírica. Con Hegel todo cambia: la realidad es dialéctica, es racional. No hay un sujeto por un lado y un objeto por otro.[20] La sustancia ha devenido sujeto. Esta postulación del sujeto-objeto idénticos significaba decir lo que sigue: *la realidad es transparente al sujeto porque está constituida por sus mismas estructuras lógicas*. Llevando esto al plano de la historia, Sartre (en la *Crítica de la razón dialéctica*) dirá: *la historia es transparente a los hombres porque son ellos quienes la hacen*. Postulación que viene de lejos, que ya había formulado un genial filósofo napolitano, Giovanni Battista Vico, que se murió en 1744 y que, claro, antes de morirse había hecho esa formulación: la de la igualdad *verum-factum*. Conocemos lo que hacemos. Podemos conocer la historia (podemos conocer *lo real*) porque es obra nuestra.

La cuestión entra en su zona fogosa con Marx. Para Marx —y esto es lo que de él aprendieron apasionadamente Lenin, Trotsky, Mao y Guevara— que la realidad era dialéctica significaba, ante todo, que avanzaba en el sentido de su constante transformación. Si la frase de Hegel sobre la sustancia devenida sujeto es el despegue de la modernidad revolucionaria, el uso que de ella hace Marx es su consolidación: no se trata sólo de conocer la realidad, sino también de transformarla. Vemos, así, cómo Marx se diferencia de Descartes y Kant —que se movían en la esfera gnoseológica, en la esfera de la *teoría del conocimiento*— y se une a Vico (sólo se conoce lo que se hace; Marx diría: sólo se conoce lo que se transforma, ya que el conocimiento es transformación) y a Hegel (la realidad es dialéctica, avanza por medio de contradicciones, de negaciones constantes). Marx insistirá en que este *avance* se produce a través de la permanente y necesaria destrucción de las viejas formas históricas por las nuevas. Y aquí —exactamente aquí— es donde ubica a la violencia como partera de la historia. Observemos el pasaje de la lógica hegeliana a la praxis marxista. Para Hegel, la historia avanza dialécticamente, y encuentra en la *contradicción* un momento de la lógica. *Marx, por decirlo así, lleva la contradicción a las barricadas.* La contradicción de la burguesía es el proletariado: ahí reside el motor de la lógica histórica. Y el detonante resolutivo de las situaciones contradictorias de la historia es la violencia: "La violencia es la partera de toda sociedad vieja preñada de una nueva".[21]

La muerte de la idea de revolución en el pensamiento que hemos acordado en llamar posmoderno y en las sociedades que lo sostienen implica la muerte de la dialéctica. Pero esta muerte implica otra tal vez más difícil de sobrellevar: la muerte del sentido de la historia. *Sin dialéctica no hay sentido de la historia.* ¿Puede reconstituirse la izquierda sin reconstituir la dialéctica y el sentido de la historia?[22] En principio corresponderá interrogarnos acerca de la izquierda en sí misma: ¿qué entendemos —hoy— por izquierda? La respuesta a este interrogante sólo puede iniciarse por medio de una reflexión sobre la desigualdad.

6. QUÉ ES LA DESIGUALDAD

Cierta vez, Norberto Bobbio lanzó una frase que tenía la serenidad y la hondura de las grandes reflexiones. Tenía esto porque era una frase sencilla, que trabajaba casi con el sentido común, ya que explicitaba algo que cualquiera podría haber dicho, algo que muchos habían advertido. Decía —aproximadamente— algo así: los socialismos reales han sido derrotados, pero el capitalismo de fin de milenio no tiene respuestas para ninguno de los problemas que dieron origen a las filosofías socialistas. O, sin más, al socialismo. *Habría entonces una mala superación.* El capitalismo tardío cree que ha resuelto la historia, pero no tiene cómo respon-

der a las angustias que originaron las realidades que pretende haber superado. En otras palabras, *el capitalismo fin de
milenio sólo podría presentarse como superador del socialismo si hubiera encontrado solución a los problemas que lo hicieron nacer.*

El problema que permanece es el de la creciente desigualdad. De aquí que este concepto merezca nuestra urgente atención. Muchos filósofos (desde Aristóteles en adelante) se ocuparon de la desigualdad. Pero fue Hegel —en sus
Principios de la filosofía del derecho— quien lo hizo con una
precisión conceptual lo necesariamente poderosa como para disparar el pensamiento de Marx, filósofo que, convengamos, algo ha tenido que ver con el socialismo. Es decir,
con eso que el capitalismo de mercado —pese a todos sus
alaridos de triunfo— no ha logrado superar.

En 1821, Hegel publica su *Filosofía del derecho*. Está en
Berlín y es el filósofo oficial de su patria alemana. Habrá, así,
de reflexionar sobre la propiedad privada, la riqueza, la pobreza, el surgimiento de la plebe y la desigualdad. Sus textos
son sorprendentes. Pocos, por ejemplo, han elevado la propiedad privada a categoría ontológica como Hegel. "La persona (…) tiene que darse para su libertad una esfera exterior".[23] De este modo, *la propiedad privada aparece como la
objetivación de la libertad individual.* Escribe Hegel: "Lo inmediatamente distinto del espíritu libre es (…) una *cosa*, algo carente de libertad, de personalidad, de derecho".[24] Tenemos, por un lado, al espíritu libre y, por el otro, a las cosas.
El espíritu libre *objetiva* su libertad apropiándose de las cosas. Escribe Hegel (en su oscuro lenguaje, que exige una laboriosa lectura pero que conduce a deleitables luminosida-
des cognoscitivas): "La persona tiene el derecho de poner su
voluntad en toda cosa, que de esa manera es *mía* y recibe a
mi voluntad como su fin sustancial".[25] La apropiación es un
don que el espíritu humano le otorga a las cosas. Las cosas
existen para ser apropiadas y la apropiación es una actividad
del espíritu, un acto por el cual el espíritu se da su esfera de
objetividad. Hegel habla del "derecho de apropiación del

hombre sobre toda cosa". Y es este derecho de apropiación, es esta búsqueda de la libertad objetiva a través de la conquista de las cosas la que está en el origen de las desigualdades. Por lo tanto, en el parágrafo 49 del capítulo *La propiedad*, Hegel escribe: "La igualdad sería (...) sólo igualdad de la persona abstracta como tal, fuera de la cual cae precisamente todo lo que concierne a la *posesión*, que constituye más bien el terreno de la desigualdad".[26] La *igualdad* de las personas sólo es abstracta. Es el concepto de *posesión* el que introduce las desigualdades. Hegel se niega a la repartición de los bienes para lograr la igualdad. Esta igualdad quedaría prontamente destruida porque "la riqueza depende de la diligencia de cada uno".[27] Sacraliza, así, la sociedad de competencia. Pero no deja de observar que el libre funcionamiento de esta sociedad genera desigualdades "desproporcionadas". Escribe: "La caída de una gran masa por debajo de un cierto nivel de subsistencia (...) lleva al surgimiento de una *plebe*, que por su parte proporciona la mayor facilidad para que se concentren en pocas manos riquezas desproporcionadas".[28] Grave problema. Y Hegel confiesa: "La cuestión de cómo remediar la pobreza es un problema que mueve y atormenta a las sociedades modernas".[29] Como vemos, se lo nota más atormentado a Hegel en 1821 —parece, digamos, más urgido por solucionar la pobreza— que a los manipuladores del poder capitalista actual.[30] Sigue Hegel: "en medio del *exceso de riqueza* la sociedad civil no *es suficientemente rica*, es decir, no posee bienes suficientes para impedir el exceso de pobreza y la formación de la plebe".[31] Y añade un texto que tiene ecos muy cercanos a nosotros: "El medio más directo que se ha ensayado contra la pobreza (...) ha consistido en abandonar a los pobres a su destino y condenarlos a la mendicidad pública".[32] Y concluye con una notable anotación acerca del *colonialismo* como un fenómeno necesario que surge de este marco social: "Por medio de esta dialéctica suya la sociedad civil es llevada más allá de sí (...) para buscar en el exterior consumidores y por lo tanto medios de subsistencia en otros pueblos que están atrasados".[33]

Se sabe: luego vino Marx y realizó un análisis implacable acerca del capitalismo como un sistema que se basa en la desigualdad. ¿Por qué —pregunta en un célebre pasaje de *El Capital*— cuando el capitalista y el obrero se dirigen a la fábrica uno va feliz y el otro desdichado? Porque sólo son iguales abstractamente (tal como Hegel lo dijo) pero desiguales objetivamente, en el terreno de la posesión: *uno posee la fábrica, el otro no.*

Todo esto —que dio origen al socialismo— sigue siendo así. Los poseedores cada vez poseen más y cada vez son menos. La *plebe* cada vez posee menos y es cada vez más numerosa. ¿De qué triunfo se jactan los ideólogos del capitalismo? Sólo podrían afirmar que han derrotado al socialismo si hubieran superado las desigualdades —es decir, las injusticias— que el socialismo nació para expresar. Al no haberlo hecho, el regreso del socialismo —de la forma que sea; apenas, tal vez, intuida hoy por nosotros— adquiere el carácter de un imperativo histórico.

Debemos, por consiguiente, interrogarnos acerca de la naturaleza del socialismo. Saber qué es hoy. O saber, tal vez, qué es hoy la izquierda. En un primer acercamiento interrogaremos el conocido libro de Bobbio, que tiene más de una respuesta que satisface. Luego avanzaremos sobre la mirada crítica como supuesto esencial de la izquierda. La mirada crítica del sujeto crítico.

7. A PROPÓSITO DE BOBBIO:
UNA IZQUIERDA ANTIUTÓPICA

En las páginas finales de su libro sobre la derecha y la izquierda Bobbio ofrece algo que denomina su "testimonio personal". Todo libro, en rigor (todo libro verdadero), se escribe desde lo personal y decirlo, tornarlo explícito, transparente, es un acto de honestidad. De este modo, la primera y absoluta convicción que tiene Bobbio sobre el hombre de izquierda es su incapacidad para tolerar la *desigualdad*. Esta incapacidad es la suya y explicita, entonces, su "malestar frente al espectáculo de las enormes desigualdades, tan desproporcionadas como injustificadas, entre ricos y pobres, entre quien está arriba y quien está abajo en la escala social, entre quien tiene el poder, es decir, la capacidad para determinar el comportamiento de los demás, tanto en la esfera económica como en la política e ideológica, y quien no lo tiene".[34]

Si nos proponemos partir de elementos sencillos pero, a la vez, contundentes diríamos que lo que diferencia al hombre de izquierda del hombre de derecha es este "malestar" que menciona Bobbio. El mundo, tal como es, resulta intolerable para el hombre de izquierda. Y si esto es así es porque el hombre de izquierda tiene una aguda sensibilidad (cualidad que lo ennoblece) para percibir las desigualdades. El hombre de derecha, por el contrario, es siempre un "justificador" del estado de las cosas. O las ve como inmodificables, como leyes de un sistema inapelable, o —lo que implica otra faceta de la misma actitud— desarrolla una praxis que tiende a la preservación del estado de cosas, incluso, en lo general, por medio de la profundización de los niveles de desigualdad.

Tomemos un ejemplo. ¿Cómo suele tratar la derecha el problema de la inmigración? Asépticamente dictamina que la cuestión inmigratoria se produce y se agrava por la característica que tienen las economías de libre mercado de generar desempleo. Y, claramente, desliza la culpa social a los inmigrantes, quienes vendrían a entorpecer una de las "facetas" de la economía de mercado. La derecha, en suma, da como "estado natural" la economía de mercado, no traduce, tampoco, su tendencia a generar desempleo como "desigualdad". No, se trata meramente de una de las peculiaridades del sistema. Peculiaridad que se ve agravada porque los inmigrantes quieren... trabajar. *Todo ocurre como si los inmigrantes estuvieran entorpeciendo un sistema que, sin ellos, funcionaría mejor.*

¿Qué hace ante el mismo panorama el hombre de izquierda? Señala que el problema está en el sistema, que el sistema genera desempleo, y que generar desempleo es generar desigualdad. Es decir: o hay que cambiar el sistema de libre mercado (ante su pavoroso costo social, ante su ahondamiento de las desigualdades) o hay que transformarlo en un sistema de libre mercado con inclusividad social, cosa que posiblemente sea un contrasentido. Y si lo es, el hombre de izquierda lo señalará.

De aquí, entonces, parte Bobbio: de esta certeza personal. "Yo", está diciendo, "no tolero la desigualdad". Ergo: soy un hombre de izquierda. Señala, también, que en este siglo que termina se han librado, tal vez como nunca, las grandes batallas contra "las tres fuentes principales de desigualdad, la clase, la raza y el sexo".[35] Con indudable optimismo señala que la "gradual equiparación de las mujeres a los hombres (…) es uno de los signos más certeros del imparable camino del género humano hacia la igualdad".[36]

Conviene detenerse aquí. Confieso que, no sin asombro, he leído esta página de Bobbio, quizá no digna de su lucidez, pero sí muy partícipe de la tradición de la izquierda.[37] ¿Es posible escribir, hoy, una frase como "imparable camino del género humano hacia la igualdad"? Digamos que no. Que quizá la frase que mejor refleja nuestra situación histórica presente sea la contraria: la que hablaría del imparable camino del género humano hacia la desigualdad, ya que si hay algo que hoy vemos es, precisamente, el escandaloso ahondamiento de las desigualdades entre las personas: *la globalización del capitalismo avaricioso*. ¿Qué nos autoriza a suponer que lo contrario, es decir, el camino a la igualdad, habrá de producirse por simple y determinante mecánica interna de la historia? Nada, absolutamente nada autoriza a esta creencia. Pero, al sostenerla, Bobbio adhiere a una de las tradiciones (o digamos: uno de los "tradicionales errores") de la izquierda: creer que su triunfo está inserto en la mecánica de los hechos históricos. Así, la idea de "progreso histórico" es consustancial a la cultura de izquierda. Y librarse de ella —me permito insistir en esta cuestión— es una de las premisas sustanciales del nacimiento de una nueva izquierda.

En uno que otro pasaje de su libro no deja Bobbio de señalar que la izquierda ha tenido como constante la apelación a la idea de progreso. De modo que no ha incurrido en un error que desconozca. Conociéndolo, no obstante, ha incurrido en él, lo que demuestra la fuerza que tiene la idea de "progreso histórico" (superación hegeliana/dialéctica marxista) en la racionalidad de izquierda. *Es, incluso, tan fuerte que el concepto con que la izquierda de fin de siglo ha elegido nombrarse para no nombrarse como izquierda es el de "progresismo".*

¿Es necesario el *garantismo progresista* para que la izquierda pueda afrontar las resistencias de la historia? Este garantismo redentorista es lo que suele llamarse *utopía*. Y es este concepto el que la izquierda (por medio de textos teóricos o muy sensibles poemas) intenta resguardar como uno de sus máximos tesoros. *La utopía es la certeza o el sueño de que la historia debe progresar para tener algún sentido.* Sería más adecuado y, por qué no, fascinante, proponer una *izquierda antiutópica*, que afirme que el mañana no está garantizado, que no sabemos si marchamos *necesariamente* hacia la igualdad ni si la historia progresa, pero que esto no reduce en absoluto nuestra capacidad para indignarnos *hoy* ante la desigualdad y comprometernos en la azarosa lucha de su eliminación. Que es, claro, simultáneamente, la lucha por la igualdad.

Acierta, sí, Bobbio en instrumentar el concepto de "igualdad" como elemento central para diferenciar izquierda y derecha. Escribe: "Lo igualitario parte de la convicción de que la mayor parte de las desigualdades que lo indignan, y querría hacer desaparecer, son sociales y, como tales, eliminables; lo no igualitario, en cambio, parte de la convicción opuesta, que son naturales y, como tales, ineliminables".[38] Esta oposición entre naturaleza y sociedad es fundante en la díada que analiza Bobbio. La derecha naturaliza la historia. Es parmenídea: lo que es, es. La izquierda historiza la historia, es decir, acentúa su carácter cambiante. Es, así, heracliteana: todo fluye, todo cambia, nunca nos bañamos dos veces en el mismo río. (En fin: eso que mis compañeros de filosofía de la historia y yo le explicábamos al sufrido profesor de Antropología Filosófica; quien deseaba, simplemente, que algo permaneciera.)

Bobbio insiste en la ampliación del concepto de igualdad como un estimable triunfo de nuestro tiempo. Toma el caso del feminismo, que afirma que "las desigualdades entre hombre y mujer aunque teniendo raíces en la naturaleza, han sido el producto de costumbres, leyes, imposiciones, del más fuerte sobre el más débil y son socialmente modificables".[39] Otra vez, aquí, la fuerza de lo *socialmente modificable* ante lo *naturalmente establecido*. Es decir, la fuerza de la racionalidad de izquierda ante la racionalidad de derecha.

Otro avance de nuestro tiempo en la lucha por la igualdad: la actitud ante los animales. Cada vez se lucha más contra la legitimidad de la caza, cada vez se protege más a las especies raras, se detecta un avance del vegetarianismo, ¿qué representa todo esto sino "una posible ampliación del principio de igualdad incluso más allá de los confines del género humano, una ampliación basada en la conciencia de que los animales son iguales a nosotros los hombres por lo menos en la capacidad de sufrimiento?".[40] La derecha, aquí, acostumbrada a esgrimir argumentos basados en la "aristocracia del espíritu", diría que los animales sufren pero no tienen conciencia del sufrimiento, lo que los torna desiguales a nosotros. La izquierda insistirá: alcanza con saber que son iguales en el dolor.

El pequeño libro de Bobbio ha conocido un suceso mundial. Conjeturo que se debe a que aquello que defiende (la real diferencia entre la izquierda y la derecha y la vigencia de esta distinción conceptual) está en la necesidad de los tiempos. Siempre que la desigualdad es intolerable (y hoy lo es) lo primero para luchar contra ella es afirmar que sí, que existe, que no tiene razón, y que es históricamente superable, no por la lógica interna y necesaria de las cosas, sino por la libertad del sujeto. Por su esencial aptitud de percibir la desigualdad —simultáneamente— desde el ámbito del conocimiento y desde el ámbito de la indignación.

8. Intelectuales: el sujeto crítico

En la tarea de la constitución del sujeto crítico es decisivo el papel de los intelectuales, quienes todavía tienen mucho que hacer sobre este mundo cosificado en exterioridad por los medios de comunicación en manos de los *holdings* que manejan las bancas transnacionales. ¿Qué tipo de intelectual será el que pueda colaborar en la urgente tarea de comunicarle a la gente el distanciamiento crítico ante el desbordante y asfixiante discurso del Poder?

Será adecuado comenzar con el dibujo de la figura del intelectual crítico. Tomo —una vez más— la palabra crítica en su significado kantiano: crítica es conocimiento de algo. Criticar algo es emprender la ardua tarea de conocerlo. Creo en la siguiente obviedad: el deseo de conocimiento es constitutivo del intelectual. De modo que no puede existir un intelectual que no sea, en su primer movimiento, crítico en el sentido kantiano del concepto.

Me deslizo, ahora, con mayor coherencia de la que en principio pareciera, al joven Marx. Quien, en su *Crítica de la filosofía del derecho de Hegel,* utiliza el concepto como *distanciamiento*, como cuestionamiento de lo fáctico, de lo establecido. Sólo el distanciamiento ante lo real permite su conocimiento, y este conocimiento deviene crítico ya que plantea la insoslayable praxis de la transformación de lo real: hacer más ignominiosa la ignominia, conociéndola; hacer más opresiva la opresión, publicándola.

Así, la figura del intelectual crítico es la figura del intelectual libre. Ocupa, tal vez, la centralidad del logos cartesiano. Y, en verdad, todas las modalidades de la filosofía posmoderna —basándose en ese "acto de soberbia" cartesiana del intelectual crítico— se han encargado de imposibilitar su despliegue. Toda la deconstrucción impide la figura del intelectual crítico, del intelectual que asume para sí la posibilidad del conocimiento de la totalidad (o, al menos, de totalidades parciales) y la posibilidad, también, de su transformación.

Sin embargo, propongo (como proponen algunos osados hoy) un vigoroso retorno a Descartes: asumir el conocimiento de la realidad desde la perspectiva de un sujeto crítico, que dude de lo dado y (aquí Descartes se desplaza a Marx) proponga, a partir de esa duda, una praxis de transformación.

El discurso del sujeto cartesiano fin de milenio se expresaría (muy, aquí, brevemente) así: "Dudo de la armoniosa perfección del sistema de libremercado. Reivindico para el sujeto la posibilidad de pensar algo diferenciado del pensamiento teologal establecido. Reivindico, también, la posibilidad de transformarlo". (Esta última reivindicación es, claro, la de un Descartes marxistizado. Ocurre que, Descartes y Marx, la vigorosa trama de los dos, tienen mucho que decir a los intelectuales de nuestro tiempo que aún deseen incurrir en los caminos de la crítica; de la crítica entendida como conocimiento, autonomía del sujeto e impugnación de una realidad injusta y opresiva.)

¿Qué relación existe entre el intelectual crítico y el intelectual orgánico? Dibujemos la figura del intelectual orgánico: suele pertenecer a un partido político o a algún estamento del Estado. Si pertenece a un partido político su praxis crítica queda seriamente erosionada por la necesidad de contemplar, cotidianamente, la táctica y la estrategia partidarias. Siempre, dentro de un partido político, hay algo que se puede decir y algo que no se puede decir, algo que hay que decir de una manera o de otra, algo que se puede decir ahora y no después o después y no ahora. El intelectual, dentro del partido político, pierde gran parte de su autonomía crítica. Queda, con excesiva frecuencia, sujeto a las tácticas, al momentaneísmo, al coyunturalismo. No diré que "está perdido" como intelectual; pero sí que su (enorme) riesgo es el de transformarse en un operador político.

El intelectual que se incorpora al Estado buscará justificar su decisión diferenciando al Estado del Gobierno. La diferenciación es válida y hasta es válido que el intelectual luche por tornarla real. Ocurre que raramente es real: el Gobierno (y, muy especialmente, en nuestro país) termina adueñándose del Estado y sometiéndolo a sus propias políticas, transformándolo en órgano de expresión de sus ambiciones y hasta de los arbitrios y modalidades, incluso, personales de sus caudillos. Aquí, el intelectual se transforma (o, al menos, corre el poderoso y casi insalvable peligro de hacerlo) en un operador estatal y, también, político-partidario, en la medida en que Estado y partido gobernante tienden a identificarse.

En suma, el intelectual orgánico termina abandonando su poder crítico y se transforma en un operador político-cultural cuando desarrolla su praxis en un partido político o en un operador estatal-partidario cuando la desarrolla en el aparato del Estado. Hoy, superar la desagregación del saber que implicó la deconstrucción posmoderna del logos implica recuperar la capacidad dubitativa del sujeto cartesiano, urdirla con la pasión negadora y transformadora del sujeto marxiano y buscar la autonomía crítica de la tarea intelectual en la libertad, en el distanciamiento, en la negación de lo fáctico. Y no puedo resistir la tentación de recurrir a otro filósofo negado por los tiempos: cuando Sartre analiza —en brillante texto— la estructura de la libertad cartesiana termina postulando que "la libertad es el fundamento del ser". Podríamos, así, postular a la libertad como el fundamento de la actividad intelectual.

9. Muerte de Dios, muerte de los absolutos y violencia

Se me objetará —desde las filosofías posmodernas sustentadas en Heidegger— que postular un *sujeto crítico* es retornar a una centralidad cognoscitiva. A un subjectum. Al logocentrismo. En suma, a Dios, en el modo en que la modernidad lo instauró con Descartes.

Se dirá que incurro en la constitución de una nueva esencia. Se dirá que ya Heidegger demostró que el ser no debe entenderse como esencia sino como acontecer. Que el pensamiento debe rechazar toda postulación que conduzca a un fundamento, a una causa o a la noción de *verdad*.

Sin embargo, no es tan sencilla la propuesta de este ensayo. Que se expresa así: *rechazar la noción de fundamento, de causa, necesidad y ley, pero recuperar a la vez la visión crítica del sujeto crítico*. Insistí en rechazar los garantismos metafísicos del pensamiento de izquierda, *pero insisto en rechazar la visión azarosa, descentralizada, acrítica y conformista que el posmodernismo heideggeriano impulsa*. Los garantismos —tal como los hemos visto en los textos de Fanon, Sartre y Bobbio, o como están presentes en innumerables textos de Marx— no hacen sino introducir otra vez a Dios en el pensamiento. *Toda garantía es teísta*. Pero erradicar el garantismo —*matar a Dios*— no nos debe conducir a la aceptación de una *historia virtual, azarosa, aleatoria*. Una historia sobre la que el sujeto no sabe cómo actuar ya que es inapresable. En resumen: incomprensible. ¿Cómo cambiar lo incomprensible? La cuestión, entonces, es: eliminar todo fundamentalismo, todo garantismo metafísico, pero mantener la crítica viva. Matar a Dios —como lo pedía Nietzsche— y construir al sujeto crítico, sin que esta construcción implique un regreso a Dios. Sin hacer del sujeto crítico un nuevo absoluto. ¿Es posible?

Abordar esta temática nos lleva a un libro insoslayable que sobre ella se ha escrito en nuestro país. Lo escribió Rubén Ríos y el libro se llama —precisamente— *Ensayo sobre la muerte de Dios*. Me dispongo a invitar al lector de este libro a un recorrido por algunas arduas cuestiones de la filosofía. Es necesario. Hasta aquí —aproximadamente— hemos observado lo que sigue: todos los valores de la modernidad llevan a la violencia, los de la posmodernidad al conformismo, ¿qué hacer?

El libro de Ríos se abre con un texto que define —a la vez— el pensamiento de Nietzsche y la casi amarga, con frecuencia desesperante temática que este filósofo argentino, Ríos, se ha lanzado a tratar. "Nietzsche —escribe— comprendió muy bien su tarea: *sacar a Dios del medio* para que toda la maquinaria se viniera abajo".[41] La frase "sacar a Dios del medio" figura en bastardilla. Su importancia es central.

Continúo. Estamos con Nietzsche y su gran hazaña: *sacar a Dios del medio*. Esto significa: se acabó la fiesta. Se acabaron los garantismos metafísicos, se acabó el logocentrismo, se acabó la idea —siempre tranquilizadora— del *subjectum*. Decir que Dios ha muerto es decir, también, ha muerto Hegel. Pero no en el sentido en que lo dijo Marx. Porque Marx mató a Hegel para instaurar otra ontoteología[42] (*nota de imprescindible lectura*). Simplificando —aunque no demasiado— digamos que Marx reemplazó la ontoteología de la autoconciencia hegeliana por la ontoteología del proletariado redentor. Siempre el sentido, siempre el poderío del significante, siempre el centro al cual *todo* se remite. En suma, siempre Dios. Viene Nietzsche, entonces, y en el fragmento 125 de *La gaya ciencia* dice: *Dios ha muerto*.

Esta afirmación —dice bien Ríos, quien, como todo escritor sagaz, ama el género policial y sabe por qué— "pertenece al relato policial". Ha comenzado el tiempo de los asesinos. Dios ha sido asesinado. ¿Quién se ha colocado en su lugar? Pues… su asesino. El hombre. Así, la muerte de Dios posibilita el despliegue de las ontoteologías de la modernidad. Ríos, aquí, recurre a un pensador (confieso que me sorprende estar llamando "pensador" a tan brillante novelista, descalificado en su momento por los filósofos "académicos") que insiste en mantenerse vigente. Me refiero a Albert Camus. El texto de Camus al que recurre Ríos es *El hombre rebelde*. Camus narra (y utilizo deliberadamente el verbo *narrar*, ya que Camus es un filósofo que narra impecablemente) el asesinato de Dios a manos de varios de sus asesinos. Los hombres rebeldes de Camus son rebeldes porque se han rebelado contra Dios y han terminado asesinándolo: Sade,

Saint-Just, Feuerbach (quien asesinó a Dios para que Marx pudiera reencarnarlo en el proletariado), Stirner, Lautréamont y, claro, Marx, con la salvedad ya hecha. Pero la salvedad que he marcado en relación a Marx puede ser marcada, también, en relación a todos estos pensadores. Todos ellos, en efecto, insisto: *todos*, culminan ubicando a Dios en el polo opuesto, creyendo, así, que lo han matado. Sólo se han colocado fuera de Dios. Son lo Otro de Dios, pero para ser lo Otro de Dios se necesita tanto a Dios como para ir a la iglesia los domingos, si se me permite esta brusca remisión a la cotidianeidad: o, digamos, a la forma que adquiere la cotidianeidad los días domingo.

Ríos apunta que la rebelión, en Camus, no es sino una rebelión del hombre contra Dios. Es decir, "algo viciado de entrada".[43]

El tema de la muerte de Dios —insistamos en esto— es el tema de la muerte del logocentrismo, del fundamento, del *Grund*. Así, es el tema de la muerte de la verdad. La verdad entendida como adaequatio. La verdad entendida como ese matrimonio ontológico entre el sujeto y el objeto. Ríos habla de dos mil años de hegemonía de la noción de verdad. Y descubre, en este tema, a "Dios, infiltrándose como un espía alienígena, en los dominios de la filosofía, y una y otra vez engañándola con sus cantos de sirena".[44] Me anticipo a decir: me obstinaré cruelmente —se trata de una crueldad dolorosa porque explicita lo que tal vez sea una lucha perdida de la filosofía— en exhibir que Dios, sí, es un espía alienígena. Y tan poderoso, que nunca acabamos de matarlo.

Ríos decide escupir sobre la noción de verdad. Escribe: …"para que concluya el hombre de la subjetividad debe arrojarse al fondo del océano, bajo siete llaves, esa extraña entidad venida de otros mundos: la verdad".[45] Acordamos con que el hombre de la subjetividad encuentra su razón de ser en el advenimiento de la verdad al mundo. Hay verdad porque hay un sujeto para instaurarla. Entonces… ¿de qué mundo viene la verdad? Ríos dice: "de otros mundos". Ese "otro mundo" es la conciencia, el sujeto, el logos. ¿Podremos alejarnos tanto de ella? De la conciencia, digo. ¿Podremos alejarnos tanto como para considerar que pertenece a "otro mundo"? Señalemos algo: Dios se hace fuerte —muy fuerte— en la conciencia. La conciencia logocéntrica es una de las manifestaciones más poderosas de Dios. De aquí el imperativo —si se desea escapar de la metafísica del fundamento— de aniquilarla. Y aniquilar la conciencia es aniquilar la noción de verdad. De acuerdo, ¿cómo sigue la narración?

Coherentemente, Ríos repasa algunas tesis de Jean Baudrillard, un filósofo que suele visitar nuestro país, tal vez para tener una experiencia directa de la demolición del ser. (En su capítulo final Ríos cita una frase luminosa de Francis Scott Fitzgerald: "toda vida es un proceso de demolición", veremos en mayor detalle esto.) Estábamos en Baudrillard. Quien, claro, impone una "teología negativa de la posmodernidad". Ya no hay *verdad,* hay *simulacro.* Muchos se han dejado deslumbrar por este artilugio. Comprendamos: si el simulacro destruye la noción de verdad, ergo, con el simulacro desaparece el logocentrismo. Todos felices: Baudrillard ha logrado lo que en Nietzsche era apenas un balbuceo. Pero no. Para Baudrillard, el maquillaje, la seducción del enigma del ser nos deja "en flotación leve, como fascinados, en la suntuosidad vacua de las apariencias; del otro lado nada, o quizá un taumaturgo loco por los disfraces".[46] Escribe Ríos: "Los genios del engaño que horrorizaban a Descartes se pasean en banda. Sólo simulacros entonces, la eterna simulación del ser vaciado de contenido, falsificándose siempre, de superficie en superficie".[47] Pero Ríos resuelve —y con razón— ser despiadado con Baudrillard. Y escribe: el signo teológico "desaparece como *verdad* —por una obra que lo invierte— para reaparecer como *simulacro*".[48] Otra vez… ¿quién? Sí, Dios. Aunque esta vez como simulacro, como apariencia, como ser vaciado de contenido. Pero un ser vaciado de contenido sigue siendo un ser. Dios sigue siendo el alienígena de la filosofía.

El *camouflage* de Dios es el logos. Ahora bien, el logos

—es decir, la centralidad— puede adoptar otras figuras. Escribe Ríos: "toda la modernidad confluye, como por un tubo sin desvíos, en el Mercado: todos somos japoneses, cada mañana entonamos nuestro Himno al Objeto. En realidad, no hay más, por donde se mire, que objetos, el sujeto incluido".[49] Pienso que ésta es una vertiente poderosa.

Podría formularse así: Dios ha muerto ergo… todos somos japoneses. ¿Adónde —certeramente— apunta? Apunta al nuevo logocentrismo: el logocentrismo del mercado. *Hay un orden tecnoproductivo que produce una absorción definitiva del sujeto por el objeto.* El ser se ha niponizado. Dios es japonés.

Ríos se ocupa luego del pensamiento estructuralista. Recuerdo que en los sesenta —era un joven estudiante de filosofía en esa época— Oscar Masotta solía decir: "Entre la conciencia y la estructura me quedo con la estructura pero no quisiera olvidar la conciencia". Bien, Ríos ya ha aniquilado a la conciencia. Ahora barrerá la estructura. Escribe: "la estructura ha pagado caro su hegemonía". En efecto, ¿qué quiso la estructura? Suplantar al sujeto, que había suplantado a Dios. Se trataba de la "estructura perfecta, autosuficiente". Ríos liquida al fundamentalismo de la estructura con una sencilla y contundente frase: "La estructura (…) al explicar todo, no se explica a sí misma".[50] Añadamos algo: el estructuralismo althusseriano funcionó como estructura sincrónica. Siempre fue posible montar, armar la estructura. Siempre fue imposible demostrar el pasaje de una estructura a otra. La diacronía —el movimiento, el pasaje de una estructura a otra— resultó una pesadilla sin solución para el estructuralismo. Así, se montó un marxismo sin movimiento, una filosofía del cambio que podía explicar lo inmóvil (la sincronía), pero no el desplazamiento (la diacronía). Una nueva cara del positivismo. Una trágica, indeseada pero insalvable exaltación de lo dado, de lo fáctico, de lo establecido.

Porque eso es que Dios ha muerto. Que Dios ha muerto significa: "nada de donde asirse, descentramiento y deriva". Insisto en estos conceptos: *descentramiento y deriva.* Y pregunto: ¿es posible una filosofía del descentramiento?, ¿es posible una filosofía de la deriva? Que nadie piense que se responderá a esto sin incurrir en un nuevo centro. Ese alienígena fatal, Dios, se escurre por todos lados. La muerte de Dios, conceptualizada como la muerte del centro, implica una pregunta dramática: ¿se puede existir sin un centro? A esta respuesta se juega el texto de Ríos.

Quien insiste: "tampoco podemos encontrar alivio en el *telos* de la historia".[51] Durante mucho tiempo, en verdad, tuvimos y reposamos en ese alivio: la historia tenía un *telos*. Es decir, un sentido, una finalidad, un *escaton*.

Bien, ya no lo tiene. Marx invierte la metafísica con la categoría de *alienación*. Pero Marx —en este delicado terreno— introduce una de las más gruesas reinstalaciones del obstinado alienígena, es decir, de Dios. El fundamento se deposita en la materialidad y —más exactamente— en una clase social privilegiada —metafísicamente privilegiada— que anulará la alienación.

La búsqueda, entonces, la angustiosa búsqueda de Ríos en este libro, es la búsqueda de algo que propone Heidegger: *la presencia sin fundamento*.

Me remito, ahora, al último capítulo. El último capítulo de *Ensayo sobre la muerte de Dios* se titula "En búsqueda del acontecimiento". Se lanza a su problemática con la citada frase de Scott Fitzgerald: *toda vida es un proceso de demolición*. Esta frase le viene a Ríos como anillo al dedo. ¿Qué hay que demoler? Hay que demoler la centralidad. Hay que demoler el logos. El *telos* de la historia. El simulacro reemplazando a la verdad de la *adaequatio*. La estructura queriendo explicar todo.

Se trata, para Ríos, de *hacer saltar la banca*. Lo cito, escribe: "ir tan lejos como un proyectil sin meta, el arco y la flecha del Zen apuntando 'afuera'. Primer movimiento: el exterminio. El 'afuera', la alteridad sin más, en-sí, desnuda —por ejemplo en Sade, Trakl, August Strindberg, etc.— Invita desde luego a la locura, la muerte, a una expedición al vacío".[52]

Me permitiré recurrir aquí a mi novela *La astucia de la*

razón. Se trata de la historia de un filósofo al que le extirpan un testículo porque ha crecido en él un tumor maligno. La *deconstrucción* comienza por el cuerpo. Esta deconstrucción lo arrastra a una feroz neurosis. Siente la experiencia extrema de la locura. Y siente, así, al borde de la locura, que ha huido, al fin, de Hegel. Dice entonces: "Con Hegel no se rompe desde la razón, sino desde la locura".

Así describe Ríos esta experiencia de la alteridad sin más, del afuera. La alteridad y el afuera invitan, ante todo, a la locura. Perder el centro (perder a Dios, al logos, la conciencia y el sentido de la Historia) es, sin más, enloquecer.

Ríos, sin embargo, no nos invita a enloquecer. De aquí su esforzado bosquejo de una teoría del acontecimiento, si es que podemos decirle así. "Silencio —dice Ríos— escuchemos los latidos del Afuera en el acontecimiento".[53] Y también dice: "no hay, ni nunca hubo acontecimiento en-sí". Luego nos invita a zambullirnos en el Afuera. Aparecen aquí Badiou, Deleuze, Derrida.

Define Ríos al acontecimiento: "El acontecimiento —escribe— sería entonces un *no-lugar*".[54] Tenemos, así, un no-lugar. Un Afuera sin en-sí. Un descentramiento no sustancial. Retengamos esta idea: *no hay en-sí del acontecimiento*.

¿Ha matado Ríos a Dios? (¿Lo han conseguido las filosofías de la deconstrucción, del acontecimiento?) Preguntas posibles e incómodas que deberá responder: ¿Puede existir un afuera sin referencia a un adentro? ¿Puede existir la *diferencia* sin referirse —insoslayablemente— a aquello de lo cual se diferencia? ¿Puede existir un acontecimiento que no instale una ontología, por más diferenciada que sea?[55]

Asoma en estos momentos —en el, digamos, horizonte de la filosofía— un retorno a los intentos fenomenológicos. Nada me parece más sensato.[56] O agresivo y estimulante para la libertad del pensamiento filosófico. Sólo desde la fenomenología nos podremos arrojar a una nueva reformulación del sujeto. *Un sujeto crítico no constituido en exterioridad por los medios de comunicación de la sociedad "transparente" posmoderna*. Volveremos sobre esto.[57]

En cuanto a la violencia sólo apuntemos aquí que requiere —siempre— a Dios en cualquiera de sus formas. *Siempre se mata desde un absoluto:* la Razón, el Estado, la Patria, la Religión, la Raza, el Hombre Nuevo, el Ser Nacional, el Mercado. Siempre se mata desde Dios o desde alguno de sus rostros secularizados. ¿Habrá que *sacar a Dios del medio* para acabar con la violencia? Hay que matar la imperativa exigencia de absoluto y unicidad que Dios impregna en cada concepto que se desprende de él. En este sentido, no ha sido escaso el aporte del profeta de Nazareth. Si Dios es amor, si lo absoluto es amor, si lo absoluto postula una relación y no un centro autosuficiente, un centro que niegue la sustancialidad sagrada de toda alteridad, *tal vez entonces lo absoluto incluya lo uno y lo otro en la modalidad del reconocimiento.* Este absoluto —cuya expresión política es la democracia— evitaría la violencia. Evitaría la voluntad de dominación, el deseo de sometimiento y su resultante: la voluntad de muerte. Se trata de quitarle justificaciones, legalidades a la muerte.

10. Reflexiones sobre la pena de muerte

Toda muerte violenta —ya sea la que comete el Estado fascista, el liberal, el revolucionario, el comando guerrillero, la patota neonazi o la muerte absurda y gratuita de los asaltantes callejeros de fin de siglo— es una aplicación de una pena, una pena concreta y notoria: la pena de muerte. Es esta pena la que le discutimos al Estado su derecho de aplicar. Como dice un concepto que impulsa Amnesty International: *si matar es malo, ¿por qué mata el Estado?* Tratemos de elucidarlo.

Entre 1976 y 1983 la Argentina vivió bajo la impiedad de un Estado criminal. Regía una pena de muerte silenciosa, cruel, no explicitada, sin tribunales ni jueces. Todos sabían sobre los horrores cotidianos. De una forma u otra, con mayor o con menor conciencia. La mayoría confiaba sobrevivir al margen de un estado de cosas que había llegado demasiado lejos. Y la certeza de no poder incidir en los acontecimientos convalidaba la actitud medrosa, cobarde, mezquina de dar vuelta la cabeza. El miedo no puede legitimar ninguna ética y sólo conduce a aberraciones insostenibles.

La mayor aberración radicaba en el conocimiento y la aceptación de lo que ocurría. *Nadie ignoraba que el Estado aplicaba a mansalva la pena de muerte.* Pero (y ésta era una de las justificaciones más fuertes) la aplicaba contra quienes también la habían aplicado o contra quienes habían sido sus simpatizantes, contra los que habían tenido algo que ver, contra los que "algo habrían hecho". Lo que tranquilizaba a los buenos argentinos era: "el Estado mata culpables". O "ellos lo quisieron así". O "mueren en la ley que eligieron". La ley y la única forma política en que la ley puede expresarse (es decir, la democracia) estaban fuera de moda. Absolutamente fuera del espíritu de los tiempos.

El que acepta la pena de muerte busca siempre —porque sabe que la necesita— una justificación poderosa. Todas, en última instancia, consisten en indagar en el Estado un paralelo de la crueldad de los homicidas. Si antes, fuera de la democracia, se dijo: "Los subversivos mataron, es natural que sean muertos", y se aceptó la muerte silenciosa, hoy, dentro de la democracia, se pide la muerte estridente, con jueces, tribunales y medios de comunicación. El motivo es el mismo: "Estamos asustados". La propuesta es la misma: "Maten para tranquilizarnos". No es casual que conspicuos procesistas, ideólogos y dinamizadores de la dictadura, pidan hoy, por televisión y con mucho *rating,* la pena de muerte. Llevan la muerte en el alma. Están acostumbrados a creer que hay seres humanos irrecuperables. Que, en determinado momento, al Otro, siempre, hay que matarlo. Antes la excusa era el ataque a las instituciones por medio de la *subversión.* Hoy la excusa es la infinita desdicha de un hombre a quien le han arrebatado la vida de un hijo. Que este hombre, aturdido por su dolor, incurra en el odio y la venganza tal vez sea comprensible. Pero que los viejos inquisidores procesistas se monten sobre ese dolor para pedir una vez más lo que siempre han pedido, la muerte, es injustificable.

Estoy contra la pena de muerte (y lo estoy muy especialmente en este país que desborda cadáveres) porque es pedir que el Estado, hoy, haga de modo público lo mismo que hizo, en el pasado, secretamente: matar. Ninguna atrocidad justifica entregar al Estado Democrático a la atrocidad de matar. Que en lugar de pedir la pena de muerte y querer transformar al Estado democrático en un Estado verdugo se luche por la eficacia de la Justicia y la eficiencia y transparencia de las fuerzas policiales.

Este debate ya ha sido resuelto en todas las conciencias limpias de este mundo. Me avergüenza tener que discutirlo otra vez en la Argentina. El padre que pide la pena de muerte para el asesino de su hijo no pide justicia, pide venganza; cree que la muerte del victimario va a calmar su dolor. En realidad, debería agregarle el dolor de otra muerte.

Sólo sugeriría detenernos en algo muy situado: *la ejecución del condenado a muerte*. En un texto de 1957 (un texto para el que se documentó minuciosamente), Albert Camus narraba que en 1914, en Argel, se condenó a la guillotina al asesino de toda una familia de agricultores, niños incluidos. "La opinión más generalizada era que la decapitación constituía una pena demasiado benigna para semejante monstruo".[58] Su padre, sigue Camus, particularmente indignado por la muerte de los niños, se vistió y, muy temprano, marchó hacia el lugar del suplicio, ya que deseaba presenciarlo, deseaba ver con sus propios ojos cómo se hacía justicia con el *monstruo*. "De lo que vio aquella mañana no dijo nada a nadie. Mi madre cuenta únicamente que volvió de prisa y corriendo, con el rostro desencajado, se negó a hablar, se tumbó un momento en la cama y de repente se puso a vomitar".[59]

El asesinato del Estado es tan bestial como cualquier otro asesinato. Y tiene el pavoroso peligro de acostumbrar al Estado a matar. Si aquí, en la Argentina, el Estado llegara a matar jurídicamente, las *otras* muertes del Poder (desde el gatillo fácil de nuestras policías bravas hasta la soberbia de un automovilista impune que no va a detener su coche para complicarse y recoger del pavimento a un "peatón imprudente") se multiplicarían. Alguien dirá: "si a usted, como a mí, le mataran un hijo, pensaría distinto". Es posible. En un caso así es posible que el infinito dolor hiciera de mí un ser oscuro y vengativo. Pero ése ya sería otro, no sería yo. Y nadie debería hacerme caso. Sólo deberían compadecer mi dolor y desear que el odio no continuara enceguecíéndome.

El crimen del Estado no tiene ni el atenuante de la pasión. No hay crimen más frío, más deliberado, más cruelmente racional que el del Estado. Se dice de los asesinos que son psicópatas, seres aberrantes, irrecuperables. ¿Por qué extraña razón podría el Estado matar y ser sano? Un Estado que mata es un Estado enfermo. Es un Estado que, matando, se declara irrecuperable.

El crimen del Estado es de una lentitud infinitamente cruel. De una premeditación enfermiza. La inyección letal. La cámara de gas. La silla eléctrica. Es muy abstracto hablar de *pena de muerte sí* o *pena de muerte no*. Hay que obligar a los partidarios de la pena de muerte a que describan el método de eliminación que proponen. Hay que invitarlos a un programa de televisión y pedirles que narren cómo habrían de ser eliminados los irrecuperables de la sociedad. Inevitablemente tendrían que hablar de la inyección letal. O de la silla eléctrica. Tendrían que describir al *irrecuperable* entrando en la sala de ejecuciones. Al verdugo atando sus manos a la silla. O preparando la inyección letal. O dejando fluir lentamente el gas. Entre tanto, nosotros miraríamos sus caras. Las caras de los defensores de la pena de muerte. Y nos costaría mucho distinguir esas caras de las caras de los asesinos. Y nos costaría mucho no encontrar en esas caras el macabro *plus* de la frialdad, de la premeditación, de la alevosía.

Así, la erradicación de la pena de muerte es uno de los objetivos esenciales para la construcción de un Estado democrático, que debe estar siempre al servicio del respeto por la vida. En Estados Unidos no ocurre tal cosa en los estados sureños, en Texas, en Virginia. Allí la pena de muerte se acepta como derecho natural del Estado. En Argentina —una y otra vez— se vuelve a insistir con el tema. Y, en los últimos años, el más ardiente defensor de la pena máxima fue el mismísimo Presidente de la República. De aquí nuestra insistencia en el tema.

Cuando se discute con los defensores de la pena de muerte se suele decir: "toda persona es recuperable". Aquí, ellos se encrespan, pierden la paciencia, no lo pueden aceptar. No pueden aceptar que esos "monstruos" que han asesinado cruelmente sean recuperables. La respuesta sólo puede ser una: uno no sabe si toda persona es recuperable, sólo sabe que todos, absolutamente todos, merecen la *posibilidad* de recuperarse. Es esta posibilidad la que la pena de muerte clausura. Para entendernos aún más: es muy probable que luego de veinte años de prisión un asesino continúe siendo tan peligroso como el mismísimo día en que cometió su asesinato. Pero también es probable que no. Que luego de veinte años de cárcel un asesino del pasado se haya recuperado para sí mismo y para la sociedad y para la vida. Todos merecen una segunda oportunidad. Por eso no decimos que todos los seres humanos son recuperables. Sólo decimos que todos merecen la posibilidad de la recuperación.

Para llevar el tema al espacio ético y político argentino: yo no creo que Alfredo Astiz sea recuperable. Creo que el desprecio por la vida ha penetrado tan hondamente en su ser que nada podrá arrancarlo de allí. Pero no le negaría la posibilidad de la recuperación. Y menos aún: jamás aceptaría su muerte a manos de la Justicia del Estado democrático. Un Estado que ordenara la muerte de Astiz se incluiría en el mismo espacio moral que el siniestro capitán de la ESMA: el del asesinato, el de la inhumanidad. Si matar está mal, ¿por qué milagrosa razón podría matar el Estado y, con ello, lograr el bien?

La pena de muerte no reduce los delitos. En el texto que hemos citado —*Reflexiones sobre la guillotina*—, Camus narra (siguiendo un relato de Dickens) que, durante la decapitación de un carterista, numerosos carteristas robaban las billeteras de los macabros curiosos que habían asistido a la decapitación. En el estado de Texas, los robustos y duros sureños, que se jactan de no tener clemencia, estuvieron ansiando la muerte de Karla Kaye Tucker. Ella, a los veintitrés años, asesinó a golpes de pico a un hombre (Jerry Lyan Dean) y a su amante (Deborah Thornton). Pero ese acto no fue el único acto en la vida de Karla Tucker. Luego la encarcelaron, luego se entregó a la pasión religiosa y, desde entonces, han transcurrido catorce años. Sin embargo, la siguen llamando la "asesina del pico". Lo que significa congelar a una persona en uno solo de los actos de su vida. Todos cometimos actos de los que nos avergonzamos. No nos gustaría que nos inmovilizaran en ellos y nos endilgaran un apelativo que surgiera de allí. Por ejemplo: el "borracho del año nuevo de 1984". Una parte esencial de la grandeza del texto de Pirandello *Seis personajes en busca de un autor* reposa en esta reflexión: el padre se niega a ser cosificado en uno solo de los actos de su vida. No niega la indignidad de ese acto, pero reclama que no se busque agotar en él su entera existencia.

Es cierto que el acto de Karla Tucker fue un acto horrendo. Pero la dimensión de ese horror debe potenciar la generosidad de la Justicia. Karla no es solamente la "asesina del pico". También es la mujer que se casó con un pastor evangelista. O la que leyó esmeradamente la Biblia. O la que grabó videos contra la droga. O la que no quería morir. Karla es, también, todos, cada uno de los actos de su vida que realizó durante los años previos a su crimen y durante los años, los largos catorce años que le siguieron. Nadie es algo. O más precisamente: nadie es *uno* de los actos de su vida, por horrendo o santo que haya sido. Ningún acto nos define para siempre. Siempre estamos abiertos y proyectados hacia el futuro. Y en ese futuro se juega nuestra salvación o nuestra perdición. La pena de muerte niega la primera de las posibilidades.

Al matarla, el asesino es el Estado de Texas. Y sin atenuantes. Porque Karla asesinó una noche en la que estaba estragada por el alcohol y la heroína, pero los duros justicieros de Texas la mataron con una frialdad y una precisión escalofriantes. Cargaron la inyección letal, clavaron la aguja en el cuerpo de Karla y —muy cuidadosamente— dejaron fluir el líquido de la muerte. Y luego, con macabra solemnidad, alguien la declaró muerta, declarando muerta a la justicia en el estado de Texas.

Los estados del sur son estados de hombres duros. Gente que cree en Dios, en la familia, la propiedad y la ejemplaridad del castigo. Lo que nos lleva al papel del sacerdote en la pena de muerte. Es el que se acerca a la víctima para que ésta limpie su conciencia, se encomiende a Dios, entregue su alma, etc. Luego dice a los verdugos: "Su alma está limpia". Con lo que limpia el alma de los verdugos. El alma del ajusticiado "está en manos de Dios". *El papel del sacerdote en la pena de muerte es tan indigno como el del médico en la tortura.* El médico dice: "Todavía puede aguantar más". O dice: "Llegó al límite". O dice: "Está muerto". El cura dice: "Su alma está limpia. Ahora está en manos de Dios". Lo obsceno es la relación que se establece con los verdugos. Cuando el cura dice a los verdugos "Su alma está limpia", les está diciendo: "Pueden matarlo". Está aliviando el alma de los verdugos. *Es tranquilizador matar a un hombre que ya reposa, protegido para siempre, en el corazón de lo sagrado.* Los verdugos se dicen: "Está en manos de Dios. Podemos sacárnoslo de encima sin culpa alguna". Dentro del drama que instala la pena de muerte el papel del cura no es —como suele creerse o como se postula— auxiliar al condenado: es exculpar, tranquilizar a los verdugos.

Si alguien no lo cree así, hagamos la siguiente prueba: ¿qué pasaría si ningún sacerdote aceptara confortar a un condenado en sus últimos instantes? ¿Qué pasaría si ningún sacerdote aceptara incluirse en el macabro esquema de la pena de muerte? Los verdugos matarían en pecado. Sabrían que no depositan a sus víctimas en manos de Dios sino que las arrojan sin piedad al infierno, en manos del Demonio, tal como en verdad desean hacerlo. Tal como los sacerdotes les ayudan a creer que no lo hacen.

11. Reflexiones sobre la guerra

Hay un fenómeno sobre el que aún no nos hemos vuelto críticamente. La guerra. En ella, la pena de muerte no está sólo legalizada sino que la muerte es la condición de la victoria. En el comienzo del film *Patton* —escrito por Francis Ford Coppola— el imponente general norteamericano, enmarcado por una gigantesca bandera de su país, dice aproximadamente lo que sigue: "Ningún hijo de perra ganó una guerra muriendo por la patria, sino que la ganó logrando que otro hijo de perra muriera por la suya". Es decir, una guerra la gana el que mata más enemigos... que el enemigo. Podríamos concluir que el triunfo —en toda guerra— radica en una exitosa y masiva aplicación de la pena de muerte.

Hegel —los alemanes tienen excepcionales condiciones para la filosofía y para la guerra— dictó entre 1818 y 1830, en la Universidad de Berlín, unas *lecciones de filosofía de la historia universal*. En la sección dedicada al mundo griego se ocupa de exaltar las virtudes de cohesión política que la guerra de Troya tuvo sobre el pueblo griego. A Hegel lo deleitaban estos razonamientos: visualizar la unidad como resultado del conflicto. Era, así, un brillante fundamentador de la guerra.

La guerra de Troya, solía decir, había posibilitado la unidad material del pueblo griego. Y los poemas homéricos, continuaba, habían posibilitado la unidad espiritual. La poesía —así razonaba Hegel— surgía como resultado de la guerra. Fue porque hubo una guerra contra Troya que hubo poemas homéricos.

Esta línea de interpretación ha mantenido una obstinada permanencia en los teóricos de la guerra. Siempre consideran que la guerra responde a una gran causa nacional, que esta gran causa posibilita la unidad de la nación y que sobre esta unidad se construye el arte nacional, la poética de la patria.

Ocurre que en los orígenes de los pueblos siempre suele haber un hecho de armas. Se plantea, entonces, que la patria ha surgido de la guerra y que siempre que la guerra retorna lo hace para consolidar la patria. Que siempre que la guerra retorna la patria recupera sus bríos tempranos, su coraje originario. Así, se termina identificando a la guerra con la nación. No es otro el origen del fundamentalismo bélico nacionalista.

Hay dos clases de teóricos de la guerra: los que la justifican y los que la condenan. La condenó, entre nosotros, Juan Bautista Alberdi en un célebre libro: *El crimen de la guerra*. Pero más aún la condenó Alberdi en los textos que dedicó a la guerra del Paraguay. En ellos no condenó el crimen de todas las guerras, sino el crimen de *una* guerra, la de la Triple Alianza. El gobierno de Mitre calificó a Alberdi de "traidor a la patria". Para los estados guerreros quien se opone a la guerra es siempre un traidor.

Entre los teóricos que justifican la guerra nadie logró más trascendencia que nuestro conocido Karl von Clausewitz. Sobre sus páginas se inclinaron, ávidos, todos quienes desearon y desean fundamentar la inevitabilidad de la guerra.

Clausewitz lanza una poderosa frase: *la guerra es la continuación de la política por otros medios*. Con lo que intentaba decir que la política no había desaparecido con el fracaso de los pactos, los acuerdos, las palabras que buscan construir la racionalidad entre los pueblos. No: la guerra es *también* la política. La guerra es una *continuación* de la política. *No hay* (y he aquí lo central) *una ruptura entre política y guerra*. La guerra prolonga a la política pero por *otros* medios.

Hay otra formulación de la frase de Clausewitz que encarnan quienes hacen de la política no el arte del entendimiento, de la búsqueda de una laboriosa racionalidad entre las partes enfrentadas, sino una actitud de constante belige-rancia. *La política* (es la otra formulación de la frase de Clau-sewitz) *es la continuación de la guerra por otros medios.* Hay algo que subyace a ambas formulaciones: la guerra como concepto central. Ya sea la guerra la continuación de la po-lítica o la política la continuación de la guerra, es *siempre* la guerra el hecho inevitable y fundante.

De este modo, volvemos a la concepción que el *funda-mentalismo bélico* tiene sobre el origen y la continuidad de la patria. Fue un hecho bélico el que hizo surgir a la nación y toda adecuada política nacional deberá tener en claro que siempre que la patria esté en peligro serán las armas quie-nes la rescaten.

Otro teórico alemán, muy leído —según hemos visto al analizar los *Apuntes de historia militar* de Perón— por los militares argentinos, Colmar von der Goltz, escribió un li-bro que lleva por nombre *La nación en armas.* La tesis es cla-ramente armamentista. Dice: *las naciones que desean la paz deben prepararse para la guerra.* El *fundamentalismo bélico* palpita en esa frase y recurrirá a ella siempre que reclame lo que suele reclamar: que se ponga a la guerra —*y a los gue-rreros*— en el centro de los objetivos nacionales.

Creo (y lo creo desde una posición que niega la *esen-cialidad* de la guerra) que Clausewitz se equivoca. Que la guerra no es la continuidad de la política por otros medios. Que la guerra es el fracaso de la política. Es la desaparición de la política. O por decirlo más claramente: que la guerra es la sustitución de la política por la barbarie, por el crimen, por la justificación de la inhumanidad.

En cuanto a la concepción de la guerra como origen y fundamento de la patria bastará señalar que los orígenes de una nación no sólo tienen que ver con las armas, sino tam-bién con el lenguaje, con la cultura, con la valentía espiri-tual de aquellos que buscaron un rostro diferenciado al que luego llamaron patria.

No hay poesía en la guerra. No hay espiritualidad en la guerra. Hegel se equivoca tanto como Clausewitz: Homero narró la guerra de Troya, pero hubiera podido narrar otro suceso. Quiero decir: hay una excepcional *autonomía* en la poética homérica. Hay una autonomía espiritual, una autonomía del lenguaje, y es esta espiritualidad (esta creación y fijación del lenguaje) la que contribuyó a la grandeza del pueblo griego más que la guerra de Troya. Por otra parte —y nadie como Hegel lo supo; salvo, tal vez, Heidegger—, si algo ha hecho inmortal a los griegos es su filosofía. ¿En qué hecho guerrero reposa el Saber de los griegos? ¿De qué guerra es expresión la filosofía de los presocráticos, de Sócrates, Platón o Aristóteles?

Además —y volviendo a Clausewitz—, seamos claros: ¿qué significa *por otros medios?* Es fácil decir que la guerra es la continuación de la política por otros medios. Pero es monstruosa, siempre e inevitablemente monstruosa y barbárica, la materialización de los otros medios. *Los otros medios son vidas humanas sacrificadas.* Y *ver morir* despedazado a un ser humano siempre será algo distinto a predicar la inexorabilidad o la belleza de la guerra desde la Universidad de Berlín.

En suma: *la guerra coloca al militarismo, al armamentismo y a la barbarie criminal en el centro de los objetivos de todo país que incurre en ella.* Los pueblos que desean la paz no deben prepararse para la guerra, deben prepararse para la paz. Que es menos gloriosa, menos wagneriana, que carece de timbales y trompetas, que no inspira grandes poemas épicos, pero tiene la simple y honda grandeza de respetar la sustancialidad de la vida.

12. LA VIOLENCIA EN EL FIN DEL MILENIO

El siglo que termina pareciera terminar sin respuestas. O, tal vez, las respuestas que ofrece son las de la desesperanza: las revoluciones fracasaron, los movimientos que surgieron para luchar por la libertad de los hombres llevaron a nuevas opresiones. Las ideas se encuentran bajo sospecha, ya que se transformaron en concepciones intolerantes que condujeron a la radical negación de la existencia de alguna posible verdad en el diferente. El vitalismo y el voluntarismo se transformaron en gestos irracionales. El vitalismo exasperó los valores de la fuerza por sobre los de la razón. El voluntarismo exasperó la posibilidad de triunfar sobre los escollos objetivos de la historia y entregó a muchos a un sacrificio extremo que fue, tal vez, una forma estridente del suicidio. Por otra parte, sobre todas estas ruinas se erige la más ineficaz de las sociedades, quizá la más irracional de todas cuantas se expresaron a lo largo de este siglo. Una sociedad que —como mecanismo sustancial de sí misma— genera exclusión, marginalidad, pobreza extrema, hambre, desesperación y violencia. Sin embargo, es la que ha triunfado. De aquí la desesperanza: ¿qué descarnada reflexión sobre la condición humana reclama este fin de siglo? ¿Qué pueden los hombres pensar de sí mismos cuando hoy se detienen, miran hacia atrás y contemplan el paisaje que han dejado?

En un film discutible, sin duda excesivo y, por momentos, espléndido, Satanás se enfrenta a un abogado en un altísimo edificio de la también excesiva y espléndida ciudad de New York y —con fragorosa soberbia— le espeta: "¡Nadie puede negar que el siglo XX es enteramente mío!". Se lo dice Al Pacino a Keanu Reeves en *El abogado del Diablo*. ¿Quién se atreve a discutirle a Satanás su perentoria afirmación? Se podría argumentar: no, las cosas no son tan simples, el siglo XX es del Diablo pero también es de Dios. Se podría decir —como suele decirse—: el siglo XX es de los hombres, ya que Dios y el Diablo habitan y pugnan en su corazón. De aquí que junto a los más grandes horrores suele manifestarse lo sublime. Pero no: este esquema interpretativo —caro a las filosofías de la tragedia— se ha recluido en las estetizaciones posrománticas del pensamiento y ni siquiera nuestra necesidad imperiosa de explicaciones logra recuperarlo. Es muy fácil decir que el mal y el bien están en el alma de los hombres, que somos mitad ángeles y mitad demonios y que de esta lucha surge la compleja urdimbre de la historia. Todo esto —que alimentó la gran narrativa de Dostoievsky, las filosofías de Kierkegaard y su brillante discípulo León Chestov, quien, precisamente, escribió ese libro que hemos citado en el comienzo de esta tercera parte: *La filosofía de la tragedia*— es exiguo para inteligir el siglo XX. El siglo XX no es un siglo trágico, es un siglo demoníaco. Su historia no es la de la lucha entre el bien y el mal, es la del triunfo del mal. (Y hasta —diría con mayor exactitud— es la historia de la omnipresencia del mal.) Y —por expresarlo también de este modo— su historia no es la de la lucha entre el Diablo y Dios, es la del triunfo del Diablo. Y la de la ausencia de Dios.[60] No es casual que muchos teólogos pierdan la compostura cuando se les pregunta dónde estaba Dios en Auschwitz. Porque si Dios tuvo algo que ver con el siglo XX y —pese a su presencia— Auschwitz ocurrió, uno no sabe qué clase de Dios es ése; y los argumentos para exculparlo terminan siendo tan refinados que se transforman en el arte de justificar su no intervención, o su ineficacia y —en última instancia, siempre— su ausencia. Parodiando la célebre frase de Einstein, Woody Allen —que suele reflexionar sobre estas cuestiones no sólo con humor, sino con hondura y agudeza— dice en uno de sus films: "Sí, es cierto que Dios no juega a los dados con el universo. Juega a las escondidas". Dios, en efecto, ha jugado a las escondidas con el siglo XX. Se ha escondido tanto que el siglo XX acabó por ser el siglo de su ausencia. Tanto, que Satanás puede decir: "Me pertenece".

Alejándonos de estas visiones grandiosas, ligadas a personajes tan venerables como el Diablo y Dios, y a conceptos tan majestuosos como el bien y el mal, digamos que *el siglo XX expresa el fracaso de los hombres para vivir en justicia y libertad.* Los fracasos suelen, coherentemente, conducir a la desesperanza. Pero la desesperanza no es la conclusión única y necesaria del fracaso. También pueden serlo la lucidez, el rigor. Debemos trabajar llevando siempre a primer plano las imperfecciones de los hombres, sus fracasos. Pero la conciencia de los límites no conduce a la inacción —en *Memorias del subsuelo*, texto axial de las filosofías de la tragedia, Dostoievsky afirma: "El fruto directo y lógico de la conciencia es la inacción"—, también puede conducir a la lucha por superarlos, por construir una historia que los contemple, trabaje sobre ellos como supuesto insalvable y se proponga, no obstante, trascenderlos. La historia de los hombres es la historia de la trascendencia de sus límites. Para bien o para mal.

Hay que trascender el límite de la desesperanza porque la historia debe recobrar su rostro humano. ¿Qué significa esto? Que deje de presentarse ante nuestra atónita e impotente mirada como un navío al garete, incomprensible, decidida siempre en otra parte o en ninguna parte o en todas partes pero en ninguna que nos incluya. Comprendo que decir *la historia debe recobrar su rostro humano* implica creer que el siglo XX no fue humano, sino inhumano. Fue las dos cosas, ya que lo inhumano es parte de lo humano, como todo concepto que se define como la negación o la contracara de otro es inescindible de ese otro y, en este sentido, pertenece a él. Pero habría que lograr la conquista de un nuevo sentido para la historia; no un garantismo metafísico, no una utopía benévola y tranquilizadora, sino —simple y poderosamente— una causa que nos abra un horizonte.

Si algo caracteriza este momento histórico es la ausencia de esa causa: todas las causas han caído. Todas las razones han fracasado. En el comienzo de *Trainspotting*, Ewan McGregor dice: "No hay razones. ¿Quién necesita razones si existe la heroína?". Y, en el final, cuando se integra a esa sociedad que aborrece, burlonamente dice: "Voy a ser uno de ustedes. Voy a comprar electrodomésticos en cuotas. Trajes. CDs. Voy a tener un auto. Un empleo. Una esposa. Hijos". Se engaña: ya las películas no pueden terminar —como tantas veces lo han hecho— con el protagonista que se integra a la sociedad burguesa y abandona su rebeldía. *Ya no hay sociedad burguesa*. Ni eso queda. Tal vez el bueno de Tony Blair le permita al héroe de *Trainspotting* alguna inclusión social.

Pero ésa es la excepción. Por el contrario, en los países en que el libremercado empuja a la exclusión —la inmensa mayoría— no es tan fácil transformarse en "uno de ustedes". "Ellos" no lo permiten. No han construido una sociedad inclusiva. Han construido una sociedad que empuja a la desesperación. Una sociedad en la que "ellos" —los amos de la banca, de las grandes empresas supranacionales, de los medios de comunicación, de la timba para los hambrientos, los corruptos, los mafiosos y los narcotraficantes— han acaparado todas las razones y han arrojado a los otros a los parajes de la sinrazón: la droga y la violencia desesperada, multidireccional, cruel, gratuita, demencial e inevitable. Si no se lucha —desde una ética de la libertad y la justicia— contra esa sociedad, también el siglo XXI será enteramente del Demonio.

Muchos, claro, no vivirán para saberlo. No, al menos, Jean François Lyotard, que se murió en 1998. Había nacido en Francia en 1924 y en 1979 publicó el libro que lo haría célebre: *La condición postmoderna*. Su tesis más atractiva era la de la muerte de los grandes relatos. Lyotard apuntaba sobre todo al marxismo, pero también se refería a la Ilustración, el idealismo alemán y el positivismo. Los grandes relatos eran narraciones de legitimización de la historia: siempre apuntaban a encontrarle un sentido lineal, finalista y con variados matices de satisfactoria resolución. Un *relato* de la historia apunta a señalar en ella la realización de un sentido, de una racionalidad, de un, incluso, valor. Un *relato* de la historia —los esbozados durante la modernidad— busca mantener la idea de Dios sin nombrarlo, entregándole otros nombres: la razón, la ciencia, la revolución. Son religiones secularizadas.

Es conocido el texto en que Habermas afirma que el siglo XX ha demolido las visiones optimistas de la Ilustración y el hegeliano-marxismo. El siglo XX ha demolido muchas cosas y amenaza terminar demoliéndolas todas. Sin embargo, durante este siglo demoledor, se mantuvieron algunos de los grandes relatos. Se mantuvo la idea de Dios, es decir, la idea de un sentido, de un fundamento, de una coherencia y de un posible feliz desenlace de la historia de los hombres. Dios fue suplantado por la Historia, en el marxismo. Por el Progreso y la Tecnología en el capitalismo eficientista. Y, al calor de estas utopías seculares, los hombres lucharon y vivieron y murieron, casi siempre con la certeza de que lo hacían por algo. Ese *algo* es lo que no existe ahora.

Mueren aceleradamente los parámetros para encuadrar y comprender la historia. *Los marcos referenciales para leer el diario.* Por ejemplo, durante mucho tiempo se decía vivir en la "era atómica". Se vivía una "paz nuclear" basada en el temor de las dos superpotencias de destruir el planeta por medio de una guerra atómica que, nadie lo ignoraba, sería final. Así, el poder de destrucción aseguraba la paz. Era un esquema totalizador. Se podía *comprender* el mundo desde ahí. Estaban los rusos y los yankis. Los rusos cuidaban su largo y ancho y satelizado espacio territorial y los yankis el suyo. Reinaba la doctrina de la Seguridad Nacional, del enemigo interno, de la infiltración. Uno era comunista o era yanki, era capitalista. Y sólo ellos (la USA y la URSS) tenían las bombas de la absoluta destrucción. Bien, este relato de la historia estalló en mil pedazos. Se cayó la URSS y, al caerse, son muchos los que tienen el poder atómico. Hasta es posible que muy pronto lo tengan todos. Hasta nosotros.

Durante estos días la *versión caótica* del viejo relato nuclear se focaliza en la India. Tienen a un líder nacionalista, el primer ministro Atal Bihari Vajpayee, que ha hecho estallar cinco bombas atómicas subterráneas en un estado desértico de nombre Rajastán. Este hombre parece estar un poco demente, lo que no sería grave si no tuviera a su disposición un arsenal nuclear. Su demencia se expresa en una fuerte paranoia que le hace creer —y recordemos: los paranoicos siempre tienen razón— que China y Pakistán quieren pulverizarlo. A su vez, el líder del gobierno paquistaní, Di Nahuaz Sharif (que es, claro, la *versión caótica* de aquel elegante y fragoroso Omar Sharif, que cabalgaba junto a Peter O'Toole en *Lawrence de Arabia*, allá por la prehistoria), le dijo a Clinton que, él también, hará explotar algunas bombas. En suma, se acabó el encuadre tranquilizador de la guerra fría. Ya no hay bipolaridad nuclear. Hay multipolaridad nuclear. Los países periféricos, atrasados, barbáricos, tienen los juguetes de la destrucción absoluta y tienen, también, ganas de usarlos. El Dr. Strangelove ya no asesora a los yankis. Ahora es posible que esté junto a Atal Bihari Vajpayee. O junto a Di Nahuaz Sharif. Ahora es posible que les aconseje apretar los botoncitos y lanzar los fuegos artificiales del final.

Por si alguien lo olvidó: el doctor Strangelove era el protagonista de una película de Stanley Kubrick —filmada durante la sencilla y pacífica "paz atómica" o "guerra fría"— que se llamaba, entre nosotros, *Dr. Insólito*, pero que en España tenía un título revelador: *¿Teléfono rojo? ¡Volamos hacia Moscú!* Obsérvese lo sencilla que era entonces la Historia. Si sonaba el teléfono rojo, había que volar hacia Moscú, porque era sólo por causa de los rusos que ese teléfono podía sonar. Hoy, esa película, se llamaría: *¿Teléfono rojo? ¿Hacia dónde volamos?* Es posible que volemos todos.

Si los grandes relatos han muerto, sus restos patéticamente palpitan en sus versiones caóticas o en sus versiones degradadas. El siglo XX culmina sin dejar nada en pie. O sólo deja su caricatura, su mueca. "Somos la mueca de lo que soñamos ser", decía Discépolo, ese realista trágico. ¿Sólo nos resta el desencanto?

13. LA SOCIEDAD DEL ODIO:
DESEMPLEO Y VIOLENCIA

Todos o casi todos o muchos o muy pocos conocen a Erdosain, el personaje de Roberto Arlt. En cierto momento, Erdosain concibe una idea grandiosa: cometer un asesinato. Si lo hiciera, todos los Códigos del mundo se habrían escrito para él; su acto los convocaría. Su existencia dejaría de ser gris e insustancial para convertirse en el referente de los más grandes desvelos de la humanidad: impedir la existencia del asesinato. De mísero personaje sin linaje, sin historia, pasaría a convertirse en heredero de Caín.

La violencia ha crecido en las ciudades y en los suburbios. El modelo neoliberal ocluye la posibilidad de cambio, un sistema tan cerrado termina por explotar. Para un excluido del sistema de libremercado basta con comprar un revólver para transformarse en un delincuente y sentirse otra vez incluido en la sociedad que lo había expulsado como ciudadano. Ahora pertenece otra vez a ella, sólo que en el modo de la delincuencia. Si antes no tenía un trabajo, ahora lo tiene. Si antes estaba abatido, hundido en la depresión, ahora lo vigoriza un odio sin fronteras. Si antes era un derrotado, un subhombre, ahora le temen. Si antes era inofensivo, inoperante, un desecho marginal y triste, un número arrojado al canasto, un desdichado más en la cola de los desdichados que buscan trabajo, ahora es agresivo, ofensivo al extremo, brutal. No padece la desdicha, la provoca.

El delincuente criminal asume la cara desembozada y cruel del sistema de exclusión. Cruel, irracional y generalizada. No odia —como odiaba el antiguo obrero explotado— a los patrones. Odia a todos. A todos los que aún tienen trabajo. A todos los que tienen una casa. Una familia. A todos los que tienen las cosas esenciales de las que él fue privado. Odia, también, la vida, porque piensa que se la han quitado. Sólo se siente —otra vez— parte de la sociedad cuando la agrede, cuando la lastima, cuando la hiere en el corazón de cualquiera de sus representantes. Aun cuando sea el kiosquero de la esquina o un pequeño propietario a quien seguramente le aguarda un destino simétrico al suyo, ya que tal vez mañana lo expulsen del trabajo que aún —escasamente— le permite sostener lo que tiene. Así las cosas, el delincuente criminal —con sólo tener un revólver, con sólo matar— ocupa la centralidad en el sistema que lo había escupido de sí. Vuelve a tener un ser: se siente alguien, alguien temido, odiado, perseguido, pero alguien. No se sentía así el día en que lo echaron del trabajo.

Ocurre que el odio —en la sociedad de exclusión— es más cruel que en la sociedad de clases. Más cruel y más irracional. No tiene ideología. No se canaliza organizadamente: huelgas, movilizaciones, trabajo a tristeza, volanteadas, pegatinas. Si bien el *odio* es una categoría del enfrentamiento de clases, su virulencia, su espesor estuvo siempre pulido por la *ratio* ideológica. No se odiaba todo, no se proponía destruir todo ni la violencia se postulaba como absoluta —*contra todos*— y con el plus estremecedor de la crueldad.

Una volanteada, una pegatina implicaban que se tenía algo que decir. Se denunciaba una injusticia y se proponían los caminos —que podían o no incluir la violencia— para salir de ella. Hoy, el excluido, sabe que no saldrá de esto. Que esto es así. Que no se modifica. Peor, que se acentúa. Que este modelo consiste precisamente en eso: en acentuar las condiciones que hicieron del excluido un excluido. Así las cosas, sólo queda el odio.

El excluido que se compra un revólver y asalta un restaurante está tramado por un par de certezas: en el restaurante se come. El excluido no tiene cómo ganar su pan. O, al menos, ha sido expulsado del lugar en que el pan se gana: el trabajo. El excluido —también— tiene una relación de abierto conflicto con el incluido. Todo incluido ocupa el lugar que un excluido no tiene. Todo incluido es culpable. La relación ya no es entre clases. Es más personal, más individual, más íntima. *Es de uno a uno.* En una sociedad de incluidos y excluidos todos y cada uno de los incluidos son culpables por la exclusión de alguien. Todo incluido tiene su simétrico excluido. Ocupa un lugar del que otro ha sido privado. Un lugar que —si no lo ocupara— pertenecería a otro, que no lo tiene porque el incluido lo posee. *Ergo, no hay incluido inocente.*

De aquí, el odio. El Superintendente de Seguridad dice: "El número de delitos no aumentó, lo que creció es la violencia". El jefe de policía dice: "Hoy tenemos una delincuencia totalmente despiadada e irracional". Si lo que creció es la violencia es porque lo que creció es el odio. Antes, el huelguista, el militante, el guerrillero veían en el Otro una representación cuasi abstracta: la patronal, el imperialismo, el sistema. Hoy el excluido ve, descarnadamente, a un ser individual, singular y culpable, o a un cómplice, o a un indiferente. También a alguien que se permite gozar de la vida en un tiempo de desdichas masivas. Entonces, rabiosamente, lo golpea sin piedad. O lo mata.

¿Sólo nos resta el miedo? ¿El miedo y el desencanto?

14. EN TORNO AL DESENCANTO

El gesto prometeico del hombre de la modernidad se inicia con un filósofo francés que instaura la *duda metódica* como el movimiento inicial y fundante de todo pensamiento libre. Ese filósofo fue René Descartes. Quien haya llegado hasta aquí en la lectura de este ensayo sabe de la profunda admiración que el autor del mismo profesa —desde variadas, distintas vertientes— por el autor del *Discurso del método*. También quien haya llegado hasta aquí es posible que se encuentre atrapado por las garras del desencanto, del escepticismo. La realidad no sólo parece monstruosa, sino —muy especialmente— inmodificable. La tentación de entregarse a una brumosa y paralizante melancolía se encuentra a la mano. Sobran las razones para justificar tal actitud existencial. No quisiera, sin embargo, concluir esta tercera parte favoreciendo el deslizamiento del lector al refugio cómodo —melancólico y cómodo— del desencanto. También para esto recurriré a Descartes.

Descartes se lanza a la filosofía desde el, digamos, trampolín de la duda. ¿O acaso no es indispensable, antes, dudar de todo para, después, pensarlo de nuevo? Así, Descartes propone pensarlo todo de nuevo. Nada está garantizado, nada está sacralizado. El pensamiento deberá conquistar su libertad, crear su nuevo y propio espacio, y para hacerlo no deberá aceptar ninguna verdad consagrada, ningún valor anterior a su fundante sustancialidad.

Insisto en lo admirable de la actitud existencial cartesiana. No estoy solo en esta valoración, sino prestigiosamente acompañado. Hegel —que no regalaba sus elogios— dice de Descartes: "René Descartes es un héroe del pensamiento, que aborda de nuevo la empresa desde el principio y reconstruye la filosofía sobre los cimientos puestos ahora de nuevo al descubierto al cabo de mil años. Jamás se podría insistir bastante ni exponer con la suficiente amplitud la acción ejercida por este hombre sobre su tiempo y sobre el desarrollo de la filosofía en general".[61] Pocos hombres, en verdad, han sido tan valientes en la historia humana (y, más aún, en la historia del pensamiento) como el inquieto filósofo que dijo aquello de "pienso, luego existo". O también: "Sólo puedo no dudar de que dudo". Lo dijo, Descartes, ante el enorme poder, ante la inmensa sacralidad del orden aristotélico-tomista. Tuvo, Descartes, el coraje de dudar de la entera teología medieval, de los férreos lineamientos aristotélicos. Había que empezar de nuevo. Había que dudar de todo.

Para justificar el ejercicio de la duda, Descartes introduce en sus razonamientos una figura de gran riqueza conceptual: el genio maligno (*le malin génie*). Dice: es necesario dudar de todo pues es posible que un genio maligno nos esté induciendo a equivocarnos sobre todas las cosas en general. De este modo, el genio maligno es el dinamizador de la duda: tal es su poder que es necesario tenerlo siempre presente, que ningún juicio deberemos dar por cierto, que a ninguna percepción deberemos obedecer, ya que allí, detrás de los juicios y las percepciones, puede estar él, *le malin génie*, conduciéndonos, una vez más, al extravío.

Según vemos, *la duda es la expresión de nuestra libertad*. No aceptar nada como consagrado, como incuestionable, como absoluto y cerrado, he aquí el gesto ejemplar del hombre de la modernidad. He aquí, asimismo, la condición fundante del pensamiento libre, del pensamiento crítico, del pensamiento de los intelectuales y los ciudadanos auténticos. Como lo fue Descartes. Quien se permitió la duda, esa *jactancia de los intelectuales*, según definición de un militar nacionalista argentino, quien, como buen militar y nacionalista, se jactaba de *no dudar* pues, claro, creía en las jerarquías castrenses y en las esencias del ser nacional.

Sin embargo, aquí, en la Argentina, las bases del, por decirlo así, progresismo —podría también decir: las bases de los hombres que desean cambiar las situaciones de extrema injusticia que exhibe el paisaje cotidiano de fin de siglo— están más tramadas por el desencanto que por la duda. ¿Cuál es la diferencia? La duda (tal como nos enseñó a interpretarla Descartes) es un estado de actividad, de inquietud, de búsqueda. El desencanto, no. El desencanto conduce al quietismo, a la inacción. No a elegir, sino a ser elegido. De aquí que el desencanto sea el estado espiritual del hombre de la condición posmoderna. Todo, se dice, está decidido, la sociedad es transparente pero inmodificable, el poder de los medios construye lo real y lo construye en la modalidad de lo inmodificable. Digámoslo así: la sociedad transparente y mediática posmoderna tiene, para el sujeto de la posmodernidad, la misma sacralización que la teología aristotélico-tomista tenía para el hombre pre-cartesiano.

El hombre del desencanto ve pasar la historia, la ve a través de los *massmedia*, ve imágenes, imagen tras imagen, y en esa sucesión vertiginosa cree ver la realidad. Sabe, no obstante, o suele llegar a saber, que se trata de una realidad construida, de un universo caleidoscópico instaurado por el montaje nervioso de los tiempos.

¿Será ilusorio proponer el reemplazo del desencanto por la duda cartesiana? Decir, por ejemplo, "de acuerdo, nada es tal como lo deseamos, habitamos una democracia imperfecta, un mundo imperfecto, estamos rodeados de seres imperfectos, no votaremos por impecables, irreprochables políticos sino por hombres tramados por errores, impurezas, avances y retrocesos". Dudamos de ellos y dudamos de todo, pero no para quedarnos a un costado como espectadores desencantados, sino para agitar nuestra imaginación, para comprender debilidades y, comprendiéndolas, exigir que no se incurra en ellas.

Propongo que dudemos de nuestro desencanto. Que nos preguntemos si no será la figura más terrible a la que nos ha conducido *le malin génie*, dispuesto siempre a enmarañarnos en el error, en la vanidad, en el solipsismo, en la privacidad, en la soledad orgullosa, en el individualismo estéril. (Porque hay un individualismo fértil, que no es el del desencanto. Es, por el contrario, el de la duda. La duda comienza por ser un gesto individual. Un quiebre, una ruptura entre el yo y el mundo de lo fáctico, por medio de la cual se constituye el yo. Un yo que sólo podrá constituirse acabadamente arrojándose al mundo.)

Peligrosamente, el desencanto se ha convertido en una postura existencial elegante y prestigiosa. El desencantado advierte que ya no creerá en nada y que, por consiguiente, nada logrará engañarlo. Ni convocarlo. Así, el desencanto entrega al desencantado tanto la *comodidad* como la *lucidez*. La comodidad, porque puede entregarse sin culpa al egoísmo. Y la lucidez porque el desencantado se proclama como más inteligente que el, digamos, encantado. Precisamente esta figura del *encantado* es la que el desencantado critica duramente. El encantado sería un ser acrítico, que se deja engañar por artilugios, por vidrios de colores, un ingenuo que aún se atreve a la inelegancia de creer en algo.

Bastará con afirmar que el antagónico del desencantado no es el ingenuo y manipulable *encantado*, sino el sujeto crítico, el sujeto que nació con Descartes y que sabe que la creencia en algo no es una fe ciega y torpe, sino que es el acto libre del compromiso sometido a la severa vigilia de la duda metódica.

NOTAS

1. León Chestov, *Kierkegaard y la filosofía existencial*, Buenos Aires, Sudamericana, 1952, p. 137.

2. Chestov, ob. cit., p. 140.

3. Johann Wolfgang von Goethe, *Fausto,* Madrid, Cátedra, 1994, *Prólogo en el Cielo*: pp. 114/117.

4. Jürgen Habermas, *La modernidad, un proyecto incompleto.* De este texto —que es una lectura que Habermas hace en Frankfurt, en setiembre de 1980, cuando se le entrega el premio Theodor Adorno— hay numerosas y variadas ediciones. Por indicar una: Jürgen Habermas, *Ensayos políticos,* Barcelona, Ediciones Península, 1994, pp. 265/283. Abundando, en esta relación entre racionalismo y modernidad, lo siguiente: el siglo XVIII es el siglo de la gran osadía burguesa. El siglo en que la burguesía decide hacerse cargo de la historia. En que decide reemplazar a Dios por la Razón. A este reemplazo se le llama Ilustración y su resultado destellante es la Revolución Francesa. Los monarcas del siglo XVIII —los que serían cuestionados por la crítica de las armas de la revolución— eran absolutos. Esta condición les venía de sus excelentes relaciones con el orden de lo divino. Los monarcas habían recibido su poder, su corona, de Dios y en modo alguno tenían obligaciones con lo terreno. Si a alguien debían dar cuenta de sus actos era, precisamente, a Dios, que era quien los había consagrado.

Esta situación los apartaba de los juicios, de las críticas y aun de las opiniones de los seres humanos, quienes, naturalmente, debían sometérseles como quien se somete al poder de una divinidad. Sin embargo, todo esto habría de ser cuestionado en un siglo en que se otorga un poder fundante a la Razón. Allí donde aparece lo racional retrocede lo religioso. Así lo interpretaron los pensadores del siglo XVIII. ¿Qué significaba pensar en este siglo? Cuando la filosofía decide que el elemento fundante de un sistema es la Razón está desplazando al estamento de lo divino como fundamento de la realidad. Y, claro, como fundamento de todo Poder. Si la Monarquía se basa en el orden divino (el cual legaliza por cesión la autoridad absoluta de los reyes), la burguesía se basa en el orden racional. *Y la Razón es democrática*: no es necesario ser rey para ser racional, ya que todos los hombres lo son. Así, la instauración de la autoridad de la Razón viene a cuestionar el derecho divino de los reyes y a respaldar el salto decisivo de la burguesía hacia el Poder.

Los pensadores de la Ilustración (Diderot, D'Alembert, Rousseau, Condorcet, Voltaire) creen que la razón tiene la infinita capacidad de organizar lo real. La razón se identifica con la instrumentalidad. La razón se enfrenta a los hechos y los organiza. Organiza la vida social, las costumbres, el conocimiento científico, la apropiación de la naturaleza. Que el atroz siglo XX barrió con esta ilimitada confianza del Iluminismo en el poder organizativo de la razón es algo que todos sabemos. Pero esto no nos impide entender por qué los filósofos del siglo XVIII se lanzaron en brazos del optimismo racionalista: querían cambiar el mundo. Derrocar un Estado que colocaba a Dios sobre la razón humana para fundar la desigualdad entre los hombres. De este modo, en el siglo XVIII se da la simetría entre razón y revolución. Y, tal vez, quien mejor llegó a expresar el poder ilimitado de la razón no fue un filósofo francés, no fue un enciclopedista, sino un criticista alemán, el gran filósofo del siglo XVIII, Kant, que deslumbrado por los alcances de la física newtoniana escribió: "el intelecto dicta leyes a la naturaleza". Nadie ha escrito un texto de mayor rigor iluminista.

5. Marx y Engels, *Obras escogidas*, ed. cit., tomo II, p. 403.

6. Osvaldo Bayer, *Severino Di Giovanni, el idealista de la violencia*, Buenos Aires, Galerna, 1970, p. 93. El autor ha perfeccionado y ampliado su obra en sucesivas ediciones.

7. Jordi Borja, *Boletín de Cultura Socialista*, agosto de 1995.

8. Marshall Berman, *Todo lo sólido se desvanece en el aire, La experiencia de la modernidad*, Madrid, Siglo XXI, 1994, p. 95.

9. Marx y Engels, *Obras escogidas*, ed. cit., tomo I, p. 23.

10. *Idem*, p. 23.

11. *Idem*, pp. 24/25.

12. *Idem*, p. 25.

13. *La dominación británica en la India*, 25/6/1853.

14. *Ese fin, por otra parte, justifica toda violencia que tienda a hacerlo posible*. Resulta obvio que volveremos sobre esto, ya que se trata de una de las tesis centrales de este libro: *todo fin de la historia se traza, siempre, para alumbrar y justificar la violencia que lo torne posible*.

15. Marx y Engels, ob. cit., tomo I, p. 34.

16. Jean-Paul Sartre, Prólogo a *Los condenados de la tierra*, ed. cit., p. 25.

17. Norberto Bobbio, *Derecha e izquierda, Razones y significados de una distinción política*, Madrid, Taurus, p. 175.

18. Los proletarios de Marx podían destruir y superar al sistema capitalista porque eran parte interna y esencial del mismo. Los excluidos de la economía de libre mercado son, por el contrario, *excluidos*. Son una *consecuencia* de esa economía pero no forman parte interna ni esencial de la misma; mal pueden, entonces, destruirla y superarla.

19. Francois Furet, *Clarín, Cultura y Nación*, 2/6/98.

20. La eliminación de la diferencia sujeto-objeto, o la eliminación entre el pensar y el ser es palmaria en la lógica de Hegel. Escribe: "Solamente la *naturaleza del contenido* puede ser la que se mueve en el conocimiento científico, puesto que es al mismo tiempo la *propia reflexión* del contenido, la que funda y crea su propia determinación" (Hegel, *Ciencia de la lógica*, Buenos Aires, Hachette, 1956, tomo I, p. 38). Y más adelante: "la expresión de aquél que sólo puede ser el verdadero método de la ciencia filosófica, pertenece al tratado de la lógica misma; en efecto, el método es la conciencia relativa a la forma del automovimiento interior de su contenido" (p. 70). Tal vez una traducción más adecuada sea: el método es la conciencia relativa *de* la forma. Es decir, no hay un método dialéctico por un lado y un objeto al que éste se aplica por otro. La realidad es dialéctica. *Es realidad concebida y concepto realizado*. Volvamos al oscuro y bello lenguaje hegeliano: "La única manera de *lograr el progreso científico* (...) es el reconocimiento de la proposición lógica, que afirma que lo negativo es a la vez lo positivo, o que lo contradictorio no se resuelve en un cero, en una nada abstracta, sino sólo en la negación de su contenido *particular*; es decir, que tal negación, no es cualquier negación, sino *la negación de aquella cosa determinada*, que se resuelve, y por eso es una negación determinada. Por consiguiente en el resultado está contenido esencialmente aquello de lo cual resulta; lo que en realidad es una tautología, porque de otro modo sería un inmediato, no un resultado. Al mismo tiempo que la resultante, es decir, la negación, es una negación *determinada*, tiene un *contenido*. Es un nuevo concepto, pero un concepto superior, más rico que el precedente; porque se ha enriquecido con la negación de dicho concepto precedente o sea con su contrario; en consecuencia lo contiene, pero contiene algo más que él, y es la unidad de sí mismo y de su contrario" (Hegel, ob. cit., p. 71). Se trata —creo— de uno de los textos más precisos y transparentes en los que Hegel traza su concepción del progreso dialéctico.

21. Karl Marx, *El Capital*, tomo I, Madrid, 1995, p. 940.

22. Estas cuestiones —que son urgentes y hasta dramáticas— no son fáciles. Ocurre que no todo es fácil. Que hay cuestiones oscuras, decididamente difíciles. No hay manera sencilla de abordarlas. Si decidimos hacerlo tendremos que acompañar esta decisión con nuestra laboriosidad. Siempre recuerdo una anécdota de Einstein. Alguien le pregunta si le puede explicar la teoría de la relatividad. Einstein dice sí, y se la explica. El otro dice: "No entiendo. ¿No me la puede explicar de un modo más sencillo?". Einstein dice sí, y se la explica de un modo más sencillo. El otro dice no, no entiendo: "¿No hay un modo más sencillo?". Einstein dice sí y se la explica de un modo más sencillo y más sencillo y más sencillo hasta que el otro dice: "Ahora sí, ahora entiendo". Einstein dice: "Me alegro, pero *esa* ya no es la teoría de la relatividad".

23. Hegel, *Principios de la filosofía del derecho*, Buenos Aires, Sudamericana, 1975, p. 77.

24. Hegel, ob. cit., p. 77.

25. Hegel, ob. cit., p. 79.

26. Hegel, ob. cit., p. 84.

27. Hegel, ob. cit., p. 85.

28. Hegel, ob. cit., p. 274.

29. Hegel, ob. cit., p. 275.

30. Tal vez lo que defina el rostro poco piadoso del capitalismo actual sea su afán de concentración de riqueza y poder. Así, no resulta errático afirmar que estamos en presencia de un capitalismo torpe y —muy especialmente— avaricioso. Desde la existencia de este sistema, el rostro que hoy exhibe es uno de los más descarnados y —para el destino de la humanidad— suicidas. En un polo la avaricia, en el otro la pobreza. Así parecen ver el mundo los banqueros que hoy lo gobiernan. No les importa —como, según hemos visto, le importaba a Hegel— el costo social de la pobreza ni su salvaje incremento. Esto merece una que otra reflexión.

El tema de la pobreza es central en este fin de siglo. Se realizan congresos, hablan sociólogos, psicoanalistas, economistas y filósofos. Todos coinciden en un punto: dentro del caótico panorama actual de las sociedades, la pobreza ocupa una dimensión desmesurada. O, por decirlo de otro modo, desmedida.

Esta concepción —que se traduce en la recurrencia a estos dos adjetivos: la pobreza (sustantivo) es "desmesurada" o "desmedida" (adjetivos)— adolece de una tremenda ingenuidad: creer que la pobreza no es "mesurada" o "medida". Lo es. Y tanto, que podríamos afirmar que la pobreza es un fenómeno calculado, no un desborde, sino un efecto asumido de lo que podríamos llamar el *capitalismo avaricioso*.

De este modo, la pobreza se presenta como la consecuencia lógica de un sistema que funciona por y para la concentración de la riqueza. Que el Papa haya denunciado la inequidad de este sistema no puede sino llevarnos a una conclusión: el sistema no tiene equilibrio. Es la apoteosis del desequilibrio.

¿Desde dónde se ejerce la denuncia papal? No desde una ideología política antagónica. Creo —es sólo una opinión, claro— que el Papa no le opone a este sistema otro que implique su negación. Pero lo que está advirtiendo es muy claro: todo esto, dice, es excesivo. ¿Qué propone el Papa? Propone un capitalismo lúcido. Ocurre que el capitalismo avaricioso no es un capitalismo lúcido. Ocurre que —*dentro* del capitalismo— el capitalismo lúcido es la contracara del capitalismo avaricioso.

No es necesario que se establezca un sistema antagónico o totalmente diferenciado al capitalista para que las crueles insuficiencias del capitalismo avaricioso sean explicitadas y condenadas. Lo que sorprende en estos tiempos es que no surja un capitalismo lúcido o, por decirlo así, responsable. Es lo que reclama el Papa: no concentren tan excesivamente la riqueza, dice. Y añade: una extrema concentración de la riqueza produce una pobreza de caracteres también extremos, con todos los matices de inhumanidad y peligro que esto implica.

Pero la característica fundante del capitalismo avaricioso es, precisamente, ésta: una desmedida, casi compulsiva concentración de la riqueza. Ya no se sabe para qué se concentra tanto la riqueza. O, tal vez, puede conjeturarse que la competitividad del libre mercado ha llegado a niveles tan altos que las grandes corporaciones no pueden detenerse en la acumulación de ganacias para, de este modo, imponerse a las otras.

¿Qué haría un capitalista lúcido? Un capitalista lúcido es, siempre, keynesiano. Es decir, intenta instrumentar al Estado para paliar —nunca para solucionar definitivamente— los problemas en la base de la sociedad. El capitalismo keynesiano es, esencialmente, un capitalismo distributivo. Y el capitalismo distributivo es el rostro más humano del capitalismo. Un ejemplo de capitalismo distributivo en nuestro país: el primer gobierno de Perón (animado por la pasión distributiva de Eva Perón). Ahí, un burgués lúcido, como era, en efecto, Perón y el sector de la burguesía industrial que encabezaba, advierte que el mejor modo de integración social es el de la economía distributiva. Una economía distributiva tiende siempre a integrar. También fueron integradores los gobiernos de Frondizi, Illia y la breve etapa de Perón-Gelbard. ¿Cuál es la intención del capitalismo distributivo? Ante todo, un control de la avaricia descontrolada que acecha siempre al capitalismo. Cuando la avaricia es controlada el capitalismo se vuelve lúcido. Y dice: ganemos menos, repartamos más y controlemos el surgimiento de conflictos en la base de la sociedad. No se trata de una actitud cínica, fríamente especulativa. Ante los horrores del capitalismo avaricioso de fin de siglo el capitalismo distributivo deberá ser reconocido como un momento positivo del desarrollo de las sociedades. No ha venido a solucionar las injusticias, pero, sí, a atenuarlas. Por el contrario, el capitalismo avaricioso viene a extremar las injusticias, a llevarlas a límites de difícil tolerancia para los excluidos, los marginados, los condenados a la infraexistencia de la desocupación.

El capitalismo avaricioso se presenta —hoy— como una soldadesca que se dedica a la masacre del enemigo luego de haberlo derrotado. Sabe que ya no hay una concepción ideológica que se le oponga, que el desamparo de los desamparados es absoluto, sabe que la caída de los socialismos reales le permite jactancias desaforadas como proclamar, por ejemplo, que la Historia ha finalizado precisamente cuando él —el capitalismo avaricioso— se encuentra en su mayor momento de poderío. Los vencedores —cuando vencen tan radicalmente— no suelen tener piedad con los vencidos. Entran en las ciudades a sangre y fuego. Tienen sed de venganza.

Aquí, hoy, la venganza consiste en permitirse la avaricia. Dicen: hoy podemos ser avaros porque es la hora de nuestro triunfo. Aprovechemos, dicen. Los enemigos están en desbande, en confusa retirada. Aprovechemos. Así, a la avaricia se le suma la ostentación, la obscena ostentación (exhibición ilimitada de las riquezas, fiestas injuriosas, frivolidades perversas). Hoy, el avaro concentra sus riquezas con la misma y mezquina pasión de siempre. Pero hoy, además, no las oculta. Las exhibe. Come lujuriosamente a la vista de los hambrientos. Cuenta su oro a la vista de los pobres. Viste sus ropas excesivas ante las almas rencorosas pero impotentes de los desarrapados. Porque el avaro-fin de milenio no es un ser oscuro, que se oculta, un ser incluido en la sombra de su propia avaricia. No: el avaro-fin de milenio es un avaro que disfruta exhibiendo los tesoros de su avaricia. Un ser que existe para ser envidiado, para ser mirado en la modalidad de la infinita envidia, del infinito deseo, y para existir por medio de esta mirada.

Así, el avaro-fin de milenio gobierna para la exclusión de los otros, para frustrarlos, para negarles la dignidad del trabajo, para demostrarles y hasta enrostrarles su insustancialidad. "Ustedes no son necesarios. La revolución tecnológica y comunicacional que encabezamos los ha vuelto superfluos."

Asistimos, de este modo, al obsceno despliegue del capitalismo avaricioso. No distribuye, despoja. No integra, excluye. No oculta sus riquezas, las exhibe con impiedad e impudor. Podríamos conjeturar que, como todo ser avaro y miserable, tendrá su castigo: que tendrá que distribuir, integrar y ocultar pudorosamente sus riquezas para no despertar la ira de los desangelados.

31. Hegel, ob. cit., p. 275.

32. *Idem.*

33. Hegel, ob. cit., p. 276.

34. Norberto Bobbio, *Derecha e izquierda, Razones y significados de una distinción política*, Madrid, Taurus, 1995, p. 171.

35. Bobbio, ob. cit., p. 175.

36. Bobbio, ob. cit., p. 175.

37. He citado y analizado esta frase en el parágrafo 4 de esta tercera parte. Insistiré con ella a causa de las conclusiones teóricas que posibilita. Tal vez sea adecuado decirlo: *este libro está escrito, entre otras cosas, para refutar los garantismos metafísicos, las utopías aseguradas, los sentidos inexorables.* No sólo son inadecuados para una lúcida praxis política, sino que desde ellos se han exaltado, justificado y practicado ejercicios de violencia. Todo aquel que se siente históricamente instalado en una utopía garantida concluye que —desde esa posición— tiene el sacralizado derecho de ejercer la violencia contra el Otro, es decir, contra quien impide la realización del garantismo. Volveremos sobre este tema. Y sin importarnos mayormente si nos repetimos o no.

38. Bobbio, ob. cit., p. 146.

39. Bobbio, ob. cit., p. 147.

40. Bobbio, ob. cit., p. 176.

41. Rubén Horacio Ríos, *Ensayo sobre la muerte de Dios, Nietzsche y la cultura contemporánea*, Buenos Aires, Biblos, 1996, p. 13.

42. Resultará apropiada una aproximación clarificadora a este concepto —*ontoteología*— precisamente cuando estamos hablando de Marx. Digamos que una ontoteología es un relato teísta del ser. El concepto se puede enriquecer o sobredeterminar —para su más adecuada comprensión— desde la perspectiva del Lyotard de *La condición postmoderna*. El *gran relato* del marxismo es una ontoteología: sociedad primitiva, sociedad burguesa, revolución proletaria, dictadura del proletariado, sociedad sin clases. Es la narración del ser (identificado aquí con la historicidad) desde un estadio primitivo de injusticia hacia un estadio de plenitud, desde la necesidad a la libertad. Observemos cómo lo absoluto se realiza en la historia por medio de un agente privilegiado: el proletariado redentor. Observemos también —desde el punto de vista de la temática de la violencia— que el haber depositado la realización de lo absoluto en una clase legaliza toda violencia que esta clase —o quienes actúan invocando su representación— pueda ejercer sobre otras clases. De aquí a Stalin no hay ni siquiera un paso. Stalin sería, así, el fruto maduro de la ontoteología marxista.

43. Ríos, ob. cit., p. 15.

44. Ríos, ob. cit., p. 16.

45. Ríos, ob. cit., p. 16.

46. Ríos, ob. cit., p. 17.

47. *Idem.*

48. *Idem.*

49. Ríos, ob. cit., p. 19.

50. Ríos, ob. cit., p. 21.

51. Ríos, ob. cit., p. 22.

52. Ríos, ob. cit., p. 86.

53. Ríos, ob. cit., p. 89.

54. Ríos, ob. cit., p. 96.

55. Cfr. Ernesto Laclau, *Emancipación y diferencia,* Buenos Aires, Ariel, 1996.

56. Recomiendo al lector una relectura del parágrafo 6 de la primera parte de este ensayo. Se trata del parágrafo sobre Heidegger.

57. Resumiendo el desarrollo de los últimos textos tendríamos el siguiente cuadro:

Teocentrismo medievalista .... Orden aristotélico-
tomista

Centralidad del sujeto .... Descartes - Kant

Centralidad del sujeto absoluto .... Hegel

Ontoleología del proletariado redentor.
Teleología. Sentido de la historia .... Marx

Muerte de Dios. De los garantismos
metafísicos. Del fundamento .... Nietzsche

El ser como aparecer, como acontecimiento.
Muerte de la idea de necesidad. De la verdad
como *adaequatio* .... Heidegger

Los hombres rebeldes. Los asesinos
de Dios. Lo Otro de Dios .... Camus

Estructuralismo: suplantar al sujeto (que
había suplantado a Dios) por la estructura .... Althusser

Reemplazo de la verdad por el simulacro .... Baudrillard

Descentramiento. Deconstrucción.
Diferencia. Acontecimiento sin en-sí.
Presencia sin sustancia. .... Derrida, Deleuze,
Badiou

Retorno al sujeto. Constitución del sujeto
crítico enfrentado al poder constitutivo
de los medios masificadores del Poder.
Recuperación del pensamiento
fenomenológico .... ¿Descartes, Marx,
Husserl, Sartre...?

58. Albert Camus, *Reflexiones sobre la guillotina* en *Obras* 3, Madrid, Alianza, 1996, p. 467.

59. *Idem.*

60. Es también —según hemos visto— el siglo de la omnipresencia de Dios en el preciso sentido en que es el siglo de los absolutos. Pero

debe quedar en claro que aquí nos movemos en otro horizonte categorial. El Dios ausente del siglo XX es el del amor, el de la comprensión, el que podía intervenir en la historia humana para bien de los hombres. El Dios presente (tal como lo hemos visto en *Muerte y resurrección de Dios*) es el que ha alimentado los absolutismos, los extremos ideológicos, las intolerancias, la unicidad, las teleologías, los sentidos de la historia que autorizaban a matar desde sí.

61. Hegel, *Lecciones sobre la historia de la filosofía*, tomo 3, ed. cit., p. 254.

Conclusiones
DEMOCRACIA Y VIOLENCIA

1. La frase que da título a este libro —*la sangre derramada*— permanece en la frágil memoria argentina ligada a los años de la militancia de los setenta. Casi siempre que dije que estaba escribiendo un ensayo sobre la violencia y que su título era *La sangre derramada* me preguntaron si era un ensayo sobre los años setenta o sobre los Montoneros. Hay motivos.

La frase *la sangre derramada* pertenece al léxico de la violencia. *La violencia es derramamiento de sangre.* Tal vez, incluso, sea conveniente recordar esto para acotar el concepto, ya que todos sabemos que hay múltiples tipos de violencia y que todos han sido estudiados —o están en vías de serlo— por especialistas de distintas disciplinas. Sin embargo, en el campo en que este libro se ha manejado es preciso decir que la violencia es derramamiento de sangre por medio de un instrumento —sea cual fuere su forma o estilo— que funciona como arma agresora. *De este modo, la violencia es siempre aniquilamiento de los cuerpos por intermediación de un arma. Llamamos política a esa violencia cuando persigue una finalidad de toma del poder, creación del poder o mantenimiento del poder.*

Hemos encontrado la frase *la sangre derramada* en el *Plan* de Moreno y en el *Mensaje a la Tricontinental* de Guevara. Se la puede encontrar en infinidad de textos. Sería absurdo no asumir que, entre nosotros, remite, sí, a los setenta, a la izquierda peronista y a los Montoneros. Tanto remite, que cuando alguien dice *la sangre derramada* añade casi mecánicamente *no será negociada.* Ya que no era otra la fragorosa consigna de los militantes juveniles del peronismo setentista: *la sangre derramada no será negociada.*

No negociar la sangre era no traicionar a los caídos. Era la expresión máxima del respeto que se les debía a los muertos. Habían muerto por algo, por la causa, por el juramento esencial. No traicionar el juramento por el que habían caído era no traicionarlos a ellos. Toda militancia implica un *juramento*. Es el juramento de fidelidad a los objetivos esenciales compartidos. Todos se unieron para luchar por algo. Ese *algo* es el juramento. Algunos llegaron al extremo (siempre identificado con la gloria y el martirologio) de morir por él, de derramar por él su sangre. Los que siguen vivos no deben traicionar esa sangre derramada. Para hacerlo no deben traicionar el juramento esencial por el que esa sangre se derramó. Para no traicionar el juramento no deben arrojarlo sobre la mesa de negociaciones. No deben negociarlo. Porque si lo hicieran negociarían la sangre derramada. Y la consigna que totaliza al juramento, la que lo consolida desde el espacio de la ética, desde el lugar de la praxis es, precisamente, la que niega esa posibilidad. La que afirma: *la sangre derramada no será negociada.* (Aquí, en rigor, no hacemos referencia sólo a la izquierda peronista, sino a todo grupo que apela a la violencia consolidándose por medio de un juramento originario.)

La sangre derramada lleva al juramento a un punto de no retorno. Antes de la sangre el juramento ya estaba, ya que sin juramento no hay grupo militante constituido. Pero es la sangre la que consolida al juramento desde la praxis, desde la tragedia, desde el peso ontológico de la muerte. Una vez que alguien ha muerto por el juramento quien lo traiciona también merece morir. La sangre, por decirlo así, extrema el extremismo del juramento. Le otorga a la praxis la dimensión de lo épico, de lo trágico, de lo extremo, de lo inmodificable, de lo innegociable, del no retorno. La palabra traición cobra todo su desmesurado espesor desde esta arista: negociar la sangre es —simultáneamente— traicionar el juramento y traicionar a quien dio la vida por él. Una doble traición. No es azaroso que semejante traición reclame —en casi todo grupo consolidado en torno al juramento y la sangre— la vida del traidor.

A la vez, la exigencia de no negociación es un límite que todo grupo juramentado se pone a sí mismo. Todo se podrá negociar menos el juramento. Con el paso del tiempo, con el fragor de los combates y con los muertos, suele ocurrir que el grupo juramentado olvide el juramento que lo convocó. Pero no olvidará a sus muertos. De tal modo, los muertos ocupan el lugar unificador que tenía el juramento olvidado. No se negociará a los muertos. Ellos —antes que el juramento— son ahora la bandera de fidelidad y de lucha. Se lucha por los muertos. Para que ellos no hayan muerto en vano. Para no traicionarlos. Se intuye que negociar con el enemigo que los mató es incurrir en esa traición. Sin embargo, el olvido del juramento debilita la praxis fundante del grupo juramentado y —de este modo— llega el día en que los sobrevivientes ya no recuerdan por qué murieron los que murieron y conjeturan que tal vez murieron en vano o por un juramento equivocado. Y aquí —exactamente aquí— se abre el espacio que posibilitará negociar la sangre derramada.

Pero la consigna *la sangre derramada no será negociada* sólo mantiene su coherencia en tanto se mantiene dentro de la lógica de la guerra. En la guerra no hay negociación. Ahí, donde se derrama la sangre ya no cabe la negociación. La negociación no forma parte de la guerra sino de la política. Y la política está *antes* o *después* de la sangre. En tanto hay sangre no hay política, hay guerra. La sangre lleva las acciones a extremos desde los que ninguna negociación (traducida como el arte del entendimiento) es posible. Dentro de la guerra y de la sangre toda negociación es traición. Porque toda negociación es, inevitablemente, política. Y la política no es la guerra. Ni su continuación por otros medios. La política es el arte de la comprensión entre las partes. Hasta diría que la política es el arte de la construcción de la democracia. Nada —entonces— tiene que ver con ella la guerra. Dentro de la que ninguna negociación es posible porque está en juego la sangre y, al estarlo, toda negociación se cubre con el manto tenebroso de la traición.

La consigna de la izquierda peronista —*la sangre derramada no será negociada*— se inscribía en el espacio de la guerra. *La guerra es ese espacio en que mi juramento es la negación del juramento del Otro y, para realizarse, debe aniquilarlo.* De aquí que las consignas que sostienen este tipo de juramentos contengan siempre en sí la palabra *muerte*. Patria o Muerte. Perón o Muerte. Liberación o Muerte. Si la lucha por la construcción del espacio de la democracia se mira desde la guerra, siempre implicará la traición. Porque la democracia es ese espacio en que mi juramento, lejos de negar en totalidad el juramento del Otro, contiene —como parte esencial de sí— la certeza de que puede existir también la verdad en ese otro juramento; no toda la verdad, ya que esto implicaría negar mi juramento, pero sí una parte de ella que deberá completar la mía. Cuando se considera que alguna verdad puede latir en el juramento del Otro ya no hay guerra, ya no se mata, ya no hay sangre. Porque matar sería matar una parte de la verdad: la que late en el juramento del Otro. Esto es la democracia. El único espacio desde el que tiene sentido plantearse —si no una Historia sin violencia— al menos una reducción de la violencia en la Historia.

2. Esta concepción que ve en el Otro la mentira, el error, la no verdad o, sin más, el mal, no sólo es la negación de la democracia, sino la posibilidad de la violencia. "Los tiranos (escribe Yves Michaud) siempre pretendieron ejercer el derecho natural de su poder o de sus pasiones y para ellos las violentas son sus víctimas; las razones del torturador metamorfosean su violencia en deber de Estado; el comando fascista no practica la violencia sino que 'hace reinar el orden en la calle'; el opositor político no es para el psiquiatra-policía más que un esquizofrénico o un paranoico con delirio reformador".[1]

Sin embargo, la mayoría —las más hondas y radicales— teorías de la violencia tienen dos facetas: 1) Descubrir las causas de la violencia; 2) Utilizar la violencia para eliminarlas y, con esa eliminación, eliminar toda violencia. Un texto de Yves Michaud plantea con certeza este intento de las violencias revolucionarias por constituirse en violencias terminales, en, digamos, condición de posibilidad de eliminación de toda violencia: "Para Marx y Engels la violencia conserva un destino que la condena a la desaparición. El vínculo que establece Engels entre violencia y base económica, si bien considera inevitable un desenlace violento de la crisis capitalista, y un enfrentamiento entre violencia revolucionaria y violencia represiva, *permite imaginar junto con la victoria del proletariado y el advenimiento de la sociedad sin clases una desaparición de la violencia.* La afirmación de que 'la violencia es la partera de toda vieja sociedad que lleva una nueva en su seno', conjugada con la perspectiva del comunismo, fija los límites proféticos de la violencia en lo social. La idea de la desaparición del Estado y del derecho tiene precisamente este significado de la desaparición de la violencia en las interacciones sociales. Ya se trate de Marx, Engels, Lenin, Sorel o Walter Benjamin, es como si pudiera haber una última violencia que, de este modo, encontrara en ellas una purificación cuasi ética porque su antes y su después son inconmensurables".[2]

Marx —para postular su supresión por su propia intermediación— busca el origen de la violencia en las sociedades modernas y lo encuentra, con toda lógica, en el capitalismo. Lo hemos dicho: nadie ontologiza a la violencia tan hondamente como Marx lo hace. ¿De dónde extrae sus certidumbres? De su análisis del desarrollo del capital. El capitalismo ha tenido una historia originaria, primitiva; en ella ha sido exasperadamente salvaje. Que Marx haya extraído su postulación de una violencia ontológica de un riguroso análisis del capitalismo nos debería conducir (y nos conduce) a una insoslayable conclusión: *el capitalismo surge como violencia y se sostiene como violencia, y un verdadero y hon-*

do estudio del capitalismo conduce necesariamente a una desalentadora concepción de la historia humana, que la hace depender de la violencia. Marx es claro y concluyente en estos análisis: "El descubrimiento de las comarcas auríferas y argentíferas en América, el exterminio, esclavización y soterramiento en las minas de la población aborigen, la conquista y saqueo de las Indias Orientales, la transformación de África en un coto reservado para la caza comercial de pieles-negras, caracterizan los albores de la era de producción capitalista. Estos procesos idílicos constituyen *factores fundamentales de la acumulación originaria*".[3] De aquí —de esta modalidad que tuvo el origen del capitalismo— extrae Marx su célebre axioma: "La violencia es la partera de toda sociedad vieja preñada de una nueva. Ella misma es una potencia económica".[4] Es imprescindible observar lo siguiente: cuando con liviandad se defiende la violencia diciendo que Marx dijo que era la partera de la historia —acudiendo, claro, a la autoridad de Marx— conviene recordar que Marx sólo la justificaba como *partera*. Es decir, cuando ayudaba a nacer a una sociedad nueva de las entrañas de una vieja. De aquí que siempre postulara a la violencia revolucionaria como partera, ya que postulaba una nueva sociedad. Marx no aceptaría como *partera* a una violencia que no estuviera en condiciones de *hacer nacer* una sociedad nueva. Importa añadir esto: el terrorismo fin de milenio no es partero de nada, ya que no intenta hacer nada sino destruir lo existente. Así, se diferencia de las clásicas violencias revolucionarias que siempre se asumían como parteras ya que se presentaban como portadoras de un nuevo orden social.

Marx insiste en los horrores del surgimiento del capitalismo: "El trato dado a los aborígenes alcanzaba los niveles más vesánicos, desde luego, en las plantaciones destinadas exclusivamente al comercio de exportación, como las Indias Occidentales, y en los países ricos y densamente poblados, entregados al saqueo y el cuchillo como México y las Indias Orientales".[5] Y luego: "Con el desarrollo de la producción capitalista durante el período manufacturero, la opinión pública de Europa perdió los últimos restos de pudor y conciencia. Las naciones se jactaban de toda infamia que constituyera un *medio para la acumulación del capital*".[6] Y —por fin— el texto más contundente y, sí, más sangriento: "Si el dinero, como dice Augier, 'viene al mundo con manchas de sangre en una mejilla', el *capital* lo hace chorreando sangre y lodo, por todos los poros, desde la cabeza hasta los pies".[7]

Ante un sistema de tal violencia, ante un sistema que surge y se sostiene como violento en totalidad sólo cabe responder con una violencia también totalizadora, que niegue la totalidad de ese sistema y proponga otro que lo reemplace integralmente: he aquí la idea de *revolución*. Uno de los dramas de los filósofos de fines del siglo XX es que advierten los horrores de la sociedad mediático-mercadista, la reconocen como heredera de las peores tendencias que evidenció siempre el capitalismo pero —a la vez— no cuentan con un modelo integral para oponerle, con un modelo globalizador de reemplazo. Es más: abominan de los modelos totalizadores —que laten en la idea de revolución— porque las revoluciones condujeron a otras modalidades de implantar la tiranía. Y sigo en esto a Hannah Arendt cuando dice que guerras y revoluciones caracterizaron la fisonomía del siglo XX pero que "la única causa que ha sido abandonada ha sido la más antigua de todas, la única que en realidad ha determinado, desde el comienzo de nuestra historia, la propia existencia de la política, la causa de la libertad contra la tiranía".[8]

Visualizar a la Historia como tramada por el crimen es fundamental para las teorías revolucionarias. Cuando Marx —de modo obstinado y brillante— describe la criminalidad capitalista está, a la vez, advirtiendo y exigiendo que esa criminalidad sólo podrá ser superada por una violencia totalizadora, ya que ese régimen es tan criminal, tan perverso, desde sus orígenes hasta el presente, que *todo* él deberá ser reemplazado. De este modo, la idea de totalidad es paralela a la de violencia. La violencia es necesaria porque lo que hay que transformar es la totalidad. Todo cambio parcial es reformista, se mantiene dentro del estado de cosas sin transformarlo. De aquí el desdén que siempre los *revolucionarios* han exhibido por los *reformistas*.

De este modo, la *ratio* revolucionaria propone una historia tramada por la violencia que, sólo por la violencia, podrá ser conducida a un estadio de superación de sí misma, es decir, de su condición violenta. Arendt narra impecablemente la relación entre la violencia como origen y el concepto totalizador de la revolución. Escribe: "La importancia que tiene el problema del origen para el fenómeno de la revolución está fuera de duda. Que tal origen debe estar estrechamente relacionado con la violencia parece atestiguarlo el comienzo legendario de nuestra historia según la concibieron la Biblia y la Antigüedad clásica: Caín mató a Abel y Rómulo mató a Remo; la violencia fue el origen y, por la misma razón, ningún origen puede realizarse sin apelar a la violencia (…) Los primeros hechos de que da testimonio nuestra tradición bíblica o secular, sin que importe aquí que los consideremos como leyenda o como hechos históricos, han pervivido a través de los siglos con la fuerza que el pensamiento humano logra en las raras ocasiones en que produce metáforas convincentes o fábulas universalmente válidas (…) La convicción de que 'en el origen fue el crimen' (…) ha merecido, a través de los siglos tanta aceptación respecto a la condición de los asuntos humanos como la primera frase de San Juan 'En el principio fue el Verbo' ha tenido para los asuntos de la salvación".[9] Hasta ahora la *ratio* revolucionaria ha propuesto más o menos esto: en el comienzo fue el crimen, en el desarrollo fue el crimen… y el crimen nos hará libres. O si se prefiere: en el comienzo fue la violencia, en el desarrollo fue la violencia… y la violencia nos hará libres y —más aún— nos librará de la violencia. Se agita aquí un viejo y venerable problema: el de los medios y los fines. Si la violencia fue mala, si fue abominable que Caín matara a Abel, que Rómulo a Remo, que el capitalismo naciera chorreando sangre de la cabeza a los pies, ¿por qué raro y singular mecanismo la violencia de los *justos* nos conducirá al Bien? ¿Por qué raro mecanismo la metodología de los tiranos servirá para alcanzar la libertad? ¿No es más razonable pensar que nos llevará a un nuevo extravío que habrá de expresarse en un nuevo rostro de la tiranía?

3. Antes de introducirnos en la temática de los medios y los fines abordaremos otra también decisiva: totalidad y particularidad. Un gran político de nuestro país —Carlos Auyero— dijo, refiriéndose a la lucha de trabajadores neuquinos, gente que obstruía rutas, que las ocupaba pacíficamente, "No son subversivos, no quieren cambiar el sistema, quieren entrar al sistema". Fueron, casi, las últimas palabras de Auyero, ya que murió al terminar el programa de televisión en que las pronunció. Fue, así, el testamento político de un hombre excepcional.[10] Hablaba de gente sin trabajo, de los excluidos de la sociedad de la exclusión. No querían cambiarla, querían entrar en ella. Esta frase le valió la crítica de los "revolucionarios". No se trata de entrar al sistema, dijeron. Se trata de cambiarlo. No advirtieron que el sistema de exclusión no tolera la inclusión de los excluidos. Razón por la cual pedir entrar al sistema, pedirle al sistema de exclusión que incluya a sus excluidos... es querer cambiarlo en totalidad; es pedirle que se transforme en algo que no es. Tal vez, entonces, sea *subversivo*. Más adecuado que reducir la cuestión a un tema tan transitado y ya esquemático será decir que las luchas zonales, parcializadas, son radicalmente incómodas para el Poder. Que no son vanas. Y que tiene pleno sentido y racionalidad políticas su emprendimiento.

Para desarrollar el tema totalidad/parcialidad tomaremos dos figuras poderosamente emblemáticas: la de Ernesto Che Guevara y la del Subcomandante Marcos. Uno expresa la exigencia del cambio en totalidad, la metodología de la violencia para la toma del Poder. Otro... postula no tomar el Poder.

Veamos. La característica que define al hombre de derecha (porque *todavía* hay derecha y hay izquierda, y no sólo por la existencia del libro de Bobbio) es que el hombre de derecha acepta la desigualdad como un dato de la naturaleza; en cuanto tal no transformable ni deseablemente transformable, ya que expresa un sabio equilibrio que sería imprudente y blasfemo quebrar. "Las cosas son así", dice. O también: "Pobres habrá siempre". Hace del orden social una facticidad inmodificable. Si es inmodificable, ¿por qué indignarse ante ella? Lo esencial del hombre de izquierda es negar esta facticidad. O historizarla: "Esto es así *ahora*. Y es modificable y me indigna la praxis de quienes lo impiden, de quienes viven a su costo, de quienes dicen que esta facticidad es lo real y que no sólo es así, sino —sobre todo— que es así como debe ser". Esta actitud surge de una ruptura esencial. Una ruptura ante lo dado, ante la facticidad, ante el orden que ha establecido el Poder. Esta ruptura, a su vez, establece una inmediata actitud existencial: *el compromiso con aquellos que padecen la injusticia*. Es lo que dice Ernesto Guevara en el párrafo final de esa carta de 1965 en la que se despide de sus hijos: "Sean siempre capaces de sentir en lo más hondo cualquier injusticia cometida en cualquier parte del mundo. Es la cualidad más linda de un revolucionario". Es, también, su cualidad esencial. Sin este *pathos* no existe el hombre de la ruptura: el hombre que dice no, esto está mal, esto no es ni debe ser necesariamente así. Tal vez Guevara escribió "cualidad más linda" porque la carta está dirigida a sus cinco hijos (a quienes nombra Hildita, Aleidita, Camilo, Celia y Ernesto) y deliberadamente le dio un matiz de ternura, no frecuente en otros de sus escritos. Pero si hay algo esencial en el hombre que quiere hacer algo por cambiar la realidad en el sentido de la justicia es no poder sino sentir como propia toda injusticia, aún la cometida en el más remoto rincón de este devastado mundo.

Así las cosas, la primera, fundante semejanza entre Guevara y Marcos está en ese *pathos* del rechazo a lo instituido, a lo establecido y el consiguiente compromiso con todos aquellos que sufren los rigores de la injusticia. El Subcomandante insurgente Marcos —o, si se prefiere, el zapatismo— lo dice en un texto de particular expresividad y belleza: "Marcos es gay en San Francisco, negro en sudáfrica, asiático en Europa, chicano en San Isidro, anarquista en España, palestino en Israel, indígena en las calles de San Cristóbal, chavo banda en Neza, rockero en CU, judío en Alemania, ómbudsman en la Sedena, feminista en los partidos políticos, comunista en la post guerra fría, preso en Cintalapa, pacifista en Bosnia, mapuche en los Andes, maestro en la CNTE, artista sin galería ni portafolios, ama de casa un sábado por la noche en cualquier barrio de cualquier ciudad de cualquier México, guerrillero en el México de finales del siglo XX, reportero de nota de relleno en interiores, mujer sola en el Metro a las 10 p.m., jubilado de plantón en el Zócalo, campesino sin tierra, editor marginal, obrero desempleado, médico sin plaza, estudiante inconforme, disidente en el neoliberalismo, escritor sin libro ni lectores, y es seguro, zapatista en el sureste mexicano. En fin, Marcos es un ser humano cualquiera en este mundo. Minoría intolerada, oprimida, resistiendo, explotando y diciendo su 'Ya Basta'. Los intolerados buscando una palabra, los eternos fragmentados, nosotros. Todo lo que incomode al Poder y a las buenas conciencias".[11]

De este modo, a Guevara y a Marcos los iguala la elección radical por los desamparados. Guevara exigía sentir como propia toda injusticia. Marcos quiere ser negro en Sudáfrica, palestino en Israel y judío en Alemania. Los diferencia su concepción del Poder. Para Guevara —marxista ortodoxo, formado por las lecturas más clásicas y directas del marxismo-leninismo— era imperioso tomar el Poder y luego, desde él, instrumentado al Estado, establecer una dictadura que llevara a la creación de una sociedad sin injusticias, sin desigualdades. El Subcomandante insurgente Marcos detesta tanto al Poder... que no quiere tomarlo. Escribe: "La guerra siempre ha sido privilegio del Poder; para los desposeídos quedaba sólo la resignación, la sumisión, la vida miserable, la muerte indigna. Ya no más. Los mexicanos hemos encontrado en la palabra verdadera el arma que no pueden vencer los grandes ejércitos. Hablando entre nosotros, dialogando. Los mexicanos caminamos contra la corriente. Frente al crimen, la palabra. Frente a la mentira, la palabra. Frente a la muerte, la palabra".[12]

Marcos, el insurgente, reflexiona a partir del fracaso de los socialismos reales. Su reflexión lo lleva a concluir que la toma del Poder acabó por contaminar a los insurgentes, quienes establecieron un nuevo Poder que se transformó en la contracara de la insurgencia originaria, en la contracara y en su negación. De aquí que no proponga una lucha por transformar la totalidad. La totalidad es el Poder, y el Poder deviene —por su propia esencia— totalitario. La lucha por lo particular —o, si se prefiere, por eso que Sartre, en la *Crítica de la razón dialéctica*, texto que es la antítesis del stalinismo, llamaba *totalidades destotalizadas*— es, ahora, el horizonte. Tal vez parezca menos grandioso. Pero lo grandioso guarda en sí la tentación fascista, totalitaria, negadora de los particularismos y de las diferencias. Marcos no propone liberar al hombre, propone liberar a los negros en Sudáfrica, a los palestinos en Israel, a los judíos en Alemania, y también —*y no en un grado de menor esencialidad*— a los gays en San Francisco, a los mapuches en Los Andes, a esa mujer que viaja sola en el Metro a las 10 p.m. y a las abatidas amas de casa de los sábados por la noche. Por eso no propone una violencia absoluta. No propone uno, dos, muchos Vietnam. Propone la insurgencia y la palabra. No faltará quien diga que Marcos es la versión *light* de Guevara. Preferiría decir que Marcos es Guevara más la experiencia de los años transcurridos, los fracasos, los muertos, la sangre derramada. Su *pathos* esencial no es menor que el de Guevara: está tan indignado como él y como él sufre en carne propia todas las injusticias cometidas "en cualquier parte del mundo". Pero busca otro camino, más cercano a la palabra que al fusil, implacablemente alejado del Poder y sus tentaciones, sus trampas, sus abismos totalitarios. Si el camino del fusil y el Poder fue tan mal, ¿por qué no darle espacio y tiempo al que propone Marcos?

4. El tema de la igualdad es central. Para un derechista (seamos claros: para quienes son *hoy* derechistas en la Argentina) lo central es el crecimiento del PBI. La, pongamos, racionalidad de la economía. Y si para lograr esa *racionalidad del ajuste* es necesario rebajar salarios o aumentar el desempleo… habrá que hacerlo. No les temblará la mano. Tienen, incluso, un nombre para esta variable: *tasa de sufrimiento*. Este concepto tiene un componente malthussiano y violento desmedido. ¿Quiénes padecen la *tasa de sufrimiento*? ¿Quiénes son los elegidos para sufrir? ¿Quiénes son los sacrificados en aras de los números despiadados del ajuste? (En aras de la macroeconomía.) Son los excluidos. Aquellos de los que deberá desprenderse la economía para que sus cuentas cierren. ¿Será "bajar el nivel del debate" decir que se trata de los nuevos desaparecidos, de los desparecidos del sistema económico? No creo. Es, incluso, inevitable relacionar la palabra *sufrimiento* con el martirio de los cuerpos y con la muerte.

Todos sabemos que los hombres no son iguales. Son infinitamente desiguales y esto los torna fascinantes. Pero la desigualdad que indigna a la cultura de la izquierda es la desigualdad social y económica. Todos somos desiguales ante lo eterno, ante Dios, ante la muerte, ante el amor y ante el arte, por poner sólo algunos —tal vez desmesurados— ejemplos. *Pero debemos ser iguales ante la educación, el trabajo y la salud.* La derecha naturaliza la desigualdad tornándola imprescindible al sistema.[13] No dice otra cosa la *tasa de sufrimiento*: para que el sistema se mantenga es necesario que algunos (es decir, *muchos*) sufran. *Establece una relación necesaria entre crecimiento y exclusión.* Para la izquierda el horizonte es la inclusión. No hay crecimiento sin inclusión.

La tendencia económica de fin de siglo, de la globalización, de la sacralización del libremercado, impone una sociedad de la exclusión. La exlusión es marginación y desempleo. Desaparición de la cultura del trabajo. No hay nada más integrador que el trabajo. Supongo que no resultará excesivo recordar al esclavo hegeliano: el trabajo le posibilitaba triunfar sobre la ociosidad de su amo, el trabajo lo humanizaba, le permitía crear una cultura y desarrollarse en y por ella. Así, una economía que no genera trabajo genera esclavos. Y también: *una economía que no genera trabajo genera violencia.* Y hasta terrorismo, ya que cuando los esclavos acceden a la certeza de no poder transformar el mundo —y transformarse ellos por medio de la cultura del trabajo— deciden, lisa y llanamente, *destruirlo.*

De este modo, la sociedad actual, esta sociedad de pocos incluidos y muchos excluidos, ha comenzado a establecer una alarmante relación entre economía y violencia. *No hay ninguna justificación para la violencia dentro de la democracia. Pero nada justifica que la democracia conduzca a la desesperación.* He aquí, conjeturo, el mayor de nuestros presentes desafíos.

5. Durante muchos años el socialismo cumplió una función no sólo ideológica sino humanitaria: era un sistema de ideas surgido para cobijar-amparar a los desheredados de este mundo. Era una ideología de la esperanza. Un obrero podía sufrir atrocidades humanas y sociales en Manchester o en Liverpool. Existía, sin embargo, un presente ideológico y este presente abría un horizonte, garantizaba una resolución justa de los conflictos. Un obrero, en el siglo XIX, aun en el más pavoroso abismo de su expoliación, sabía que existía una ideología que se ocupaba de él, y que esa ideología se llamaba *socialismo*. De este modo, el socialismo entregaba cobertura ideológica y humana a los condenados de la Historia. Más aún: depositaba en ellos la posibilidad de la dinámica histórica. Si había una Historia era porque ellos sufrían una extrema expoliación y la supresión de esta injusticia era nada menos que el *motor de la Historia*. El socialismo era una ideología que les susurraba o —con mayor asiduidad— les vociferaba que todo sufrimiento tenía un sentido, ya que la Historia era la supresión del sufrimiento, de la explotación, y que esta supresión abriría la posibilidad de una Historia distinta, una Historia de la libertad y no de la necesi-

dad: una sociedad sin clases, sin explotación del hombre por el hombre.

La caída del socialismo en el crepúsculo del siglo XX ha desamparado a los desamparados. ¿Qué ideología hoy se ocupa de ellos? ¿Qué sistema de ideas los tiene como sujeto esencial de su estructura? Han pasado de ser el motor de la Historia a ser irrelevantes, carenciados. Ya no se habla de explotación u opresión, ya no se dice que la Historia surge de la dialéctica entre opresores y oprimidos. Se demuestra, por el contrario, no sólo la irrelevancia teórica (*demodé*) de los oprimidos, sino también su irrelevancia histórica. De aquí en más, el motor de la Historia no es la liberación de los oprimidos, sino el desarrollo de las tecnologías comunicacionales. A la humillación personal (ser un expoliado o peor aún: un excluido) se le ha sumado una humillación teórica: *ustedes no sirven para nada.*

Detengámonos brevemente en esta cuestión: la diferencia entre *explotado* y *excluido*. La clase obrera descripta por Marx tenía un orgullo inmediato, evidente: era por su explotación que la burguesía tenía existencia. "Ustedes existen porque nos explotan." La burguesía era visualizada como una enorme sanguijuela que lograba sus fines por medio de la explotación del proletariado. Este orgullo (un orgullo que volvía esencial, insustituible al obrero, y que lo llevaba, coherentemente, a decir: "Cuando ya no puedan explotarnos, morirán, porque es por nuestra explotación que existen") no constituye al excluido. Claramente: un obrero explotado no es un excluido, es un ser esencial a un sistema injusto que lo requiere —*que requiere de su explotación*— para existir. Un excluido, por el contrario, es inesencial, soslayable, descartable: *el sistema no lo requiere para existir.* Su desamparo es absoluto.

De aquí, tal vez, surge la razón más profunda de las teorías finiseculares sobre el fin de la Historia. Provienen de una lectura hegeliana de la Historia, no en vano Hegel habló tanto sobre este hoy tan mentado *final*. Para Hegel la Historia se desarrollaba por medio de contradicciones. O, por decirlo así, de conflictos. A esto —según hemos visto largamente— llamaba *dialéctica*. Marx retoma esta idea y pone al proletariado en el centro de la escena: así como la burguesía resolvió su conflicto con la monarquía enterrándola, el proletariado resolverá su conflicto con la burguesía... enterrándola también. Y aquí se acabarán los conflictos. Siempre se supo: latía en Marx una profecía acerca del fin de la Historia. El neoliberalismo o fundamentalismo de mercado se apropia de este mecanismo. Verifica el siguiente acontecimiento: no fue el proletariado quien enterró a la burguesía, sino la burguesía quien enterró al proletariado, o, si se quiere, al socialismo. La caída del Muro eliminó el conflicto. Hemos —dicen, así— llegado al fin de la Historia: al fin de la Historia concebida como *conflicto*. Si ya no hay conflicto... ya no hay Historia. Ahora, la globalización. Concepto que expresa el triunfo del capitalismo de mercado a nivel mundial. Y lucen tan exultantes con la teoría de la globalización porque nadie puede, todavía, demostrarles que hay algo más allá de ellos. Es decir, la burguesía era un más allá de la monarquía, implicaba una globalización superior; el proletariado era un más allá de la burguesía, implicaba, también, una globalización superior. Pero, muerto el socialismo y la idea del proletariado enterrador de la burguesía, ¿qué globalización existe en el plano histórico que pueda suceder a la presente? Con enorme convicción, dicen: ninguna. De este modo, "un sistema que consiente, incrementa y segrega exclusión"[14] se presenta, no obstante, como lo único, *lo absolutamente uno*. "Sienten que la 'globalización' (escribe Rodolfo Terragno) es su triunfo definitivo. No observan (ni contemplan que surjan) nuevos enemigos. Embisten, sin temor, contra la política de bienestar social, la noción de Estado y la ONU. Ya no tienen que disimular (al contrario, proclaman orgullosos) su preferencia por la desigualdad".[15]

Favorece al fundamentalismo de mercado (que ha impuesto, digamos, la globalización supracapitalista) un hecho decisorio: *no hay una globalización de la protesta.* Era lo que Marx proponía cuando predicaba el simple pero contundente "*Proletarios del mundo uníos*". Oponer a la globalización de los explotadores una globalización de los explotados. No ocurre hoy así: vivimos la apoteosis de la unicidad. *Los conflictos existen pero atomizados.* Puede existir un conflicto (a) otro (b) y otro (c). Pero no hay relación entre ellos. No se asumen como partes agredidas de una globalización que los sumerje. Además, no sólo (a) no percibe la relación de su conflicto con el conflicto (b), sino que, al solucionarlo, menos aún pensará en el conflicto (b). Y si (c) soluciona su conflicto no asumirá que debe continuar luchando porque la injusticia que padecen (a) y (b) es inescindible de la suya, aun cuando momentáneamente la haya solucionado.

Por ahora, entonces, reina la *unicidad* del supracapitalismo de mercado. Esta *unicidad* incluye el caos: *guerras zonalizadas, atrocidades urbanas, desastres ecológicos.* Pero excluye lo distinto. Porque en lo distinto radica la posibilidad del conflicto y la *unicidad* supracapitalista se basa en la anulación del conflicto, en la destrucción del concepto de la Historia como conflicto, como formas de organización social y política que se suceden unas a otras.

Será adecuado, entonces, unirse al clamor de Daniélle Sallenave: "¡que de nuevo lo uno se divida en dos!". Y esto sólo ocurrirá cuando a la globalización del fundamentalismo neoliberal se oponga una globalización de la protesta. (O, al menos, una des-atomización de los conflictos.) Una teoría y una praxis de la Historia por medio de las cuales los desamparados conquisten, nuevamente, su merecido, necesario y urgente amparo.

6. Como vemos, el sistema de libremercado toma a los hombres como medios. No dice otra cosa la llamada *tasa de sufrimiento.* Considerar que determinados hombres deben sufrir para que los números de la macroeconomía sean los deseados es tomar a los hombres como medios de la *ratio* económica. Y utilizar a los hombres como medios es el su-

puesto fundante de la violencia. Nadie mataría a nadie si lo considerara un fin en sí mismo. Nadie condenaría a nadie al sufrimiento si lo considerara —también— un fin en sí mismo. Es la sacralidad de la vida humana la que se niega en ambas actitudes.

En un libro de 1785 —publicado cuatro años después de la *Crítica de la razón pura*— Kant afronta la temática fundamental de los medios y los fines. El libro es *Fundamentación de la metafísica de las costumbres*. Kant aclara que la metafísica de las costumbres se diferencia de la metafísica especulativa. Se trata de "una filosofía práctica, en donde no se trata para nosotros de admitir fundamentos de lo que *sucede*, sino leyes de lo que *debe suceder*, aun cuando ello no suceda nunca".[16] Kant busca el fundamento de un posible imperativo categórico. Sospecha —de inmediato— que habrá de encontrarlo en algo "*cuya existencia en sí misma* posea un valor absoluto, algo que como *fin en sí mismo*, pueda ser fundamento de determinadas leyes".[17] Y continúa: "el hombre, y en general todo ser racional, *existe* como *fin en sí mismo, no sólo como medio* para usos cualesquiera de esta o aquella voluntad".[18] Distingue, luego, entre seres racionales e irracionales: "Los seres cuya existencia no descansa en nuestra voluntad, sino en la naturaleza, tienen, empero, si son seres irracionales, un valor meramente relativo, como medios, y por eso se los llama *cosas*; en cambio, los seres racionales llámanse *personas* porque su naturaleza los distingue ya como fines en sí mismos, esto es, como algo que no puede ser usado meramente como medio y, por tanto, limita en ese sentido todo capricho (y es un objeto de respeto)".[19] Esta absolutización de la persona humana le permite formular a Kant lo que buscaba: un imperativo práctico absoluto. Así, escribe: "El imperativo práctico será, pues, como sigue: *obra de tal modo que uses la humanidad, tanto en tu persona como en la persona de cualquier otro, siempre como un fin al mismo tiempo y nunca solamente como un medio*".[20] Y concluye: "el hombre no es una cosa; no es, pues, algo que pueda usarse como *simple medio*; debe ser considerado, en todas las acciones, como fin en sí".[21]

La *tasa de sufrimiento* de la macroeconomía al utilizar el salario como variable de ajuste o la desocupación como premisa de la convertibilidad utiliza a los hombres como medios. *Pero la violencia también.* Si alguien dijera: hay que reaccionar violentamente contra este régimen que utiliza a los hombres como medios y no como fines estaría proponiendo la misma metodología que Kant denuncia: tomar la vida humana como un medio; en este caso, como un medio para liberar a los hombres. Digámoslo así: es imprescindible resistir la tiranía, luchar contra la injusticia, pero matar a los injustos o a los tiranos es incluirse en la lógica de muerte que ellos esgrimen; es arriesgarse a la absolutización de los medios violentos. Si hoy decidimos matar a los injustos... ¿dónde se detiene la matanza? ¿Quién decide en qué momento ya no hay que matar? ¿Quién decide quiénes son los justos y los injustos? ¿No terminarán los justos —al violar el imperativo kantiano, al no absolutizar la persona humana— por instaurar un nuevo rostro de la injusticia?

Lo que nos lleva a la obra que Albert Camus estrenó en diciembre de 1949: *Los justos.* Su tema es claro y contundente: un grupo de revolucionarios se dispone a atentar contra la vida del gran duque de Rusia. Stepan, el más decidido de ellos, dice: "Mataremos a ese verdugo (...) Disciplinados mataremos al gran duque y destruiremos la tiranía".[22] Annenkov dice: "Sí. Toda Rusia sabrá que el gran duque Sergio fue ejecutado con una bomba por el grupo de combate del partido socialista revolucionario para acelerar la liberación del pueblo ruso". Stepan dice: "Yo no amo la vida, sino la justicia, que está por encima de la vida". Kaliayev dice: "(Nosotros) matamos para construir un mundo en el que nadie mate nunca más. Aceptamos ser criminales para que la tierra se cubra por fin de inocentes". Dora —la única mujer del grupo— pregunta: "¿Y si no ocurriera eso?". Le dicen que es imposible. Dora, entonces, señala algo muy singular, entre tantas ideas grandiosas señala algo elemental: que todo hombre tiene un cuerpo, que la bomba destruirá ese cuerpo y quien la arroje verá esa destrucción. Dora dice a Kaliayev: "¡Un segundo en que vas a verlo! ¡Oh, Yanek, tienes que saberlo, tienes que estar prevenido! *Un hombre es un hombre*. El gran duque quizá tenga ojos bondadosos. Lo verás rascarse la oreja o sonreír alegremente. Quién sabe, tal vez tenga un pequeño tajo hecho con la navaja de afeitar. Y si te mira en ese momento…". Kaliayev responde: "No es a él a quien voy a matar. Mato al despotismo". Dora, otra vez, advierte: "Tú vas a verlo. Muy de cerca…". Kaliayev dice: "No lo veré". Dora pregunta: "¿Por qué? ¿Vas a cerrar los ojos?". Kaliayev responde: "No (…) el odio me llegará en el momento oportuno, y me cegará". Sin embargo, Kaliayev no puede arrojar la bomba, algo se lo impide. Se reúne con sus compañeros y dice: "Hermanos, perdonadme. No pude". La causa: junto con el gran duque, en el carruaje, iban sus hijos, iban niños. Kaliayev se confiesa incapaz de matar niños. Stepan se enfurece: "¡Niños! Es la única palabra que tenéis en la boca. Pero ¿es que no comprendéis nada? Porque Yanek (Kaliayev) no mató a esos dos, miles de niños rusos seguirán muriendo de hambre durante años. ¿Habéis visto morir de hambre a los niños? Yo sí. Y la muerte por una bomba es un placer comparada con ésa". Dora dice: "Hasta en la destrucción hay un orden, hay límites". Stepan responde: "No hay límites. La verdad es que vosotros no creéis en la revolución". Kaliayev dice: "Acepté matar para abatir el despotismo. Pero detrás de lo que dices veo anunciarse un despotismo que, si alguna vez se instala, hará de mí un asesino cuando trato de ser un justiciero". Más adelante, otro personaje dice: "Se comienza por querer la justicia y se acaba organizando una policía". Y, antes, Dora, con dolor se pregunta: "Y el pueblo ¿nos quiere? ¿Sabe que le queremos? El pueblo calla. ¡Qué silencio, qué silencio…!".

Sólo hay un subrayado en los textos que cité y me corresponde: *un hombre es un hombre*. Es lo que tal vez hubiese dicho Kant en esa reunión de revolucionarios: no se puede luchar por la vida instrumentando la muerte. Toda lucha que instrumenta la muerte para luchar por la vida acaba por devaluar la vida, todas las vidas. Hoy matamos al tirano, luego a sus subalternos, luego a los subalternos de los subalternos, luego a los que no querían matar a los subalternos sino sólo al tirano, o sólo a los subalternos y no a los subalternos de los subalternos, luego matamos a los cómplices de los subalternos, o a sus amigos, luego a los subalternos de los subalternos, luego a los amigos de los subalternos de los subalternos, luego a los que no quieren continuar con la matanza, luego a los subalternos de los que no querían continuar con la matanza, luego a los que han utilizado las matanzas para crear su propio poder, luego ellos nos matan a nosotros... Luego todos nos matamos entre todos y ya nadie sabe por qué se mata. Se instaló la lógica de la muerte, del desprecio por la vida y el imperativo kantiano llega, desde lejos, como un rezo laico trágicamente olvidado: "obra de tal modo que uses la humanidad, tanto en tu persona como en la persona de cualquier otro, siempre como un fin y nunca solamente como un medio".

Sin embargo, la lucha contra la tiranía es tan imperativa como el imperativo kantiano. Sólo que la lucha contra la tiranía no debe hacerse con las mismas armas de la tiranía. El arma fundamental de los tiranos es la muerte, la muerte del Otro, de los que no son él, de los que él debe atemorizar una y otra vez amenazándolos con la suprema amenaza, la de la muerte, que depende —por algo él es el tirano— de su exclusivo arbitrio transformado en ley. Lo que nos lleva —una vez más— a la causa que, como señalaba Hannah Arendt, fue abandonada en el siglo XX: "la más antigua de todas, la única que en realidad ha determinado, desde el comienzo de nuestra historia, la propia existencia de la política, la causa de la libertad contra la tiranía". Esta causa es la causa de la democracia. Pero no la democracia liberal de mercado (que, al someterse a la filosofía de la competitividad, niega los lazos entre los hombres), sino la democracia inclusiva, que se amasa entre la libertad y la justicia y que tiene como horizonte —como, si se quiere, permanente utopía— la igualdad entre las personas. Porque las asume —a todas y cada una de ellas— como fines en sí.

7. En los tramos finales de *Cuestiones con Ernesto Che Guevara*, el Che enumera con fuerza sus convicciones. El profesor Andrés Navarro (a quien, irónicamente, Guevara llama *Andy*) le ha planteado los horrores insoslayables de la violencia y de la contraviolencia. Sin embargo, Guevara está tan convencido de la inhumanidad esencial del capitalismo que insistirá en que el conflicto no podrá superarse jamás y que —inexorablemente— volverá la hora de las armas. Así, dice: "Ellos volverán a matar". Navarro pregunta: "Ellos. ¿Quienes son ellos?" Guevara dice: "Ellos, Navarro. Los de siempre. Mientras ustedes se porten como corderos van a matar a uno, a dos, van a disparar balas de goma. Pero, en algún momento, ustedes, si tienen dignidad, van a tener que mostrar los dientes. Y entonces... van a volver los gritos de guerra y de victoria". Navarro responde: "O de derrota. Y de muerte". Guevara (quien antes definió a Navarro y a los que son como él como "cautelosos progresistas, campeones de los buenos modales, hombres de corazón tierno") dice: "Es la otra posibilidad. ¿Y qué? ¿Hay que quedarse inmóvil, paralizado por eso?" Y más adelante insiste: "Usted está asustado, solamente eso. Cuando se le pase va a mostrar los dientes. No hay otra salida, Andy. Porque ellos son los mismos de siempre. Los que voltearon a Jacobo Arbenz. Los que sostuvieron a Trujillo, a Somoza, a Stroessner..." Navarro, entrando, aceptando casi el razonamiento de Guevara, continúa la lista macabra: "A Pinochet. A Videla". Y el Che remata su argumentación: "Aunque (ellos) ensayen buenos modales. Aunque pronuncien hasta el agobio las palabras que nunca les importó traicionar: democracia, libertad, justicia. No hay caso, Andy. No cambian: son desaforadamente codiciosos. Y no bien sea necesario van a volver a hacer lo que siempre hicieron: apretar el gatillo".

Siempre que escuché estas palabras de Guevara (las escuchaba los días jueves cuando concurría a los debates posteriores a la obra y llegaba, claro, al final, casi en el exacto momento en que el Che las pronunciaba) fui doblegado por la emoción y por la dimensión profético-apocalíptica que el Che adquiere en el escenario al decirlas. Sin embargo, nunca me convenció. Quiero decir: el Guevara que yo había escrito lograba emocionarme pero no lograba incorporarme al espacio de su discurso. Voy a decir por qué.

El camino de la insurgencia armada ya fue transitado en la Argentina. También fue transitado el de la contrainsurgencia armada, con su sadismo, sus torturas inenarrables, su arbitrariedad despótica, su secuestro de niños, sus matanzas incesantes. Hemos padecido el terrorismo de Estado en una dimensión como jamás fue padecida en América latina. Nosotros, *los cultos y europeos argentinos*, engendramos la dictadura más cruel y sanguinaria de la historia de este sanguinario continente. El camino de la violencia y de la contraviolencia debe quedar atrás si todavía este país aspira a un nivel mínimo de racionalidad y convivencia civilizada.

Contra esto conspira el poder, su injusticia y su violencia esencial. No obstante, nuestro camino de hoy es el de la resistencia exahustiva, inclaudicable pero no violenta. Es difícil ofrecer ejemplos aunque no pueden eludirse ciertas realidades. En un país en el que han sido secuestradas y desaparecidas treinta mil personas (eso que, trágicamente, en el mundo se llama la "muerte argentina", es decir, la *desaparición*) nadie incurrió en la venganza. Afirmamos que la praxis de los organismos de derechos humanos había quebrado la dialéctica entre la sangre derramada y la venganza por la sangre derramada. *Se trata, no de resignarse, sino de buscar, de crear otros caminos.* Uno de ellos ha sido el de las *marchas del silencio* en la provincia de Catamarca. El brutal asesinato de una joven que apenas si había dejado de ser una niña a manos de personajes cercanos al poder no pudo ser sofocado por los impunes de siempre, esos que creen que la política, las finanzas, el dinero les permiten cualquier canallada. La muerte de María Soledad Morales no provocó otra muerte. Nadie mató a nadie. Nadie empuñó un arma ni nadie exigió venganza, otra sangre que vengara la que ya se había derramado. Se pidió justicia. Se organizaron marchas de la civilidad, marchas silenciosas encabezadas por los padres de la niña muerta y por una monja obstinada. El poder criminal fue hondamente cuestionado y los culpables quedaron desenmascarados y humillados ante la conciencia del país. *Son los nuevos caminos.* Fracasados los anteriores, fracasados los fragorosos caminos de la crítica de las armas es razonable y justo que apostemos hoy a la búsqueda incesante de la justicia dentro de la democracia.

La lucha por la democracia nos lleva a la posibilidad de constituir al sujeto crítico. Hemos dicho en varios pasajes de este libro que hay que recuperar la libertad del sujeto. Retornar a la conciencia en el sentido que la palabra conciencia tiene en la *Fenomenología del espíritu: escisión.* Si Oscar Masotta, en los sesenta y ya incorporando el bombardeo del fenómeno estructuralista que vino a liquidar a las filosofías del hombre y el sujeto, a liquidar todo posible humanismo, dijo que entre las estructuras y la conciencia elegía las estructuras pero no deseaba olvidar la conciencia, hoy decimos que entre las estructuras y la conciencia elegimos retornar a la conciencia ya que las estructuras —constituidas por medio de la revolución comunicacional— se han organizado para anular a la conciencia. Para anular al sujeto. Hoy, la capacidad del sujeto para escindirse, para decir *no* es revolucionaria. Porque hoy todos los sujetos son constituidos en exterioridad por los medios de comunicación. Esa sustitución del hombre pensante por el hombre vidente que señala Giovanni Sartori —tal vez algo apocalíptica, cosa que Sartori no ignora—[23] conduce a una decisiva cuestión filosófica: *en la sociedad transparente mediática el sujeto es constituido en exterioridad por los medios de comunicación.* En suma, el sujeto es constituido por las supranacionales mediáticas.[24]

8. Nuestro compromiso radica en luchar contra *todas* las causas de la violencia. ¿Hay una violencia legítima? Desde mi punto de vista, no hay violencia buena, ni violencia justa, ni violencia legítima. La violencia es —en sí— mala. Expresa una derrota: la de no poder tomar al Otro como un fin en sí mismo, la de no poder respetarlo en su humanidad. Esto no anula el deber de luchar contra la injusticia y el despotismo. Pero advierte severamente que en tanto esa lucha se instrumente a través de la violencia terminará por instaurar un nuevo rostro del despotismo y, por tanto, de la injusticia.

Ahora bien, la violencia coercitiva del Estado democrático, ¿es legítima? Bobbio —en un libro breve y reciente tramado a partir de unas conversaciones con Gianni Vattimo— apunta una relación entre democracia y reducción de la violencia. Dice: "La democracia es la reducción de la violencia porque permite, a través de reglas convenidas, resolver los conflictos sin el concurso de ella, esto es, a través de la discusión y el voto (…) es el único régimen que permite, dentro de ciertos límites, resolver los conflictos sociales sin recurrir al uso de la fuerza recíproca. Hay una sola fuerza del Estado, que de ella tiene el monopolio y que interviene cuando el compromiso ya no es posible. Digámoslo más precisamente: las reglas fundamentales de la democracia son dos: el contrato, vale decir la decisión entre las dos partes que deciden por unanimidad, estando ambas de acuerdo; y después el principio de mayoría. *Es gracias a estas reglas que la democracia es el régimen que permite el menor recurso a la violencia* (…) En todo caso, en relación a la violencia, la contraposición es entre democracia y dictadura. La violencia es natural a la dictadura, que con ella gobierna sin tolerar la más mínima oposición".[25]

Detengámonos en la violencia del Estado democrático, esa que, según Bobbio, interviene cuando el compromiso se torna imposible. Esta violencia requiere un severo control por parte de la justicia, de las fuerzas parlamentarias y de la civilidad. Sólo alcanzaría su legitimación dentro de un Estado transparente, con una justicia libre, no sometida en absoluto al poder ejecutivo, que tuviera, a su vez, junto con el parlamento y las organizaciones de la civilidad, un control muy estricto sobre las fuerzas represivas que pudiera evitar cualquier desborde de las mismas. Se trata de una situación ideal. Se trataría, entonces, de una deseable utopía por la que valdría la pena, absolutamente, luchar. Dentro de ese Estado democrático toda otra violencia es ilegítima. Ese Estado, claro, sería el del triunfo de la libertad sobre la tiranía, tal como Hannah Arendt lo reclamaba. Pero ese Estado corre también —constantemente— el riesgo de su extravío. Cuando —frente a la ola criminal que desatan las democracias liberales del ajuste libremercadista— se lanza una consigna como "duro contra el delito y duro contra las causas del delito", no puedo sino estremecerme. En la Argentina, pedirles dureza a las fuerzas coercitivas es pedirles la vieja y fatídica mano dura de la represión. Preferiría pedir justicia y legalidad contra el delito y —sí— dureza contra las causas del delito. Porque —y me permitiré repetir esto— si bien no hay nada que justifique la violencia dentro de la democracia, nada justifica que la democracia conduzca a la desesperación.

Notas

1. Yves Michaud, *Violencia y política, Una reflexión post-marxista acerca del campo social moderno*, Buenos Aires, Sudamericana, 1989, p. 11.

2. Michaud, ob. cit., pp. 217 / 218. El subrayado me pertenece.

3. Karl Marx, *El Capital*, ed. cit., p. 939. Este es el texto que —en la primera parte de este ensayo— al hablar de la formulación de la *teoría de la dependencia* confesé que siempre tenía yo a la mano. La cuestión era así: si el capitalismo había surgido explotando a la periferia era desde la periferia de donde vendría su quiebre. La periferia era una forma de nombrar al Tercer Mundo, eje de la teoría de la dependencia.

4. Karl Marx, ob. cit., p. 940.

5. Marx, ob. cit., p. 942.

6. Marx, ob. cit., p. 949.

7. Marx, ob. cit., p. 950.

8. Hannah Arendt, *Sobre la revolución,* Madrid, Alianza, 1988, p. 11.

9. Arendt, ob. cit., p. 20.

10. La imagen de Carlos Auyero no deja de estar en mi corazón —si se me permite decirlo así, ya que así lo siento— mientras hilvano estas ideas. Auyero no era un blando. No era políticamente correcto. Una de las últimas palabras que pronunció fue "canallada". Y canalladas hacen los canallas. No es una palabra suave. No pertenece a los juegos de salón, al espacio de los buenos modales, de la hipocresía representativa. Dijo *canallada* porque sabe que el capitalismo salvaje de mercado que se utiliza en nuestro país es eso: una canallada. Un sistema de tal insensibilidad que puede dejar en la calle a miles de trabajadores sin prever para ellos la más mínima, humanitaria cobertura. Un sistema que genera desesperación. Porque no ofrece salidas. Y nada genera más violencia que la desesperación. Pero Auyero puso su violencia en sus palabras, en sus ideas. Y cuando la convicción por las ideas es genuina la carga de impugnación que conlleva no abre el espacio de la violencia. La violencia aparece donde aparece el silencio, donde ya no se habla. Auyero era un hombre de las armas de la crítica. Y esa noche, ese jueves, en ese set de televisión, ese último aliento de su vida lo jugó a la suerte de un movimiento pacífico, que no confunde la protesta con la violencia de las armas. Auyero era un neuquino más. Y estaba muy enojado, la indignación le asomaba en la cara con una autenticidad arrasadora. Y dijo *canallas*.

No tengo dudas: me conmueve mucho más Carlos Auyero defendiendo a los neuquinos aquí, en su patria, con sus palabras reflexivas y con sus palabras fuertes, que Isaac Velazco, en Alemania, augurando nuevos estallidos, nuevas muertes, nuevos silencios. Tal vez porque respeto mucho a los reformistas (y Auyero era uno, uno de los más lúcidos y nobles y no se avergonzaba de serlo) y porque respeto a los revolucionarios sólo cuando ponen el cuerpo; porque uno es argentino y sabe demasiado de dirigencias que envían a la guerra a sus militantes desde el exterior.

11. *La ternura insurgente, Cartas y comunicados del EZLN,* Arcadia, 1996, p. 54.

12. *Idem.*

13. Cuando —aquí— escribo *sistema* no hago referencia al viejo concepto totalizador que hablaba del capitalismo como "el sistema" atribuyéndole todo tipo de perversidades (muchas de las cuales eran ciertas). Me refiero al sistema de libremercado. A partir de 1989 pocas realidades político-económicas se han estructurado tanto —en la historia de la humanidad— como el sistema de libremercado. Como sea, utilizo la palabra más en el sentido en que se dice el sistema democrático o el sistema parlamentario.

14. Danielle Sallènave en *Boletín Club de Cultura Socialista José Aricó*, noviembre de 1995.

15. "Ochentismo", en Revista *Noticias*, 8/10/1995. Considero exagerado el optimismo de Terragno al considerar como propia sólo de los ochenta esta cultura. Se ha extendido larga y poderosamente en los noventa y nada parece poder detenerla con seriedad o, al menos, sensatez o —si fuera posible— energía y rigor.

16. Immanoel Kant, *Fundamentación de la metafísica de las costumbres*, Madrid, Espasa Calpe, 1980, p. 81.

17. Kant, ob. cit., p. 82.

18. Kant, *ídem*.

19. Kant, ob. cit., p. 84.

20. Kant, *ídem*. Los subrayados son de Kant.

21. Kant, ob. cit., p. 85.

22. Albert Camus, *Los justos* en *Obras 2*, Madrid, Alianza, 1996, p. 88. Las restantes citas corresponden a la misma obra que se extiende entre las páginas 87 y 171. De todos modos, la mayoría de las que habré de utilizar pertenecen al primer acto.

23. Cfr. Giovanni Sartori, *Homo Videns. La sociedad teledirigida*, Madrid, Taurus, 1997.

24. Dedicaré a estos temas una próxima obra. Ya explicité en otros pasajes del libro que no propongo un retorno acrítico a Descartes. Pero sí me atreveré a decir que la fenomenología y el sujeto tienen muchas herramientas para entregarnos aún. Sobre el tema: Bernhard Waldenfels, *De Husserl a Derrida*, Barcelona, Paidós, 1997.
Así, lejos de acompañar al pensamiento posmoderno en sus avatares heideggerianos de liquidar al sujeto y proponer evanescencias como la presencia sin sustancia o el acontecimiento sin en sí, propongamos

un retorno al sujeto fuertemente constituido por medio de su negación de la facticidad mediática. De la omnipresente, prepotente facticidad mediática. O Descartes o Ted Turner. O la duda metódica o la aceptación a-crítica del poder comunicacional.

El poder comunicacional se desborda en la Argentina. Desde algunos programas se ha llegado a su utilización para extorsionar personas. Hasta tal punto la gente cree en la verdad de lo que ve por la llamada pantalla chica. O caja boba, que, lejos de ser boba, es un arma que dispara en todas direcciones. Antes —antes de la *revolución comunicacional*— alguien podía extorsionar a otro sólo si disponía del conocimiento de una verdad que el otro deseaba ocultar, ya que lo perjudicaba gravemente. Así, en esos antiguos tiempos, el extorsionador decía: "Sé que asesinaste a tu esposa para heredar su fortuna. Te vi hacerlo. Tomé fotografías mientras la ahorcabas. Grabé sus gritos de sofocamiento y agonía y te filmé mientras la enterrabas en el jardín. Quiero un millón de dólares por mi silencio". Ahora, en plena revolución comunicacional, si alguien quiere extorsionar a otro sólo necesita decir: "Voy a presentarme en el programa de Mauro Viale y voy a decir que asesinaste a tu esposa. Si me das un millón de dólares, no lo hago. Si no, estás perdido".

En el primer caso, el extorsionador aparece como un laborioso conquistador de la verdad. La verdad es algo que su laboriosidad ha conquistado. Uno siente que —de algún modo— ese hombre ha trabajado para exigir el millón de dólares que exige. *Vio* al asesino. *Grabó* los gritos de la víctima. *Filmó* al asesino mientras éste enterraba el cadáver en el jardín. En el segundo caso, el extorsionador no necesita hacer nada. *Todo lo hace el medio*. El medio es la verdad. El extorsionador sólo necesita conquistar la posibilidad de acceder al medio. Una vez ahí puede decir lo que quiera. No necesita buscar ninguna prueba. Ni ver. Ni grabar. Ni filmar. Sólo necesita decir lo que le conviene decir. Todos habrán de creerle. Porque todos creen en la televisión. Todos creen no sólo en la vieja verdad "lo único que existe es lo que sale por televisión", sino en la nueva verdad, consecuencia directa de la vieja: "todo lo que sale por televisión es verdadero". Se ha producido un traslado de poder decisivo. *Se ha pasado de la existencia a la verdad*. Así, la televisión es —hoy— todavía más poderosa que ayer. No sólo ofrece la existencia, también ofrece la verdad.

De este modo, el policía Avio —que se valió del programa de Viale para la extorsión— encarna eficazmente esta nueva cara del poder comunicacional. Que puede enunciarse así: "Si lo digo en la televisión, mi enunciado es inmediatamente verdadero, porque la televisión transforma en verdaderos a todos los enunciados que se emiten a través de ella". Semejante poder del poder comunicacional tiene necesariamente que influir en las conductas. La televisión —al haber alcanzado tal nivel de credibilidad— se convierte en un elemento implacable e impiadoso de extorsión.

¿Cómo defenderse de esto? Es muy difícil. Sin embargo, es posible operar sobre la realidad —o no resignarse a su poder fatal y opresivo— aun cuando uno sepa que no habrá de transformarla por completo. Por el momento nuestro único poder es *suspender la credulidad.* O por decirlo de otro modo: no creer que la verdad surge naturalmente de los dichos del programa de Mauro y de todos los otros programas, sean o no como el de Mauro. (Mientras escribo estas líneas el programa de Viale ha caído en desgracia. Pero hay otros para reemplazarlo y —además— personajes como Viale siempre retornan en la TV argentina y en la mundial también.)

El saber popular tiene frases tan hermosas sobre estos temas que no estaría mal recordar algunas. Por ejemplo: "Siempre hay que escuchar las dos campanas". Es una forma de suspender la credulidad. Y si la otra campana no existe —si la única que suena y consagra su verdad es la de Mauro— habrá que luchar por crearla. Si no, mañana alguien verá a su vecino enterrar a su esposa en el jardín del fondo y sólo atinará a comentar: "Hoy vi a mi vecino enterrar a su mujer en el jardín de su casa. No me voy a perder el programa de Mauro Viale para averiguar si es cierto".

25. Norberto Bobbio, Gianni Vattimo, Giancarlo Bosetti, *La izquierda en la era del karaoke,* Buenos Aires, Fondo de Cultura Económica, 1997, pp. 61/63. El subrayado me pertenece.

Agradecimientos

A mis amigos y compañeros de *Página/12*.

A mis amigos y compañeros de *Cuestiones con Ernesto Che Guevara*.

A mis amigos del Club de Tobi.

A Guillermo Saccomanno, mi amigo.

A María Julia Bertotto, siempre.

A Virginia y Verónica, porque son mis hijas y las quiero mucho.

A mi madre, por sus ganas de vivir.

A Osvaldo Bayer.

A Julio Moizeszowicz.

INDICE